Das Buch

Ein Roman wie aus Tausendundeiner Nacht, der den Mythos der legendären Königin zu neuem Leben erweckt.

In der Einsamkeit Simens, im heutigen Äthiopien, hat eine Gruppe aus Ägypten entflohener Juden eine Siedlung mit dem Namen Aksum gegründet, die sich unter König Angebo zu einer blühenden Stadt entwickelt. Da ihm nur eine Tochter geboren wird, faßt der Rat den Beschluß, daß diese Angebos Nachfolge antreten soll – doch zuvor muß das Mädchen schwören, für immer unberührt zu bleiben. Sie legt den Eid ab und erhält den Namen Makeda (die Reine). Aus der Not eine Tugend machend, kehrt die junge Herrscherin die alte Ordnung um und erhebt die Frau über den Mann. Doch was immer sie sich einfallen läßt, es gelingt ihr nicht, die Liebe zu besiegen. Auch sie muß am eigenen Leib erfahren, daß sie nicht vor ihr gefeit ist, als sie dem babylonischen Prinzen Assadaron begegnet. Dennoch bleibt Makeda standhaft.

Durch die Eroberung weiterer Gebiete gelingt es der Monarchin, ihr Reich auszubauen. Im Jemen läßt sie die prächtigste Stadt errichten, die man je gesehen hat: Saba. Makeda hat alles erreicht – bis auf den Sieg über die Liebe. Dann prophezeit ihr Sternendeuter ihr, daß ein weiser Mann aus dem Norden womöglich eine Lösung wüßte. Haben nicht Kaufmänner aus Judäa immer wieder die Weisheit ihres Königs Salomo gepriesen? Makeda macht sich auf die Reise nach Jerusalem, und bald schon verfällt Salomo den Reizen der exotischen Königin …

Der Autor

Jakoub Adol Mar lebte in den zwanziger Jahren dieses Jahrhunderts als Konsul Äthiopiens in Brüssel. Er war der Sohn eines deutschen Missionars und einer äthiopischen Prinzessin. Schon immer wollte er die Mythen und Geschichten sammeln, die sich um das Urgeschlecht der Familie seiner Mutter ranken. In Brüssel schrieb er dann diesen Roman, der von seiner Enkelin siebzig Jahre später wiederentdeckt wurde.

JAKOUB ADOL MAR

MAKEDA, KÖNIGIN VON SABA

Roman

Aus dem Französischen
von Alexandra v. Reinhardt

WILHELM HEYNE VERLAG
MÜNCHEN

HEYNE ALLGEMEINE REIHE
Nr. 01/10597

Titel der Originalausgabe
MAKÉDA
ou la fabuleuse histoire de la Reine de Saba

Umwelthinweis:
Das Buch wurde auf
chlor- und säurefreiem Papier gedruckt.

ISBN 3-453-13663-2

http://www.heyne.de

Vorwort

*von Makeda Ketcham,
der Enkelin des Autors*

Manchmal liegen in alten Schubladen unbekannte Schätze. Das Manuskript dieses Buches ist ein gutes Beispiel dafür. Mein Großvater hat es uns bei seinem Tod hinterlassen, zusammen mit dem Siegel, das seinen fürstlichen Rang in seinem Heimatland bezeugte.

Jakoub Mar war der Sohn eines deutschen lutherischen Missionars namens Johannes Mayer und der äthiopischen Prinzessin Sarah Négussié, einer Verwandten von Ras Mickael. Dieser war Oberbefehlshaber von Wollo, einer Region im Nordosten Abessiniens, und ein enger Vertrauter von Kaiser Menelik II.

Dieser Abstammung verdankte mein Großvater seinen Adelstitel: Lidj Engueda Work Ze Wollo (Prinz Engueda Work von Wollo).

In den neunziger Jahren des 19. Jahrhunderts studierte er in Europa und gehörte später zu jenen äthiopischen Intellektuellen, die sich zu Beginn unseres Jahrhunderts für Reformen im Land einsetzten.

Nach Abschluß des Studiums kehrte Jakoub Mar in seine Heimat zurück und wurde zunächst Bürgermeister von Addis-Abeba, dann Ratgeber von Kaiser Menelik und Kaiserin Zauditu, die ihm den Auftrag erteilte, alle Legenden, Erzählungen, Gesänge und mündlichen Überlieferungen über die Geschichte der Königin von Saba zu sammeln.

Das Resultat seiner emsigen Forschungsarbeit war ein Manuskript von etwa zweitausend Seiten, das er der Kaiserin übergab, das aber bedauerlicherweise bis zum heutigen Tage verschollen ist.

Welchen Sinn hatte jener Auftrag? Die salomonische Dynastie regierte in Äthiopien ununterbrochen vom 13. Jahrhundert bis zum Sturz des Negus Haile Selassie im Jahre

1974. Sämtliche Monarchen legitimierten ihren Anspruch auf den Thron mit zwei biblischen Vorfahren: der Königin von Saba und König Salomo. Vermutlich sollte deshalb auch die Arbeit, mit der Kaiserin Zauditu meinen Großvater betraute, diesem Zweck dienen.

Im Jahre 1922 wurde Jakoub Mar zum Konsul von Äthiopien in Brüssel ernannt. Dort schrieb er in französischer Sprache einen Roman über die Königin von Saba, inspiriert von seinen früheren Forschungsarbeiten und motiviert von dem Wunsch, der Welt ein uraltes Kulturerbe – angesiedelt an der Grenze zwischen Realität und Mythologie – zugänglich zu machen.

Dieser Roman wurde in den zwanziger Jahren geschrieben. Es wäre unsinnig, überlieferte Tradition und historisch verbürgte Wahrheit scharf voneinander abgrenzen zu wollen. Statt dessen sollte man sich einfach von der nuancenreichen Poesie verführen lassen, mit der uns der Autor nicht nur die Seele Äthiopiens nahebringt, sondern auch die Symbolik eines fast zweitausend Jahre alten Imperiums, eine »glorreiche Vergangenheit« und »verfeinerte Kultur«, von deren Schönheit das Abendland nichts ahnt.

Ursprünge einer Dynastie, Legende eines Volkes und biblische Geschichte … Diese Liebesgeschichte läßt Gerüche und Farben, Licht- und Schattenseiten einer Welt wiederauferstehen, die von leidenschaftlichen Gefühlen, Intrigen und orientalischer Pracht beherrscht war.

Makeda Ketcham

Ihrer Majestät,
der Kaiserin von Abessinien Zauditu I.,
der Königin aller Königinnen,
der Löwin vom Stamme Juda,
der holdseligen Nachfahrin
von König Salomo und Königin Makeda,
der Tochter Seiner Majestät des Kaisers Menelik II.

Der Autor bittet
Ihre kaiserliche Majestät respektvoll,
die Widmung dieses Werkes
wohlwollend entgegenzunehmen,
als Beitrag zur glorreichen Geschichte
ihrer illustren Vorfahren.

Geleitwort des Autors

Ich war immer bestrebt, etwas Licht ins Dunkel mancher Epochen der Geschichte Abessiniens zu bringen, weil ich glaube, die glühende Liebe zu meiner Heimat am besten unter Beweis stellen zu können, indem ich einen bescheidenen Beitrag dazu leiste, diesem Land den hervorragenden Platz, der ihm in der Weltgeschichte zukommt, zu verschaffen.

Von jenen Herrschern, die einst einen Teil Ägyptens und Arabiens bis hin zum heutigen Syrien erobert hatten, ist bedauerlicherweise bis heute viel zuwenig bekannt. Das Abendland ahnt immer noch nichts von der mächtigen Ausstrahlung jener glorreichen Vergangenheit, die sich durch eine großartige Zivilisation und verfeinerte Kultur auszeichnete. Im Laufe meiner intensiven Forschertätigkeit war mir aber immerhin das Glück beschieden, einige europäische Gelehrte für das tragische Heldenepos zu interessieren, von dem bedeutsame und merkwürdige Teile erhalten geblieben sind. Jenes siebzehn Jahrhunderte umfassende Epos – vom zehnten Jahrhundert vor Christus bis zum siebten Jahrhundert unserer Zeitrechnung – hat im Gedächtnis der Menschheit kaum Spuren hinterlassen. Gewiß, es gab Expeditionen französischer, englischer, deutscher, italienischer und amerikanischer Archäologen und Geographen in jene Gebiete, und es wurden Überreste imposanter Bauwerke entdeckt, Sockel, Pilaster und in Fels gehauene Inschriften, die entschlüsselt und übersetzt wurden. Diese Texte werden in Museen aufbewahrt, ohne daß die breite Öffentlichkeit etwas davon erfährt. Doch sogar die Gelehrten, die von jenen Entdeckungen fasziniert waren, haben zu meinem großen Leidwesen den vielen alten Manuskripten keinerlei Bedeutung geschenkt, obwohl eine unglaubliche Vielfalt an Wissen und Wahrheit in ihnen verborgen ist.

Deshalb habe ich mich bemüht, die Texte sämtlicher Pergamente, Papyri und Tafeln zu sammeln, die ich im Laufe meiner Forschungsarbeit zutage fördern konnte. Ich habe diese Texte selbst übersetzt oder übersetzen lassen und die Kopien der Manuskripte sorgsam aufbewahrt, deren Originale in alten abessinischen Klöstern, Kirchen und Synagogen ehrfürchtig gehütet werden.

Seit nunmehr 25 Jahren widme ich mich hingebungsvoll dieser Aufgabe, und während dieser langen Zeitspanne bin ich mit der Denkweise und Wissenschaft vieler abessinischer Gelehrter, Priester, Rabbinen, Magier und Schriftsteller vertraut geworden.

Nachdem ich meinen Dienst bei der äthiopischen Regierung quittiert hatte, blieb mir endlich genug Zeit und Muße, um die Dokumente zu ordnen und einen Teil davon der Öffentlichkeit zugänglich zu machen. Ein abenteuerlicher Roman schien mir dabei die geeignetste Methode, um einem möglichst breiten Leserkreis die Tatsachen zu vermitteln.

Es wäre nämlich unmöglich gewesen, die unzähligen Texte ins Französische zu übersetzen und es sodann dem Leser zu überlassen, den jeweiligen Wahrheitsgehalt zu prüfen. Viele Erzählungen, Legenden und Inschriften widersprechen sich, und das ist nicht verwunderlich, denn seit der Zeit des Königs und Propheten Angebo wurde die Geschichte seines Volkes immer wieder neu geschrieben. Die Texte wurden nicht nur in verschiedenen Dialekten verfaßt, sondern ihnen liegen auch verschiedene Absichten zugrunde, denn die Menschen, die sich mit der Vergangenheit beschäftigten, gingen zumeist nicht wissenschaftlich vor, sondern wandelten den ursprünglichen Gehalt ab, je nachdem, was ihnen persönlich am Herzen lag.

Ich hätte versuchen können, der Wahrheit auf die Spur zu kommen, indem ich manche Historiker für glaubwürdiger als andere erklärte. Doch mir wurde sehr schnell klar, daß ein solches Auswahlverfahren nicht möglich ist. Ohne mich von dieser Schwierigkeit abschrecken zu lassen, schaute ich daraufhin meine Archive noch einmal durch und eliminierte all jene Berichte, die in den religiösen Riten und im Volksbrauchtum keinerlei Spuren hinterlassen hatten. Ferner habe ich auf all jene Märchen verzichtet, die in meiner Heimat so beliebt sind und von anderen Autoren begierig aufgegriffen wurden: unwahrscheinliche Begebenheiten und wundersame Episoden im Leben der Königin von Saba, beispielsweise die Anekdoten vom Hud-hud[1] und von der verzauberten Perücke oder die Legende, die Königin von Saba hätte einst einen Balken gefunden, der später bei Jesu Kreuzigung Verwendung fand. Es gibt unzählige Mythen dieser Art, deren Aufzählung ich mir aber ersparen möchte.

Dieser Roman beruht hingegen weitgehend auf Tatsachen, die durch überlieferte Traditionen belegt sind.[2] Einige Fakten möchte ich an dieser Stelle anführen:

– Die Israeliten, die in Abessinien und im Jemen leben und über deren Ursprung in Europa so gut wie nichts bekannt ist, stammen auf gar keinen Fall aus Judäa.

– In allen christlichen (koptisch-orthodoxen) Kirchen Abessiniens gibt es einen Ort, »das Allerheiligste« genannt, mit der symbolischen israelitischen Bundeslade (Taboth), was beweist, daß die Abessinier einst Israeliten waren, und daß jene, die sich bis heute unbeirrbar zum Judentum bekennen, die Hüter dieses ursprünglich allen Abessiniern gemeinsamen Glaubens sind.

– Der bis heute praktizierte Ritus, anläßlich wichtiger Zeremonien Sand in die Luft zu schleudern.

– Die bis heute in Abessinien praktizierte Beschneidung der Knaben und Mädchen; das Entfernen der weiblichen Schamlippen in Danakil; die bis heute für einen Issa geltende Verpflichtung, vor seiner Eheschließung den Nachweis zu erbringen, daß er zwei Männer getötet hat; die bei den Kaffatscho übliche Ehrenfrisur, die einem Phallus nachgebildet ist.

---

[1] Hud-hud: Wiedehopf, der angeblich den Liebesboten zwischen der Königin von Saba und König Salomo spielte. (Anm. d. Üb.)
[2] Die geschilderten historischen Zusammenhänge beruhen auf den persönlichen Nachforschungen des Autors (der in den zwanziger Jahren dieses Buch geschrieben hat). Da es sich hier um einen Roman handelt, erhebt das vorliegende Werk keinerlei Anspruch auf historische Authentizität. Anm. d. Verlags

– Die seit Makedas Zeiten unveränderten Riten bei einer abessinischen Hochzeit sowie die absolute Gleichstellung der Geschlechter, die auf die Gesetzgebung der Königin von Saba zurückgeht.

– Die unwandelbare Tradition, einen Ring – aus Gold für die Männer, aus Silber für die Frauen – an einer blauen Kordel um den Hals zu tragen (Blau war die Lieblingsfarbe Salomos).

– Die Vermischung von Magie und Wissenschaft, die den abessinischen Gelehrten eigen ist, und ihre erstaunlichen Kenntnisse über Gifte aller Art.

– Die Anziehungskraft, die Jerusalem von jeher auf abessinische Herrscher ausübte und ihren Ausdruck darin fand, daß diese Monarchen sich sowohl am Bau und an der Bewachung des Großen Tempels als auch an der Bewachung von Christi Grab beteiligten.

– Die Genauigkeit des Stammbaums der abessinischen Kaiserfamilie, der seine Wurzeln in der ehelichen Verbindung von König Salomo und Königin Makeda hat, den Eltern von Menelik I., dessen Ehrentitel »Siegreicher Löwe vom Stamme Juda« von den späteren abessinischen Herrschern übernommen und von Menelik II. mit besonderem Stolz getragen wurde.

Diese Liste ließe sich noch lange fortsetzen, doch die angeführten Beispiele dürften ausreichen, damit sich der Leser über die illustre Königin von Saba – die ich begründetermaßen als meine Ahnin betrachte – und über das erstaunliche kleine Volk der Abessinier ein Bild machen kann. Seit Makedas Herrschaft hat es dieses Volk verstanden, seinen Charakter, seine Traditionen und seine Kultur zu bewahren, trotz aller Schicksalsschläge im Laufe von dreißig Jahrhunderten, trotz der mächtigen und überaus attraktiven Reiche der Pharaonen und Assyrer.

Auf einige Ausführungen über die abessinischen Israeliten möchte ich jedoch nicht verzichten. Sie heißen heute »Falaschen«, abgeleitet vom altamharischen Wort für »Verbannte«. Ihre Vorfahren waren in der Tat jene aus Ägypten geflohenen Hebräer, die nach ihrem langen Leidensweg von Memphis nach Simen bei den Abessiniern Zuflucht gefunden hatten.

Die Falaschen haben eine hellere Hautfarbe als die Schwarzen und die Nubier. Das läßt sich durch die Rassenvermischung zwischen Falaschen und eingeborenen Frauen erklären, nachdem die Israeliten auf der Flucht die meisten ihrer Gefährtinnen verloren hatten.

Die Falaschen verwenden weder Gebetsschal (Tallit) noch Mesusa (Kapsel an der Tür), und sie kennen weder das Fasten an Purim noch die Chanukkalichter. Diese Vorschriften, die erst lange nach der Niederschrift der Thora entstanden, waren dem Propheten Angebo natürlich unbekannt.

Ihre Geistlichen heißen nicht Rabbinen, sondern »Kohanim«, wie das vor Moses üblich war. Sie sind nämlich die einzigen Israeliten auf der ganzen Welt, die einen vormosaischen Kultus ausüben. Sie halten die Gesetze Abrahams ein, zelebrieren an einem Altar und bringen Brandopfer dar.

Vielleicht wird sich eines Tages ein aufgeschlossener Mäzen finden, der die notwendigen Mittel für eine qualifizierte Expedition zur wissenschaftlichen Erforschung der alten Geschichte des israelitischen Volkes bereitstellt, wobei man in den Ruinen von Palästen und Synagogen, von denen es in Abessinien und Arabien nur so wimmelt, in erster Linie nach Inschriften suchen müßte. Solche Forschungen würden in der Geschichtswissenschaft zweifellos ein ganz neues Licht auf viele bislang ungeklärte Fragen des Altertums werfen.

Vorerst kann ich den Leser jedoch nur bitten, meinen kühnen Versuch, eine derart ungewöhnliche und komplizierte Epoche darzustellen, nicht als unbefugte Einmischung zu interpretieren. Viele Schriftsteller aus dem »Glücklichen Arabien«, aus Mesopotamien und Indien haben die Legende der Königin von Saba erzählt, basierend auf dem ihnen zur Verfügung stehenden Material. Doch keiner dieser Autoren konnte sich auf so viele alte Quellen stützen, wie sie mir zugänglich waren. Bei der Übersetzung dieser Texte standen mir christliche Mönche und jüdische Kohanim tatkräftig zur

Seite – allesamt aufrichtige Theologen, Idealisten ohne persönliche Ambitionen und bar jedes Sektierertums, die alle Erinnerungen an die Liebe zwischen der Königin von Saba und König Salomo mit der gleichen Ehrfurcht bewahrt und weitergegeben haben wie die Worte der Heiligen Schrift.

Ich hoffe, mit vorliegendem Roman alle Gelehrten, die mir beim Sammeln des Materials behilflich waren, ermutigen und anregen zu können, ihre noch immer in uralten Archiven verborgenen Schätze der wissenschaftlichen Forschung zur Verfügung zu stellen.

Auf diese Weise werde ich vielleicht dazu beitragen, die Weltgeschichte um ein aufregendes verlorengeglaubtes Kapitel zu bereichern.

Jakoub Adol Mar

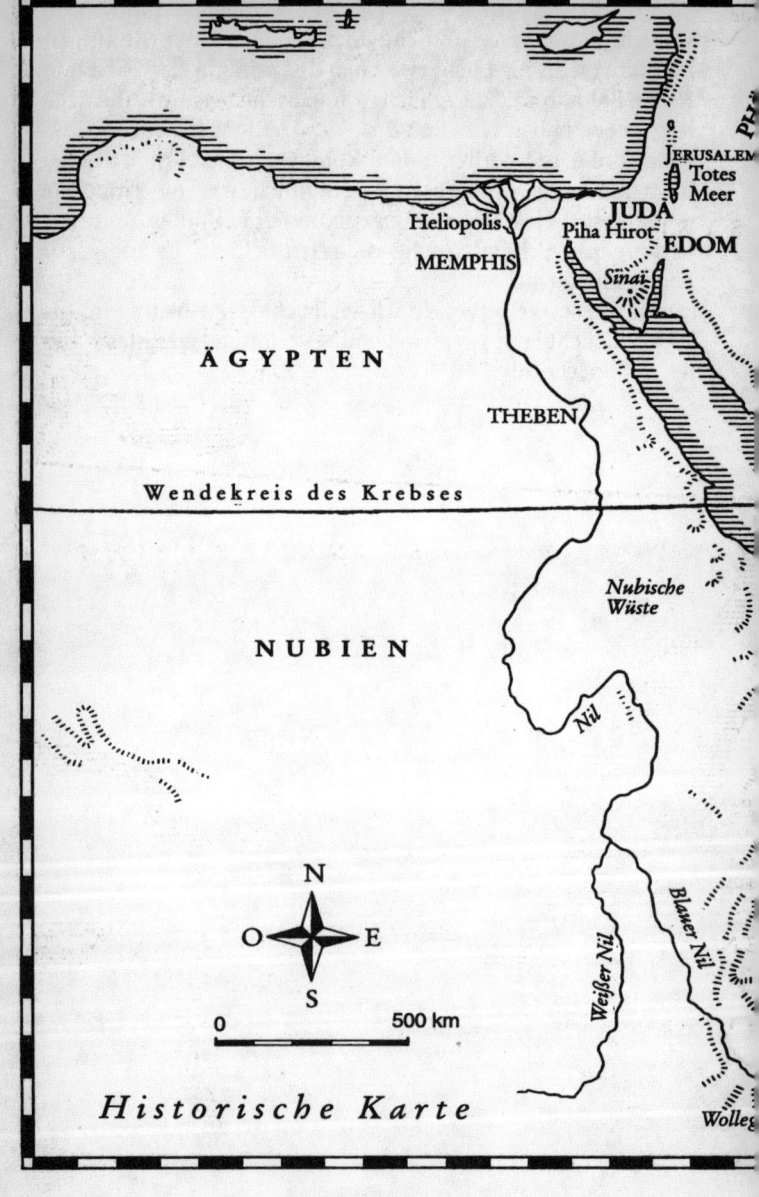

Historische Karte

Erster Teil

Eines Morgens in Memphis

Ein Kupfergong erscholl dumpf in der milden Luft. Kadmus, Großarchitekt von Amenophis III., ging an diesem Morgen früh aus dem Haus. Er hatte seine beste Robe aus weißem Leinen angelegt, die mit blauen Stickereien reich verziert war, und seine Hüften mit einem besonders prächtigen Gürtel geschmückt, weil er am Fuße der neuen unvollendeten Pyramide einer vom Pharao hastig einberufenen Ratssitzung beiwohnen mußte.

Kadmus beeilte sich. Die Sonne warf ihren goldenen Schein auf Memphis, doch obwohl die Stadt noch schlief, hatte die Atmosphäre etwas Beklemmendes an sich.

Die Schritte des Architekten hallten in der Stille laut wider. Der Mann, auf dessen Schultern die Verantwortung für die Errichtung von prächtigen Tempeln und enormen Pyramiden, von Obelisken, Pylonen und Sphinxen aus Basalt und Granit ruhte, trug an einer schweren Sorgenlast.

Er hatte eine unruhige Nacht hinter sich. Immer wieder war er von Alpträumen heimgesucht worden, in denen er gegen jene Schwärmer ankämpfte, die im Namen ihres unbekannten und völlig absurden Gottes Jahwe beim Pharao den Aufbruch der Hebräer durchgesetzt hatten. Scharenweise waren sie unter der Führung von Moses fortgezogen, benebelt von ihrem Mystizismus.

Und Kadmus hatte sogar im Traum über sein Werk geweint, dessen Fertigstellung durch die Flucht der israelitischen Sklaven gefährdet war.

Die Morgenröte hatte sein Leiden nicht gelindert. Auch nach dem Erwachen hatte er seinem zunichte gemachten Traum nachgeweint. Die Baustelle am Ufer eines Nilarmes war schnell erreicht. Eine unheilvolle Stille umgab die gigantischen und doch anmutigen Fundamente der verlassenen

Pyramide. Kadmus ging auf das große purpurrote Zelt zu, das Arbeiter in Windeseile für die Ratsversammlung errichtet hatten, und hob die schweren Stoffbahnen an, auf denen die Insignien des Pharaos eingestickt waren. Kadmus war der erste, aber seine Kollegen trafen kurz nach ihm ein: Schapat, der stattliche Baumeister, Danaus und seine Gehilfen – junge Architekten, die trotz ihres großen Könnens unbekümmert waren –, Sethos, der sich als Oberaufseher der Baustelle sehr wichtig vorkam, und Tat, der Erste Schreiber bei Hofe, der wichtige Staatsgeheimnisse stets hinter einem unergründlichen Lächeln verbarg.

Diese Männer wünschte der Pharao zu konsultieren. Während sie auf ihn warteten, taten sie sich keinen Zwang an, sondern klagten und nörgelten nach Herzenslust. Ihr gemeinsamer Haß galt den Hebräern, die sich zum Glauben an Jahwe bekannten. Nur Tat, der Schreiber, schien vor sich hin zu träumen und schwieg beharrlich. Bis vor kurzem hatten sich die geknechteten Israeliten dem schweren Joch gebeugt, das ihnen die in jeder Hinsicht überlegenen und geradezu genialen Ägypter auferlegten, sie hatten ohne Murren gelitten und ihre Kräfte beim Bau stolzer Pyramiden, großartiger Tempel, kolossaler Festungswälle, Säulenhallen und Städte erschöpft, die von der unerschöpflichen Fantasie der ägyptischen Architekten zeugten.

Diese Tyrannei zum Ruhm der Götter hatte lange Zeit überdauert, ohne daß es auch nur zu einer einzigen Revolte gekommen wäre, doch urplötzlich hatte Jahwe den mächtigen ägyptischen Göttern ihren Rang streitig gemacht, und nun gaben sich die Hebräer dem gefährlichen Wahn hin, daß ihr neuer unsichtbarer Gott allen anderen Göttern überlegen war.

Dieser neue Glaube hatte die Wirkung einer Flutwelle oder eines Sandsturms gehabt: Hunderttausende Juden waren – durch Wunder geblendet und hoffärtig geworden – dem Aufruf ihres Propheten Moses gefolgt und gen Kanaan gezogen, ins Gelobte Land, wo angeblich Milch und Honig flossen.

Bereute der Pharao seine Milde nicht bereits? Kadmus hoffte es inbrünstig. Er wünschte es sich von ganzem Herzen, beseelt von einer einzigen großen Leidenschaft: mächtige Bauwerke aus Stein für die Ewigkeit zu schaffen. Natürlich hatte Amenophis der Glorreiche gezögert, bevor er die Freilassung der Juden befohlen hatte. Über die theologischen Probleme hatte er lange Debatten mit hohen Würdenträgern und Gelehrten geführt, doch sogar der Hohepriester war völlig ratlos gewesen. In diesen Diskussionen war aber nie von der Staatsmacht, von der Sicherheit und dem Schutz der Grenzen die Rede gewesen. Dabei beruhte die Größe Ägyptens nicht zuletzt auf der Versklavung der Hebräer, die eine Ära erstaunlicher Bauwerke ermöglicht hatte.

Kadmus' Kollegen teilten seine Ansicht: die ganze Stadt lamentierte und verzagte angesichts der unvollendeten Arbeiten. Dabei hatte der Pharao neue grandiose Projekte, die Kadmus ihm vorgeschlagen hatte, bereits gebilligt: Kanäle und Befestigungsanlagen mußten ebenso gebaut werden wie neue Städte, um das längst überbevölkerte Memphis zu entlasten. Die pharaonische Erde, die von den Wassern des Nils genährt wurde, hatte eine einzigartige Kultur hervorgebracht, die fieberhaft bestrebt war, sich stets aufs neue durch Bauwerke zu bestätigen. Wasser, Erde und Sonne – eine sengende Sonne, die Lehmziegel steinhart machte – dienten gemeinsam der Schöpferkraft der Ägypter, inspirierten sie auf natürliche Art und Weise. Und das abergläubische Volk glaubte, daß dieses ständige Bauen eine ihm von den Göttern auferlegte Pflicht wäre.

Doch nun stockte dieses lebensspendende Werk, weil es an Arbeitskräften fehlte.

Zu Tode betrübt, brach Kadmus in Tränen aus.

Amenophis III. kämpft gegen Gott

Schnell und geschmeidig, schwarz wie Ebenholz und schweißbedeckt taucht ein Sklave auf. In der Ferne durchbrechen Fanfaren die Morgenstille.

Der Pharao!

Die Fanfaren werden immer lauter, von einer kräftigen

Brise herangetragen. Sie wecken die Stadt auf, und ihr Echo hallt lange wider.

Der Pharao!

Ein Herold und vier Weihrauchschwenker schreiten vor der Sänfte einher, die auf den Schultern von 24 nackten schwarzen Männern ruht, den kräftigsten und wohlgeformtesten Berbern, denen die besondere Ehre zuteil wird, Seine göttliche Majestät zu tragen.

Der Pharao!

Auf dem Thron aus kostbarem Holz, den die unerschöpfliche Fantasie eines großen Künstlers mit Blumengirlanden aus Gold und Silber verziert und mit Seide und Purpur ausgestattet hat, naht mit unbeweglicher Miene und glorreich, der Sonne gleich, der Herr über Ägypten, die Inkarnation aller Götter:

Der Pharao!

Damit Seine Hoheit nicht von summenden Mücken belästigt wird, wirbeln Wedel aus Schwanzhaaren von Elefanten und Pferden umher.

Die Eskorte des Pharaos – Infanterie und Kavallerie – besteht aus den besten und kampferprobtesten Männern, die sich einst in den Kriegen gegen die Berber und Chaldäer ausgezeichnet haben. Sie sind bestens ausgerüstet. Die Infanterie marschiert im Gleichschritt, wobei die farbenprächtigen Lendenschurze aus Baumwolle fröhlich wippen. Am Ledergürtel hängt der kurze Säbel. Der spitze Lederhelm glänzt in der Sonne. Mit der Linken halten die Männer den Schild, während die Rechte die Lanze umklammert.

Die Kavallerie umringt die Infanteristen. Die geharnischten Pferde tänzeln nervös. Die Fanfaren, Trompeten, Pauken und Rasseln dröhnen, verstummen und erschallen erneut.

Dieser ganze Prunk spiegelt die Macht des Pharaos wider. Und neben seiner Sänfte reitet der Oberbefehlshaber der Truppen einher, gefolgt von der Garde und den Priestern mit den rasierten Schädeln.

Vor dem purpurroten Zelt bleibt die feierliche Prozession stehen. Herolde verkünden die Ankunft des Auserwählten von Amun-Re. Ein Ehrenspalier säumt nun die gemusterten

Strohmatten, auf die der Pharao in Kürze seine spitz zulaufenden Sandalen setzen wird. Die Kavallerie bildet um das Zelt ein Quadrat aus Lanzen, Schilden und Bogen.

Die Sänfte wird abgesetzt, und die Füße des Pharaos berühren den Boden. Alle werfen sich ehrfürchtig vor ihm nieder. Tiefes Schweigen herrscht. Der Pharao grüßt huldvoll mit seinem Stab, an dessen Spitze eine Lotosblüte aus Gold und Silber von Seiner Majestät kündet. Alsbald dürfen sich alle wieder erheben.

Der Sonnengleiche läßt sich bewundern. Seine dreieckig zugeschnittene Kalasiris ist blendend weiß und sorgfältig in Falten gelegt, und der Gürtel aus Krokodilleder ist mit Gold und Edelsteinen besetzt. Ein prächtig emaillierter siebenreihiger Schulterkragen ziert seine glatte Brust. Das Gesicht ist intelligent und stolz. Die Augen sind so unergründlich wie der Himmelsstrom. Die sich aufbäumende Viper an seiner kegelförmigen Kopfbedeckung gleicht einer goldenen Flamme und zeugt ebenso wie der kurze rote Mantel von seiner göttlichen Machtfülle.

Der Pharao betritt gemessenen Schrittes das Zelt, dessen schwere Bahnen von zwei Sklaven weit aufgehalten werden. Kadmus, seine Kollegen und Tarkas, der Oberbefehlshaber der Truppen, folgen ihm in einem respektvollen Abstand, der Bewunderung und Demut ausdrückt.

Der Pharao läßt sich auf dem mit Wildeselfellen weich gepolsterten Sessel nieder, dessen Beine wie Löwentatzen geformt sind. Nach ihm nehmen auch seine Ratgeber Platz.

Und dann beginnt die Debatte, die über das Schicksal der glorreichen Großmacht entscheiden soll.

Der Pharao spricht mit großem Ernst. Seine Rhetorik ist meisterhaft, jedes Wort wohlbedacht. Er legt die Motive für seinen Entschluß dar, die Hebräer ihrer Wege ziehen zu lassen, ohne zu verhehlen, daß die seitdem zum Erliegen gekommene Bautätigkeit ihm große Sorgen bereitet, und daß seine treuen Ratgeber ihn gewarnt haben, sein Großmut könnte von neidischen Feinden des mächtigen pharaonischen Reiches fälschlicherweise als Schwäche gedeutet werden.

»Und nun rede du, Kadmus«, befiehlt Amenophis. »Ich höre dir zu. Mögen die Götter deine Worte erleuchten.«

Kadmus steht auf und macht eine tiefe Verbeugung. Sein Gesicht spiegelt die innere Erregung deutlich wider. Er drückt sich präzise und nüchtern aus, wie es einem Mathematiker eigen ist. Er bedankt sich beim Pharao für die Gelegenheit, auf die große Gefahr hinweisen zu dürfen, die Ägypten von den Katarakten bis zum Delta droht, seit das Großreich auf die Arbeitskraft der Barbaren verzichten muß. Er erinnert an die großen Herrscher, die den Beinamen »Erbauer« verdient hatten, und er fleht den Pharao an, sich von ihrem Beispiel inspirieren zu lassen:

»Was bedeutet schon mein Leben?« ruft der Architekt. »Was bedeuten schon alle Projekte, die deinem Ruhm geweiht waren, o Pharao? Was bedeuten die Arbeiten und komplizierten Gleichungen, die mir weiße Schläfen beschert haben? Was macht es schon, wenn aufgrund des erloschenen Lebens in den königlichen Baustellen auch mein verzweifelter Körper seine Kräfte verliert? Was zählt, ist einzig und allein dein Ruhm, der von der Unsterblichkeit unserer Götter kündet, und Kadmus ist in deinen Händen ein unwürdiger Sklave, der nur noch sterben will …«

Ist der Pharao von diesen Worten berührt? Er läßt sich jedenfalls nichts anmerken, sondern gibt bereits mit seinem Stab ein Zeichen, daß er willens ist, nun den Baumeister Sethos anzuhören.

Sethos ist jünger und feuriger als Kadmus. Dieser unerschrockene Mann hat nie versagt, wenn es darum ging, die großartigen Entwürfe des Architekten und dessen Schüler in die Tat umzusetzen.

Wortreich bittet er um Verzeihung für seine Kühnheit, bevor er Jahwe und Moses scharf angreift. Geschickt macht er sie für die gravierenden Fehler verantwortlich, die Ägypten so teuer zu stehen kommen könnten.

»Bösartige Götter sind gegen uns«, schließt er, »doch Amun-Re wird sich als stärker erweisen. Wir werden so hohe Tempel bauen, daß sie bis zum strahlenden Sternenhimmel reichen. Ein Pharao, in dem alle ägyptischen Tugenden verkörpert sind, darf sich nicht von diesem Jahwe einschüchtern lassen. Man muß dem Lügner und Hochstapler Moses seine unheilvollen Reden, seine Predigten und egalitären Aufrufe heimzahlen. Deshalb bitte ich dich, o großer Pharao, mit tief geneigtem Haupt um die Gunst, an dem Feldzug teilnehmen zu dürfen, den du befehligen wirst, um die Ungläubigen zurückzuholen!«

Vor Erregung am ganzen Leibe zitternd, nimmt Sethos wieder Platz. Der Pharao zeigt hingegen immer noch keine Gefühlsregung. Nun bittet Tarkas, der Oberbefehlshaber, um Gehör und berichtet vom mangelhaften Zustand der thebanischen Befestigungsanlagen, deren Instandsetzung schon viel zu lange hinausgeschoben wurde.

»Uns droht tagtäglich eine neue Kriegserklärung der Assyrer und Caldäer. Ihre Spione haben bestimmt schon berichtet, daß unsere Wehr reparaturbedürftig ist, und sie könnten unsere gegenwärtige Schwäche ausnutzen. Ist es dein Wunsch, o Pharao, daß deine Soldaten selbst die Erde umgraben und Steine schleppen anstelle der freigelassenen Sklaven?«

Während Tarkas sich setzt, versuchen alle Anwesenden, in den Gesichtszügen des Pharaos zu lesen. Sie ahnen, daß in seiner Seele ein heftiger Kampf tobt, ein Kampf, bei dem der tausendjährige Glaube des alten Ägyptens, der Stolz auf die Rasse und der Wille, eine von aller Welt gefürchtete und bewunderte Herrschaft aufrechtzuerhalten, letztlich zweifellos den Sieg über die seltsamen Reden jenes Moses davontragen werden. Was aber, wenn der Mann mit dem stechenden Blick doch recht hätte? Seine Reden haben sich in Amenophis' Gedächtnis eingebrannt. Aber nein! Er, der Nachkomme von Königen, in denen die Macht der Sonne Gestalt angenommen hat, er, dessen Granitstatuen über alle vier Himmelsrichtungen des Reiches wachen – soll er etwa vor einem Abenteurer mit sonnenversengtem Gesicht Angst haben?

Der Pharao hat sich erhoben und schlägt mit seinem Stab gebieterisch auf den Boden. Er spricht, und seine respektvollen Ratgeber, die um das Schweigegebot wissen, können ihre Freude, ihre Hoffnungen und ihre Dankbarkeit nur unter

Aufbietung aller Willenskraft im Zaume halten. Amenophis spricht, und er hat Jahwe ganz vergessen ...

»Morgen bei Tagesanbruch wird eine Armee aufbrechen. Ich werde sie persönlich befehligen. Tarkas wird alle notwendigen Vorbereitungen treffen. Wir werden diese verfluchten Israeliten zurückholen, selbst auf die Gefahr hin, daß wir bei diesem Abenteuer, in das unsere Götter uns führen, alle ums Leben kommen sollten.«

Bei diesen letzten Worten verändert sich die Stimme des Pharaos. Hat ihn eine düstere Vorahnung wie ein Vogel mit seidigen Flügeln gestreift?

Amenophis schüttelt heftig den Kopf, um diese Vision zu verscheuchen, und er schickt sich an, die Ratsversammlung aufzuheben, als Tat sich demütig zu Wort meldet, indem er die Arme zum Himmel erhebt und sich sodann tief vor dem Herrscher verbeugt.

»Was willst du?« fragt der Pharao wohlwollend.

Tat ist der Erste Hieroglyphenschreiber Ägyptens, der Wächter über die Bücher, der gelehrteste und zugleich geschickteste Mann des Großreiches. Keiner kann es mit ihm aufnehmen, wenn es darum geht, die Annalen auf Papyri zu verewigen. Deshalb besitzt er erheblichen Einfluß und viele Neider, um so mehr, als er ehrgeizig ist und nach Reichtum strebt, um seine Kunst noch perfekter ausüben zu können. Zu diesem Zweck möchte er auch die gegenwärtige Situation ausnutzen, die er völlig durchschaut hat. Und weil er ständig Umgang mit Gelehrten und Magiern pflegt und über ein enormes Wissen verfügt, fühlt er sich dem Pharao durchaus ebenbürtig.

Diese Hoffart weiß er freilich zu verbergen. Er berichtet nur ganz nüchtern, daß er die hebräischen Handwerker aufgesucht hat, die in Memphis als Gold- und Silberschmiede arbeiten, Stoffe weben, Bier brauen, Holz, Leder und Bronze verarbeiten und tausenderlei andere nützliche Gewerbe ausüben. Er hat sie überredet, nicht überstürzt aufzubrechen. Während die Sklaven – selig über ihre Befreiung – die Stadt verlassen haben, sind immerhin die geschicktesten und intelligentesten Handwerker zurückgeblieben, weil sie Tats weise

Ratschläge befolgt haben, anstatt den Trugbildern des Moses Glauben zu schenken, der auch sie fast dazu verführt hätte, ihre Waren und Werkzeuge auf Karren zu laden und in ein unbekanntes Land zu schaffen. Tat hat auch die Ägypter beruhigt, die die Hebräer für die geistliche Revolution verantwortlich machten. »Ihre Arbeit kommt uns zugute«, hat er immer wieder erklärt, und das Volk hat ihm geglaubt. »Ihr werdet bei uns bleiben und vom Pharao beschützt werden«, hat er jenen versichert, die sich anschickten, Moses zu folgen. »Vielleicht wird er euch in seinem Großmut sogar zu Bürgern von Memphis machen. Bleibt hier und wartet die Beschlüsse des Herrschers ab.«

Daraufhin haben sich die Handwerker in ihre Werkstätten und Läden zurückbegeben. Und sogar die schönen jüdischen Prostituierten, die ebenfalls flüchten wollten, sind in die Tavernen und Tanzhäuser zurückgekehrt.

Tat erwähnt nicht ausdrücklich, daß diese bezaubernden Mädchen in bestimmten Stadtvierteln von Memphis die Lust der Ägypter – ob arm oder reich – befriedigen, aber das weiß ohnehin jeder, sogar der Pharao. Derartige Ausschweifungen werden toleriert, weil Ägypterinnen sich eines Verstoßes gegen ihre Religion schuldig machen, wenn sie Prostitution betreiben, während die israelitischen Sklavinnen den fleischlichen Begierden der Männer mit großer Raffinesse Rechnung tragen, zumal ihre Körper die schönsten der ganzen Welt sind.

Wenn Tat sich über dieses heikle Kapitel auch wohlweislich ausschweigt, so betont er um so mehr, daß Kadmus sein Werk durchaus fortsetzen könnte: bis zur erfolgreichen Beendigung des pharaonischen Feldzuges müßten eben die israelitischen Handwerker auf den Baustellen arbeiten.

Amenophis verhehlt seine Befriedigung nicht: »Welche Gunst erbittest du für deine kluge Intervention?« fragt er den Schreiber.

»Der größte Wunsch deines ergebenen Dieners wäre es, Gouverneur der kleinsten deiner Provinzen zu werden.«

»Dein Wunsch wird morgen erfüllt werden. Und was noch?«

»Den in Memphis verbliebenen Hebräern sollte das Privileg zuteil werden, sich aufgrund von Treue als Bürger Ägyptens bezeichnen zu dürfen.«

»So sei es ...«

Der Pharao ist leicht verunsichert, denn soeben ist der schwarze Vogel wieder vor seinem geistigen Auge aufgetaucht.

Die Rache der Stadt Memphis

Den ganzen Tag über wurden eilige militärische Vorbereitungen getroffen. Die Kasernen verwandelten sich in summende Bienenstöcke. Die Soldaten hatten erfreut vernommen, daß ihr Auftrag nur darin bestand, die unbewaffneten jüdischen Fanatiker nach Memphis zurückzubringen, und obwohl sie allesamt tapfere und disziplinierte Krieger waren, behagte ihnen verständlicherweise die Aussicht, den Sieg in diesem Falle ohne jeden Kampf zu erringen.

Im Morgengrauen standen sie mit funkelnden Schilden bereit, um die 600 Kampfwagen des Pharaos zu begleiten. Wie eine riesige Hundemeute machte sich die ägyptische Armee an die Verfolgung der Israeliten, und sie wand sich wie eine geschmeidige Schlange durch das ockerfarbene Land zwischen Nil und Rotem Meer.

Fünfzehn lange Tage vergingen.

Nachdem Kadmus die zurückgebliebenen jüdischen Handwerker zur Arbeit herangezogen hatte, erwachten die Baustellen zu neuem Leben. Schwere Steine wurden – sorgfältig behauen und poliert – mit Hilfe dicker Seile hochgezogen, um die Pyramide erstehen zu lassen. Die Skulptoren schwangen bereits ihre Holzhämmer und schlugen heilige Inschriften in die gewaltigen Blöcke. Falls die geflüchteten Hebräer bald zurückkehrten und die neuen Steine heranschleppten, die sich in den Schiffen am Nil türmten, könnte das Grabmal – so hoffte jedenfalls der Architekt – innerhalb von vierzig Tagen vollendet werden.

Doch dann wurde eines Nachmittags von den hohen Wällen aus eine Reitergruppe gesichtet, die in gestrecktem Galopp angerast kam, in dichte Staubwolken gehüllt. Sobald die Garde erkannte, daß es sich um Soldaten des Expeditionskorps handelte, wurden sie in die Stadt eingelassen. Ihre Pferde trugen keinen Harnisch mehr und waren so zuschanden geritten, daß sie geschlachtet werden mußten. Auch die Reiter waren völlig erschöpft. Entsetzen stand in ihren Gesichtern geschrieben. Sie verlangten frische Pferde und galoppierten auf den Pharaonenpalast zu. Kurz darauf wimmelte es in Memphis von Meldereitern, und die in der Stadt verbliebenen Truppen eilten zu den Befestigungsanlagen. Der Belagerungszustand wurde ausgerufen.

Im achteckigen Palastsaal verneigten sich bereits alle Anwesenden vor dem zukünftigen Pharao Sesostris, der zwischen Stolz und Angst schwankte, weil das Schicksal ihn zum Nachfolger seines gefürchteten Onkels ausersehen hatte.

Sesostris war zwanzig Jahre alt, von kräftiger Statur, aber abergläubisch. Er hatte nie den Wunsch gehabt, über Ägypten zu herrschen. Nun musterte er die Soldaten, die sich vor ihm zu Boden geworfen hatten und ihm den Tod des Pharaos sowie eines Teils der Armee gemeldet hatten. Jahwe hatte den Sieg mit Hilfe eines Wunders errungen – eines Wunders, das Sesostris nachdenklich stimmte. Logen diese Männer vielleicht? Nein, nein! Sie hatten alles genau beschrieben: wie die Truppen von Amenophis III. die Juden am Meer in die Enge getrieben hatten, wie diese sich nicht ergeben wollten, obwohl sie vor Angst und Schrecken zitterten, und wie sie plötzlich ihre seltsamen Gebete zu Jahwe anstimmten, die so inbrünstig waren, daß sie tatsächlich den Himmel zu erreichen schienen. Und dann warf Moses, der die ganze Zeit über eine erstaunliche Ruhe bewahrt hatte, seinen Stab ins Wasser, und die Fluten teilten sich und ragten wie gewaltige Mauern empor, und dazwischen konnten die Juden trockenen Fußes das Meer durchqueren. Außer sich vor Zorn, galoppierte der Pharao ihnen in seinem goldenen Wagen nach, gefolgt von seiner Armee. Doch plötzlich schloß sich das blaugrüne Meer wieder, und die kühnen Ägypter wurden unter den tosenden Fluten begraben ...

Eine Schreckensvision! Die Krieger versicherten jedoch glaubhaft, daß diese Katastrophe sich tatsächlich ereignet hatte. In den nächsten Tagen würden auch die wenigen Überlebenden der Infanterie die Stadt erreichen und bezeugen können, daß kein Wort gelogen war.

Sesostris blickte zu den hohen Würdenträgern hinüber, die in größter Hast zu einer Ratsversammlung zusammengerufen worden waren und nun auf einen Befehl des Herrschers warteten. Mit einem Male tief bestürzt, jagte er sie alle davon, und sie verschwanden mit wehenden Roben.

Der neue Pharao hatte Angst. Er eilte auf eine Terrasse seines Palastes und betrachtete gequält die Stadt zu seinen Füßen. Normalerweise wurde in Memphis für das Ansehen des Reiches fleißig gearbeitet, doch nun breitete sich die Schreckensmeldung von Haus zu Haus, von Straße zu Straße, von Viertel zu Viertel aus, schneller als der Wind. An jeder Kreuzung unterrichteten Meldereiter die Menge lauthals über die Katastrophe. Überall herrschte ein unglaubliches Menschengedränge, denn jeder wollte möglichst schnell nach Hause, um den tiefen Schmerz mit seiner Familie zu teilen, einen Schmerz, der mit ohnmächtigem Zorn und mit Scham vermischt war.

Denn die ägyptische Armee – so ging es bald von Mund zu Mund – hatte zehntausend tapfere Soldaten nicht etwa in einer jener ruhmreichen Schlachten verloren, wo zwei ebenbürtige Gegner einander gegenüberstehen und wo nur Mut und Kriegslist über Sieg oder Niederlage entscheiden. Diesmal hatten die verräterischen Hebräer – angestiftet von Moses, dem Abenteurer, und Jahwe, dem großen Zauberkünstler – ein unerhörtes Wunder vollbracht: Tausende Ägypter waren gestorben, ohne zu kämpfen.

Diese Kunde wurde auf allen Straßen von jenen Unruhestiftern verbreitet, die sich bei jedwedem freudigen oder schmerzlichen Ereignis bemüßigt fühlten, ihre Mitmenschen anzufeuern, mitzureißen oder aufzuhetzen, indem sie große Reden schwangen.

Auf dem großen Platz gegenüber dem Palast stand einer dieser Aufwiegler, umringt von einer besonders dichten Menge: Kamos, ein etwa dreißigjähriger Mann, der schlicht gekleidet war, dessen Gesicht jedoch mit einem mystischen Glanz verklärt zu sein schien. Außer sich vor Zorn, verlangte er entschlossene Strafmaßnahmen, und seine Zuhörer lauschten ihm gebannt. Oft übertönten laute Verwünschungen gegen die Juden seine Stimme, vermischt mit dem Weinen und Klagen verzweifelter Witwen und Mütter.

»Bei Osiris!« brüllte Kamos. »Rächen wir unsere Toten, unsere schönen Toten, unsere großen Toten, unsere glorreichen Toten! Eine Horde von Barbaren hat unsere Väter, unsere Brüder, unsere Männer, unsere Söhne und Verlobten ertränkt! Diese Schandtat schreit nach Rache! Möge die Sonne sich verfinstern, möge der Himmel sich für immer in Trauer hüllen und mögen die Wasser des großen Stromes austrocknen, wenn morgen auch nur noch ein einziger Angehöriger jener abscheulichen Rasse den ägyptischen Boden beschmutzt! Rache!«

Gleich nach Kamos' letzten Worten wurden Fackeln entzündet und von fiebrigen Fäusten wild geschwenkt, so daß über der wogenden Menschenmenge tausend feurige Schmetterlinge zu schweben schienen. Und dann rannten die Ägypter ins Judenviertel, drangen dort in Häuser und Läden ein und schleppten Möbel, Kleider, kostbare Waren und Werkzeuge heraus. In blinder Zerstörungswut wurde alles zerbrochen, zerschlagen, zertrampelt und verbrannt.

Die Juden flehten um Gnade, versuchten sich zur Wehr zu setzen oder zu fliehen. Aber sie waren den animalischen Instinkten einer erbosten Bevölkerung hilflos ausgesetzt. Das erste Blut, das aus einer zertrümmerten Brust floß, stieg der Masse zu Kopf wie starker Alkohol. Sie wüteten schlimmer als Raubtiere. Kossut, der Goldschmied, wurde gevierteilt, und die Mörder tauchten ihre Hände mit wilden Schreien in sein Blut. Seine Kinder wurden in einem Schuppen entdeckt, ins Freie gezerrt und bei lebendigem Leibe verbrannt.

Den Schneider Aichar enthaupteten sie und spießten seinen Kopf auf eine Lanze – eine grausige Trophäe!

Die Frau von Sachem, dem Gewürzhändler, war schwanger. Man schlitzte ihr den Bauch auf und warf den Fötus ausgehungerten Hunden zum Fraß vor.

Manchmal teilte sich die Menge, um jubelnd einen Pferdewagen durchzulassen, an dessen Radnaben Juden gefesselt waren, die im Galopp auf dem Steinpflaster zu Tode geschleift wurden.

Überall spielten sich die gleichen Szenen ab. Die Ägypter brüllten sich, wie bei einer Jagd, die Zahl der von ihnen massakrierten Juden zu und fertigten aus abgeschlagenen Händen blutige Trophäen an.

Auch die Prostituierten blieben in ihrem Viertel nicht verschont. Freier, die noch gestern die schönen parfümierten Körper mit Küssen bedeckt hatten, vergewaltigten die Ärmsten nun brutal und töteten sie anschließend. Unvorstellbare Ausschweifungen gingen den Morden voraus. Bier und Met flossen in Strömen, ebenso wie das Blut.

Die ägyptischen Frauen standen den Männern an Grausamkeit nicht nach. Mit langen Nadeln stachen sie Augen aus; sie rissen Ohren ab und verstümmelten Geschlechtsorgane. Unerbittlich rächten sie sich an den Prostituierten für die Untreue ihrer Ehemänner, die sich ihrerseits mit Ketten aus den Eingeweiden ihrer einstigen Gespielinnen schmückten.

Auf dem Höhepunkt dieser mörderischen Raserei wurde die Menge plötzlich durch Alarmrufe aufgeschreckt. Drüben, in den südlichen Vierteln, schlugen Flammen zum Himmelsgewölbe empor, und ein purpurroter Schleier schien sich über die Stadt zu breiten.

»Es regnet Blut!« rief ein Ägypter entsetzt.

»Nein, Memphis brennt!« widersprach ihm ein anderer.

»Rette sich, wer kann!« schrie ein dritter. »Wir müssen unsere Häuser vor dem Feuer bewahren!«

Im selben Augenblick griff die Kavallerie an, um dem Massaker Einhalt zu gebieten.

»Aufhören! Sofort aufhören!« brüllte ein Offizier. »Auf Befehl des Staatsrats!«

Auf der Palastterrasse hoch über der Stadt standen die hohen Würdenträger und blickten besorgt auf das Meer von Blut und Feuer hinab. Der Brand griff rasch um sich. Die Hitze wurde immer unerträglicher. Pechschwarze Rauchwolken hingen über dem Flammenmeer, und ein beißender Gestank verpestete die Luft, als nicht nur Holz und Stoffe, sondern auch Menschen und Tiere verbrannten.

Die Untertanen des Pharaos hatten nur noch eine Sorge: ihre Stadt zu retten, die einer riesigen rotglühenden Schmiede glich. Die ganze Nacht hindurch kämpften Tausende verzweifelt gegen die Flammen. Und sie glaubten, daß Gott sie immer noch in Seinem Grimm heimsuchte.

Sie sollen durch das Wasser umkommen

Der Morgen graut. Die ganze Nacht hindurch haben Überlebende des Massakers versucht, aus Memphis zu flüchten, denn sie wußten, daß der Staatsrat zu später Stunde in Anwesenheit des obersten Richters und des Hohenpriesters über ihr Schicksal entscheiden würde. Doch an den Stadttoren sind sie von einer stählernen Garde aufgehalten worden. Wer versucht hat, die Mauern zu erklimmen, wurde in die Tiefe gestoßen und blieb mit zerschmetterten Gliedern in den Gräben liegen.

Qualvolles Röcheln von Sterbenden hat die gellenden Schreie abgelöst, von denen die Stadt während des Gemetzels und des Brandes widerhallte.

Außerhalb der Stadtmauern, inmitten der Ebene, wo sich in friedlichen Zeiten die Einwohner zu fröhlichen Spielen versammeln, bescheint an diesem Morgen eine bleiche Sonne einen jämmerlichen Haufen verwundeter Männer und Frauen, deren Wehklagen und inbrünstige Gebete zum Himmel emporsteigen. Soldaten haben die Hebräer in der milchigen Dämmerung hierhergebracht und halten sie nun mit Lanzen in Schach.

Um sie herum wimmelt es von Ägyptern, die herbeigeeilt sind, um der Verkündigung des Urteils über die Israeliten beizuwohnen.

Im Palast des Pharaos hat der Hohepriester den Schuldspruch gesprochen. Zutiefst in seinem fanatischen Stolz verletzt, war er unerbittlich. Die Überlebenden der von Amenophis angeführten Expedition haben diese Härte begrüßt. Ihrer Ansicht nach sind ihre Kriegskameraden einem feigen Hinterhalt zum Opfer gefallen und müssen gerächt werden. Auch der Tod des Pharaos und die ganz Ägypten zugefügte Schmach schreien nach Rache. Außerdem ist eine schnelle und radikale Bestrafung das einzige Mittel, um die Bevölkerung zu beruhigen.

Die Garde bahnt den Würdenträgern einen Weg durch die wogende Menge der Ägypter und durch die schreckensstarre Schar von Hebräern. Mit ernsten Mienen erklimmen die prunkvoll gekleideten Herren die purpurrote Tribüne, die mitten auf dem Platz emporragt und alle Blicke auf sich zieht. Sie versammeln sich um den Thron, der zum Zeichen der Trauer leer geblieben ist.

Tosender Beifall brandet auf, hallt über die Ebene und schlägt alsbald in haßerfüllte Verwünschungen der Juden um.

Laute Trompetenstöße gebieten Schweigen, und als Totenstille einkehrt, tritt der königliche Herold vor und verkündet:

»Ägyptisches Volk, die Untersuchung hat bewiesen, daß diese verabscheuungswürdigen Hebräer für das Ertrinken unseres illustren Herrschers und seiner Armee verantwortlich sind. Die Schuldigen haben eine exemplarische Bestrafung verdient, und das oberste Gericht schlägt ein Urteil vor, das jedoch vom Volkswillen gutgeheißen werden muß ...«

Nun tritt der höchste Richter vor und verliest dieses Urteil:

»Ihr erbärmlichen Sklaven, die ihr die Schuld tragt am Tod unseres geliebten Königs und seiner Begleiter, unzähliger Offiziere und Soldaten – ihr werdet dazu verurteilt, in denselben Wasserfluten zu sterben wie die pharaonische Armee. Euer Besitz wird konfisziert und soll fortan dem Wohl unseres Volkes dienen.«

Damit auch die Menschen, die weit hinten in der Menge stehen, dieses Urteil hören können, wird es an den vier Ecken des riesigen Platzes wiederholt. Ungeheurer Beifall erschallt.

Sobald das hohe Gericht sich in den Palast zurückbegeben hatte, wollte das Volk den Hebräern zu Leibe rücken, die – von der Garde in ordentlichen Kolonnen eingeteilt – durch die Wüste ans Ufer des Roten Meeres geführt werden sollten, nach Piha Hirot, wo Amenophis und seine Armee von den Fluten hinweggerissen worden waren. Die Soldaten hatten große Mühe, die Gefangenen vor der Menschenmasse zu beschützen.

Die Juden hatten den Urteilsspruch ruhig aufgenommen. Sie wußten, daß eine Revolte sinnlos wäre, aber sie hegten die stille Hoffnung, daß auch sie in letzter Minute durch jene wundersamen Fluten gerettet würden, die ihre aus Ägypten ausgezogenen Brüder und Schwestern vor dem sicheren Tod bewahrt hatten.

Die lange Elendskarawane mußte zunächst ganz Memphis durchqueren. In den Vierteln der Reichen begossen Sklaven sie mit kochendem Öl. In den einfacheren Vierteln mit kleinen würfelförmigen Häusern aus ockerfarbenen Lehmziegeln lauerte in jeder Tür eine neue Heimsuchung auf die Juden. Und dann zogen sie durch ihr eigenes verwüstetes Viertel und verzweifelten schier, weil es hier keinerlei Lebenszeichen mehr gab.

An den Stadttoren verloren die Bewohner von Memphis das Interesse daran, die Hebräer zu begleiten und zu beschimpfen. Sie überließen sie getrost dem Tod in der schrecklichen Wüste oder im Roten Meer. Im Laufe des langen Zwangsmarsches blieben denn auch immer mehr Männer und Frauen hinter der Kolonne zurück. Völlig erschöpft, mit ihrer Kraft und ihren Nerven am Ende, vermochte auch ihr Glaube sie nicht mehr zu stärken. Sie zogen es vor, im glühenden Sand zu sterben, der sie wie ein feuriges Leichentuch umhüllte, anstatt sich – halb verhungert und verdurstet – weiterzuschleppen, nur um schließlich ertränkt zu werden.

Jene, die wider jede Vernunft immer noch auf Jahwe vertrauten, marschierten mit wunden Füßen und leeren Augen, doch oft stimmte irgend jemand plötzlich einen monotonen Gesang an, und andere griffen ihn auf, so daß ein Chor entstand, der sich in der sengenden Wüste unwirklich und schaurig anhörte und der Garde auf die Nerven ging.

Die Soldaten hatten ihre Waffen längst in die Scheiden gesteckt. Wozu jetzt noch jemanden töten? Auch sie selbst waren erschöpft von der Sonnenglut, die jede Tatkraft schwinden ließ. Außerdem starben so viele Juden ganz von allein ... Ihre verwesenden Leichen würden der Armee auf dem Rückweg als Markierungszeichen dienen.

Nur der Truppenkommandeur Seti, der vom Tribunal mit der Urteilsvollstreckung beauftragt worden war, büßte nichts von seiner anfänglichen Energie ein, obwohl er bei der Katastrophe im Roten Meer keine nahen Angehörigen verloren hatte. Doch er war von dem Ehrgeiz besessen, eines Tages Oberbefehlshaber der pharaonischen Armee zu werden, und deshalb wollte er diesen lästigen Auftrag bravourös erledigen und trieb die Gefangenen ebenso wie seine eigenen Männer erbarmungslos voran, ohne ihnen eine Ruhepause zu gönnen.

Als die Reiter der Vorhut endlich das Meer erreichten, das spiegelglatt vor ihnen lag, konnten sie der Versuchung nicht widerstehen, darin zu baden, bevor sie – erquickt durch das herrliche Wasser – zurückgaloppierten, um der Karawane neuen Mut zu machen, die noch durch die glühende Wüste wankte. Als die Soldaten hörten, daß sie fast am Ziel waren, brachen sie in lauten Jubel aus.

Für die Juden bedeutete die Ankunft am Meer hingegen nur das Herannahen ihrer Todesstunde. Ihnen stand jetzt noch das letzte Martyrium bevor. Seti, der die ganze Sache möglichst schnell hinter sich bringen wollte, versammelte sie am Strand und verlas noch einmal das tragische Todesurteil. Das auserwählte Volk begann inbrünstig zu beten und flehte Jahwe an, es ein zweites Mal zu retten.

Die Truppe schwang ihre spitzen Lanzen und flachen Säbel. Doch als die Soldaten die Juden ins Meer treiben und ertränken wollten, wurde ihnen rasch klar, daß sie sich zu diesem Zweck selbst ins Wasser begeben mußten. Dabei wurden sie durch ihre Waffen behindert, und außerdem konnten nur die wenigsten schwimmen. Einigen gelang es trotzdem, einen Greis oder ein Kind zu ertränken, doch die meisten Hebräer gelangten außer Reichweite ihrer Häscher und rannten ans Ufer zurück.

Seti befahl wütend, sie wieder zusammenzutreiben, und beriet sich sodann mit seinen Offizieren. Sie diskutierten lange, denn es bestand Gefahr, daß ihre erschöpften Männer meutern und unverrichteter Dinge nach Memphis zurückkehren würden, falls die Juden nicht unverzüglich hingerichtet wurden.

Trotzdem zögerte Seti, sie einfach abschlachten zu lassen. Man hatte ihm befohlen, sie zu ertränken, folglich mußte er sie ertränken, denn Pflichterfüllung hatte für ihn eine geradezu religiöse Bedeutung. Zum Glück fiel einem der Offiziere, der sich in dieser Gegend gut auskannte, plötzlich ein, daß es drei Tagesmärsche entfernt einen schwindelerregenden hohen Felsen gab, der weit ins Meer hinausragte. Viele Legenden rankten sich um diesen Ort: er wurde »Felsen der Rache« genannt, und angeblich lauerten dort unsichtbare Gefahren.

Als die Israeliten erfuhren, daß sie von diesem Kap ins Meer gestürzt werden sollten, verzweifelten viele, während andere diese abgewandelte Hinrichtungsart als neues Zeichen der göttlichen Vorsehung ansahen.

In dieser Nacht hatten die Offiziere alle Mühe, die undisziplinierte Soldateska zur Ordnung zu rufen. Sobald der Morgen graute, setzte sich die Karawane in Richtung des »Felsens der Rache« in Bewegung.

Die nächsten drei Tage zogen sich unerträglich in die Länge. Die Meldereiter, die an der Küste entlanggaloppierten, konnten keinen Felsen sichten. Die Juden sangen wieder ihre monotonen Lieder. Ihr inbrünstiger Glaube wuchs von Stunde zu Stunde, von Minute zu Minute. Ein Mann namens Isaak diente der jämmerlichen Herde als guter Hirte. »Jahwe, der eure Brüder gerettet hat, wird auch euch retten«, versicherte er immer wieder, und seine unerschöpfliche Energie und magische Ausstrahlung stärkten die anderen und verliehen ihnen die Kraft, von ägyptischen Lanzen umringt, ihren Weg fortzusetzen.

Zu Tode erschöpft, erlebten sie ein Wunder. Denn jenen legendären Felsen gab es tatsächlich. Gewaltig ragte er wie eine Halbinsel ins Meer hinaus, und die Fluten griffen ihn seit Jahrtausenden vergeblich an. Doch Jahwe stand den Juden bei, denn die ägyptischen Soldaten sahen den Felsen nicht, weil ein Sandsturm über die Wüste fegte und die ganze Umgebung in eine dichte Staubwolke hüllte.

Und die Israeliten priesen dankbar die unendliche Güte ihres Gottes, der Sandsäulen aufwirbelte, um sein Volk vor dem Tod zu bewahren ...

Nach sechs Tagen wurde das Wasser knapp, und die Soldaten meuterten. Seti beriet sich wieder mit seinen bestürzten Offizieren, und es wurde beschlossen, die Juden in der Wüste einfach verdursten zu lassen, nachdem es unmöglich war, sie zu ertränken.

Sobald sie sich selbst überlassen waren, entzündeten die Israeliten große Sühnefeuer und versprachen ihrem Gott zahlreiche Brandopfer, sobald sie Tiere besitzen würden.[1] Einen Tag nach dem hastigen Rückzug ihrer Peiniger entdeckte ein junger Israelit in der Wüste eine Quelle. Die Geretteten stimmten einen mächtigen Lobgesang an. Isaak sah sich in seinem unerschütterlichen Glauben bestätigt und forderte seine Landsleute auf, weiter in die unbekannte Ferne zu ziehen, nachdem sie nicht zu ihren von Moses angeführten Brüdern und Schwestern gelangen konnten, weil das Meer eine unüberwindliche Trennlinie bildete.

Ein Mann, der Schreiber eines ägyptischen Großhändlers gewesen war, beschwor alle, Isaaks Rat zu befolgen, denn stromaufwärts gebe es am Nil ein märchenhaft fruchtbares Land, wo sie in Frieden und Freiheit leben und Landwirtschaft betreiben könnten.

Die anderen schenkten ihm Glauben und beschlossen, gen Süden zu wandern. Und bevor Isaak das Zeichen zum Aufbruch gab, verkündete er, daß von nun an bei jeder religiösen Zeremonie Sand aufgewirbelt werden sollte. Singend und be-

[1] Zur Erinnerung an den »Tag des Wunders« entzünden die Falaschen auch heute noch Sühnefeuer, aber ohne Tiere zu opfern.

tend machten sie sich auf den Weg, und die Starken trugen die Schwachen.

Die Ägypter berichteten, nach Memphis zurückgekehrt, daß viele Hebräer ertränkt worden seien, während andere in die Wüste flüchten konnten, wo sie aber zweifellos entweder verdurstet oder aber wilden Tieren zum Opfer gefallen seien.

Gott gerät in Vergessenheit

Die Juden erreichten schließlich die Hochebene von Simen, dreitausend Meter über dem Meeresspiegel, hundertachtzig Kilometer vom Roten Meer entfernt. Westlich davon lag Nubien, im Norden erstreckte sich die Wüste, und im östlichen Tiefland lebten die Assamariten. Diese Hochebene besaß eine üppige Vegetation, und die begeisterten Israeliten beschlossen, sich dort niederzulassen. Einige brachen bald auf, um die Umgebung zu erkunden, und weil es ihnen vor der Vertreibung aus Memphis gelungen war, Gold und Silber in den Säumen ihrer Kleidungsstücke zu verstecken, kehrten sie mit Vieh und Getreide zurück, das die einheimische Bevölkerung ihnen bereitwillig verkauft hatte. Die Juden konnten nun Viehzucht und Ackerbau betreiben, und sie waren äußerst aktiv, lebenslustig und arbeitsam. Was sie in Angriff nahmen, das betrieben sie mit Leib und Seele.

Niemals zuvor waren sie so glücklich gewesen. Sie sangen, wenn sie Schmuckstücke aus Gold und Silber fertigten, eine schwierige Kunst, die sie meisterhaft beherrschten. Auch bei der Feldarbeit, bei der Aussaat und den reichen Ernten sangen sie, und auch wenn sie ihre Häuser bauten. Ihre Kinder waren kräftig und schön. Und weil es ihnen so gut ging, vergaßen sie Jahwe nach und nach.

Dreihundert Jahre später erzählten die Alten zwar immer noch von jener blutigen Nacht in Memphis und vom Martyrium der Wüstenwanderung. Diese Geschichten wurden, legendär ausgeschmückt, von Generation zu Generation weitergegeben wie flackernde Fackeln, doch mit der Zeit verloren sie an Leuchtkraft und vermochten Jahwes Glorienschein nicht mehr aufrechtzuerhalten.

Trotzdem behielten sie die alten jüdischen Riten bei, ergänzt durch den Brauch, bei allen Freudenfesten oder Trauerfällen Sand in die Luft zu werfen. Diese symbolische Geste sollte an das Wunder am »Felsen der Rache« erinnern, dem sie ihre Rettung verdankten.

Doch dann wurden sie eines Tages von einem feuerspeienden Drachen bedroht, der furchterregend zischte und einen bestialischen Gestank verbreitete. In diesem apokalyptischen Wesen glaubten die Juden ihren Gott wiederzuerkennen, und sie machten ihn zu ihrem Götzen.

Jeden Sabbat nahten sie sich ehrfürchtig der Drachenhöhle, umringt von ihren Rabbinen, opferten dem gefräßigen Untier einen Bock und warfen sich vor ihm zu Boden, bis es gesättigt in seiner Felsenhöhle verschwand. Die Frommen beteten ihre furchterregende Gottheit an, indem sie ihre rechte Hand auf die Erde preßten und die linke zum Gruß erhoben. Denn nun hatten sie einen lebendigen Gott, und Jahwe, der Unsichtbare, der angeblich irgendwo auf den Wolken thronte, war gestorben.

Im Laufe der Jahrhunderte wurde das Leben auf der Hochebene von Simen straff organisiert. In Übereinstimmung mit den alten Gepflogenheiten hatten sich die Bewohner in zwölf Stämme aufgeteilt, aber sie wollten keine Waffen, weil sie friedliebend waren, und sie wollten keinen König, weil sie glücklich waren. Ihr unzugänglicher Adlerhorst blieb von Angreifern verschont. Von den benachbarten Völkern wußten sie nur, was ihnen Reisende erzählten, speziell jene kühnen und tüchtigen Kaufleute, die nach Simen kamen, um Schmuck zu kaufen. Eine Generation lernte von der anderen, daß künstlerische Begabung und Fantasie mit sorgfältiger Handarbeit kombiniert werden mußten, um Meisterwerke zu schaffen.

Der Goldschmied, den die Händler am häufigsten aufsuchten, um seine Kunstwerke später an Könige, Prinzen, reiche Bürger und Kurtisanen in der ganzen Welt weiterzuverkaufen, hieß Angebo und gehörte dem Stamm Juda an, der das Dorf Aksum bewohnte und seine fein ziselierten Ketten bereitwillig gegen Töpferware, kostbare bunte Stoffe und betörende Parfüms eintauschte.

Mit dem Erfolg wuchs auch Angebos Ehrgeiz. Er fühlte sich zu den Reisenden hingezogen, die ihm Geschichten aus ihren Heimatländern erzählten und ein Leben schilderten, das viel aufregender, abwechslungsreicher und prunkvoller als das der Bewohner von Simen war. Hin und wieder begleitete er auch die Händler, die in anderen Dörfern Holz oder Vieh kaufen wollten; er hörte sich ihre Heldentaten an, und eine abenteuerliche Welt tat sich vor ihm auf.

Wenn er an seinem Werktisch saß, stellte er sich oft vor, er wäre eine der flockigen Wolken am Himmel, die von Stadt zu Stadt, von Land zu Land zogen, dorthin, wo es imposante Monarchen und Paläste, Tavernen und käufliche Frauen gab. Reich und mächtig – das wollte auch Angebo sein.

Und eines Nachts verließ er Simen und folgte einem unsichtbaren Stern, der vor seinen Augen dennoch hell erstrahlte.

Angebo begegnet Ruth und Azaria

Er brach mit einem jener ägyptischen Händler auf, die schon alles gesehen hatten, weil sie von Kindheit an ständig auf Reisen waren. In jedem Königreich waren sie willkommen, wurden von einer großen Karawane begleitet und von einer Legion bewaffneter Diener beschützt.

Angebos Familie hatte ihn gesegnet, obwohl sie große Angst um ihn hatte. Welch eine Reise! Von der Hochebene hinab zum Nil, wo ein Segelschiff vor Anker lag. Die riesigen Nubier, glänzende Seefahrer, kamen ihm furchterregend vor, weil sie schwarz wie Ebenholz waren. Angebo erlebte ein Abenteuer nach dem anderen: lange Tage auf dem Fluß, dann plötzlich die Stromschnellen. Transport der Waren auf Kamelen bis zu einem anderen Segelschiff jenseits der Katarakte mit ihren tückischen schäumenden Wassermassen. Und schließlich Theben, das Reiseziel. Der Hafen. Die breiten Straßen mit ihrem Menschengewühl und den blitzschnellen Wagen. Die Basare, wo Händler mit dem Geschick von Zauberkünstlern Töpferware, Schmuck, Stoffe und Lederprodukte feilboten.

Angebo fühlte sich wie berauscht. Er war allein unterwegs, denn sein Reisegefährte mußte sich im Hafen mit einem Schwarzhändler einig werden, um seine Waren zu verkaufen, ehe er von den Schreibern kontrolliert wurde, die hohe Einfuhrzölle verlangten.

Später machte der Händler Angebo jedoch mit einem seiner Freunde bekannt, der die Pharaonen und Prinzessinnen mit Kleinodien belieferte, und Angebo wurde bei den vier ägyptischen Goldschmieden einquartiert, die in einem kleinen Haus neben der Werkstatt des Meisters wohnten.

Der Mann aus Simen kam aus dem Staunen nicht heraus, und manchmal schwirrte ihm der Kopf vor lauter ehrgeizigen Plänen, denn ihn gelüstete nach dem märchenhaften Reichtum und Prunk, der in Theben stolz zur Schau getragen wurde. Schon bald trug er sich mit dem Gedanken, seinen Gönner zu verlassen und auf eigene Faust irgendeinen Beruf auszuüben, egal welchen, wenn er nur erträglich war, denn Angebo wollte viel Gold und Silber verdienen, um sein Leben genießen zu können.

Mit unglaublicher Schnelligkeit eignete er sich alles an, was er in seiner neuen Umgebung zu sehen und zu hören bekam. In kurzer Zeit erlernte er die ägyptische Sprache. Seine angeborene Intelligenz hatte durch den Kontakt mit Priestern, die schreiben, zeichnen, in den Sternen lesen und den Lauf der Welt erklären konnten, Nahrung erhalten. Nun mußte sie ihm nur noch den kürzesten Weg zum Erfolg weisen.

Doch auch Angebos Triebe waren seit der Ankunft in Theben erwacht, und er kämpfte nicht lange gegen diese Gelüste an, zumal seine Kollegen sich während der Arbeit ihrer zahllosen Abenteuer mit schönen Kurtisanen rühmten.

Bald begleitete Angebo seine Kameraden in Tavernen, Spielhallen und Konzertsäle, wo nicht nur fahrende Musikanten aus aller Welt auftraten, sondern auch nackte Tänzerinnen, die sich unglaublich anmutig und aufreizend bewegten.

Mit besonderer Vorliebe suchten die Goldschmiede jedoch die Spielhallen auf, wo sie mit etwas Glück ihre ohnehin beträchtlichen Einnahmen vermehren konnten. Beispielsweise konnte man Wetten abschließen, welcher der beiden Hähne, deren Klauen mit Stacheln aus Bronze ausgestattet wurden, den Kampf blutüberströmt überleben würde. Anderswo wurden Ziegenbock-, Hunde- und Leopardenkämpfe veranstaltet, die für eines der Tiere ebenfalls tödlich endeten, während das andere – meist röchelnd – zum Sieger erklärt wurde, worauf die Menge in Hurrarufe ausbrach und der Inhaber der Spielhalle mit stoischer Ruhe die Gewinne auszahlte. Wenn die Goldschmiede bei diesen barbarischen Wetten einige Münzen gewonnen hatten, begaben sie sich in die Tavernen, wo man Met und Bier aus Schläuchen oder großen Krügen trank. Spät nachts traten dort Tänzerinnen auf, die sich zu den Rhythmen ihrer Heimatländer verführerisch bewegten.

Ein luxuriöses Tanzhaus weckte Angebos besonderes Interesse. Der Besitzer, ein alter lasterhafter Ägypter, nutzte bei den Tanzvorführungen geschickt nicht nur die Lüsternheit, sondern auch das Spielfieber seiner Gäste aus, zu denen reiche Kaufleute und angesehene Bürger ebenso zählten wie Fremde, die sich auf der Durchreise in Theben aufhielten, und betrunkene Seeleute. Als Angebo dieses Etablissement betrat, sah er eine hohe, schmale Bühne, die mit kostbaren Stoffen überzogen war. Die drei schönsten Tänzerinnen von ganz Theben zeigten hier nacheinander ihre Künste. Die eine war eine freigelassene griechische Sklavin mit hellem Teint und langen, zarten Gliedern. Die zweite war eine üppige Nubierin. Die dritte hatte erstaunliche Ähnlichkeit mit den Frauen aus Angebos Volk: braune Haut, schwarze Augen und ein sinnlicher Mund mit vollen Lippen. Wie die anderen Tänzerinnen war sie nackt, und Angebo folgte einem unerklärlichen Impuls, als er sie zu sich rief.

Ohne Umschweife sagte er ihr, daß er sie besitzen wolle, doch sie erwiderte, das sei nicht möglich, weil sie einer der

Hauptgewinne bei der Lotterie sei, die ihr Herr allabendlich veranstaltete. Dieser erklärte Angebo, die Gäste könnten auf die beste Tänzerin setzen. Auch Angebo schrieb die Nummer der Schönen auf ein Stück Papyrus und warf es in den vor ihr stehenden Sack, wobei er ihr hoffnungsvolle Blicke schenkte.

»Gleich wird man die Papyri in jedem Sack zählen«, berichtete sie, »und sollte mir das Glück beschieden sein, die meisten Zettel zu bekommen, so habe ich gewonnen und darf den zehnten Teil der auf mich gesetzten Summe behalten.«

»Und die Wettenden?«

»All jene, die auf mich gesetzt haben und meine Nummer auf dem Kontrollabschnitt ihrer Spielscheine vorweisen können, gewinnen.«

»Und was gewinnen sie?«

»Die Einsatzsumme des heutigen Abends wird unter ihnen aufgeteilt.«

»Und was ist mit den Verlierern?« fragte Angebo beharrlich.

»Mein Herr bietet ihnen eine Entschädigung an«, erklärte die Schöne lachend. »Sie können ihren Kontrollabschnitt in den Sack der Tänzerin werfen, die sie bevorzugen, und sie selbst wirft einen weißen Abschnitt hinein. Nacheinander dürfen die Männer dann in den jeweiligen Sack greifen und einen Abschnitt ziehen. Wer den weißen zieht, hat gewonnen.«

»Und wenn ich dieser glückliche Gewinner wäre?«

»Dann gehöre ich dir, du törichter Fremdling, und du hast das Recht, mich nach Herzenslust zu lieben«, erwiderte die Schöne, bevor sie sich anmutig entfernte.

Ihre weiche, wohlklingende Stimme, alles an ihr faszinierte Angebo. Sie schien intelligent zu sein, konnte sich gut ausdrücken und wirkte in diesem obszönen Etablissement fehl am Platz. Und ihren geschmeidigen Körper verschlang er förmlich mit seinen Blicken.

Wenn sie tanzte, trug jeder einzelne Körperteil das seine zum vollkommenen Gesamtbild bei. Ihre Arme glichen Schlangen aus Licht. Ihr glatter Bauch leuchtete wie der Mond. Ihre Hüften waren biegsam wie das Schilfrohr am Nil.

Ihre Brüste wippten wie reife Früchte, und ihre langen Beine schienen den Boden kaum zu berühren.

Angebo mogelte bei der Lotterie. Er mogelte, um zu den Verlierern zu gehören, und dann mogelte er abermals, um zu gewinnen. Nur der Besitzer, der Mann mit dem unergründlichen Lächeln, hatte es bemerkt, aber er griff nicht ein, denn er wußte, daß es den anderen Gästen völlig gleichgültig war, ob sie sich mit der üppigen schwarzen Nubierin oder mit der hellhäutigen zarten Griechin vergnügen durften. Sie wollten nur eines: irgendeine Frau, egal welche. Man mußte schon so romantisch veranlagt sein wie Angebo, um sich in ein Freudenmädchen zu verlieben.

Das alles versuchte der alte Ägypter dem jungen Fremdling klarzumachen, indem er einfach die Hand ausstreckte – eine Geste, die als Einladung, aber auch als Drohung gedeutet werden konnte. Angebo begriff und ließ sich auf die Erpressung ein, denn indem er den Alten kaufte, kaufte er die schöne Tänzerin.

Sie zog ihn in ihre Kammer und warf sich in seine Arme. Als er ihre weichen Brüste an seiner Brust spürte, wurde er vor Lust fast ohnmächtig, und als er sie in Besitz nahm, glaubte er den Himmel von Simen zu sehen.

Es widerfuhr ihm zum erstenmal, daß eine ägyptische Kurtisane in ihm heftiges Heimweh nach seinem Land weckte, und er konnte selbst nicht verstehen, warum er sich so zu dieser geheimnisumwitterten Tänzerin hingezogen fühlte, bis er – nach abwechslungsreichem Liebesspiel, das ihm eine Ekstase sondergleichen bescherte – erfuhr, daß sie Jüdin war.

»Ich bin nicht von hier«, gestand sie ihm. »Ich heiße Ruth und bin Israelitin. Meine Eltern und Großeltern lebten in Jerusalem. Meine Mutter war Kurtisane in Jafo, einem Hafen, der eine Tagesreise von meiner Geburtsstadt entfernt ist. Dort lernte sie meinen Vater kennen, einen reichen Händler, der sich in sie verliebte und jahrelang bei ihr blieb. Doch eines Tages brachte er Mutter und mich mit seinem Segelschiff nach Theben, und hier verließ er uns. Meine Mutter starb an gebrochenem Herzen, und ich wurde mit fünfzehn Jahren an diesen alten Ägypter verkauft, der aber immerhin meine Begeisterung für Musik und Tanz teilte.«

»Du bist Jüdin? Es gibt in Theben also Juden?« wunderte sich Angebo.

»Viele«, erwiderte sie ernst, »aber sie bleiben unter sich. Wenn du die Menschen deiner Rasse liebst und deiner Religion nicht abtrünnig geworden bist, werde ich dich ihnen vorstellen, mein Liebster.«

Seine Religion? Für Angebo bestand sie aus der Anbetung des monströsen Drachen. Als er Ruth das erzählte, lachte sie schallend, so daß er in Wut geriet. Sie besänftigte ihn mit gekonnten Liebkosungen und erklärte ihm dann, daß es keinen Drachen gebe, der mit dem Gott aller Juden verglichen werden könnte. Angebo hörte ihr zu, und obwohl sie seinen Glauben ins Wanken brachte, schlummerte er schließlich zwischen ihren Brüsten ein, die so weich und zart wie Rosenblätter waren.

Ruth gefiel dieser Mann, der so kindlich und begeisterungsfähig war und sich grundlegend von ihren üblichen Freiern unterschied. Gleich am nächsten Tag stellte sie ihn Azaria vor, dem Rabbiner, der nicht nur über enormes Wissen verfügte, sondern auch über ein weiches Herz.

Vereint im Denken und Fühlen

Vierzehn Jahre später schloß sich eines Morgens ein Mann der großen Handelskarawane an, die sich am Nil einschiffte. Angebo kehrte nach Simen zurück, gereift und reich, nicht nur an materiellen Gütern, sondern auch an Wissen und Erfahrung. Schwer beladene Sklaven folgten ihm erschöpft in gebührendem Abstand – ein Beweis dafür, daß er es in Ägypten weit gebracht hatte.

Als er später an Deck des Einmasters lag, der mit geblähten Segeln auf dem Nil dahinglitt, ließ Angebo im Geiste sein Leben noch einmal an sich vorbeiziehen. Der Abschied von Azaria hatte ihm tiefen Schmerz bereitet, denn die Lehren des Rabbiners hatten seinen Geist und seine Seele geformt.

Seit das Freudenmädchen Ruth ihn vor vielen Jahren mit dem thebanischen Juden bekannt gemacht hatte, waren die Gespräche mit dem Weisen und die Studien, die er unter dessen Anweisung betrieb, seine größte Freude gewesen. Azaria war ein bescheidener Mann, aber er war sehr stolz auf seinen begabten, wissensdurstigen und sensiblen Schüler, den er ins Herz geschlossen hatte. Nach Kräften hatte er sich bemüht, den Ehrgeiz dieses feurigen Israeliten in vernünftige Bahnen zu lenken und seine Leidenschaften zu zügeln.

Den größten Einfluß hatte der Rabbiner jedoch auf Angebos spirituelle Entwicklung ausgeübt, indem er ihn mit einer göttlichen Mission betraute. Wie oft waren sie zusammen in Karnak gewesen, wo Azaria den zum Glauben seiner Väter zurückgekehrten jungen Mann immer wieder auf ein Zitat hinwies, das auf Befehl des Pharaos Amenophis IV. an öffentlichen Gebäuden eingraviert worden war: Vereint im Denken und Fühlen.

Die tiefe Moral dieses göttlichen Befehls begeisterte Angebo, und er bezog ihn – ebenso wie sein Lehrer – auf das jüdische Volk, das in alle Welt zerstreut war. Gott bestrafte es durch tausend Katastrophen und Heimsuchungen für die Sünde des Individualismus. Die Israeliten waren schwach, weil es ihnen in der Vergangenheit an Eintracht und Glaubensstärke gemangelt hatte. Deshalb mußte das auserwählte Volk irgendwann in ferner Zukunft wieder zusammengeführt werden, doch solange das territorial unmöglich war, sollten all jene Juden, in deren Seelen ein prophetisches Feuer brannte, wenigstens versuchen, die Bande einer moralischen Solidarität neu zu knüpfen.

Vereint im Denken und Fühlen.

Welch erhebende Mission für einen jungen Mann mit mystischen Neigungen! Auch Saul und David hatten versucht, sie in die Tat umzusetzen. Saul, ein Hirte, war der erste König von Israel geworden. Warum sollte nicht auch ein Goldschmied aus Simen zum Hirten des großen israelitischen Volkes werden können?

Das bedeutsamste Ereignis während Angebos Aufenthalt in Ägypten war jedoch die Ermordung des Pharaos in seinem eigenen Palast gewesen, dem nach einer kurzen Zeit der Wirren und Unruhen ein vom Volk gewählter Usurpator auf den Thron folgte. Dieser Usurpator hatte den Aufstand selbst heimlich geschürt, um an die Macht zu gelangen.

Angebo hatte mit einem Male geglaubt, daß auch seine eigenen kühnen Träume durchaus Wirklichkeit werden könnten, und der Rabbiner Azaria hatte ihn in dieser Ansicht bestärkt und auf erstaunliche Parallelen hingewiesen: Der neue Pharao hatte keine vornehmere Herkunft als Angebo, und das Volk war bereit, einem ehrgeizigen und starken Mann zu gehorchen, wenn er nur Befehle zu erteilen verstand. Das Glück war mit dem Tüchtigen.

Vier Wochen später erreichte Angebo ohne Zwischenfälle seine Heimatstadt Aksum. Seine Ankunft wurde gefeiert wie die eines Sohnes, der von einer Reise ans Ende der bekannten Welt reich und mächtig zurückgekehrt war.

In Simen hatte sich nichts verändert. Das Leben plätscherte immer noch so sanft und eintönig dahin wie ein Fluß. Auch die Gepflogenheiten waren noch die alten: jeden Sabbat verschlang der Drache die Opfertiere, die das gläubige Volk ihm angsterfüllt darbrachte.

Obwohl Angebos Geist nun schon lange durch den Glauben an Jahwe erleuchtet war, opferte er dem lokalen Idol nach seiner Rückkehr den schönsten Bock der ganzen Region. Er war liebevoll zu seiner Familie, ehrerbietig zu den Magiern, Rabbinen und zum Patriarchen. Das Haus, das er sich in Aksum bauen ließ, war das größte im ganzen Land. Dort richtete er auch seine Werkstatt ein, um weiterhin kostbare Gegenstände aus Gold und Silber zu fertigen.

Angebo war klug genug, seine Landsleute nicht vor den Kopf zu stoßen, auch wenn er sich ihnen überlegen fühlte. Bald blickten alle bewundernd zu ihm auf. Er heiratete Rachel, die schöne Tochter des Patriarchen, die ihn an Ruth erinnerte.

Eines Abends starb der Patriarch, und der Goldschmied begriff, daß er nun die Früchte seiner langjährigen Anstrengungen ernten konnte, denn der Tod des von allen geachteten Mannes hinterließ eine schmerzliche Lücke, die es rasch zu schließen galt. Der Patriarch war in Simen eine Autoritätsperson ohnegleichen, mit beträchtlichem Einfluß auf das weltliche und religiöse Leben.

Dank dem enormen Wissen, das er in Ägypten erworben hatte, kostete es Angebo keine Mühe, zum Patriarchen gewählt zu werden, und damit hatte er die Schwelle zu einem neuen Abschnitt seines gefahrvollen Lebensweges überschritten.

Die in Theben gesammelten Erfahrungen kamen ihm in seiner Position sehr zugute. Er wollte sein Volk auf eine höhere Entwicklungsstufe heben. Zu diesem Zweck ließ er eine Schule errichten und organisierte den Unterricht. Nach seinen Entwürfen wurden auch Straßen gebaut, um den Handelsverkehr zu erleichtern. Die Bewohner von Simen kamen aus dem Staunen nicht mehr heraus, doch Angebo selbst war mit dem Erreichten nie zufrieden, weil es noch unendlich viel zu tun gab. Wenn er abends seine Frau, die jung, leidenschaftlich und vertrauensvoll war, in die Arme nahm, sagte er oft: »Eines Tages wirst du Königin sein, und ich werde dein König sein.« Dann lachte sie fröhlich, ohne zu glauben, daß es ihm mit seinen Worten ernst war.

Kein Wunder, denn er hatte sie nie in seine ehrgeizigen Pläne eingeweiht, um sie nicht zu verstören. Und lange Zeit erzählte er ihr auch nichts von seiner glühenden Liebe zu Jahwe. Doch eines Morgens berichtete er ihr: »Ich hatte einen Traum – einen Traum, der noch schöner war als all die Märchen und Geschichten, die ich dir je erzählt habe.«

Ein Engel sei ihm im Traum erschienen, schwindelte er, ein strahlender Engel mit Purpurflügeln, und dieses sanfte und doch furchterregende Wesen habe ihm befohlen: »Angebo, steh auf. Bekenne deinen Glauben an Jahwe, den Gott der Juden. Er wird dich zum gefürchteten und verehrten Prinzen deines Volkes machen.«

Die Frau des Patriarchen war entzückt über diesen schönen Traum, in dem ein Himmelswesen vorkam, doch sie erschrak, als ihr klar wurde, daß Angebo den religiösen Auftrag ernst nahm.

»Ich will diesen Befehl des Himmels ausführen«, verkündete er. »Ich will gehorchen. Ich muß gehorchen. Gottes Fingerzeig weist uns den richtigen Weg. Jahwe hat mich erleuchtet. Morgen werde ich mich zu dem Felsen begeben, wo der schreckliche Drache haust. Ich werde mich vor seiner Höhle fesseln lassen. Und du wirst mir helfen, Frau.«

Angebo verlangte von ihr absoluten Gehorsam und totales Stillschweigen, weil andernfalls der fürchterliche Zorn der Gläubigen sie beide treffen könnte. Erst nachdem sie geschworen hatte, niemandem ein Wort zu verraten, erläuterte er ihr seinen Plan.

»Wenn ich gefesselt vor der Drachenhöhle liegen werde, mußt du mir das weiße Schaf bringen, dem du zuvor die Milch aus diesem Krug zu trinken gegeben hast. Sei getrost und guten Mutes, fürchte dich nicht und vertrau mir. Der Drache wird sterben, sobald er das Schaf verschlungen hat.«

Der inbrünstige Glaube ihres Mannes machte großen Eindruck auf Rachel. Sie zweifelte noch, widersprach aber nicht mehr. Angebo wiederholte unermüdlich: »Du gibst dem Schaf diese Milch zu trinken und bringst es mir dann. Andernfalls wird sich der Drache auf mich stürzen und mich fressen.«

Aus Liebe zu ihm gehorchte sie.

Am nächsten Tag versammelte der Patriarch seine Schreiber und Sklaven um sich und begab sich mit großem Pomp zum Marktplatz. Mit Hilfe von Zimbeln und Trompeten erregten die Sklaven die Aufmerksamkeit der Einwohner, und die Schreiber riefen: »Der Patriarch hat euch etwas mitzuteilen.«

Groß und imposant stand Angebo inmitten der Menge, und sein Gesicht war von der Glut verklärt, die sein Leben lang in ihm gelodert hatte.

Er redete sehr lange und eindringlich, und die Menschen von Simen lauschten ihm gebannt und tief beeindruckt, denn er rief ihnen in blumenreichen Schilderungen die schöne Legende ihrer Vorfahren ins Gedächtnis.

Der Auszug der Juden aus Ägypten unter der Führung von Moses. Die Verfolgung durch das Heer des Pharaos. Die

Angst der am Roten Meer zusammengetriebenen Juden, und dann – hosianna! – das Wunder: die Verfinsterung des Himmels, das Tosen der Wassermassen, die sich teilten und hohe Mauern bildeten, zwischen denen die Israeliten trockenen Fußes das Meer durchqueren konnten. Der Untergang der Ägypter in den Fluten, die sich plötzlich wieder schlossen. Die Rache von Memphis, das Massaker und das Todesurteil des Gerichtshofes. Das Martyrium des Marsches durch die Wüste bis zum Felsen der Rache und der dichte Sandsturm, der den verfluchten Felsen unsichtbar machte – ein Wunder, an das der heilige Ritus des Sandwerfens erinnerte, auf daß die Juden dem Herrn in alle Ewigkeit für ihre Errettung dankbar seien.

Angebos Rede rüttelte die Menge auf, denn er geißelte mit scharfen Worten die Undankbarkeit der Menschen von Simen, die Jahwe vergessen hatten, sobald es ihnen gutging, und die statt dessen ein Idol anbeteten, einen lächerlichen Drachen, dem sie in ihrer Naivität göttliche Macht zuschrieben.

Leises Murren ging durch das Volk, als Angebo es wagte, seine Religion anzugreifen, doch es verebbte so schnell wie das Wogen eines Kornfeldes nach einem Windstoß. Angebo hatte die Menge unter Kontrolle, aber er wußte, daß er mit jedem weiteren Wort sein Leben aufs Spiel setzte. Doch sein Selbstbewußtsein ließ ihn auch jetzt nicht im Stich, und so ignorierte er die Gefahr, hielt seinen gebannten Zuhörern weiter den Spiegel vor und verhöhnte ihre Leichtgläubigkeit. Welche Wunder hatte der Drache denn jemals gewirkt? Er, der Patriarch und Kultdiener, sage diesem Idol den Kampf an, denn während jene Länder, wo die Menschen unbeirrt an Jahwe glaubten, reich, mächtig und fruchtbar seien, leide Simen nun schon seit Jahren unter allen möglichen Katastrophen, unter Wirbelstürmen, Krankheiten und Bränden.

»Es ist der schädliche Einfluß des Drachen, der euch all diese Leiden einbringt, denn Jahwe ist ergrimmt über eure Treulosigkeit und bestraft euch dafür.«

Wie vom Donner gerührt, vernahm die Menge diese kühnen Worte, doch nachdem Angebo sie ein letztes Mal ermahnt und seine eigene Bekehrung geschildert hatte, schüttelten sie die Furcht ab, die sie beim Gedanken an Jahwes Zorn befallen hatte, und brüllten:

»Ein Sakrileg!«

»Er lästert Gott!«

»Steinigt ihn!«

»Er muß sterben, sonst wird die Rache des Drachen über uns kommen!«

Scheinbar unbeeindruckt von diesen Drohungen, verlangte Angebo noch einmal gehört zu werden, und nachdem die Ältesten ihm diese Gunst gewährt hatten, schleuderte er der aufgebrachten Menge eine letzte Herausforderung entgegen: »Steht es euch an, darüber zu entscheiden, ob euer Kult oder der meinige dem wahren Gott wohlgefällig ist? Beseelt von meinem unerschütterlichen Glauben, bin ich bereit, mein Leben zu opfern, um eure Seelen zu erleuchten. Ich werde der angeblichen Macht eures Götzen trotzen. Bringt mich zu ihm und fesselt mich vor seiner stinkenden Höhle! Wenn der Drache wirklich Gott ist, so wird er mich verschlingen, und dann triumphiert euer Glaube über den meinigen. Doch wenn der Drache mich verschont, so bedeutet das, daß Jahwe Seine schützende Hand über mich hält, mich erleuchtet und mir Seine Macht überträgt. In diesem Falle werdet ihr, geliebtes Volk von Simen, allen Götzen abschwören, in Zukunft nur noch den einzig wahren Gott anbeten und mich zum König salben.«

Wider Willen tief beeindruckt vom Opfermut des Patriarchen, wagte niemand, Einspruch gegen seinen Vorschlag zu erheben, zumal er sogar verlangte, unverzüglich zum Domizil des Drachen gebracht zu werden.

Unterwegs schlossen sich immer mehr Menschen dem Geleitzug an. Die einen weinten, die anderen lästerten. Angebo selbst schritt gelassen seinem Schicksal entgegen.

Vor der Höhle des Drachen wurde er in starke Fesseln gelegt, doch seine Arme wurden nicht gebunden, denn er hatte sich ausbedungen, daß seine Frau ihm zweimal am Tag etwas zu essen und trinken bringen durfte, und die Ältesten hatten diesem Wunsch stattgegeben.

Alle waren eilig nach Hause zurückgekehrt, denn das Untier konnte jederzeit hervorkommen, um sein wehrloses Opfer zu verschlingen. Kurze Zeit später kam Angebos treue Gemahlin zur Höhle. Sie zitterte vor Angst, doch sie zog, wie ihr befohlen, das weiße Schaf hinter sich her, dem sie die Milch aus dem Krug zu trinken gegeben hatte. Der Patriarch nahm ihr das Tier ab, schickte sie fort und begann schrill zu pfeifen, so wie die Gläubigen es taten, um ihr Idol herbeizurufen.

Der Drache ließ nicht lange auf sich warten, und Angebo warf ihm das Schaf in den gierig aufgerissenen Rachen. Sobald das Ungeheuer es verschlungen hatte, bekam es krampfartige Zuckungen. Der mächtige Leib schien von inneren Wellen geschüttelt zu werden. Es kroch in seine Höhle zurück, rollte sich zusammen, richtete sich wieder auf und rannte vor Schmerzen gegen die Felswände an. Schließlich stürzte es zu Boden, und seine Augen schlossen sich. Der göttliche Drache war im Begriff, sein Leben auszuhauchen.

Doch der Tod ließ lange auf sich warten. Die ganze Nacht hindurch mußte Angebo das gräßliche Röcheln erdulden, aber endlich ging die Sonne auf, und Menschen eilten herbei, um ihn von seinen Fesseln zu befreien und im Triumphzug zu seinem Haus zu tragen. Und während sie ihn feierten, dankte der Patriarch insgeheim dem weisen Rabbiner Azaria, der seinen Schüler auch in der komplizierten Wissenschaft der Gifte unterwiesen hatte.

Du wirst ein großer Herrscher sein

Glänzendes Gold, funkelnde Edelsteine, Fanfaren und Umzüge. Spiele, Lichterglanz, Gesang und Festlichkeiten. Die Bevölkerung von Simen, das sich plötzlich zu einer Nation gewandelt hatte, sperrte vor Staunen Mund und Nase auf, denn Angebos Krönung ging mit dem gleichen Prunk vonstatten, wie es bei entsprechenden Zeremonien benachbarter Großmächte üblich war.

Zwei Könige aus Nubien waren zu den Feierlichkeiten eingeladen worden. Beide hatten eine besondere Vorliebe für glanzvolle Auftritte mit ihren Truppen, mit feurigen Pferden, wilden Kriegstänzen und mit Wagen voller Geschenke. Ein Negerkönig hatte seinen ganzen Hofstaat und seine Frauen mitgebracht und sich mit allen Attributen seiner Würde behängt. Auch ägyptische Prinzen waren gekommen, und sogar ein Herrscher aus dem fernen Arabien, vom anderen Ufer des Roten Meeres, hatte die weite Reise auf sich genommen, um dem neuen Monarchen, der offenbar über wundersame Kräfte verfügte, die gebührende Ehre zu erweisen.

Alle hatten kostbare Geschenke nach Aksum, der Hauptstadt des Königreichs Simen, mitgebracht: rassige Pferde, weiße Kamele, kräftige Sklaven von allen Märkten Afrikas, Töpferware, Schmuck und Stoffe.

Angebo nahm all diese Gaben huldvoll entgegen. Die Einwohner von Aksum jubelten den ausländischen Gästen zu, weil sie noch nie solchen Prunk gesehen hatten, doch der neue Monarch selbst ließ sich von diesem Glanz nicht blenden, sondern bewahrte einen kühlen Kopf. Er hatte sein Ziel erreicht, weil er sich kühn über alle Konventionen hinweggesetzt hatte und bereit gewesen war, sogar den Tod zu riskieren. Noch jung genug, um eine glänzende persönliche Zukunft vor sich zu haben, ging es ihm nun aber hauptsächlich darum, die Fortdauer der jungen Monarchie zu sichern.

Sein Palast war in Aksum in großer Eile erbaut worden, und das ganze Volk von Simen hatte dazu beigetragen, ihn würdig zu gestalten. In diesem Palast hatte Angebo Gemächer für seinen alten Lehrer Azaria reserviert; nicht nur, weil er ihm viel verdankte, sondern auch, weil er den Lehren und Weissagungen des Rabbiners von Theben größte Bedeutung beimaß. Ferner wäre der Weise ein ausgezeichneter Ratgeber bei wichtigen Vorhaben wie dem Abschluß von Freundschaftsverträgen mit den Nachbarstaaten und der Sicherung der Grenzen. Das Königreich Simen benötigte zunächst einmal eine Garde, und auf lange Sicht schwebte Angebo eine Armee nach ägyptischem Vorbild vor, die in ganz Afrika nicht ihresgleichen hatte, was Disziplin und Flexibilität anbelangte.

Als Eroberer konnte sich Angebo freilich noch nicht feiern

lassen, doch schon jetzt wurde ihm als »Stellvertreter des großen Jahwe, Herr über Tag und Nacht, Lenker der Gestirne
und Spender fruchtbaren Wassers« gehuldigt. Und eines
Abends begab er sich an den Ort, wo er das Idol vergiftet hatte, angetan mit einem Prunkgewand, dessen prächtige Stickereien an Flüsse gemahnen sollten, während die Edelsteine
Sterne symbolisierten. Im Schein der untergehenden Sonne
funkelte sein Geschmeide aus Gold und Silber derart, daß die
Zuschauer den Eindruck hatten, der König wäre eine Licht-
gestalt, die in allen Regenbogenfarben erstrahlte. Seine Gemahlin, die nun tatsächlich Königin war, folgte ihm bewundernd und gläubig, denn in ihren Augen – ebenso wie in den
Augen des ehrfürchtigen Gefolges – war Angebo ein Über-
mensch.

Der König betrachtete den Steinhaufen, unter dem der
gräßliche Drache begraben lag. Das war ein neuer Ritus: Jeder Einwohner von Simen hatte einen Stein geworfen, zum
Zeichen, daß er dem alten Glauben abschwor. Doch der neue
Herrscher befahl, daß die Steine abgetragen und der Kadaver
vergraben werden sollte, denn er wollte nicht, daß irgend etwas die Menschen an das Idol erinnerte.

Und während Angebo dort stand und am Himmel nach
dem Stern suchte, der ihn sein Leben lang geleitet hatte,
wünschte er sich nichts sehnlicher als einen Sohn.

Die Reine

König Abir herrschte über die Assamariten, ein lebensfro-
hes Volk, das unter seiner blutigen Gewaltherrschaft jedoch
viel zu leiden hatte.

Er hatte an Angebos Krönung nicht teilgenommen. Seine
tapferen und kampferprobten Armeen führten ständig Krieg,
während der friedliebende Herrscher von Simen in seinem
Land Jahwes Geboten Geltung verschaffte, eine Gesetzgebung schuf, neue Schulen, Synagogen und Brücken bauen
ließ und den Handel förderte. Doch Angebos Ehrgeiz er-
schöpfte sich keineswegs in solchen Projekten. Sein König-

reich, auf einer Hochebene gelegen, glich einem Adlerhorst, und oft schweiften seine Blicke sehnsüchtig und neidisch über die Grenzen hinweg in Abirs Reich, das sich einer Perle von unschätzbarem Wert rühmen konnte: der Hafenstadt Muttowa.

Ein direkter Zugang zum Meer war von entscheidender Bedeutung für den Wohlstand einer Nation. In Muttowa gab es große Verladekais, und in den tiefen Docks lagen stolze Schiffe vor Anker. Wenn dieser Hafen am Roten Meer in Angebos Besitz wäre, könnten alle in Simen produzierten Waren auf dem Seeweg, an Bord eigener Schiffe, die ausländischen Märkte erobern.

Doch es war für eine junge Nation immer gefährlich, sich mit einer unerfahrenen Armee auf ein Kriegsabenteuer einzulassen. Militärische Schwäche mußte durch Listenreichtum ausgeglichen werden, und durch diese Vorgehensweise gelang es Angebo tatsächlich, König der Assamariten zu werden.

Doch zuvor bedurfte es einer sorgfältigen, geduldigen Planung: eine von Simen aus geschürte Revolte im Nachbarstaat. Tatkräftige Hilfe von Glaubengenossen, die in Muttowa lebten. Schließlich führte das zum Sieg. Abir wurde gefangengenommen und in Aksum eingekerkert, und seine Hauptstadt wurde von Angebos Truppen umzingelt und ergab sich kampflos. Nun konnte er seinen anderen Ruhmestiteln noch den des »Eroberers« hinzufügen, doch mit wesentlich mehr Stolz erfüllte ihn die Tatsache, daß er nun an der Reede von Muttowa stehen und zusehen konnte, wie seine Schiffe mit bunten geblähten Segeln – großen Vögeln gleich – ausliefen, um in fernen Ländern den Ruhm des Königreichs zu erhöhen, das unter Jahwes Schutz stand.

Während das jubelnde Volk Angebos Triumph feierte und der besiegte Abir sich vor ihm in den Staub warf, versammelte Azaria – der tatsächlich nach Aksum gekommen war, um über die Reinheit der Lehre zu wachen – alle Rabbinen und Würdenträger, um mit ihnen ein Problem zu erörtern, das allen sehr am Herzen lag: Der König hatte immer noch keinen Sohn, dem er eines Tages die ihm von Gott übertragene Macht vererben könnte. Die Rabbinen schlugen vor, ihr Herrscher solle seine Frau verstoßen und eine andere Israelitin heiraten, die ihm einen Erben schenken würde. Azaria jedoch wußte, daß Angebo, als er gefesselt vor der Drachenhöhle lag, zweimal den Treueschwur gegenüber seiner Gemahlin erneuert hatte und niemals wortbrüchig werden würde. Dem Weisen gelang es schließlich, sie in seinem Sinne zu überzeugen, und es wurde beschlossen, daß auch nach Angebos Tod Jahwe über Simen regieren solle, in der Person von Mammete, der erstaunlich aufgeweckten Tochter des Herrschers.

Gemeinsam begaben sie sich zum König und erklärten ihm, daß niemand, selbst wenn er ein Prinz oder Kaiser wäre, jemals so ruhmreich regieren könnte wie Angebo. Dieser ihm von Gott verliehene Ruhm könne nur fortdauern unter einem Menschen von Angebos Fleisch und Blut, und deshalb solle – entgegen den üblichen Gesetzen – Mammete, die einzige Tochter des Königs, einst in Simen regieren, auf daß Jahwe auch in Zukunft Seine schützende Hand über das Land halten möge.

Angebo war zunächst überglücklich über diese Entscheidung der Rabbinen und Würdenträger, doch ihn packte heftiger Zorn, als sie hinzufügten, Mammete müsse, um Königin werden zu können, vor dem ganzen Volk schwören, ihr Leben lang Jungfrau zu bleiben. Die Geistlichen erklärten, nur auf diese Weise könne verhindert werden, daß irgendein ausländischer Prinz, in den Mammete sich verlieben könnte, Angebos Thron einnähme, der so heilig wie ein Altar sei. Der Eroberer mußte zugeben, daß sie recht hatten.

Es zerriß ihm fast das Herz, zum Wohle seines Volkes seinem geliebten Kind das Opfer jungfräulicher Reinheit auferlegen zu müssen. Mammete, die schon jetzt, im Alter von sieben Jahren, bezaubernd war, würde ihr Leben lang auf die Liebe verzichten müssen, auf Sinnenlust, tröstliche Umarmungen und Mutterschaft.

Er rief seine Tochter zu sich und betrachtete lange dieses ovale Gesicht, in dem die großen violetten Augen zwei Sternen glichen. Mammete war lebhaft und kokett. Sie bewegte

sich mit der Anmut und Geschmeidigkeit einer jungen Raub-
katze, und sie hatte das feurige Temperament und den Eigen-
sinn ihres Vaters geerbt. Es würde ihr zweifellos schwerfal-
len, ihre Leidenschaften zu zügeln. Der König beschloß
deshalb, ihr nach besten Kräften zu helfen. Fortan würde er
sie wie einen Knaben erziehen: Sie würde Bogenschießen
und Lanzenwerfen lernen, und ihre Lehrer sollten nicht nur
ihre wache Intelligenz fördern, sondern auch ihren Geist formen, so daß sie, zur jungen Frau herangereift, gegen Liebe
und Sinnlichkeit gefeit sein würde.

Ganz Simen feierte Mammete als zukünftige Königin. In Aksum gab es ein großes Fest, fast so prunkvoll wie jenes anläßlich von Angebos Krönung, denn der Schwur der jungen
Prinzessin sollte allen im Gedächtnis bleiben. Vor den Patriarchen, Rabbinen, Feldherren, Würdenträgern und ausländischen Delegationen opferte das Mädchen seiner Nation alle
Freuden einer Frau.

»Ich, Mammete«, sprach sie mit kristallklarer Stimme,
»einzige Tochter des illustren Angebo, des Herrschers über
Simen, anerkenne in Übereinstimmung mit meinem Vater,
dem König, und meiner Mutter, der Königin, den Beschluß
des Volkes, und ich schwöre feierlich, immer Jungfrau zu
bleiben. Diesen Schwur darf ich niemals brechen, und deshalb werde ich fortan den Namen MAKEDA tragen.«

Regungslos stand die »Reine« – denn das bedeutete der
Name Makeda – unter dem königlichen Baldachin, und alle
weltlichen und geistlichen Würdenträger huldigten ihr und
leisteten den Treueschwur.

Angebo hatte die Herrschaft seiner Dynastie in der nächsten Generation gesichert, ohne das Wort zu brechen, das er
seiner Frau einst vor Jahwe gegeben hatte. Und insgeheim
hoffte er, daß Gott in Seiner grenzenlosen Güte erneut ein
Wunder wirken würde, damit Makeda, der Reinen, eines Tages doch noch das Glück zuteil würde, durch eigene Kinder
den weiteren Fortbestand dieser Dynastie zu sichern.

Makeda beim Pharao

Der Pharao, der in Theben, der »Stadt der hundert Tore«, residierte, war erstaunt über den Prunk des Zuges, der an diesem Morgen – von Herolden mit Trommeln, Pauken und Rasseln angekündigt – den Thronsaal betrat.

Dieser Saal, der die riesigen Ausmaße eines öffentlichen Platzes hatte, war mit purpurnen Pfeilern ausgestattet. Ein karmesinrotes Zeltdach schmückte die Decke, und die in Granit gemeißelten Fresken beschworen glanzvolle Episoden der pharaonischen Herrschaft herauf. Das Kranzgesims dicht unterhalb der Decke war mit goldenen Palmwedeln und prächtigen Emaillearbeiten verziert. Der Mosaikboden schimmerte in verschiedenen Farben: blau, grün, rot und weiß. Aus Alabasterschalen auf tatzenförmigen Dreifüßen stiegen betörende Düfte auf.

Der Thron – ein Meisterwerk aus Ebenholz, übersät mit Gold und Silber – stand auf einem dreistufigen Podest und war mit Wildeselfellen weich gepolstert. Auf diesem Thron sitzend, bewunderte der Pharao die Erscheinung, die sich ihm näherte, und ihm schien so, als erstrahlte sein prächtiger Saal plötzlich in neuem Glanz.

Nackt unter einer leichten Tunika aus schillernder Gaze, mit kostbarem Schmuck behängt, bewegte sie sich mit unglaublicher Anmut. Über ihrem schönen Gesicht türmte sich eine kunstvolle Frisur, die einen Vogel darstellen sollte, und ihr dichtes schwarzes Haar war wie geschaffen für dieses Kunstwerk, das mit Nadeln aus Gold und Silber verziert war. Die schmalen Fesseln wurden ebenso wie die Handgelenke von Goldreifen umschlossen, die mit Karneolen, Lapislazuli, Achaten und Hämatiten geschmückt waren. Ringe funkelten an ihren zarten Fingern. Die Miniaturen auf ihrem Schulterkragen aus Emaille waren meisterlich, und den Schwanenhals zierten Ketten mit Amuletten.

Sie schritt an ihren Standartenträgern vorbei, kniete vor dem Thron nieder, berührte mit der Stirn die Stufe aus massivem Gold und sprach in gepflegtem Ägyptisch, das den Pharao vollends bezauberte: »Illustrer Pharao, ich bin Makeda.

Mein Vater Angebo, König von Simen, schickt mich zu dir. Ich bin deine demütige Dienerin und entbiete dir allen Respekt. Mögen dir Gesundheit und Friede beschieden sein! Geruhe in deiner unendlichen Güte, die Geschenke anzunehmen, die ich dir von meinem Vater überbringen soll.«

Auf eine Geste Makedas hin stellten Sklaven, die an ihrer Last schwer zu tragen hatten, mehrere Truhen vor dem Thron des huldvoll lächelnden Pharaos ab.

»Komm näher, meine kleine Gazelle«, erwiderte er in väterlichem Ton. »Die Götter haben deinen Vater gesegnet, indem sie ihm ein so schönes und mutiges Kind wie dich schenkten.«

Makeda küßte das rechte Knie des Herrschers, der ihre Stirn zum Zeichen seines Schutzes mit der Lilie berührte, die sein Zepter zierte. Sodann stellte die Prinzessin ihm ihr Gefolge vor – allen voran Amram, ihren Onkel und Lehrer, sowie Haggith, ihre Cousine und Gouvernante. Wie das Zeremoniell es vorschrieb, empfahl sie ihre Begleiter dem Wohlwollen des Pharaos. Dann öffneten die Sklaven die Truhen.

Die erste war aus Ebenholz, ein Meisterwerk der geschicktesten Handwerker von Simen, mit Intarsien aus Gold und Silber. Aus einem kleinen Loch in einem falschen Deckel zog Makeda schelmisch eine unglaublich lange und feine Goldkette hervor, die sie gewandt um ihren Körper und um ihren linken Arm schlang.

»Die Länge dieser Kette ist ein Symbol für den Respekt, den mein Vater und ich dir entgegenbringen, o Pharao! Und daß ich die Kette um mich geschlungen habe, soll unsere Hoffnung ausdrücken, daß wir deiner Sympathie teilhaftig werden.«

»Die Symbolik ist sehr gelungen«, nickte der Herrscher. »Doch wann kommt das Ende dieser Kette zum Vorschein?«

»Diese Kette ist endlos«, erwiderte die Prinzessin fröhlich, »genauso wie unsere Achtung vor dir.«

Sie ließ die Kette wieder in den falschen Deckel gleiten, öffnete ihn und holte eine Perlenkette hervor – Perlen von solcher Reinheit, von solchem Glanz, daß der Pharao ganz hingerissen war.

»Diese Perlen habe ich höchstpersönlich fischen lassen«, erklärte die Prinzessin. »Sie symbolisieren die Reinheit meiner Absichten, denn ich bin, wie du ja weißt, ›die Reine‹: Ich habe geschworen, bis zum Tode Jungfrau zu bleiben, um stark und unbeeinflußt über mein Volk herrschen zu können.«

»Lege mir diese Kette selbst um den Hals, du reinste aller Perlen«, bat der Pharao.

Das Geplauder der Jungfrau und ihr vornehmes Auftreten hatten ihn betört, und noch mehr betörte ihn die Nähe des zierlichen Körpers, als sie ihm die Kette um den Hals legte. Ihr Parfum wirkte auf ihn so berauschend wie Weihrauch, und er konnte der Versuchung nicht widerstehen, diese junge Schönheit mit den kleinen melonenförmigen Brüsten und der seidigen Haut in die Arme zu schließen. Doch die Zwölfjährige riß sich heftig los und bedachte ihn mit einem Blick, in dem sich solche Angst, Bestürzung und Auflehnung widerspiegelten, daß der Pharao sowohl Mitleid als auch Respekt verspürte.

»Makeda«, sagte er gütig, »möge Osiris dich beschützen. Kein Mann in meinem Reich wird dich begehren oder berühren dürfen, ohne sich meinen schrecklichen Zorn zuzuziehen.«

Makeda war beruhigt und gab ihren Sklaven ein Zeichen, die zweite Ebenholztruhe zu öffnen. Zwölf Goldbarren holte sie daraus hervor und legte sie auf die Thronstufe.

»Dies ist ein weiteres Geschenk meines Vaters. König Angebo möchte mit diesem kostbaren Metall, das in seinem Reich gewonnen und bearbeitet wird, einen bescheidenen Beitrag zur Ausschmückung des herrlichen Palastes leisten, in dem du mich zu empfangen geruhst.«

Makeda fügte zwölf Silberbarren hinzu und erklärte, diese seien eine Gabe des Volkes von Simen. Dann öffneten ihre Sklaven die dritte und letzte Truhe. Die Prinzessin brachte Stoffe von unglaublicher Farbenpracht hervor, Tuche, doch vor allem Seide, die in Ägypten wenig bekannt war und die Bewunderung des Pharaos hervorrief.

»Dies ist ein Geschenk meiner Mutter, der Königin. Es ist

für deine illustre Mutter bestimmt, o König aller Könige. Doch das ist noch nicht alles, denn ich habe dir aus Simen sieben weiße Pferde edelster Rasse mitgebracht. Wenn du sie vor deinen Wagen spannen läßt, wirst du schneller sein als jeder Vogel in den Lüften.«

Damit war die Übergabe der Geschenke beendet.

Nachdem sie sich in den Gemächern, die der Pharao ihr zur Verfügung gestellt hatte, etwas ausgeruht hatte, wurde Makeda, von einer Ehrengarde begleitet, zur Mutter des Pharaos geführt.

Prinz Amram und Prinzessin Haggith, denen die Verantwortung für diese Reise übertragen worden war, atmeten erleichtert auf. Seit sie die ägyptischen Grenzen überschritten hatten, war ihnen überall ein triumphaler Empfang zuteil geworden, und nun mußten sie zugeben, daß Angebos kühner Plan ein großartiger Erfolg war.

Wo könnte eine junge Prinzessin die schwierige Kunst des Regierens lernen, die schon für einen Mann mit großen Gefahren verbunden war, um so mehr für eine Frau? König Angebo hatte sich glücklicherweise an Ägypten erinnert, dessen neue Hauptstadt Theben mehr als eine Million Menschen beherbergte und von beispielloser Pracht war. Der Eroberer hatte beschlossen, Makeda zur Vervollkommnung ihrer politischen und gesellschaftlichen Erziehung dorthin zu schicken, und er hatte Azaria sogleich in seine Pläne eingeweiht. Dieser hatte noch am selben Tag die zuverlässigsten und schnellsten Kuriere zum Großrabbiner von Theben gesandt, der ihm geantwortet hatte, Prinzessin Maaka, eine Israelitin, die durch eine gute Partie bei Hofe verkehrte, sei bereit, dem Pharao Angebos Anliegen vorzutragen.

Der Gottkönig, ein friedliebender und kultivierter Mann, der sich für Wissenschaft und schöne Künste interessierte, hatte eingewilligt, das junge Mädchen aufzunehmen, das eines Tages Königin von Simen sein würde, weil er sich von diesem Kind eine willkommene Ablenkung von seinen anstrengenden Staatsgeschäften erhoffte. Schwieriger war es gewesen, die Mutter des Pharaos zu überzeugen, die eifersüchtig über die Witwerschaft ihres Sohnes wachte und sich für ihn eine Wiederverheiratung erträumte, die mit beträchtlichen territorialen Gewinnen verbunden wäre. Deshalb hatte sie sich nach Makedas genauem Alter erkundigt, und sie hatte auch wissen wollen, ob der angebliche Reinheitsschwur nicht nur eine List sei, um das Begehren des Pharaos anzustacheln. Maaka hatte sie beruhigt und ihr versichert, das sei nicht der Fall, und schließlich hatte auch sie eingewilligt, Angebos Tochter mit allen einer Prinzessin gebührenden Ehren zu empfangen.

Allerdings hatte sie sich vorgenommen, Makeda mit einer Mischung aus Liebenswürdigkeit und Strenge zu begrüßen, denn unwillkürlich fragte sie sich wieder, ob ihre junge Besucherin nicht doch vielleicht – wenngleich selbst ahnungslos – für einen Verführungsplan eingesetzt wurde, dem der gutgläubige Pharao zum Opfer fallen könnte. Ihre Majestät, deren Macht fast so groß wie die ihres Sohnes war und die von Philae bis Heliopolis gefürchtet wurde, ruhte auf einer *alga*, die mit Federkissen aus rotem Leder und reich bestickter Seide ausgestattet war. Der Pharao saß neben ihr auf einem Schemel aus Zedernholz mit goldenen Beinen, die Hunde darstellten. Dies war ein Empfang im kleinen Kreise, ohne jedes Zeremoniell. Teilnahmslose Sklaven fächerten die schwere Luft mit großen Wedeln, während andere geräuschlos umherhuschten und dafür sorgten, daß die Weihrauchgefäße nicht erloschen.

Als Makeda hereingeführt wurde, verklangen gerade die letzten Töne einer sanften Harfenmusik. Die Königsmutter musterte das junge Mädchen lange und eindringlich, und was sie sah, gefiel ihr.

Aufgeregter, als sie im großen Thronsaal vor dem Pharao gewesen war, huldigte die Prinzessin dieser ehrfurchtgebietenden Frau und bot ihre Geschenke dar. Danach wünschte Ihre Majestät auch Prinz Amram und Prinzessin Haggith zu sprechen. Sie sollten ihr von Makedas wundersamem Schwur, von den Plänen des Königs Angebo und von den Hoffnungen des Volkes von Simen berichten.

Die Auskünfte der beiden fegten ihre letzten Bedenken

hinweg, und nun stellte sie das junge Mädchen unter ihren persönlichen Schutz. Nachdem sie nur einen Sohn hatte, der von den Pflichten seiner ungeheuren Macht völlig in Anspruch genommen wurde, war sie mit Freuden bereit, sich dieses Königskindes anzunehmen, so als wäre es ihre eigene Tochter. Sie befahl, daß Makeda in einem Flügel ihres Palastes wohnen solle. Auf diese Weise würde sie persönlichen Einfluß auf deren Erziehung nehmen und eine vollkommene Prinzessin aus ihr machen können. Und indem sie dem Pharao diese Sorge abnahm, schloß sie als kluge Herrscherin und erfahrene Mutter zugleich auch jedes Risiko von Gefühlsverstrickungen und daraus resultierenden Komplikationen mit dem König von Simen aus.

Ihr hübsches Köpfchen an die Knie der Majestät gelehnt, schlief Makeda – müde und von einer schweren Sorgenlast befreit – selig ein.

Makedas erste Versuchung

Wie lebte eine Prinzessin, die schön wie die Sonne war, aber ewige Keuschheit gelobt hatte, an einem Hofe, dessen von aller Welt bestaunter Prunk im Grunde nur dazu diente, die Liebe zu verherrlichen?

Die Liebe! Die Ägypter verstanden sehr viel von der Tiefe der Gefühle, von unbegreiflichen – gleichsam magischen – Anziehungskräften und von Sinnenfreuden, die es bis zum letzten Tropfen auszukosten galt, wie einen Wein von besonderer Güte. War es nicht ganz natürlich, daß die Prinzessin beim Anblick des schönen und stolzen Pharaos mitunter ins Träumen geriet? Zum Glück besaß der Herrscher genügend Willenskraft, um Makedas überwältigendem Charme zu widerstehen, doch er hätte Domedo, einem mutigen, aber versonnenen Jüngling, nicht erlauben dürfen, die sechzehnjährige Makeda so oft bei der Jagd zu begleiten, denn sie stellte alle ägyptischen Schönheiten mühelos in den Schatten.

Diverse hohe Würdenträger hatten bereits mit List und Tücke versucht, sie zu erobern. Ihre angeborene Koketterie wurde oft falsch ausgelegt, und ihre instinktive Weiblichkeit rief allgemeine Bewunderung hervor. Prinzen lagen ihr zu Füßen und hätten alles getan, um ihre Gunst zu gewinnen. Manche bestachen sogar ihre Kammerfrauen, in der vergeblichen Hoffnung, auf diese Weise ans Ziel ihrer Wünsche zu gelangen.

Andere wollten sie durch schmachtende Musik oder betörende Düfte verführen. Dichter wurden durch sie zu überschwenglichen Lobeshymnen inspiriert, doch trotz dieser allgegenwärtigen sinnlichen Atmosphäre blieb Makeda stets »die Reine«.

Ihre Seele war so jungfräulich wie ihr Körper. Ihre Sinne waren nicht geweckt, bis Domedo sie eines Tages im Schutz eines Mimosenstrauches leidenschaftlich küßte.

Seine Lippen glitten von ihrem karmesinrot geschminkten Mund zu ihrem Schwanenhals hinab, streiften an ihren Brüsten entlang, weiter abwärts zu den muskulösen nackten Beinen und kleinen Füßen. Lustvolle Schauer überliefen Makeda, und sie erschrak darüber, riß sich schreiend los und flüchtete in ihr Gemach, wo sie, immer noch verwirrt, einen heftigen Kampf mit sich ausfocht. Schließlich vergrub sie sich wieder in ihre Arbeit, um jede Versuchung von sich fernzuhalten.

Nachdem sie nun schon vier Jahre am Hofe des Pharaos lebte, barg die Regierungskunst für sie keine Geheimnisse mehr. Sie hatte studiert, wie das komplizierte Räderwerk der Verwaltung im Riesenreich funktionierte, und sie hatte Feldherren um sich geschart und ihren Schreibern befohlen, detaillierte Berichte über die verschiedenen Strategien anzufertigen. Begeistert von den mächtigen Pyramiden, Obelisken und Sphinxen, hatte sie sich geduldig von Architekten belehren lassen. Sie pflegte engen Kontakt mit Dichtern und Astrologen und ließ sich den Handel von Kaufleuten erklären, die Ägyptens Reichtum mehrten. Alle staunten über ihre schnelle Auffassungsgabe und Intelligenz, und keiner zögerte, dieser ebenso schönen wie arglosen Prinzessin die Geheimnisse ihrer Berufe zu verraten.

Zugleich besuchte sie aber auch eine jener »Schulen der

Eleganz«, wo alle Ägypterinnen – die einfachsten wie die vornehmsten – lernen konnten, wie man Männer betört. Hier wurden sie in der Kunst der Körperpflege und des Schminkens unterwiesen: Mit Hilfe feiner Pinsel und Spatel aus Sykomorenholz wurden parfümierte Cremes und Farben aufgetragen, Finger- und Zehnägel wurden gefeilt und gefärbt, so daß sie kostbaren Edelsteinen glichen. Auch die Haare benötigten viel Pflege und mußten zu originellen Frisuren aufgetürmt, mit goldenen Nadeln und Kämmen verziert und zuletzt gepudert werden.

Diesen Unterricht legte die Königsmutter allen Prinzessinnen besonders ans Herz. Sie mußten ferner tanzen lernen, und die kompliziertesten Figuren verlangten sowohl geschmeidige Glieder als auch Einfühlungsvermögen in die ägyptische Seele. Makeda besaß beides, und weil sie von klein auf Sport getrieben hatte, war sie in Gymnastik sogar ihren Lehrerinnen überlegen. Doch es genügte nicht, schön, anmutig und gebildet zu sein: Man mußte auch noch singen, Harfe spielen und standesgemäß auftreten können. Makedas Lehrer waren überrascht gewesen, wie mühelos diese Ausländerin die Gesetze der Harmonie, die protokollarischen Regeln und sogar die Schauspielerei erlernte. Oft unterhielt sie den Pharao, indem sie mit ihren Freundinnen Pantomimen aufführte.

Nach ihrer Rückkehr in die Heimat wollte die Prinzessin von Simen vieles nach thebanischem Vorbild organisieren – Hofleben, Regierung und Handel –, und deshalb bat sie ihre einflußreichsten Lehrer, Offiziere, Gelehrte und Künstler, sie nach Aksum zu begleiten. Als Gegenleistung stellte sie ihnen Wohlstand, Ehrentitel, Ländereien und Privilegien in Aussicht. Die meisten willigten ein, ihr – wann immer sie wollte – in jenes ferne Königreich zu folgen, dessen Schönheiten und Reichtümer sie ihnen beredt geschildert hatte.

Schon einmal hatte sie geglaubt, Ägypten überstürzt verlassen zu müssen, aus Angst, ihren Schwur nicht halten zu können. Die Mutter des Pharaos, die sich ihrer Menschenkenntnis rühmte, hatte sich in den Kopf gesetzt, daß die

Prinzessinnen nicht nur untadelige Ehefrauen, sondern auch verführerische Gespielinnen ihrer Männer sein sollten, damit die sinnenfreudigen ägyptischen Prinzen nicht in Versuchung gerieten, ihre Gemahlinnen zu verstoßen, was stets die Gefahr in sich barg, daß Ausländerinnen in die königliche Familie eindringen und – Holzwürmern gleich – die Dynastie zersetzen könnten.

Die Herrscherin wußte, daß weibliche Unerfahrenheit oft zum Ehebruch führte, und deshalb hatte sie in aller Heimlichkeit einen »Liebesunterricht« ins Leben gerufen, der von einem Meister in dieser Kunst erteilt wurde, assistiert von einigen Jünglingen und Kurtisanen.

Der Palastsaal, in dem diese Kurse abgehalten wurden, war mit einer riesigen Statue von Amarchis, der Liebesgöttin, in lüsterner Pose geschmückt. Die Säulen hatten eine Phallusform. Erotische Basreliefs zierten die Wände, und die Mosaiken auf dem Fußboden zeigten alle möglichen Variationen des Liebesaktes.

Räucherpfannen verströmten sinnenbetörende Düfte. Die niedrigen Liegen aus Bronze oder vergoldetem Holz waren mit weichen Fellen bedeckt, und Harfen und Mandolen trugen mit schmeichelnden Tönen zur erotischen Atmosphäre bei.

In diesem Liebestempel lernten die Prinzessinnen die Kunst, die männliche Begierde zu reizen und seine Sinne stets aufs neue zu entflammen. Eine kluge Gemahlin mußte wissen, was sie zu tun hatte, damit der Mann ihrer nicht rasch überdrüssig wurde, und deshalb lehrten erfahrene Kurtisanen den Schülerinnen von königlichem Blut ihre Geheimnisse erotischer Zärtlichkeiten. Anhand eines berühmten assyrischen Lehrbuchs wurden auch die verschiedenen Positionen, die bei der körperlichen Vereinigung für Abwechslung sorgten, durchgenommen und geprobt, und die Prinzessinnen stritten sich oft um die Gunst, von den schönen jungen Männern, die für diesen Unterricht bezahlt wurden, nicht nur theoretisch belehrt zu werden.

Makeda war die einzige Ausländerin, die an diesen Erotikkursen teilnehmen durfte, an denen niemand etwas Anstößiges fand, und es machte ihr viel Spaß, mit einem von der Königsmutter ausgewählten Lehrer die verschiedenen Phasen der Leidenschaft zu mimen. Doch getreu ihrem Schwur bestand sie darauf, unberührt zu bleiben. Ihr Lehrer hatte Order, ihre Keuschheit zu respektieren, und obwohl er ihr versicherte, daß sie ihre Sinnenlust befriedigen könnte, ohne die Jungfräulichkeit einzubüßen, ließ sie sich nicht in Versuchung führen.

Eines Tages, als die anderen Prinzessinnen in den Armen ihrer Partner vor Lust stöhnten, versuchte der Lehrer, Makeda zu überwältigen. Bestürzt flüchtete sie aus dem Liebestempel und flehte die Königsmutter an, sie von diesem Unterricht zu befreien. Die Herrscherin bedauerte insgeheim sowohl die junge Prinzessin, die ihr Leben lang auf sinnliche Genüsse verzichten mußte, als auch all jene Männer, die sich in sie verlieben würden, erfüllte jedoch Makedas Bitte. Von nun an sollte sie sich statt dessen mit den Kriegern im Speer- und Diskuswerfen üben, lernen, mit fester Hand Rennwagen zu lenken, an Wettkämpfen teilnehmen, gegen Athleten kämpfen und Pferde bändigen, die schneller als der Wind galoppierten.

Noch nie hatte eine Frau in Ägypten diese anstrengenden Sportarten betrieben; sie waren den Männern vorbehalten, weil sie viel Muskelkraft und einen scharfen Blick erforderten. Doch Makeda konnte es durchaus mit dem starken Geschlecht aufnehmen, und sogar der Pharao geruhte oft zuzuschauen, wenn die halbwüchsige Prinzessin, die ihre weiblichen Instinkte unterdrücken mußte, sich bei allen möglichen Wettkämpfen auszeichnete. Und weil er glaubte, sie wäre gegen die Liebe gefeit, erlaubte er dem Prinzen Domedo, sie bei der Jagd zu begleiten.

Doch damit setzte er Makeda ungewollt einer neuen Versuchung aus. Das wollüstige Treiben im Liebestempel hatte sie viel weniger erregt als Domedos zärtliche, sehnsüchtige Blicke, und seine leidenschaftlichen Küsse waren für sie weit gefährlicher als die routinierten Annäherungsversuche ihres Lehrers, denn sie hatte sich in den jungen Prinzen verliebt.

Dem Großrabbiner von Theben, der oft mit Makeda zusammenkam, blieb die Verwirrung ihres jungfräulichen Herzens nicht lange verborgen. Bestürzt befahl er ihr, in die Synagoge zu kommen. Zu diesem Anlaß mußte sie Männerkleidung tragen und ihr schönes ovales Gesicht ebenso wie die dichten schwarzen Haare mit einem Schleier verhüllen, der nur die großen violetten Augen frei ließ. Im Angesicht Gottes ließ der Großrabbiner sie den Schwur wiederholen, den sie als Kind in Aksum abgelegt hatte.

Prinzessin Maaka erhielt den Auftrag, Makeda als Anstandsdame zu begleiten und abzulenken, damit das verliebte junge Mädchen nicht ständig an Domedos heiße Küsse dachte, und der Großrabbiner ließ König Angebo ferner die Botschaft überbringen, seine Tochter – nunmehr eine vollkommene Prinzessin – wünsche ihren Aufenthalt in Ägypten zu beenden und möglichst bald zu ihrem geliebten Vater zurückzukehren, den sie bitte, ihr dies zu erlauben. Angebo antwortete, er warte sehnsüchtig auf seine Thronerbin. Bis zu Makedas Abreise versuchte der Großrabbiner mit allen Mitteln, Domedo von ihr fernzuhalten, und bei diesem Vorhaben wurde er von der Königsmutter unterstützt, die in der Liebe der beiden jungen Leute ebenfalls eine große Gefahr sah.

Die Abschiedszeremonien waren noch glanzvoller, noch prächtiger als der einstige Empfang. Die Prinzessin, die ihrem Schwur treu geblieben war, wurde allgemein bewundert und gerühmt. Doch während sie zerstreut diesen Lobreden zuhörte, suchte Makeda in der Menge der ägyptischen Würdenträger nach dem Gesicht des Mannes, der ihr Herz und ihre Sinne geweckt hatte. Sechzehn Jahre alt, erlebte sie ihren ersten Liebeskummer.

Fanfaren und Hochrufe ertönten, als ihr Schiff ablegte, doch sie hörte es kaum, denn sie dachte nur an Domedo.

Der Tod des Propheten

Prinzessin Makeda schloß ihrem Vater andächtig die gebrochenen Augen und schrie ihren Schmerz laut hinaus. Es war Morgen. Die ganze Nacht hindurch hatte der alte König hohes Fieber gehabt, aber er war bis zum Schluß bei klarem Verstand gewesen und hatte den Tod gelassen erwartet. Ganz allein mit seiner Tochter, hatte er in dem großen Schlafzimmer nach den Händen seiner Nachfolgerin gegriffen und ihr ein letztes Mal mit eindringlichen Worten klargemacht, welch schweres Erbe sie antrat, welche Verantwortung es bedeutete, Königin von Simen zu sein.

In dieser selben Nacht hatten die Untertanen ängstlich zum Himmel emporgeblickt und die Sterne befragt. Ein Komet mit Feuerschweif hatte in schwindelerregender Pracht genau in jenem Augenblick den Himmel durchquert, als der König seinen Geist aushauchte.

Für die Menschen stand fest, daß es einen engen Zusammenhang zwischen beiden Ereignissen gab, daß Jahwe in Seinem feurigen Wagen gekommen war, um Angebo ins Reich der Auserwählten zu bringen, wo der große Prophet nun ewig leben würde. Aksum trauerte, und ebenso trauerten alle anderen Städte und Dörfer. Die vom Schmerz überwältigte Prinzessin klagte am Totenbett ihres Vaters. Im Palast wurden alle Vorhänge abgenommen und alle Teppiche zusammengerollt, denn aus einem Trauerhaus mußte jedweder Luxus verbannt werden, weil vor Gott alle Toten gleich sind. Die Fußböden aus glatten Ziegeln wurden mit feinem Sand bestreut.

Der Leichnam wurde aus dem prunkvollen Bett gehoben und behutsam auf eine schlichte Bahre gebettet, die mit der *chamma* des Propheten bedeckt war – dem einzigen Symbol seiner göttlichen Macht, das nicht mit dem Tode erlosch. Makeda hatte in aller Eile ein schlichtes gelbes Gewand angezogen und allen Schmuck abgelegt. Ihr langes schwarzes Haar fiel ungeflochten über den Rücken. Sie rieb sich die Wangen mit einem groben Tuch, bis Blut aus der zarten Haut perlte. Mit blutigem Gesicht – zum Zeichen ihres tiefen Schmerzes – empfing sie die Würdenträger, deren Gesichter genauso zugerichtet waren und die mit ihr in den schrillen und doch monotonen Chor der Klageweiber einstimmten. Gespräche waren untersagt. Nur Tränen durften fließen, und zu Füßen der Totenbahre besangen Poeten den Ruhm des Monarchen.

An diesem und am nächsten Tag defilierten Tausende weinend am Palast vorbei, der sich in ein Grab verwandelt hatte.

Am übernächsten Tag fand das Begräbnis statt.

Der König hatte sein Mausoleum schon zu Lebzeiten in die Felsen schlagen lassen, und zu dieser letzten Wohnstatt begab sich nun der feierliche Trauerzug. In ein weißes Leichentuch gehüllt, wurde der Herrscher von Rabbinen auf einer Bahre getragen, die mit dem *keye-dirrib* aus purpurner Seide verhüllt war, einem großen Teppich, reich bestickt und mit Goldfransen versehen. Klageweiber umgaben die Bahre und skandierten händeringend ihre rituellen Floskeln; die Menge war so dicht wie ein Bienenschwarm.

Im gleißenden Sonnenlicht bot dieser Leichenzug, der sich langsam und feierlich bewegte, einen farbenprächtigen Anblick. Die Sklaven schritten mit den Insignien voraus, denn der Tote mußte vor Jahwe seine irdische Macht beweisen können. Da war zunächst einmal die *tcherra*, ein goldener Fliegenwedel, sowie die *neguse better*, das Zepter mit dem goldenen Stern. Die *mezane*, eine Waage, symbolisierte die Ausgewogenheit der königlichen Urteile, und die goldene Axt und Hacke symbolisierten den Schutz, der Bauern und Arbeitern zuteil wurde. Der goldene Säbel erinnerte an den siegreichen Krieger, und ein goldener Hund sollte zum Ausdruck bringen, daß das Volk der Dynastie treu ergeben war.

Diesen Insignien folgte eine Statue des Herrschers, aus Zedernholz geschnitzt und kunstvoll vergoldet. Der Monarch saß in stilisierter Pose auf seinem Lieblingssessel und strahlte natürliche Größe aus. Er war jung und schön, denn das Volk sollte ihn als legendären Prinzen und nicht als kränkelnden Greis in Erinnerung behalten.

Der Wagen des Königs und eine Skulptur seines Lieblingspferdes durften natürlich auch nicht fehlen. Dahinter schritten die unzähligen Rabbinen des Königreichs, gefolgt von der schluchzenden Prinzessin Makeda und anderen Familienangehörigen, die allesamt in den Rang von Prinzen und Prinzessinnen erhoben worden waren. Den Abschluß des Leichenzugs bildeten alle möglichen Würdenträger: Schreiber, Beamte und hohe Militärs, die zum Zeichen der Trauer keine Waffen trugen.

Es dauerte zwei Stunden, bis diese Prozession in der Sonnenglut die Grabstätte nördlich von Aksum erreichte. Dort hatte Angebo eine Synagoge errichten lassen, wo das Volk sich in späteren Zeiten dankbar seines großen Herrschers erinnern sollte. Auf der Schwelle wartete der Großrabbiner, von Priestern umgeben. Der Trauerzug löste sich auf. Der Leichnam wurde ein letztes Mal gesegnet, bevor er ins Felsengrab getragen und in einen kubischen Sarkophag gebettet wurde, der im Innern mit einer Bleiverkleidung nach den genauen Maßen des Verstorbenen ausgestattet war. Die königlichen Insignien wurden ihm beigelegt, und dann wurde ein schwerer Steinblock als Deckel auf den Sarkophag gehoben und mit der Statue des Toten geschmückt.

Die Felsenhöhle, die Angebo als Ruhestätte für die Ewigkeit dienen sollte, war zehn Ellen hoch und achtzehn Ellen breit. Die Wände waren mit Inschriften und Basreliefs versehen, in denen an die Höhepunkte dieses glorreichen Lebens erinnert wurde, während die Inschriften an der Decke Gott priesen und anflehten, Er möge die geniale Seele des Verstorbenen gnädig bei sich aufnehmen. Der Boden war mit Metallplatten ausgelegt, die man mit einer Bleilegierung verschweißt hatte, um die Grabkammer besser vor Witterungseinflüssen zu schützen.

Sobald der Sarkophag geschlossen war, betrat Makeda die Höhle mit Blumen, die ein Priester ihr gereicht hatte, und legte sie zu Füßen der Statue ihres Vaters nieder. In die Mitte des Buketts stellte sie eine Statuette aus purem Gold, die sie selbst darstellte, mit einer Perle – dem Symbol ihrer Reinheit – zwischen Daumen und Zeigefinger der rechten Hand. Dann zog die Prinzessin sich zurück, und Soldaten schoben den Wagen des Königs, vor den die Skulptur seines Lieblingspferdes gespannt war, in die Grabkammer. Eine Delegation von Bauern ehrte den Toten mit einem winzigen Pflug und Tonkrügen voller Weizen. Viehzüchter stellten daneben naivgestaltete Figürchen ihrer Tiere auf. Händler brachten Miniaturen von Kamelen und Segelschiffen. Stoffe aller Art, Edelsteine, ein Amboß und eine Lanze kamen hinzu, als die Vertreter der verschiedenen Berufe dem Toten die letzte Ehre erwiesen.

Nachdem die letzte Abordnung die Grabkammer verlassen hatte, kamen die Rabbinen. Sie beugten ihre Knie vor dem Sarkophag, gaben dem Verstorbenen eine Trommel und Harfe mit ins Jenseits und flehten Jahwe an, Er möge König Angebo als Mittler zwischen den Wünschen der Menschen und der göttlichen Huld akzeptieren. Nun erst schoben dreißig Männer einen riesigen Felsblock vor den Eingang der Höhle, und dreißig Maurer zementierten ihn sorgfältig ein. Der Stein wurde mit Erde verhüllt, bis der geheiligte Ort nicht mehr kenntlich war.

Am Abend zog sich Makeda mit ihrem klagenden Gefolge in große Zelte zurück. Dort blieb sie vierzig Tage lang, denn so lange brauchte Angebos Seele, um ins Paradies zu gelangen. Diese vierzig Tage waren von Gebeten und Brandopfern erfüllt. Auf zwei Altären waren Priester unablässig tätig. Auf dem ersten Altar starben auf Befehl der zukünftigen Königin 120 brüllende Ochsen, auf dem zweiten 120 blökende Schafe – eine Gabe des Volkes.

Nach Ablauf der vierzig Tage kamen die Armen von Simen herbei – eine lärmende, stinkende Menge, die hier essen und trinken konnten, soviel sie wollten, denn gemäß dem Ritus durfte kein Mensch Hunger leiden, während sich die mysteriöse Vereinigung der Seele des Toten mit dem Himmel vollzog.

Anschließend näherten sich wieder die Würdenträger des Königreichs, um Makeda feierlich in ihre Hauptstadt zu geleiten. Doch zuvor wurde vor der Grabkammer ein letztes Totengedenken abgehalten, und aus tausend Kehlen stieg ein gewaltiges Gebet zu Gott empor: »Jahwe, Herr des Himmels und der Erde, nimm die Seele unseres Propheten Angebo gnädig auf! Er ist der geheiligte Mittler zwischen Dir und Deinem Volk, das zu Dir fleht. Erhöre unsere Gebete, Herr des Himmels und der Erde!«

Vor der Rückkehr in die Hauptstadt mußte Makeda, die nunmehr Regentin war, noch einen Großrabbiner für die Synagoge am Mausoleum und einen Befehlshaber der Garde ernennen, die über die Ruhestätte wachen würden. Diese ersten Amtshandlungen wurden mit großem Zeremoniell vollzogen. Vom königlichen Tragesessel aus sprach sie ein Gebet und erhob den Krieger Chad in den Rang eines *alaka*, während Eliazar Großrabbiner wurde. Danach konnte Makeda, erschöpft von vierzig Tagen Trauer, endlich nach Aksum zurückkehren.

Als die Stadt in Sicht kam, begannen die Menschen am Wegrand ebenso wie die Soldaten zu singen und zu tanzen. Anstelle der Klagelieder erschollen nun frohe Weisen und Hochrufe. Makeda wurde mit ungeheurem Jubel begrüßt, doch die junge Frau spürte plötzlich die ungeheure Last der Macht auf ihren schmalen Schultern. Sie herrschte über ein Land mit ständig wachsender Bevölkerung, erweiterten Grenzen und einem Renommee, über das jenseits des Nildeltas sogar die Nachbarstaaten des mächtigen Ägyptens staunten. Es verfügte über eine wohlstrukturierte Armee und gute Schulen. Auch die Verwaltung funktionierte hervorragend, so daß das fleißige Volk die Früchte seiner Arbeit ernten konnte. Die Künste wurden gefördert, und die Rechtsprechung war durch königliche Dekrete ebenso reglementiert wie die Religion.

Die Hebräer von Simen hatten die architektonische Begabung ihrer Vorfahren geerbt. Prachtvolle Städte, Synagogen und Paläste wurden gebaut, und die Befestigungsanlagen konnten jedem Angriff widerstehen. Die Hochebene war fruchtbar, seit Tausende von Arbeitern ein kompliziertes Bewässerungssystem geschaffen hatten. Nun galt es, dieses Werk weiterzuführen, und Makeda war sich der Schwierigkeiten zwar durchaus bewußt, zweifelte aber nicht daran, sie bewältigen zu können. Sie besaß Selbstvertrauen und glaubte an die göttliche Vorsehung. Doch es stimmte sie traurig, daß ihre Liebe zu Domedo nicht Jahwes Wohlgefallen gefunden hatte.

Rachel, die treue Gemahlin des Königs, war schon ein Jahr vor ihm gestorben, und Angebo hatte eine mehrtägige Staatstrauer angeordnet. Tief erschüttert über den Tod ihrer Mutter, hatte Makeda ihre ganze Liebe dem Vater geschenkt, und der

Monarch, der nach einem langen und ereignisreichen Leben müde war und wußte, daß seine Zeit auf Erden sich dem Ende zuneigte, konnte auf die Vertrautheit mit seiner Tochter bauen, um sie auf ihre schwierige Aufgabe als Herrscherin vorzubereiten.

In weiser Voraussicht hatte Makeda einige der besten Feldherren, Ingenieure, Gelehrten und Künstler, die sie in Theben kennengelernt hatte, nach Simen geholt, damit sie ihr helfen sollten, das Königreich nach ägyptischem Vorbild zu organisieren. Angebo hatte sie gewähren lassen und ihren schmalen Schultern immer mehr Staatsgeschäfte aufgebürdet. Er hatte sie über Hofintrigen und über Stärken und Schwächen der verschiedenen Würdenträger aufgeklärt und ihr gründliche Landeskenntnisse vermittelt, doch vor allem hatte er sich bemüht, ihr seine hegemonialen Träume nahezubringen.

Denn das auserwählte Volk mußte groß und mächtig sein! Der Blick einer hebräischen Königin durfte nicht nur innerhalb der Grenzen verweilen, sondern er mußte überall dorthin schweifen, wo Juden lebten, um die segensreiche Kraft des Judaismus zu stärken. Den Glaubensbrüdern in Kanaan war Sauls Herrschaft zum Heil geworden, und David hatte das Königreich durch die Eroberung von Edom weiter vergrößert. Die Pflicht der Königin von Simen war am Himmel vorgezeichnet: sie mußte ihren Landsleuten, die in ihren engen Grenzen zu ersticken drohten wie ein Bienenschwarm in einem viel zu kleinen Korb, neuen Lebensraum schaffen. Vielleicht würde sie eines Tages sogar Kanaan erobern und mit dem Königreich von Simen vereinigen können. »Aber du darfst niemals das mächtige und fanatische Ägypten angreifen«, hatte Angebo seiner Tochter eingeschärft, »sondern nur die kleinen Königreiche Arabiens.« Wenn sie sich an diese Lehren halte, würde ihre Armee eine heilige Mission erfüllen, und Jahwe würde mit ihnen sein und die Siege der Krieger als Seine eigenen betrachten.

An diesem Abend bereitete sich Makeda geistig auf ihre Rolle als Königin vor. Während emsige, unbekleidete Kammerzofen sie badeten, massierten und mit duftenden Ölen einrieben, beschloß sie, eine glorreiche Herrschaft gemäß jener alten Maxime zu führen: Vereint im Denken und Fühlen. Ihr eigenes Herz war jedenfalls von einer grenzenlosen Liebe zu den verstreuten Juden aller Länder erfüllt.

Am nächsten Tag hatte die Regentin zum erstenmal den Vorsitz beim rituellen öffentlichen Mahl. Sie war achtzehn Jahre alt und ungewöhnlich schön, doch ihr Blick blieb kühl und starr. In Gedanken war sie schon bei ihrer Krönung. Sie bestimmte selbst die Botschafter, die den Herrschern der Nachbarstaaten ankündigen sollten, daß in 120 Tagen die Feierlichkeiten in Aksum beginnen sollten.

Die Krönung

Aksum wurde zum Schauplatz von Festen, deren Prunk unvorstellbare Ausmaße annahm, denn sie sollten den Stolz und Reichtum der Nation widerspiegeln. Tausende von Ochsen und Schafen wurden geschlachtet, und das Volk konnte sich tagelang an Fleisch satt essen und mit Met betrinken.

Den leicht abschüssigen großen Platz vor dem Palast hatte man mit bunten Matten ausgelegt. Ein riesiges Zeltdach aus farbigen Stoffen, gut 200 Ellen breit und 300 Ellen lang, bildete einen künstlichen Himmel, um die grelle Sonne fernzuhalten, und wurde von unzähligen hohen Masten getragen. Im Hintergrund ragte die imposanteste Tribüne empor, die jemals in Aksum errichtet worden war – 80 Ellen lang, 40 Ellen breit und zwei Ellen hoch. Sie war mit kostbaren Teppichen belegt, auf denen der fünf Ellen hohe Thron aus massivem Gold, besetzt mit Edelsteinen und Emaillearbeiten, ruhte. Darüber wölbte sich ein purpurroter Baldachin.

Welch ein denkwürdiger Tag in der Geschichte von Simen war doch dieser Dienstag der Krönung! Zum erstenmal erhielt das Volk eine Königin, was schon genügt hätte, um Neugier zu erregen. Hinzu kam aber noch Makedas fast schon legendäre Schönheit.

In der frühen Morgenröte glich die ganze Umgebung des Palastes einem wimmelnden Ameisenhaufen. Es herrschte ein solches Gedränge, daß die Reiter größte Mühe hatten, sich einen Weg durch die Menge zu bahnen.

Und als dann, umgeben von Priestern und Würdenträgern, die Königin aus dem Palast trat, gerieten die Menschen vor Begeisterung völlig außer sich, und die Armee mußte befürchten, sie nicht unter Kontrolle halten zu können. Jeder wollte die Herrscherin sehen, die langsam den Vorplatz hinabschritt, begleitet von elf Jungfrauen. Alle waren gleich gekleidet, und gemeinsam symbolisierten sie die zwölf Stämme, wobei Makeda die Rolle von Juda zukam. Ihr feines Hemd hatte sie eigenhändig gesponnen und gewebt, es in heiligem Wasser gereinigt und an ihrer Haut getrocknet. Darüber trug sie ein Gewand aus weißer Seide und einen acht Ellen langen und drei Ellen breiten *dirrib*. Ein purpurnes Band umgürtete ihre Hüften.

Mit Tonsuren auf den Scheiteln – denn das Salböl mußte die Kopfhaut berühren – und bar jeden Schmuckes, präsentierten sich die zwölf Jungfrauen dem Volk in größter Demut, auf daß Jahwe geruhen möge, unter ihnen die Königin zu bestimmen. Sie bildeten einen solchen Kontrast zu all dem grandiosen Pomp und all der Farbenpracht, der die Sonne zusätzlichen Glanz verlieh, daß die Menge in hysterischen Jubel ausbrach.

Mit offenen Mündern bestaunten die Menschen sodann die Ankunft von viertausend Gardisten in Paradeuniformen, deren Lanzen und Schilde lodernden Flammen glichen. Sie marschierten auf die Tribüne zu, teilten sich auf ein Kommando hin blitzschnell und mit unglaublicher Präzision auf und bildeten ein Spalier.

Musikanten folgten der Garde: schrille Töne von Flöten und Cistern vermischten sich mit dem Dröhnen von Posaunen und Zimbeln und wurden von Trommelwirbeln untermalt. Doch dieses Konzert ging im Hurra des Volkes, im Händeklatschen und Füßestampfen fast unter.

Nun nahten feierlich hundert Rabbinen mit rasierten Köpfen und in neuen Gewändern. Sie gingen den zwölf Priestern voraus, die den heiligen Schrein trugen, gefolgt von weiteren hundert Rabbinen.

Die zwölf Jungfrauen schritten andächtig, mit gesenkten Häuptern, hinter ihnen her. Die zwölf von den Stämmen gewählten Zeugen, die ehrwürdigen Patriarchen, Würdenträger des Hofes und Gelehrten folgten, und den Abschluß bildeten vierhundert Musikanten, die abwechselnd fröhliche und melancholische Weisen spielten.

Von Zeremonienmeistern zu ihren Plätzen geleitet, setzten sich die Teilnehmer der Prozession, und die Musik verstummte. Nun stimmten die Rabbinen, geläutert durch Fasten und Gebet, ihre Gesänge an. Makeda und die elf anderen Jungfrauen blieben unter dem Thron stehen, dem Volk zugewandt. Sie warteten auf die Entscheidung des Himmels.

Der königliche Herold trat vor.

»Heil!« rief er in die Stille hinein. »Heil Dir, allmächtiger Jahwe! Heil dir, Volk von Simen! Heil euch, edle Gäste! Ihr alle werdet Zeugen der Salbung unserer Regentin Makeda sein. Sollte jemand Einwände gegen dieses Ereignis haben, so möge er sie jetzt vorbringen.«

Der Herold ließ seine Blicke über die Menge schweifen. Die Stille war nur der einer Wüstennacht zu vergleichen.

»Nachdem kein Mensch Einwände erhoben hat, proklamiere ich, daß Makeda, Herrscherin über Simen und über die Vasallenstaaten, folgende Titel tragen wird: Allerreinste Perle, Königin aller Könige, Löwin vom Stamme Juda, Jahwes Auserwählte, durch Gottes Gnade Herrscherin über Tag und Nacht, Gebieterin über die Bewegungen der Himmelskörper und Spenderin der fruchtbaren Wasser.«

»Li! Li! Li!« brüllte die Menge wie aus einem Munde, um ihre Zustimmung auszudrücken.

Es dauerte Minuten, bis so weit Ruhe eintrat, daß der Großrabbiner mit der Zeremonie beginnen konnte. Die zwölf Jungfrauen hatten sich zu Boden geworfen, und nun schritt er zu dem heiligen Schrein, öffnete ihn und holte den *demli*, das heilige Buch des Glaubens, hervor. Alle neigten ihre Häupter, und ein Rabbiner reichte ihm das Gefäß mit dem Salböl.

»Von den hier versammelten zwölf Jungfrauen der zwölf Stämme Israels hat Jahwe in Seiner Gnade und Weisheit jene zur Königin bestimmt, die vom Stamme Juda und Tochter des großen Königs Angebo ist, der als Prophet in den Himmel aufgenommen wurde.«

Makeda hatte sich erhoben und schritt langsam auf den Großrabbiner zu. Sie kniete vor ihm nieder, kreuzte die Hände auf der Brust und spürte, wie das Salböl auf ihren Kopf tropfte.

»Ich salbe dich zur Königin von Simen und den Vasallenstaaten«, fuhr der Großrabbiner fort. »Möge Jahwe deine Herrschaft segnen und dich mit Weisheit erleuchten.«

In diesem feierlichen Augenblick war Makeda von großem Stolz erfüllt. Das Schicksal eines ganzen Volkes lag nun in ihren kleinen Händen. Sie wandte sich diesen Menschen zu und breitete grüßend die Arme aus, worauf solcher Beifall losbrach, daß die Tiere in den nahen Wäldern erschrocken flüchteten und die Jäger tagelang vergeblich durch das Dikkicht streiften.

Die Königin mußte jetzt noch von den Prinzen und Patriarchen die Insignien ihrer Macht entgegennehmen: die perlenbesetzte Krone; das Stirnband aus roter Seide, damit die schwere Krone nicht die zarte Haut aufschürfte; den langen grünen, reich bestickten Mantel; die knöchellange purpurrote Seidenhose; den perlenbesetzten Gürtel und die kunstvoll gearbeiteten Sandalen; das Zepter aus Ebenholz, verziert mit einer nußgroßen Perle; den Sonnenschirm aus roter Seide, mit heiligen Tieren bestickt; den Fliegenwedel aus Gold mit Haarbüscheln vom Giraffenschwanz; den goldenen Becher, aus dem nur sie allein trinken durfte; und schließlich, auf einem tiefblauen Kissen, eine riesige Perle, die der Patriarch des Stammes Juda, das Knie beugend, der Reinen Perle überreichte.

Die Königin nahm diese Perle in die linke Hand, bedeckte sie mit der rechten und verkündete: »Da ihr mich zu eurer Königin erkoren habt, schwöre ich euch hiermit feierlich, zum Wohle des Volkes zu regieren, die Gesetze Gottes zu befolgen und Jungfrau zu bleiben, denn die durch diese Perle symbolisierte Reinheit ist ein hohes Gut, das der Nation geweiht ist.«

Dieser Eid wurde von Herolden auf dem großen Platz

wiederholt, und alsbald galoppierten reitende Boten in Städte und Dörfer und verlasen auch dort die Worte der Königin, damit jeder im Land sie kannte.

Die Rabbinen übergaben Makeda jetzt noch die königlichen Waffen – einen Säbel aus bestem Stahl, einen Schild, der jedem noch so wuchtigen Schlag standhielt, eine Lanze sowie Pfeil und Bogen. Die Zeremonie endete, indem die Königin dreimal den heiligen Schrein umschritt. Danach stieg sie die Stufen ihres Thrones empor und nahm darauf Platz, vom Jubel der Menge umbrandet.

Assadaron

Unter den Königen und Prinzen, die von Makeda nach Aksum eingeladen worden waren, fiel einer besonders auf: Assadaron, der Assyrer, der bei den Krönungsfeierlichkeiten als Vertreter seines Onkels Salmanar II., des gefürchteten Herrschers von Babylon, zugegen war.

Groß, schön und prächtig gekleidet, stach er alle anderen Prinzen durch seine Eleganz und sein selbstbewußtes Auftreten aus. Niemand trug das knielange, reich bestickte Gewand mit solch natürlicher Würde, niemand warf den weiten grünen Mantel so lässig über die Schultern, um den goldenen, edelsteinbesetzten Gürtel und die kostbaren Waffen sehen zu lassen. Alle bewunderten seinen federnden Gang in den spitzen Sandalen, über denen die Wadenschützer aus Goldplatten funkelten. Seinem durchdringenden Blick konnte kaum ein Gesprächspartner standhalten. Seine regelmäßigen Gesichtszüge erinnerten an die besten ägyptischen Statuen, nur daß er einen geflochtenen Bart trug.

Assadarons Gefolge war das größte und prunkvollste aller versammelten Prinzen, und seine Geschenke bewiesen, daß Babylon es, was Reichtum anbetraf, durchaus mit Theben aufnehmen konnte. Assadaron hatte der ganzen Zeremonie reserviert beigewohnt, umringt von den Offizieren seiner Garde. Doch als er das anmutige Gesicht der Königin sah, konnte er seine Blicke nicht mehr von ihr wenden. Er hatte sie unter den zwölf Jungfrauen sofort erkannt, obwohl doch alle gleich gekleidet waren. Vielleicht war es ihre strahlende Schönheit, die sie auszeichnete, vielleicht auch ihr stolzer, geschmeidiger Gang. Der assyrische Krieger wollte sich nicht beeindrucken lassen, denn der Schwur der Königin verwandelte sie in eine Statue, die man zwar bewundern, aber nicht besitzen konnte, und jeder Mann, der sich in sie verliebte, mußte zwangsläufig unglücklich werden.

Trotzdem geriet Assadarons Blut schon nach kurzer Zeit in Wallung, und sein Herz begann schneller zu schlagen. Als dann die ausländischen Prinzen der Königin zu Füßen des Thrones huldigen durften, schwangen bis dahin ungekannte Gefühle in seiner Stimme mit, während er sich – wie es der Brauch war – vorstellte:

»Allergnädigste Herrscherin, ich bin Assadaron, der Neffe von Salmanar II., dem König von Babylonien. Mein Reich erstreckt sich im Norden und im Osten des deinigen. Ich überbringe dir die Glückwünsche unseres Herrschers ebenso wie meine eigenen, und wir versprechen dir Frieden und Freundschaft. Doch ich muß dir folgendes sagen: du hast mein Herz in dem Augenblick erobert, als ich dich erblickte, und obwohl sich sogar der mächtigste Monarch angesichts deiner Schönheit nur in den Staub werfen kann, bitte ich dich, Allerreinste Perle, um die Gunst, die grenzenlose Freundschaft, die mein Land dir entgegenbringt, durch einen Kuß besiegeln zu dürfen.«

Makeda hatte Assadaron bis jetzt mit unbewegter Miene gelauscht, doch nun hob sie ihre zarte Hand, so als wollte sie seine Wortflut eindämmen.

»Werde nicht ungehalten, mächtige Königin!« rief Assadaron. »In meinem Land wird eine Freundschaft stets durch eine herzliche Umarmung besiegelt.«

War Makeda geneigt, den Wünschen des babylonischen Botschafters nachzugeben? Amram – der Bruder des verstorbenen Königs, Onkel und Lehrer der Reinen Perle – befürchtete es, und seine Stellung gab dem alten Mann das Recht, in die Unterhaltung einzugreifen: Ohne zu zögern, hob er energisch den Arm und meldete sich zu Wort.

»Erlauchter Assadaron, habt Ihr den Schwur unserer Königin nicht vernommen? Ihr habt Eure Bräuche, doch unsere eigenen Sitten verbieten den Kuß, den Ihr vorschlagt.«

Der kühne Assadaron lauschte Amrams Worten, ohne die Königin aus den Augen zu lassen. Was mochte in ihr vorgehen? Er konnte natürlich nicht wissen, daß sein Bild sich in ihrem Geist mit dem ihrer ersten Liebe – Prinz Domedo – vermischte. Folgte sie einem Instinkt ihrer Sinne oder ihres Herzens, als sie dem Assyrer plötzlich ihre Wange darbot? War es politische Taktik? Oder der launige Einfall einer Frau? Das fragten sich die eifersüchtigen Gäste ebenso wie die einheimischen Würdenträger. Nein, es konnte sich nur um Diplomatie gegenüber dem Repräsentanten des mächtigen Königs Salmanar handeln! Und als wollte Makeda diese Vermutung bestätigen, erklärte sie: »Die Freundschaft eines so glorreichen Nachbarn kann man gar nicht hoch genug einschätzen! So laß uns denn, wie du es wünschst, diese Freundschaft auf jene Weise besiegeln, die in deinem Land üblich ist.«

Die Berührung ihrer zarten Haut raubte Assadaron fast den Verstand. Nur unter Aufbietung aller Willenskraft vermochte er sich loszureißen. Nach einer tiefen Verbeugung befahl er seinen Sklaven, die Geschenke für die Königin herbeizubringen. Doch obwohl die Truhen kostbare Stoffe, Parfums und Edelsteine enthielten, murmelte der assyrische Prinz bei der Übergabe niedergeschlagen: »Sie sind nicht schön genug für dich, o Reine Perle!«

Nachdem die Königin sich für die reichen Gaben bedankt hatte, wandte sie ihre Aufmerksamkeit anderen Gratulanten zu, und Assadaron mußte sich auf seinen Platz zurückbegeben. Sein Herz war so schwer, daß er glaubte, sterben zu müssen, denn Makedas veilchenblaue Augen hatten ihn förmlich verhext.

Man hatte tausend Ochsen und zweitausend Schafe geschlachtet. Vierzigtausend Personen schmausten bis zum Abend an langen niedrigen Tischen, wo sich die Fladenbrote aus Hirse türmten. Zehntausend Sklaven bedienten die Gäste, die sich das saftige Fleisch schmecken ließen, dem Saucen mit rotem Pfeffer oder Feigenblättern eine köstliche Würze verliehen. Der Met wurde aus Ochsenhörnern getrunken, und die Sklaven hatten mit dem Nachfüllen alle Hände voll zu tun. Für die musikalische Unterhaltung während dieses Festmahls sorgten achthundert Musikanten: Zimbeln, Flöten, Trompeten und Trommeln versuchten, das Stimmgewirr und Gelächter zu übertönen.

Viele Gäste fielen schließlich betrunken von den Bänken und mußten von Soldaten zu ihren Zelten getragen werden. Die ausländischen Ehrengäste und die höchsten Würdenträger von Simen ergötzten sich auf der Terrasse in Gegenwart der Königin an erlesenen Speisen und Getränken. Assadaron allerdings war so fasziniert von dieser hinreißenden Frau, daß er kaum bemerkte, was er aß und trank, und er schenkte auch den grandiosen Vorführungen keine Beachtung: weder den Poeten, die ihre Königin in Gedichten priesen, noch den Tänzern, deren Kunst selbst die Bewunderung der elitären, verwöhnten Gäste erregte, noch den Akrobaten, die sich scheinbar über alle Gesetze der Schwerkraft hinwegzusetzen vermochten, noch den Zwergen, Riesen und schrecklichen Ungeheuern, die für großes Aufsehen sorgten.

Nein, der assyrische Prinz war durch nichts dazu zu bewegen, seinen Blick von der Göttin zu wenden, die Makeda hieß und schön wie die Sonne war. Und als ein schwarzer Nachthimmel sich über die Terrasse wölbte, erhellt von funkelnden Sternen und unzähligen Fackeln, und die Königin sich zurückzuziehen wünschte, da sprang auch Assadaron wie von der Tarantel gestochen auf, und es gelang ihm, noch einen Blick von ihr zu erhaschen, in dem er wohlwollende Belustigung zu sehen glaubte. Gleich darauf wurde ihre Sänfte von kräftigen Schwarzen zum Palast getragen, inmitten einer Ehrenformation von Fackelträgern, vom Volk bejubelt.

Makeda war todmüde und sehnte sich nach Ruhe, doch ihre Untertanen feierten nach Beendigung der offiziellen Festlichkeiten auf den Straßen von Aksum und in ihren Häusern weiter. Sogar in der Umgebung des Palastes, wo die jungfräuliche Herrscherin einzuschlafen versuchte, vergnügten sich betrunkene Soldaten und Bürger mit Mädchen und Frauen, die sich entweder bereitwillig hingaben oder aber auf dem Nachhauseweg vergewaltigt wurden, denn an allen Kreuzungen hatten sich Männer zusammengerottet, die über die verängstigten Frauen herfielen.

Ganz Aksum befand sich im wilden Sinnenrausch. Makedas Ehrengäste hatten sich die schönsten Tänzerinnen reservieren lassen, um ihre Gelüste zu befriedigen. Nur die Königin lag allein auf ihrem riesigen Bett, während der Lärm aus der Stadt sogar in ihr Schlafgemach drang, und es erschreckte sie zutiefst, daß sie unablässig an Assadaron dachte.

Der schöne Assyrer irrte währenddessen durch die Straßen von Aksum, nachdem er sogar die Tänzerin verschmäht hatte, die ihm noch Stunden zuvor so begehrenswert erschienen war, daß er sie zu seiner Partnerin für diese Nacht auserkoren hatte.

Gereizt und niedergeschlagen kehrte er in sein Lager zurück und rief den Dichter zu sich, der ihn auf allen Reisen begleitete.

»Schreib mir ein Gedicht«, befahl er, »das die Schönheit der Allerreinsten Perle mit unvergleichlichen Worten rühmt.«

»Aber ich kenne sie doch gar nicht«, wandte der Dichter ein.

»Schreib einfach ein Loblied auf die schönste Frau der Welt, denn nur das wird ihr gerecht.«

Und der Poet ersann ein herrliches Gedicht, das Assadaron sich bis zum Morgengrauen immer wieder vorsagte.

Assadarons Heldentaten

Die Ehrengäste erzählten der Königin Episoden aus ihrem abenteuerlichen Leben, weil jeder dieser stolzen Männer einen bleibenden Eindruck hinterlassen wollte.

Die Könige berichteten von ihren Eroberungen, die Prinzen von ihrer Jagd auf schreckliche Tiere, die an unzugänglichen Orten – inmitten dichter Wälder oder auf hohen Berggipfeln – hausten, und die Feldherren von erstaunlichen kriegerischen Heldentaten.

Die Königin lauschte mit der Neugier eines Kindes, machte große Augen, klatschte in die Hände und war in ihrer Begeisterungsfähigkeit so bezaubernd, daß die ganze Schar von Monarchen und Helden ihr liebend gern alle Ruhmestaten zu Füßen gelegt hätte.

Nur Assadaron hatte bis jetzt geschwiegen und den Berichten der anderen nur mit halbem Ohr zugehört. Träumte er womöglich von einer Eroberung ganz anderer Art?

Mittlerweile war die Schlemmerei ringsum wieder in vollem Gange. Nachdem am Vortag das Volk nach Herzenslust gegessen und getrunken hatte, waren nun die Priester, Beamten und Truppen an der Reihe. Zehntausend Personen wurden bewirtet, und auch diesmal floß der Met in Strömen, so daß diese »besseren Leute« bald genauso lärmten wie der Plebs.

Makeda hatte deshalb einige Mühe, Assadaron zu hören, als der Assyrer endlich aufstand, um von seiner größten Heldentat zu berichten: »Ich kenne alle möglichen Tierarten, denn mein Onkel wollte um jeden Preis ein Paar von jeder seltenen Gattung besitzen. Seine Sammlung war aufsehenerregend, und von überall her kamen Könige und Prinzen, um sie zu bestaunen. Eines Tages erzählte ein Seefahrer dem König, in jenen fernen Ländern des Nordens, wo der Nebel sich nie auflöst, wo das Wasser steinhart wird und weißer Regen in großen kalten Flocken vom Himmel fällt, gebe es riesige Löwen mit Hufen an den Pfoten und mit dichten schwarzen Mähnen.

Der Herrscher beschloß, solche Tiere in den Tempel des Höchsten Gottes aufzunehmen und Baal zu weihen. Mein Vater seligen Angedenkens bot seinem königlichen Bruder an, eine Expedition in jene todbringenden Länder zu befehligen, und ich flehte ihn an, mich mitzunehmen. Er erfüllte diese Bitte, froh darüber, meine Kühnheit auf die Probe stellen zu können. Mit fünfzig erprobten Kriegern brachen wir nach Phönikien auf, und in Tyrus stellte uns König Hiram gegen viel Gold fünf große Segelschiffe seiner berühmten Flotte zur Verfügung, obwohl er unseren Plan für aberwitzig hielt. Mit einer erfahrenen Mannschaft und Vorräten für ein halbes Jahr stachen wir in See.

Wir segelten geduldig an der langen Küste Ägyptens entlang, passierten die Eiserne Pforte, die aus mächtigen Felsen besteht, und steuerten sodann in nördliche Richtung. Diese Reise war schrecklich, denn das Meer war grausam und tükkisch, und es stürmte unablässig. Die Kälte machte uns sehr zu schaffen, und das Sonnenlicht ertrank in dem undurchdringlichen Nebel, der für das Abendland typisch ist. Nach drei Monaten auf hoher See erreichten wir endlich eine trichterförmige Flußmündung. Am Ufer hausten Fischer in jämmerlichen Dörfern, und von ihnen erfuhren wir, daß dieser große Fluß den Namen Selde trägt. Bald trafen wir eine kleine Gruppe von Phöniern, die sich dort niedergelassen hatten, um Handel zu treiben. Sie hießen uns willkommen, und wir durften ihre Ankerplätze benutzen. Um gegen mögliche Angriffe der Wilden, die in jener öden Gegend leben, gewappnet zu sein, errichteten wir ein kleines Fort, und nachdem wir uns derart abgesichert hatten, setzten wir unsere Reise auf dem Landweg fort.

Der Fluß wird von düsteren, eisigen Wäldern gesäumt. Die Bäume dort sind so hoch wie Tempel, und ihre Blätter haben sich durch die Kälte in lange Nadeln verwandelt. Wir versuchten, Kontakt mit den Einheimischen aufzunehmen, die nichts von unserer Technik und unserem Luxus wissen.«

»Wie sehen sie aus, jene Wilden?« wollte Makeda wissen.

»Ihre Gesichter und Hände sind weiß vor Kälte, ihre Haare haben die Farbe von blassem Gold, und ihre Augen sind wasserblau. Ihre einzige Kleidung besteht aus grob zusammengefügten Tierfellen. Obwohl sie völlig unzivilisiert sind, ist es uns gelungen, von ihnen zu erfahren, daß es in der Tiefe ihres Landes tatsächlich jene Löwen mit Hufen gab. Wir nahmen einen anstrengenden dreitägigen Fußmarsch auf uns, denn Salmanars Wunsch war uns göttlicher Befehl, aber wir stießen nur auf weiße und graue Ungeheuer, die größer als Löwen waren und deren Köpfe Ähnlichkeiten mit denen von Hunden hatten. Diese Pelztiere haben einen komischen watschelnden Gang, aber wenn sie Angst haben, können sie auf Bäume klettern, genauso schnell wie ein Affe. Einer unserer Krieger, der einem solchen Tier unvorsichtigerweise zu nahe kam, wurde von einem Tatzenhieb zerfleischt. Natürlich nahmen wir uns vor, bei Gelegenheit einige dieser seltsamen Tiere einzufangen.

Als wir unseren Weg am Fluß entlang fortsetzten, sahen wir Antilopen und Gazellen von der Größe eines Pferdes mit riesigen verzweigten Hörnern, die ganz absonderlich geformt waren. Mein Vater wollte, daß ich eines dieser Tiere angriff, und ich tat es mit Freuden. Fünfzig Ellen von dem Antilopen-Pferd entfernt spannte ich meinen Bogen, doch mein Pfeil verfing sich im komplizierten Geäst der Hörner. Daraufhin befahl ich meinen Männern, ihre Pfeile gleichzeitig mit mir abzuschießen. Doch obwohl das Tier bald von tödlichen Geschossen gespickt war, griff es mich mit der Kraft eines Büffels an …«

Makeda war begeistert von seiner anschaulichen Schilderung und befahl einem Sklaven, den Durst des beim Erzählen in Hitze geratenen Assyrers zu stillen. Assadaron leerte seinen Becher auf einen Zug und fuhr in seinem Bericht fort: »Mein Vater konnte es kaum erwarten, den ersten Löwen mit Hufen, auf den wir stoßen würden, zu töten. Wir drangen tief in die Wälder ein, um endlich eines dieser Ungeheuer zu finden, das die Wilden *Ur* nennen. Und weil wir wußten, daß seine Höhle jetzt nicht mehr fern sein konnte, bauten wir eine Art Wachturm, den unsere Sklaven mit größter Mühe durch das dichte Gestrüpp schleppten, wo es viele unsichtbare Gruben gab.

Mit unseren zwei besten Kriegern schlossen mein Vater und ich uns in dem Turm ein, während die anderen Männer sich in einiger Entfernung versteckten und hinter ihren Schilden Schutz suchten. Dann trieben die Wilden, die uns als Führer gedient hatten, das wutschnaubende Ungeheuer auf uns zu.«

Der Erzähler legte eine kurze Pause ein und betrachtete die Königin, deren Gesicht ihre Aufregung widerspiegelte. Mit einem unergründlichen Lächeln auf den Lippen setzte Assadaron seine Schilderung fort: »Der große Augenblick ist gekommen. Vor unseren Augen knicken Bäume um, und die Erde erbebt unter dem Galopp des Ungeheuers. Einige unserer Leute ergreifen schreiend die Flucht. Das Tier greift unser Versteck mit gesenktem Schädel an, und es hat die Kraft eines Sturmbocks. Der Turm schwankt, droht umzukippen. Mein furchtloser Vater schießt seinen besten Pfeil ab, der jedoch an dem gewaltigen Schädel abprallt. Auf seinen Befehl hin zielen wir alle auf das Ungeheuer. Es regnet Pfeile. Das wilde Tier bäumt sich auf, schäumt vor Wut. Mein Vater ist fest entschlossen, es zu besiegen, und bittet Baal, ihm Kraft zu verleihen. Dann schleudert er seinen Speer, der die Flanke des Ungeheuers durchbohrt. Daraufhin hört es endlich auf, gegen unseren Turm anzurennen, und flüchtet ins Dickicht, aber wir verfolgen es. Die Nacht bricht herein, und der Kampf ist noch immer nicht beendet, doch schließlich bricht das Untier, das aus hundert Wunden blutet, erschöpft zusammen, und wir machen ihm mit unseren Lanzen den Garaus.«

Mit schweißnasser Stirn blickte Assadaron wieder zu Makeda hinüber, so als erwarte er eine Ermutigung von ihr.

»Erzähl weiter, tapferer Assyrer!« rief die Königin denn auch. »Erzähl uns von jenem mörderischen Land, wo du solchen Mut bewiesen hast.«

Der Prinz ließ sich nicht lange bitten. »Wir setzten unseren Weg fort und durchquerten gefährliche Sümpfe. Die Eingeborenen besorgten uns Pferde mit riesigen Hufen, dichtem Fell und langsamer Gangart. Manche dieser Barbaren wohnen mitten in Seen, in Hütten auf hohen Pfählen. Ihre Frauen sind groß und dick, mit glatten hellen Haaren und hellblauen Augen. Sie sind wie die Männer in Felle gehüllt und führen ein erbärmliches Leben, kennen weder Gesang noch Tanz, noch sonst eine Kunstart. Die Männer fischen und trinken ein bräunliches bitteres Gebräu, von dem man einen schweren Kopf bekommt und verrückt wird. Während wir jenes schreckliche Land durchstreiften, dessen Klima zweifellos eine Strafe der Götter ist, gelang es uns, zwei Ure, fünf kletternde Hunde und mehrere riesige Gazellen zu fangen. Daraufhin hielt mein Vater unsere Mission für beendet, und wir kehrten in unser kleines Fort zurück, ohne zu ahnen, daß wir dort in einen Hinterhalt geraten würden. Obwohl ich mich mit aller Kraft gegen die unzähligen Wilden zur Wehr setzte, konnte ich nicht verhindern, daß mein Vater von einer schweren Steinaxt am Kopf getroffen wurde und blutüberströmt zusammenbrach. Einer jener milchweißen Teufel stürzte sich auf mich, umklammerte mein Bein und biß hinein. Er hätte mich schwer verletzt, wenn ich ihm nicht mit meinem Säbel einen Arm abgeschlagen hätte.

Einem Phöniker, der die gutturale Sprache der Barbaren beherrschte, gelang es schließlich, einen Frieden auszuhandeln. Sie verlangten zwanzig assyrische Lanzen und Schilde, ferner unsere Zelte und Decken, und wir mußten auf ihre Bedingungen eingehen.«

»Welch unglaubliche Abenteuer!« rief Makeda. »Aber nun mußt du uns auch noch alle Einzelheiten eurer Rückfahrt erzählen.«

»Wir segelten westwärts und legten vor der ›Insel der grünen Wiesen‹ an, die zwei Tage vom Land der Wälder und Sümpfe entfernt ist. Dort suchten wir nach dem Pferd mit einem Horn, von dem uns die Phöniker erzählt hatten, aber vergeblich. Wir begegneten nur Piraten, die Lösegeld von allen Seeleuten verlangten, die sich in ihre Gewässer verirrten. Doch unsere mächtige Flotte und das Geschick unserer Mannschaft flößten ihnen Respekt und Furcht ein, und so blieben wir unbehelligt. Ohne weitere Zwischenfälle kehrten wir gesund und wohlbehalten nach Babylon zurück. Der König war überglücklich über unsere reiche Beute und befahl seinen geschicktesten Bildhauern, Abbildungen der Ure in riesige Steinblöcke zu schlagen. Seitdem sind das seine Lieblingsembleme, weil sie beredtes Zeugnis von den gefährlichsten Abenteuern in fernen Ländern ablegen.

Was mich selbst betrifft, o holde Königin, so wurde ich zum Dank für meine Teilnahme an jener Expedition ein Satrap des Königreiches und erhielt eine Provinz, die an dein Land grenzt. Nie habe ich mich vor dem Tod im Kampf gefürchtet, doch das mörderische Klima jenes barbarischen nördlichen Landes erfüllt mein Herz bis heute mit Angst und Schrecken. Wie schon erwähnt – es ist dort unvorstellbar kalt. So kalt, daß das Wasser steinhart wird und man Flüsse und Seen überqueren kann, ohne zu ertrinken. Sogar dicht am

Feuer zittert man am ganzen Leibe, und kein noch so dickes Tierfell schützt einen vor dieser grausamen Kälte. Fünf unserer tapfersten Soldaten sind einem bösartigen Husten zum Opfer gefallen …«

»Hast du jene märchenhaften Steine aus Wasser mitgebracht?« fragte Makeda.

»Nein, Reine Perle, denn diese Steine verwandeln sich wieder in Wasser, sobald man sie in die Hand nimmt.«

Ein hochmütiger Magier, der sich über Assadarons Erfolg ärgerte, meldete sich zu Wort und erklärte gehässig, man hätte trotzdem versuchen müssen, einen jener Steine mitzubringen: »Denn es handelt sich dabei ohne jeden Zweifel um jene Verjüngungssteine, von denen unsere Symbole künden.«

»Du irrst dich«, entgegnete Assadaron. »Diese Steine lassen sich nicht transportieren. Andernfalls würde ich mit Freuden noch einmal in jenes Land reisen, um deiner Königin einen solchen Stein schenken zu können.«

Der Magier machte ein verkniffenes Gesicht, und der Assyrer fuhr fort: »Doch wenngleich ich jene Steine aus Wasser nicht mitbringen konnte, so war es mir doch möglich, statt dessen die Perlen jenes Landes im hohen Norden zu besorgen. Sie sind nicht, wie unsere Perlen, in Muscheln tief im Meer verborgen, sondern im Sand der Gebirge, die an das graue Meer grenzen. Hier sind einige davon. Sie haben die gleiche Farbe von hellem Gold wie die Haare der Barbaren.«

Er überreichte der Königin eine kostbare Halskette aus großen durchsichtigen goldfarbenen Steinen, und sie betrachtete sie neugierig, wie hypnotisiert von diesem außergewöhnlichen Schmuckstück. Von dem Wunsch besessen, es zu besitzen, gab sie es bedauernd dem Prinzen zurück, wobei sie ihm einen betörenden Blick zuwarf. Allen Zuschauern war klar, daß diese Episode noch nicht abgeschlossen war, und sie beobachteten aufmerksam die beiden Kontrahenten.

Der Assyrer hängte sich die Kette wieder um den Hals und murmelte Worte, deren subtile Zweideutigkeit der Königin, die ewige Jungfräulichkeit geschworen hatte, durchaus nicht entging.

»Du bittest mich um diese Perlen des Nordens, o Königin.

Gestern habe ich dir Geschenke von meinem König und von mir persönlich überbracht und beklagt, daß sie deiner Schönheit nicht würdig sind. Ich möchte deinen herrlichen Körper mit allen Edelsteinen der Erde schmücken, und ich würde mit Freuden jede Gefahr auf mich nehmen, nur um sie für dich zu erobern. Nicht einmal die Tiefen der geheimnisvollen Meere am Rande der Erdscheibe könnten mich abschrecken. Doch höre mir aufmerksam zu: Die gelben Perlen des Nordens wurden mir von einem Magier jenes Landes in einer ebenholzschwarzen Nacht angeboten. Ein Zauber haftet ihnen an, und man darf sie nur in tiefer Nacht verschenken, weil sonst ihr Glanz für immer erlöschen könnte – und mit ihm auch der Glanz des Trägers …«

Makeda wog jedes Wort sorgfältig ab. Im launigen Ton eines verwöhnten Kindes erwiderte sie: »Du hast also verstanden, Prinz, daß ich diese Perlen begehre, um ein Andenken an deine abenteuerliche Reise und an dich zu besitzen? Doch wenn diesem Schmuckstück ein Zauber anhaftet, darf ich dich seiner Schutzkraft nicht berauben.«

Beunruhigt über diese Unterhaltung, hielt der Großrabbiner es für geraten, hastig einzugreifen: »Hüte dich, Allerreinste Perle! Hüte dich davor, des Nachts Prinzen zu treffen, die in dir nicht so sehr eine Königin als vielmehr eine Frau sehen!«

Assadaron war viel zu höflich und wohlerzogen, um der religiösen Autorität eines Staates zu widersprechen, dessen Gast er war. Mit einer tiefen Verbeugung, aber heimlich geballten Fäusten nahm er wieder Platz. Und Makeda? Sie war wider Willen tief beeindruckt von diesem schönen und stolzen Assyrer, dessen packender Bericht eine Königin, drei Könige, zwanzig Prinzen und viele furchtlose Krieger veranlaßt hatte, gebannt an seinen Lippen zu hängen.

Als sie todmüde in ihren Palast zurückkehrte, fand die Herrscherin keinen Schlaf, weil in ihrem Innern ein heftiger Kampf tobte: Sollte sie die zarte Blüte der Liebe, die in ihrem Herzen keimte, mit der Wurzel ausreißen oder nicht? Schließlich beschloß sie, Assadaron eine Botschaft zukommen zu lassen.

Der Prinz glaubte seinen Ohren kaum zu trauen, als ein Kurier ihm mitteilte, daß er zur dritten Stunde der Nacht im Palast erwartet werde. Lehnte Makeda sich gegen den Willen des Großrabbiners, des treuen Wächters über ihren Schwur, auf? War ihre Liebe stärker als alle Versprechen und Prinzipien?

Bei dieser Aussicht geriet Assadarons Blut in Wallung, und er war bereit, sich über alle Hindernisse hinwegzusetzen, um die heißbegehrte Frau zu erobern.

Die Liebe

Der überglückliche Assyrer hat seinen prächtigsten Wagen anspannen lassen und lenkt ihn feurig auf den Palast zu, dessen Tore sich lautlos für ihn öffnen. Vor dem ersten Portikus wird er von einem Gardisten begrüßt, der ihn durch das Labyrinth von Galerien, Kolonnaden und Terrassen geleitet. Der dunkle Nachthimmel ist sternenübersät, Blumen verströmen betörende Düfte, und aus den Tavernen von Aksum ist ganz gedämpft aufreizende Musik zu hören.

Der junge Prinz bebt vor mühsam gezügelter Leidenschaft. Sie ist hier! Er wird sie sehen und in seine Arme reißen, und vielleicht wird er ihren schönen Körper, den er begehrt wie eine in der Sonne gereifte verführerische Frucht, sogar in Besitz nehmen.

Der Gardist bleibt stehen, berührt ihn am Arm. Hier duftet es noch berauschender nach Mimosen, Glyzinen und Nachthyazinthen. »Dort ist die Königin«, sagt der Mann.

Wo? Assadaron blickt in die Höhe. Auf der Terrasse, die zu den königlichen Gemächern führt, kann er eine regungslose Silhouette erkennen, die sich auf die blumenumrankte Balustrade stützt. Plötzlich bewegt sich diese vage Gestalt, deutet mit der Hand auf eine Treppe. Assadaron rennt die Stufen hinauf und bleibt oben wie angewurzelt stehen, denn der Schatten entpuppt sich als behelmter und bewaffneter Offizier.

»Wo ist die Königin?« murmelt der Assyrer zornig.

»Erkennst du mich denn nicht, Assadaron?«

Im ersten Augenblick begreift Salmanars Neffe nicht, doch allmählich dämmert ihm die Wahrheit: Die anmutige und elegante Königin hat sich als Offizier verkleidet.

»Ich küsse den Staub von deinen Sandalen, o Perle«, flüstert der Prinz. »Doch wozu diese kriegerische Kleidung in einer Liebesnacht? Wozu diese Lanze? Haben nicht deine Augen vollauf genügt, um mein Herz zu durchbohren?«

»Steh auf, Assadaron, und gib dich keiner Täuschung hin. Muß ich dich daran erinnern, daß ich dir meine Jungfräulichkeit nicht opfern darf? Ich muß rein bleiben, und doch gefällt es mir, von dir geliebt zu werden. Deine Leidenschaft entzückt mich. Aber ich will, daß du mich so liebst, wie du einen Mann lieben würdest. Ich beschwöre dich – vergiß, daß ich eine Frau bin.«

Diese Worte werden mit solchem Nachdruck gesagt, daß der zu Füßen seines Idols kniende Prinz bestürzt zusammenzuckt und aufmerksam das unschuldsvolle Gesicht unter dem Helm betrachtet. Der Blick der Königin ist ganz offen. Assadaron weiß nicht, was er antworten soll. Wilde Vermutungen schießen ihm durch den Kopf. Er will begreifen, was sie gesagt hat, doch zugleich hat er Angst davor. Diese ideale Frau, die dicht vor ihm steht … Diese sinnenberauschende Nacht unter dem strahlenden Sternenhimmel … Ist es möglich, daß sie dagegen gefeit ist? Oder ist ihr zu Ohren gekommen, daß es durchaus möglich ist, ihren Schwur zu halten und dennoch die Lust voll auszukosten, wenn sie sich wie ein Mann lieben läßt?

Assadaron kennt diese Liebesvariante. Er hat sie mit jungen Männern seines Alters und mit perversen Freudenmädchen in Theben und Babylon genossen, und er weiß, daß viele hohe Würdenträger diesem Laster frönen. Und hat Makeda nicht lange Zeit in Theben gelebt, in der verdorbenen Atmosphäre der großen ägyptischen Hauptstadt? Doch was macht das schon aus? Seine Leidenschaft ist so übermächtig, daß er bereit ist, ihr jeden noch so ausgefallenen Wunsch zu erfüllen.

»O Makeda, meine Angebetete, ich bin dein gehorsamer

Diener und werde dir zu Willen sein. Du sollst wissen, daß ich einst auf diese Weise einen jungen Freund wie einen Bruder liebte, während wir fern unserer Heimat schwere Kämpfe ausfochten. Mein Geliebter war damals genauso sanft und zart wie du. Und ich habe ihn liebkost, so wie ich dich liebkosen möchte ...«

Während Assadaron diese Worte säuselt, gleiten seine Lippen schon über den Arm der Königin, sanft wie Schmetterlingsflügel. In ihrer Verwirrung begreift die Königin nicht, was er im Schilde führt. Ein schreckliches Mißverständnis liegt hier vor, hervorgerufen durch sinnliche Erregung, durch den Nachthimmel, die Blumendüfte und das Gurren der sorglosen Tauben im Park. Assadarons heiße Lippen lassen Makeda erschauern, doch plötzlich kommt sie wieder zur Besinnung und entzieht ihm ihren Arm.

»Nimm die Bernsteinkette von meinem Hals«, flüstert der Assyrer. »Sie gehört dir, Geliebte! Und während ich hier vor dir auf den Knien liege, werde ich deine Finger an meinem Nacken, auf meinen Wangen und meiner Stirn fühlen ...«

Die Königin streift ihm die Kette ab, und mit einem sehnsüchtigen Seufzer umschlingt Assadaron ihre schlanken Beine. Unter dem kurzen Offiziersrock locken muskulöse Schenkel, deren seidige Haut er mit Händen und Lippen erforscht ... Wieder reißt Makeda sich abrupt los. Assadaron erhebt sich, nimmt ihr die Kette aus den Händen und legt sie ihr um den Hals, wobei er ihre Ohren und ihren Nacken mit heißen Küssen bedeckt. Diesmal stößt sie ihn heftig zurück und preßt erschrocken ihre Finger auf all jene Stellen, die die Feuermale seiner Küsse tragen.

Der Prinz versteht nun gar nichts mehr. Zorn steigt in ihm auf. Er ist an leichte Eroberungen gewöhnt, und sein männlicher Stolz ist zutiefst verletzt.

»Du mußt verrückt sein!« faucht die naive Herrscherin. »Begreifst du denn immer noch nicht, daß ich deine Liebkosungen nicht ertragen kann, weil sie für mich gefährlicher als jedes Gift sind? Habe ich dich nicht gebeten, mich wie einen Bruder zu lieben?«

Assadaron weiß nicht mehr, ob er sich geirrt hat. Ist Makedas Seele wirklich so jungfräulich wie ihr Körper? Oder ist sie doch eine jener Frauen, die mit Homosexuellen ins Bett gehen, um ihre Wollust zu befriedigen und gleichzeitig ihre Jungfräulichkeit für ihre künftigen Ehemänner zu bewahren? Doch der Prinz ist bereits ein Gefangener seiner Liebe, und deshalb ist er bereit, jede von ihm verlangte Rolle zu spielen: Sei es die des Liebhabers oder die des keuschen Verehrers.

Mit einem Male lösen sich all seine Zweifel in Luft auf. Makedas unschuldsvolles Gesicht beweist zur Genüge ihre völlige Reinheit. Nein, sie hat bestimmt nie an den thebanischen Orgien teilgenommen. Der gezähmte assyrische Löwe wirft sich der als Offizier verkleideten Königin an die Brust und stammelt süße Liebesworte. Das Erschauern ihres zarten Körpers empfindet er als göttliche Belohnung, und ihre Herzen schlagen vereint in der nächtlichen Stille.

Makeda streichelt den Kopf des Geliebten, der seinen Tränen freien Lauf läßt, weil er an der Reinheit ihrer Seele gezweifelt hat. Auch die Königin weint. Eng umschlungen gehen sie langsam über die Terrasse und tauschen die ewigen Worte aller Liebespaare: Ich liebe dich, Makeda ... Ich liebe dich, Assadaron ... Sie lachen leise und seufzen sehnsüchtig, sie plappern wie Kinder und zwitschern wie Vögel ...

An einer Biegung der Parkallee verweilen die Liebenden lange unter den Mangobäumen, deren Blüten einen köstlichen Duft verbreiten. Doch plötzlich hört der Assyrer ein Flüstern. Wessen Stimmen sind das? Er will nach seiner Waffe greifen, aber Makeda packt ihn am Arm. Warum? Gleich darauf weiß er es. Dort unten, am Ende der Allee, sitzt der Großrabbiner mit Amram, dem unsympathischen Onkel der Königin, auf einer Bank, und die beiden Männer tuscheln miteinander.

Assadaron gerät in rasende Wut, und der Krieger in ihm trägt den Sieg über den Verliebten davon. Das ist eine Falle, eine Manipulation! Diese Männer wurden von der Königin hierherbeordert, die ihm Liebe vorgaukelte, nur um die Bernsteinkette zu bekommen, die ... des Nachts überreicht ... dem Träger Glück bescheren soll. Sie liebt ihn also nicht? Sie hat ihn nie geliebt? Sie ist weder naiv, noch hat sie perverse

Neigungen. Sie ist einfach eine begehrliche Frauenperson, weiter nichts! Und er, Assadaron, der seinem Onkel Salmanar wahrscheinlich auf dem assyrischen Thron nachfolgen würde, er hat sich von ihr überlisten lassen wie ein dummer Jüngling, der in die Fänge einer raffinierten Kurtisane gerät!

Diese Gedanken behält er nicht für sich. Außer sich vor Zorn, beschimpft er die bestürzte Königin, schüttelt sie heftig. Und sie wehrt sich nicht, sondern läßt sich wie eine Sklavin beleidigen.

Assadaron schwört, sie nie wiedersehen zu wollen. Er wird im Morgengrauen seine Zelte abbrechen lassen. Die verfluchte Kette kann Makeda getrost behalten, denn sie wird ihr auf der Haut brennen und sie ständig an ihren schändlichen Betrug erinnern. Doch bevor er abreist, wird er noch jene beiden Männer bestrafen, die sich der Beihilfe schuldig gemacht haben. Er zückt seine Waffe und will sich auf die Wächter über die königliche Tugend stürzen ...

Doch sie sind schon verschwunden. Statt dessen funkeln zwei Dutzend Schilde und Lanzen in der Dunkelheit. Assadaron stößt in wilder Rage die schlimmsten Flüche aus. Ein Gedanke schießt ihm durch den Kopf: Soll er vor diesen Männern seinem Leben ein Ende setzen, um seinen Mut zu beweisen? Doch er ist Salmanars Botschafter. Sein Verhalten in diesem Land, wo er zu Gast ist, muß über jeden Tadel erhaben sein. Nein, er wird nach Babylon zurückkehren und Simen dann den Krieg erklären, um die Schmach zu tilgen.

Assadaron rennt davon. Er verirrt sich im Labyrinth der Kolonnaden und Galerien, findet schließlich am Portikus seinen Wagen. Die Tore öffnen sich. Er glaubt, höhnisches Lachen zu hören. Nun treibt er seine Pferde zu wildem Galopp an. Er braucht frische Luft, muß seinen Emotionen irgendwie Platz schaffen ...

Die Reine Perle ist in ihren Palast zurückgekehrt und hat sich schluchzend auf ihr Bett geworfen, verzweifelt darüber, daß der Assyrer nichts begriffen hat. Nur weil sie befürchtete, schwach zu werden, hat sie Amram und den Großrabbiner gebeten, über ihre Tugend zu wachen. Sie mußte diese verzweifelte Schutzmaßnahme treffen, denn das nächtliche Rendezvous in den duftenden Gärten barg unvorhersehbare Gefahren in sich, weil sie Assadaron von ganzem Herzen liebte.

Zum zweitenmal in ihrem jungen Leben beklagt Makeda ihr Schicksal, das sie zum Verzicht auf die Liebe zwingt. Und ihr Schmerz ist mit heftigem Neid vermischt. All die Frauen ihres Volkes kommen ihr in den Sinn, die lieben und geliebt werden, die nach Herzenslust der Lust frönen dürfen. Sie erinnert sich an den Erotikkurs in Theben, an die Liebesspiele der anderen Prinzessinnen, die in den Armen ihrer erfahrenen Lehrer vor Lust stöhnten. Und ihr selbst soll das alles ein Leben lang verwehrt bleiben? Die Küsse, die Zärtlichkeiten, die Hingabe, die vielfältigen Genüsse sinnlicher Liebe? Und warum? Nur weil einige Männer absurde Regeln aufgestellt haben! Nein, sie will sich nicht mehr daran halten. Mit welchem Recht hindern diese Männer sie daran, ihre Weiblichkeit auszuleben?

Sie malt sich Volksaufstände, Plünderungen und Brandstiftungen aus … Der Palast und ganz Aksum gehen in Flammen auf … Sie hat die Verwüstungen vor Augen, die ein gnadenloser Krieg zur Folge hätte, sieht Assadaron tot am Boden liegen … Soll sie zu ihm eilen und sich ihm zu Füßen werfen wie eine Sklavin?

Schließlich nimmt eine verrückte Idee in ihrem überreizten Geist feste Gestalt an, und sie befiehlt, daß man ihr ein Pferd satteln möge und niemand ihr folgen dürfe.

Im Galopp verläßt sie den schlafenden Palast. Ihr grausamer Plan erfüllt sie mit wildem Jubel. Von nun an wird sie den Männern, die sie zur Verleugnung ihrer weiblichen Instinkte gezwungen haben, den Krieg erklären. Sie wird sich an den Männer rächen, sie demütigen, so wie sie selbst von ihnen gedemütigt worden ist. Und der stolze Assadaron wird als erster vor ihr niederknien und sie um Verzeihung bitten müssen. Andernfalls wird er durch ihre Hand sterben.

Und während Makeda zum Zeltlager des Assyrers galoppiert, umklammern ihre Finger krampfhaft eine Bernsteinkette.

Makeda fordert Assadaron zum Kampf heraus

Assadaron hatte sich nach seiner Rückkehr aus dem Palast sofort in sein Zelt zurückgezogen, doch fand er keine Ruhe, weil der Zorn immer noch in seinem Herzen loderte. Erbittert machte er sich auf den Weg in die Stadt. Seinen besorgten Hauptleuten erklärte er gereizt, sein Leben sei nicht in Gefahr, und er wünsche deshalb keine Eskorte.

In Aksum wurde immer noch ausgiebig gefeiert, und der Assyrer gesellte sich einer Gruppe vornehmer Ägypter zu, die in den Tavernen tranken und sich an den Tänzen der Prostituierten und Epheben, die geschminkt und als Mädchen verkleidet waren, ergötzten.

Während Assadaron zerstreut zuschaute, erlebte er im Geiste noch einmal die ganze demütigende Szene, die sich im Palastgarten abgespielt hatte, und deshalb begehrte er auch als einziger keine der nackten Freudenmädchen, was seine ägyptischen Freunde zu spöttischen Kommentaren veranlaßte: »Sollte der Bezwinger von gehörnten Gazellen und Löwen mit Hufen etwa Angst vor Xantho, der schönen Griechin, haben, die ihn mit den Augen verschlingt und nur für ihn zu tanzen scheint?«

Derart provoziert, packte Assadaron besagte Xantho, die ihn lachend in ihre parfümierte Kammer zog. Sie umschlang ihn mit Armen und Beinen und wollte ihm zu Gefallen sein, doch der Prinz wollte an ihr nur seine Wut abreagieren. Er beschimpfte sie, doch sie verstand seine Sprache nicht und lachte immer noch. Sie hielt ihn für betrunken und amüsierte sich über sein verzerrtes Gesicht und seine unordentliche Kleidung, bis der Krieger sie so heftig ohrfeigte, daß ihr Schmuck klirrte.

Ihre gellenden Schreie hatten die Paare in benachbarten Zimmern alarmiert, und der Gang füllte sich mit nackten Menschen. Die Gefahr ernüchterte den Assyrer.

»Wir haben uns gestritten«, erklärte er ruhig, »aber ich werde sie reich entlohnen.«

Und er geizte tatsächlich nicht mit Gold, bevor er hastig aufbrach.

»Er hat mich nicht einmal genommen!« jammerte Xantho tränenüberströmt.

Sie konnte natürlich nicht ahnen, daß er ihren armen Körper mißhandelt hatte, weil er sich an Makeda und allen Frauen der Welt rächen wollte.

Im Morgengrauen erreichte Makeda erschöpft, aber zu allem entschlossen, Assadarons Lager. Salmanars Botschafter hatte es nicht allzu weit von Aksum errichten lassen, und im Galopp konnte man es in einer Stunde erreichen, doch die Königin hatte sich unterwegs mehrmals verirrt.

Der Prinz wurde darüber informiert, daß ein Offizier von Simen ihn zu sprechen wünsche – unter vier Augen! Assadaron lehnte gereizt ab, doch der Wachposten kam gleich darauf zurück und meldete: »Ich soll dir von dem Offizier ausrichten, du hättest ihn beleidigt, und er fordere deshalb Genugtuung.«

Eine derartige Herausforderung konnte kein assyrischer Krieger ignorieren. Bewaffnet und behelmt stürzte Assadaron aus seinem Zelt. Er erkannte den Offizier nicht, der sein Gesicht hinter einem Schild versteckte und ihm mit verstellter Stimme zurief: »Wähle deine Waffe, Assadaron, und verteidige dich! Säbel oder Lanze?«

»Ich wähle den Säbel, doch ich kenne dich nicht, und ich wüßte gern, warum du mich herausforderst.«

Ohne zu antworten, sprang Makeda vom Pferd und griff an. Assadaron konnte den Hieb in letzter Sekunde parieren. Dieser unbekannte Krieger schien große Erfahrung im Umgang mit Waffen zu haben, und der Prinz wich einige Schritte zurück, um den nächsten Angriff besser abwehren zu können. Fest entschlossen, diesen vermessenen Offizier zu bestrafen, schlug er ihm mit einer geschickten Parade den Schild aus der Hand, und als er das erbitterte Gesicht der Königin erkannte, stieß er einen gequälten Schrei aus:

»Makeda!«

Doch die Königin griff, stumm und verachtungsvoll, wieder an. Assadaron begnügte sich damit, ihre Finten unbeholfen abzuwehren, ohne in die Offensive zu gehen. Als Hauptmann Nabunasar, der beste Freund des Prinzen, das sah, beschloß er, ins Geschehen einzugreifen. Mit gezogener Waffe rief er:

»Prinz Assadaron, beende diesen Kampf, der gegen unser Gesetz verstößt! Ein Angehöriger der Königsfamilie darf niemals mit einer Frau die Waffen kreuzen, denn das gilt als Schmach!«

Die Einmischung des Hauptmanns kam Assadaron sehr gelegen, doch Makeda war in ihrem Zorn keinen vernünftigen Argumenten zugänglich.

»Ich verteidige meine Ehre, die von diesem Mann beschmutzt wurde, und ich werde wie ein Mann gegen ihn kämpfen.«

Doch der Hauptmann erklärte ihr ruhig: »Bei den Assyrern wird ein Mann niemals gegen eine Frau kämpfen, o Königin! Ihr müßt einen Mann damit beauftragen, Eure Ehre zu verteidigen. So verlangt es das Gesetz.«

»In meinem Königreich«, erwiderte Makeda scharf, »verteidigen die Frauen sich selbst! Sie brauchen keine Männer, um sich den Respekt zu verschaffen, der ihnen gebührt.«

»In diesem Lager untersteht Ihr jedoch den assyrischen Gesetzen, o Königin«, argumentierte der Hauptmann, »und wir bitten Euch, sie zu respektieren, so wie wir Eure Gesetze respektieren …«

Doch was kümmerten Makeda schon die Regeln und Traditionen, die von Männern aufgestellt worden waren? Sie wollte nur eine persönliche Rechnung mit dem Geliebten begleichen, der ihre Motive nicht verstanden hatte! Von diesem Gedanken wie besessen, griff Makeda nicht nur den Prinzen, sondern auch den Hauptmann tollkühn an, doch die beiden Assyrer blieben ihren noblen Prinzipien treu: Sie verteidigten sich widerwillig, ohne selbst anzugreifen. Die Königin ermüdete zusehends, und ihre Erbitterung wurde immer größer.

Plötzlich fiel ihr ein Trick ein, den ägyptische Krieger ihr beigebracht hatten. Man mußte dem Gegner ein Bein stellen, und wenn er stolperte und zu Boden stürzte, mußte man ihn in Windeseile fesseln. Assadaron und Nabunasars Passivität erleichterte ihr diese Aufgabe beträchtlich, und im Handumdrehen waren die beiden Männer ihr auf Gedeih und Verderb ausgeliefert. Ein assyrischer Krieger flehte niemals um Gnade, und auch Assadaron hätte den Tod einer weiteren Demütigung vorgezogen. Außerdem glaubte er, daß es ein Hochgenuß wäre, von der Hand seiner Geliebten zu sterben.

»Ich will deinen Tod nicht«, verkündete Makeda jedoch mit bebender Stimme. »Ich will nur, daß du mich um Verzeihung bittest, denn du hast mich beleidigt, und deine unbedachten Worte haben mich tief verletzt.«

»Wenn du es wünschst, werde ich dir gern alles erklären«, erwiderte der Prinz hoheitsvoll, »aber weißt du nicht, daß ein Gefangener kein Recht hat zu sprechen? Ich werde mich deshalb nur zu deinen Vorwürfen äußern, wenn du mich von diesen Fesseln befreist. Sollten meine Erklärungen dich nicht zufriedenstellen, liegt mein Schicksal in deinen Händen.«

Die Fesseln der beiden Männer wurden sofort gelöst, und Assadaron gab dem Hauptmann durch eine Geste zu verstehen, daß er sich entfernen solle. Allein mit der Königin, die er wegen ihrer Unerschrockenheit und Kampfeslust nur noch mehr liebte und bewunderte, offenbarte der Prinz ihr sein Herz. Er verschwieg nichts, weder seine Hoffnungen, als er nachts in den Palast bestellt wurde, noch seine Verwirrung angesichts ihrer Verkleidung. Er gestand ihr sogar seine flüchtige Verachtung, als er ihre Bitte mißverstanden und ihr perverse Wünsche unterstellt hatte. Auch seine Enttäuschung verhehlte er ihr nicht und seinen Zorn auf die Tugendwächter im Park. Auch sagte er ihr klipp und klar, daß er daraufhin geglaubt hatte, sie hätte ihn nur zum Narren gehalten, um an die Bernsteinkette heranzukommen. Selbst den Schmerz und die Verzweiflung, die er an der Prostituierten Xantho ausgelassen hatte, ließ er nicht aus.

Sein Freimut war entwaffnend, obwohl dieses Bekenntnis Makeda erneut bewies, daß er nichts verstanden hatte. Er hatte sie also für genauso lasterhaft gehalten wie die schlimmsten Prostituierten auf den Straßen von Babylon, die für einige Schekel Gold bereitwillig Leidenschaft, Freude und Schmerz heucheln! Traurig nahm sie die Bernsteinkette ab und gab sie ihm mit Tränen in den Augen zurück. Körperlich und seelisch mit ihren Kräften am Ende, sank sie in die Arme ihres bestürzten Gefangenen und stammelte: »Assadaron, Assadaron, was hast du nur von deiner Makeda gedacht?«

Dann wurde sie ohnmächtig.

Der Prinz brüllte Befehle, während er die bewußtlose Königin an sich preßte und in ihr bleiches Gesicht blickte. Darüber, daß er sie so falsch beurteilt hatte, machte er sich heftige Vorwürfe, und er trug sie behutsam in sein Zelt, wo er sie auf sein Lager bettete.

Ein herbeigeeilter Magier legte seine Hände auf ihre Stirn, murmelte Beschwörungsformeln und hielt ihr einen kleinen Krug unter die Nase.

Makeda kam wieder zu sich, und als sie Assadaron erkannte, warf sie sich wieder in die Arme des edlen Kriegers und beschwor ihn, den Magier fortzuschicken. Als sie endlich allein waren, legte sie ihrerseits ein freimütiges Bekenntnis ab und offenbarte ihm ihre Wünsche und Träume ebenso wie ihre Verzweiflung über jenen Schwur ewiger Jungfräulichkeit.

Nachdem endlich alle Mißverständnisse ausgeräumt waren, hielten sie sich lange eng umschlungen. Erneut bat Makeda Assadaron um eine brüderliche Liebe, und er war jetzt bereit, sich mit dieser rein seelischen Liebe zu begnügen, obwohl er sich vor Verlangen nach ihr verzehrte. Aber er bestand darauf, daß sie niemals einen anderen Bruder als ihn haben dürfe, weil er andernfalls vor wilder Eifersucht zu allem imstande sei. Makeda versprach ihm alles, was er wollte. Sie war glücklich, weil sie liebte und geliebt wurde. Ihre Seele erblühte wie eine prächtige Blume, als Assadaron die Steine der Bernsteinkette, die sie zusammengeführt, entzweit und nun wieder versöhnt hatte, unter ihnen aufteilte.

Und der Prinz sprach im Überschwang seiner Gefühle mit bewegter Stimme: »Keine Liebe kommt der unsrigen gleich, Reine Perle! Hast du jemals gesehen, wie sich die Gläubigen im Tempel vor ihrem Gott niederwerfen? So wirft auch Assadaron sich vor der göttlichen Makeda nieder. Jungfräuliches Geschöpf, spirituelle Tochter von Baal, dem allmächtigen Gott meines Volkes, Symbol der Reinheit, segne jenen, der unverbrüchlich an dich glaubt und dich liebt ...«

Der Prinz griff nach ihrer rechten Hand und legte sie auf seine Stirn.

»Hör zu, du mein Idol«, fuhr er fort. »Meine Liebe entrückt mich in den riesigen Palast von Baal, der aus gewaltigen Marmorblöcken besteht, mit Gold, kostbaren Teppichen und Blumen geschmückt und von himmlischen Düften erfüllt ist. In dieser göttlichen Wohnstatt wird die Seele nach dem Tod des Körpers für alle guten Taten belohnt, die ein Mensch zu Lebzeiten vollbracht hat. Auf der Schwelle dieses Himmelspalastes wächst ein immergrüner Lorbeerbaum. Wenn unsere Seele dort ankommt, überreicht unser Schutzengel uns für jede gut Tat ein Lorbeerblatt. Wehe dem, der nicht wenigstens ein Blatt bekommt, denn dieser wird durch eine geheimnisvolle Kraft in die glühenden Abgründe geschleudert. Glücklich hingegen derjenige, der eine große Anzahl von Lorbeerblättern vorweisen kann, denn ihm wird die Glückseligkeit zuteil. Makeda! O Makeda, dir werde ich es zu verdanken haben, wenn ich einst die Freuden im Baalspalast erleben darf. Deinetwegen will ich keusch leben, und in der Ewigkeit werden unsere Seelen dann vereint sein …«

In diesem Augenblick war Assadaron wirklich fern von jeglicher Begierde, obwohl Makeda wie eine zarte Blume auf seinem Purpurbett lag und bestimmt keinen Widerstand geleistet hätte, weil ihre Kräfte völlig erschöpft waren. Doch er begnügte sich damit, seine heiße Stirn auf ihre Brust zu legen und zu spüren, wie ihre herrlichen Brüste sich hoben und senkten. Diese verführerischen Früchte hatte Baal geschaffen, um die Anziehungskraft der Frauen zu erhöhen …

Während Assadaron solchen Gedanken nachhing, träumte Makeda in seinen Armen von der körperlichen Liebe, denn seine Nähe brachte ihr Blut in Wallung und ließ ihr Herz schneller schlagen. Sie streichelte Assadarons Kopf, seinen Nacken, seine gefurchte Stirn, und dieser Kontakt erregte sie nur noch mehr, so daß sie sich bereitwillig einem langen Kuß überließ, unter dem sie erbebte wie ein Blatt im Wind.

Diesmal war es Assadaron, der sich abrupt von ihr löste.

»Du erhebst dich, Geliebter? Glaubst du, dieser Kuß sei ein Eingeständnis meiner Niederlage? Nein, nein, Assadaron! Makeda muß ihr Schicksal erfüllen. Die Reine Perle hat von Jahwe einen heiligen Auftrag erhalten. Er hat sie unter allen Frauen für diese Aufgabe auserwählt, und du darfst sie nicht davon abhalten. Ein langer Weg liegt vor mir, und ich muß ihn gehen, um die Frauen von der Versklavung durch die Männer zu befreien.«

»Nein, Makeda, du irrst dich! Bin nicht ich es, der dir zu Füßen liegt wie ein Sklave?«

»Bis auf die kurzen Stunden der Liebe sind wir euch nicht gleichberechtigt, mein schöner Krieger«, entgegnete die Königin. »Es darf nicht mehr so sein, daß ihr uns als minderwertig betrachtet. Ich werde die Frauen gegen ihren eigenen Willen von diesem Joch befreien, denn ich bin der weibliche Messias, den Jahwe gesandt hat.«

Makeda litt so sehr unter ihrem Gelübde, daß sie sich einbildete, eine Märtyrerin zu sein, weil Jahwe ausgerechnet ihr das Opfer ewiger Keuschheit abverlangte, und vor Schmerz geriet sie in eine Art mystische Hysterie, aus der sie jäh in die grausame Realität zurückversetzt wurde, als draußen die lauten Rufe von Gardisten ertönten.

Der Tag war schon lange angebrochen, und das Verschwinden der Königin hatte den Befehlshaber ihrer Leibwache so beunruhigt, daß dreißig Berittene losgaloppiert waren, um sie zu suchen.

Makeda sprang auf ihr Pferd und verabschiedete sich nur kurz von Assadaron, wobei sie völlige Gleichgültigkeit heuchelte.

Unterwegs versammelte sie die Männer um sich und erklärte ihnen in knappen Worten, daß sie gezwungen gewesen sei, gegen den assyrischen Prinzen zu kämpfen. Den wahren Grund für das Duell verschwieg sie ihnen natürlich, aber sie verlangte von ihnen absolutes Stillschweigen über den Ort, wo sie ihre Königin gefunden hatten, und sie drohte, alle dreißig hinrichten zu lassen, falls es auch nur eine einzige Indiskretion geben sollte.

Dieser Drohung hätte es gar nicht bedurft, denn die Gardisten waren ihrer Herrscherin mit Leib und Seele ergeben und gelobten, kein Wort über das Abenteuer der Reinen Perle zu verlieren. Beruhigt galoppierte Makeda zum Palast, völlig erschöpft von den Ereignissen der Nacht. Ihre Glieder schmerzten, ihre Nerven waren überreizt, und sie konnte keinen klaren Gedanken mehr fassen. Ein Bad verschaffte ihr etwas Linderung, und ihre Dienerinnen massierten ihre angespannten Muskeln mit wohlriechenden Ölen. Diese Berührungen riefen ihr Assadarons Liebkosungen in wehmütige Erinnerung, doch ihr Kummer schmolz dahin, als sie daran dachte, daß sie liebte und geliebt wurde.

Ganz anders erging es Assadaron, der unablässig sein Schicksal beklagte. Seine Liebe zu Makeda glich einem Fieber, und sein Verlangen nach ihr ließ sich nur auf kurze Zeit unterdrücken. Nun wußte er, daß seine Liebste nicht umzustimmen war. Würde es ihm jemals gelingen, sie zu bezwingen?

Die Botschaft des Papageis

In eine purpurrote Decke gehüllt, lag Assadaron auf seinem Bett und versuchte, in der Dunkelheit seines geschlossenen Bettes zur Ruhe zu kommen, nachdem er den Befehl erteilt hatte, daß im ganzen Lager absolute Stille herrschen müsse.

Als er endlich für einige Stunden einschlief, wurde er von beunruhigenden Träumen gequält. Sein ganzes Denken kreiste nur noch um Makeda, und er wollte diese Liebe genießen, doch er konnte die Schatten nicht vertreiben, die ihn wie bösartige Hunde umstreiften.

Die möglichen Konsequenzen seiner Leidenschaft ängstigten ihn. Nur noch ein Tag, dann würden die Krönungsfeierlichkeiten zu Ende sein, und all die Könige, Prinzen und Botschafter würden mit ihrem prächtigen Gefolge die Heimreise antreten. Was sollte er dann machen? In Aksum bleiben? In diesem Falle müßte er einen schnellen Boten nach Babylon schicken – um dieses Privileg würden sich viele Männer streiten –, doch wie sollte er Salmanar sein Verweilen in Simen erklären? Er müßte irgendeinen einleuchtenden Vorwand ersinnen.

Kaum aus dem Schlaf erwacht, beschäftigte er sich wieder mit diesen Problemen. Makedas strahlendes Bild stand ihm dabei stets vor Augen und ließ ihn seine Ängste fast vergessen, doch dafür flammte sein Verlangen nach ihr erneut auf. Assadaron war ein aufrechter Mann, der seinen voreiligen Keuschheitsschwur nicht brechen wollte. Doch er mußte sich eingestehen, daß er damit in eine Zwickmühle geraten war. Sollte er in Aksum bleiben und vergeblich auf die Erfüllung seines sehnlichsten Wunsches warten, seine Ungeduld bezähmen, allen fleischlichen Versuchungen aus dem Wege gehen und ein asketisches Leben führen? Wenn er aber nach Babylon zurückkehrte, würde er zum Gespött des Königs und des ganzen Hofes werden, falls er sich weigerte, an den Orgien teilzunehmen, die bei allen Festlichkeiten üblich waren. Ein Sklave seines Schwurs, würde er auch keine Nachkommen haben, die nach ihm über seine Provinz – und vielleicht sogar über das ganze Königreich – herrschen könnten. War Makeda ein solches Opfer wirklich wert? Würde sie ihm den schweren Verzicht auf alle Sinnenfreuden und auf Erben jemals entlohnen?

Flüchtig schoß ihm erneut der Gedanke durch den Kopf, daß sie vielleicht doch eine Intrigantin mit perversen Neigungen sein könnte, doch er verwarf diese Vermutung sogleich wieder und machte sich heftige Vorwürfe, weil seine Seele einem schwankenden Schiff auf stürmischer See glich. Den Kopf in den Händen vergraben, grübelte er immer noch verzweifelt, als sein Magier eintrat.

Teglatt verbeugte sich tief vor seinem Herrn. Dann besprengte er – wie jeden Morgen – den Boden mit Wasser, dem alle möglichen Ingredienzien beigemischt waren, um die nächtlichen Geister zu vertreiben. Er entzündete die Räucherpfanne auf dem Dreifuß und verbrannte darin einige Hautfetzen, die von den heiligen Ochsen des Baalstempels stammten. Aufmerksam betrachtete er die aufsteigenden Rauchspiralen, denn ein Seher vermochte in diesen flüchtigen Formen zu lesen und vorherzusagen, was der Tag bringen würde.

Assadaron war von Kindheit an daran gewöhnt, den Ritualen der Magier zuzusehen, die hohes Ansehen genossen, weil sie über geheimnisvolle Kräfte verfügten, und normalerweise schenkte er dem allmorgendlichen Treiben längst keine Beachtung mehr, doch heute spiegelte das Gesicht des Magiers deutliche Bestürzung wider. Es schien ihn sehr zu beunruhigen, daß der Rauch dichter als gewöhnlich war und auch höher aufstieg, bevor er sich verflüchtigte.

Schließlich gab der Weise sein hellseherisches Urteil ab: »Prinz, dies ist ein schlechter Tag für Euch, und weitere leiderfüllte Tage werden folgen. Noch niemals, seit ich für Euch in diesem mysteriösen Rauch lese, habe ich darin einen solch schrecklichen Angriff des Schicksals gegen Euren Astralleib gesehen. Euer Körper ist in Sicherheit, doch Euer Geist ist aus Gründen, die ich noch nicht erkennen kann, schwer verwundet.«

Assadaron winkte unbeeindruckt ab, doch der Magier fuhr fort: »Gebt mir einen Tropfen Eures Blutes aus dem Bereich des Brustkorbes und einen zweiten von der Stelle, wo Euer Rückgrat beginnt. Ich werde dieses Blut mit einem Haar von der Mitte Eures Kopfes vermischen, und heute abend werde ich Euch sagen können, was die Ursache des Übels ist.«

Der Krieger tat so, als hätte er nichts gehört, doch der Magier ließ sich nicht beirren.

»O Prinz, befolgt den Rat Eures weisen und treuen Dieners. Bewahrt Ruhe und eßt kein Fleisch der Tiere dieses Landes. Haltet Euch außerdem von seinen Bewohnern fern, denn ihr Odem ist schädlich.«

»Ich kenne deine Worte, noch bevor du sie ausgesprochen hast«, knurrte Assadaron übelgelaunt. »Du hast beobachtet, daß ich in Makeda verliebt bin, und nun willst du mir weismachen, daß die Geister mir feindlich gesonnen sind. Ich habe dich durchschaut. Verschwinde!«

Der Magier war an die Wutausbrüche des Prinzen gewöhnt.

»Mein Herr, wenn Ihr Ruhe bewahrt, werdet Ihr den Sieg davontragen. Ich habe gesehen, was Eure Augen noch nicht entdeckt haben: Die Königin trägt Amulette um den Hals, die einen unheilvollen Einfluß auf Euch ausüben könnten. Ich kenne diese Talismane. Eine schreckliche Macht wohnt ihnen inne. Sie werden von dem chaldäischen Magier der Königin angefertigt, der sich bei der Suche nach Zauberformeln weder Rast noch Ruhe gönnt. Hütet Euch vor ihm. Gestern habe ich mich mit ihm unterhalten – ein hochinteressantes Gespräch unter Fachkollegen, wenn ich so sagen darf. Er versteht es, das heftigste Verlangen eines Menschen auszulöschen, wonach diesem auch immer der Sinn stehen mag, und zu diesem Zweck bedient er sich der Ausdünstungen des jeweiligen Gegenstandes der Begierde. Versteht Ihr? Den Trunkenbold heilt er mit Hilfe eines Amuletts, das zersetzte Bestandteile von Alkohol enthält. Um Liebe in Haß zu verwandeln, braucht er nur in einem seiner teuflischen Amulette ein wenig Kot des Opfers zu verstecken. Daraus schließe ich, daß im Amulett der Königin verweste, stinkende Partikel eines Phallus verborgen sind, damit sie ihre Jungfräulichkeit bewahren kann.«

Assadaron konnte nicht länger Gleichgültigkeit heucheln, denn die kabbalistische Geheimlehre schien tatsächlich eine überzeugende Erklärung für die Tatsache zu bieten, daß Makeda gegen alle Verführungen gefeit zu sein schien.

»O mein Prinz«, fuhr Teglatt fort, indem er demonstrativ auf sein mit allen möglichen geheimnisvollen Ornamenten geschmücktes Gewand deutete, »Ihr müßt wissen, daß ich vor diesem Chaldäer keine Angst habe.«

»Glaubst du wirklich, seine Zauberkräfte abwehren zu können?«

»Unsere Geister werden immer die stärksten sein«, belehrte ihn der Magier. »Wenn ich sie beschwöre, werden sie den Astralleib der Königin beeinflussen und Euch beschützen.«

Assadaron machte eine zornige Geste.

»Ich verbiete dir jedwede okkulte Handlung, die sich gegen die Königin richtet! Sie steht unter meinem persönlichen Schutz.«

Teglatt verneigte sich bis zum Boden.

»Ich werde Euren Befehlen gehorchen, Prinz Assadaron, denn ich weiß, daß Eure Weisheit grenzenlos ist. Trotzdem flehe ich Euch an, den Rat Eures treuen Dieners zu befolgen: Wenn eine Frau aus diesem Volk sich Euch hingeben will – seid auf der Hut! Seid auf der Hut! Und möge Baal Euch einen gesegneten Tag gewähren.«

Der Magier verließ das Zelt, und Assadarons Masseur trat ein. Er war dem Prinzen beim Baden behilflich und rieb dessen Körper anschließend mit aromatischen Ölen ein.

Diener bekleideten den Krieger mit einer enganliegenden purpurroten Baumwollhose und einem knielangen Hemd aus purpurroter Seide, legten ihm die Wadenschützer aus vergoldetem Leder an und banden den Gürtel aus Schlangenhaut, der mit einer Goldschnalle in Form eines Stierkopfes verziert war, um die schlanken Hüften.

Ein kurzer Gottesdienst schloß sich an. Zwei Priester sangen Gebete und Lobpreisungen, und Assadaron kniete nieder und berührte mit der Stirn einen großen Stein aus dem Baalstempel, den Priester ehrfürchtig von Babylon nach Aksum transportiert hatten, in geweihte Tücher gehüllt.

Nun endlich wurden die schweren Türbahnen zurückgeschlagen. Helles Tageslicht flutete ins Zelt, und der Prinz atmete in vollen Zügen die frische Morgenluft ein, die ihm einen klaren Kopf zurückgab, so daß die Warnungen seines Magiers ihre beklemmende Wirkung verloren.

Der Assyrer begab sich zum *adderach*, einem großen Zelt, in dem die Mahlzeiten eingenommen wurden. Bequem auf einem Diwan ruhend, frühstückte er inmitten seiner Würdenträger, bedient von knienden Sklaven, die Speisen auf ein niedriges Rosenholztischchen stellten. Assadaron rührte die Bananen und die in Olivenöl gekochten Datteln kaum an, und er trank nur wenige Schlucke des kostbaren frischen Dattelweins.

Alle assyrischen Offiziere wußten mittlerweile über die unselige Liebesgeschichte des Prinzen Bescheid und waren sehr beunruhigt, doch keiner wagte ihn darauf anzusprechen, denn Assadaron könnte jeden – mit Ausnahme des Magiers Teglatt und der Priester – aus Zorn über eine solche Einmischung zum Tode verurteilen.

Nach den Würdenträgern durften auch die Soldaten im

adderach frühstücken, der tausend Mann Platz bot. Sie mußten unter den Augen der Offiziere essen und waren überglücklich, als ihnen mitgeteilt wurde, daß ein Ruhetag eingelegt werden sollte, an dem sie nur die Waffen polieren und die Pferde versorgen mußten.

Gesättigt kehrte Assadaron in sein Zelt zurück, wo er sich jedoch bald langweilte. Die vergangenen Tage waren aufregend und abwechslungsreich gewesen, und nun ging ihm die Ruhe auf die Nerven. Um sich abzulenken, ließ er seinen zahmen Lieblingslöwen gegen seinen Ziegenbock kämpfen – ein Spiel, für das beide Tiere dressiert worden waren. Doch nach kurzer Zeit bekam er es satt, ihnen zuzuschauen. Normalerweise liebte er es, stundenlang auf seinem *masinco*, einem einsaitigen Musikinstrument, zu improvisieren, doch dazu bedurfte es eines heiteren Gemüts, und in seiner gegenwärtigen Seelenqual legte er das Instrument sogleich wieder beiseite. Auch eine Partie ›Blinde Pferde‹, eine Art Schachspiel, gegen seinen besten Freund Nabunasar, der den Trupp von Streitwagenlenkern befehligte, hob seine Stimmung nicht. Er spielte so unlustig und zerstreut, daß der Hauptmann ihm besorgte Blicke zuwarf.

Assadaron überlegte gerade, mit welchen Aktivitäten er diesen unerträglichen Tag ausfüllen könnte, als sonore Trompetenklänge ihn aus seinen trüben Gedanken rissen. Mit diesen kurzen Fanfaren kündigten die Wachposten das Eintreffen eines Besuchers von Rang an.

Der Prinz eilte freudig erregt aus seinem Zelt, denn sein Herz sagte ihm, daß Makeda ihm eine Botschaft zukommen lassen wollte, und er hatte sich nicht geirrt, denn der Besucher erklärte einem herbeigeeilten Soldaten: »Sag deinem Herrn, daß der Schatzmeister unserer Königin, der Edle Levi, ihn im Auftrag der Reinen Perle zu sprechen wünscht.«

Der Schatzmeister stieg vom Pferd, und seine Garde tat es ihm nach. Hinter ihnen zogen Sklaven einen schweren Karren herbei, der mit einer Plane verhüllt war. Levi wurde, wie es einem vornehmen Abgesandten gebührte, in Assadarons prächtiges Zelt geführt, wo der Prinz ihn protokollgemäß auf seinem Diwan liegend empfing.

Der Schatzmeister verneigte sich bis zum Boden, und der Assyrer brachte seine Ehrerbietung seinerseits zum Ausdruck, indem er sich auf dem Diwan aufsetzte. Allerdings hörte er nur mit halbem Ohr zu, als Levi seine zahlreichen wichtigen Funktionen bei Hofe aufzählte; er begriff nur, daß Makeda eine besonders wichtige Persönlichkeit damit beauftragt hatte, ihr Liebesgeschenk zu überbringen.

Dieses Geschenk wurde vor dem Zelt bereits enthüllt: ein Rennwagen aus kunstvoll geschnitztem Ebenholz. Der hintere Teil war ein kompliziertes Geflecht von Büffellederriemen, in dem der Lenker stehen konnte. Dieser imposante Wagen begeisterte Assadaron: »Sag der Perle, edler Schatzmeister, daß ich in meiner Heimat niemals ein solches Wunderwerk gesehen habe.«

»Die Perle«, erwiderte der Würdenträger mit einem anzüglichen Lächeln, »läßt Euch sagen, illustrer Prinz, das Ebenholz für diesen Wagen stamme aus einem so heißen Land, daß es in finsterer Nacht unsichtbar ist.«

Assadaron verstand die Anspielung und lächelte seinerseits. Gleich darauf staunte er über ein noch ausgefalleneres Geschenk: zwei Papageien mit prächtigem grau-grün-blauem Federkleid. Einer war klein, der andere von stattlicher Größe. Sie saßen in einem Käfig und hatten Häubchen aus rotem Leder auf den Köpfen.

»Das sind zwei ganz außergewöhnliche sprechende Vögel. Der große wird Euch die Worte wiedergeben, die unsere Königin ihn gelehrt hat. Und der kleine soll von Euch Worte lernen, die er dann vor der Allerreinsten Perle wiederholen wird.«

Auf ein Zeichen des Schatzmeisters hin nahm ein Diener dem großen Vogel die Haube ab, und der Papagei betrachtete seine Zuschauer, legte den Kopf zur Seite, kreischte laut und verkündete sodann klar und verständlich: »*Na, na, Fikeri, Aron!*« (Komm, komm, mein Liebster, Assadaron!)

Der Prinz war von dieser zarten Liebesbotschaft hingerissen und machte sich wieder heftige Vorwürfe: Während er selbst immer wieder von Zweifeln und bösartigen Gedanken überfallen wurde, hatte Makeda dem Vogel geduldig die reinen Rufe ihres Herzens beigebracht! Und weil Assadaron nun seinerseits dem kleinen Vogel ähnliche Worte einprägen mußte, erklärte der Schatzmeister ihm, wie man das machte.

Der Assyrer begriff, daß die Königin ihn in ihre Netze zu locken versuchte, in der Hoffnung, daß er in Aksum verweilen würde. Was ihn jedoch entwaffnete und rührte, war die kindliche Art und Weise, in der sie dieses sentimentale Liebesspiel betrieb. Sobald Levi den Rückweg angetreten hatte, machte Assadaron sich eifrig daran, dem kleinen Papagei den Satz einzuprägen: »*Na, na, Fikeri, Makeda!*« (Komm, komm, meine Liebste, Makeda!)

Die Königin bestellte Levi zu sich und war überglücklich, als sie hörte, daß der Prinz sich über ihre Geschenke gefreut hatte. Ihrem Onkel und dem Großrabbiner gegenüber hatte sie diese kostbaren Gaben damit begründet, daß sie dem Assyrer an Großzügigkeit nicht nachstehen wolle. Dagegen konnten die beiden alten Männer nichts einwenden, obwohl sie insgeheim tief besorgt über das nächtliche Ausreißen der Königin und ihre unübersehbare Verliebtheit waren.

Unter sich hatten sie bereits beschlossen, dieser unerlaubten Liebe einen Riegel vorzuschieben. In Aksum gab es viele Magier, die – von den Ägyptern unterwiesen, die Makeda aus Theben mitgebracht hatte – ihre Wissenschaft so perfekt beherrschten, daß sie schon so manchen ausländischen Fachkollegen verblüfft und beschämt hatten.

Die geballte Militärmacht von Aksum

Zehntausend Menschen hatten bisher noch nicht an den großartigen Festmahlen teilgenommen: die Vertreter der verschiedenen Handwerke in Stadt und Land, die von überall her zur Krönung gekommen waren, beladen mit Geschenken von Arm und Reich aus ihren jeweiligen Wohnorten.

Diese Leute kampierten in großen Zelten vor der Stadt, und Makeda hatte darauf bestanden, daß die Repräsentanten der arbeitsamen und tüchtigen Nation genauso reich bewirtet werden sollten wie alle anderen, und trotz ihrer Mü-

112

digkeit war sie auch bei diesem Festmahl persönlich anwesend.

Dann endlich geruhte die Monarchin, die Geschenke der Könige, Vizekönige und Statthalter der eroberten Länder und Provinzen entgegenzunehmen. Diese einstigen Machthaber, die durch militärisches Pech zu Vasallen geworden waren, traten durchaus prunkvoll auf, um ihr einstiges Prestige zu demonstrieren, mußten aber große Demut an den Tag legen. Als erstes präsentierte sich der König von Wollo, den die Armee von Simen erst nach harten Kämpfen bezwungen hatte. Ihm folgten die Offiziere, die sein Banner trugen – zwei mit goldenen Mondsicheln geschmückte Lanzen, verbunden durch ein breites grünes Spruchband, auf dem stolz seine Ehrentitel und einstigen Eroberungen aufgeführt waren. Dann kamen die Adjutanten mit den Geschenken für die Königin: Gold- und Silberbarren, Elefantenstoßzähne, gehämmertes Kupfer, Ebenholz, Zibetparfum, Onyx und Jaspis, Schilde, Teppiche, weite Umhänge und Hunderte von Perlen.

»Gelobt sei Jahwe!« rief ein Kämmerer der Königin ihnen zur Begrüßung zu.

Die Delegation warf sich vor der Tribüne auf die Erde, und alle küßten dreimal die Fransen des Teppichs, der wie eine purpurrote Viper vom Thron über die Stufen bis zum Boden hinabfiel.

»Seid uns willkommen!« fuhr der Kämmerer fort.

Der König von Wollo erhob sich, machte eine tiefe Verbeugung und wartete auf den Befehl des Kämmerers: »Sprich!«

Der Vasall warf stolz seinen Mantel zurück und verkündete: »Allerreinste von Jahwe gesegnete Perle, mächtige Königin aller Könige, ich bin der Herrscher, der unter Eurer Oberhoheit die Länder Wollo und Leka regiert. Es ist mir eine hohe Ehre, daß Ihr bereit seid, dem Wort Eures demütigen Dieners zu lauschen. Ich handle in Übereinstimmung mit Euren Gedanken und gehorche Euch zum Wohle des Volkes. Möge Euer Säbel mir den Kopf abschlagen, wenn ich jemals Euren heiligen Befehlen zuwiderhandle. Das Leben des Königs von Wollo gehört Euch, o Königin!«

»Möge Jahwe dich segnen«, erwiderte der Kämmerer.

»O Perle«, fuhr der Vasall fort, »geruht in Eurer großen Güte, diese Geschenke anzunehmen.«

Er machte eine Geste in Richtung seiner Adjutanten.

»Zwanzig Barren Gold«, kündigte er an, während ein Offizier den schönsten dieser Barren zu Füßen des Thrones niederlegte.

Auch von den anderen Geschenken wurde jeweils ein Exemplar der Königin präsentiert. Die Aufzählung und Übergabe dauerte ziemlich lange.

Hundert weiße Pferde.

Tausend Ziegenböcke.

Zweitausend Schafe.

Zweitausend Ziegen.

Dreihundert dressierte Kampfhunde.

Zehn Pfauen.

Zehn Strauße.

Fünf Gazellen.

Der Kämmerer bedankte sich im Namen der Königin.

»Möge Gott es dir vergelten!«

Gemäß dem Ritual wurde dem König von Wollo mit diesen Worten erlaubt, die Stufen der Tribüne bis zum Thron emporzusteigen, wo Makeda, huldvoll lächelnd, zuließ, daß er ihre Gürtelschnalle küßte. Sie ließ sich sogar dazu herab, einige Worte mit ihm zu wechseln.

Zehn Prinzen defilierten auf diese Weise mit ihren Eskorten an der Herrscherin vorbei und brachten ihre Gaben dar, die alsbald in den uneinnehmbaren granitenen Schatzkammern des Palastes untergebracht wurden.

Am nächsten Tag nahm die Königin, die auf ihrem Thron wie eine von Meisterhand geschaffene Statue aussah, die Truppenparade ab.

Zu ihren Füßen marschierten die Infanteristen vorüber, die ihre Schilde und Lanzen schwangen und so zahlreich waren, daß die Erde unter ihrem Gleichschritt erbebte.

Ihnen folgten die Sturmtruppen hinter riesigen Schilden, die mit Schießscharten versehen waren und von jeweils acht Soldaten geschoben wurden, die »stahlköpfigen Drachen« –

von Pferden gezogene Katapulte – und die durch Stahlplatten geschützten Kampfelefanten, die kuppelartige Aufbauten trugen, aus denen drei Männer Pfeile mit großer Reichweite abschießen konnten. Laut bellende Kampfhunde wurden an Leinen mit Stahlspitzen in Meuten von jeweils hundert Tieren vorbeigeführt, und die Fackelwerfer hielten ihre gefährlichen Waffen hoch, deren Flammen alles, was sie erreichten, sofort in Brand setzten.

Die Kavallerie bildete den Abschluß dieser bemerkenswerten Demonstration der militärischen Stärke einer jungen Nation, die ihr Ansehen der unerschöpflichen Energie von König Angebo verdankte. Makeda erbebte wider Willen, als sie diesen bewundernswert disziplinierten Militärapparat erblickte, denn auf ihren Befehl hin würden sich all diese furchtlosen Männer in blutige Kämpfe stürzen, um durch ihre Siege Jahwes Macht auf Erden zu mehren.

Nachdem alle Truppen an der Königin vorbeidefiliert waren, gruppierten sie sich zu einem riesigen Karree, dessen Ecken in der Ferne kaum zu erkennen waren. Makeda stieg auf ihre Lieblingsstute und galoppierte an dieser Front aus Schilden, Helmen und Lanzen entlang. Ihre Augen leuchteten vor Stolz, und ihr kämpferisches Herz schlug höher. Sie hielt bei jedem Regiment an, um dem jeweiligen Hauptmann ihr Banner zu überreichen, und dann galoppierte sie in den Palast zurück.

Nach der Truppenparade wurde im Feldlager ausgiebig gefeiert. Die Soldaten entzündeten ein riesiges Freudenfeuer aus den Masten und Tribünen, Matten, Teppichen, Bänken und Stühlen, die für die Festlichkeiten benötigt worden waren. Purpurrote Flammen schlugen zum Himmel empor und erloschen erst spät in der Nacht unter dem Jubel der Menschen.

So machtvoll wie diese lodernden Flammen sollte Makeda, die Reine Perle, über Simen herrschen, und diese Herrschaft sollte so lange dauern, daß ein Ende nicht abzusehen war. Das war der sehnlichste Wunsch ihres Volkes.

Makedas Nächte

Die letzten Karawanen von Königen, Prinzen und Botschaftern verließen Aksum, das von den tagelangen Feierlichkeiten noch ganz benommen war und sich nur mühsam vom Freudentaumel auf den Alltag umstellen konnte. Nur Assadaron hatte sein Lager nicht abgebrochen.

Das sorgte im Palast für große Unruhe, zumal der Prinz Makeda jeden Tag besuchte. Und wenn die Staatsangelegenheiten nicht allzu schwer auf ihren schmalen Schultern lasteten, gönnte sich die Königin die Freude, mit dem Assyrer ausgiebig durch die nahen Wälder zu reiten.

Diese Ausflüge waren Prinz Amram und Uziel, dem Großrabbiner, ein Dorn im Auge. Daß die beiden jungen Menschen sich dermaßen ineinander verlieben würden, hätten sie nie für möglich gehalten, und nun malten sie sich angsterfüllt die möglichen Konsequenzen dieser Leidenschaft aus. Die Jungfräulichkeit der Reinen Perle war ständig in Gefahr. Sollte Makeda sich Assadaron hingeben, so würde sie trotz ihres Schwures zweifellos plausible Erklärungen für ihre Schwäche anführen und den ausländischen Prinzen zum König von Simen machen, denn sie verfügte über ungewöhnliches Durchsetzungsvermögen und über einen eisernen Willen.

Die Autokratie der Königin nahm ohnehin schon von Tag zu Tag erschreckendere Ausmaße an, und die beiden Greise fürchteten den Zorn der jungen Despotin. Trotzdem vereinbarten sie, die Reinheit der Perle sogar gegen deren Willen zu bewahren.

Taktisches Geschick war dabei erfolgversprechender als sämtliche Vernunftsargumente, die sie vorbringen könnten. Diese unselige Liebe ließ sich nur durch List und Zauberkraft besiegen.

Deshalb baten Uziel und Amram drei Männer zu sich: Belocha, den berühmten Magier, der mit Geistern Kontakt aufnehmen konnte; Chapra, den Thebaner, der es wie kein anderer verstand, Amuletten Zauberkraft zu verleihen; und Ibra, den besten Hellseher von Aksum.

Diese fünf Männer schlossen einen Pakt. Es galt, Makeda zu retten, um das Königreich vor fremdländischen Einflüssen zu bewahren. Doch um die schreckliche Gefahr zu bannen, mußte man die Königin irgendwie dazu bringen, Assadaron zu hassen. Gleichzeitig mußte man den verschmähten Freier veranlassen, Aksum zu verlassen. Alle stimmten überein, daß es der Magie bedurfte, um diese Ziele zu erreichen.

Belocha verheimlichte seinen Komplizen nicht, daß Teglatt, der Magier des Prinzen, über beachtliche okkulte Kräfte verfügte. Trotzdem rühmte er sich, in nur einer Nacht Teglatts Macht ausloten und anschließend zerstören zu können. Chapra setzte hingegen grenzenloses Vertrauen in seine Amulette und versprach, daß die Talismane, die er an den Toren des Palastes und an den Eingängen des assyrischen Lagers anbringen würde, durchschlagenden Erfolg zeitigen würden. Und Ibra brüstete sich, daß er in den Gedanken des Liebespaares lesen würde, um seinen Kollegen sagen zu können, welche Taktiken am erfolgversprechendsten waren. Nachdem die Verschwörer vereinbart hatten, sich am Morgen des ersten Tages der nächsten Woche wieder zu treffen, um die endgültige Strategie festzulegen, gingen sie auseinander. Ibra begab sich anschließend wie jeden Tag zu Makeda und erbot sich, ihr die Gedanken von Personen zu enthüllen, an denen sie interessiert war. Der beredte Hellseher amüsierte die Königin, doch er wartete vergeblich darauf, daß sie ihn bitten würde, über Assadaron zu sprechen. Ibra gab sich jedoch nicht so leicht geschlagen und versuchte sie auszuhorchen.

»Ich sehe, o Reine Perle«, sagte er, »daß Euer Schlaf gestört ist, daß Ihr von Träumen heimgesucht werdet, daß Ihr große Sorgen habt.«

»So ist es!« rief Makeda. »In den letzten Nächten ist mir oft ein Geist erschienen. Er ist sanft, steht regungslos da und streckt mir seine Arme entgegen, die aus bleichem Licht zu bestehen scheinen. Doch ich habe überhaupt keine Angst vor ihm.«

»O Allerreinste, schon morgen werdet Ihr den Namen dieses Geistes wissen!« kündigte Ibra an, und sobald er sich entfernen durfte, eilte er zu Belocha, der mit allen geheimnisvollen Zaubermitteln dieser Welt vertraut war.

Zu zweit drangen die Magier in das luxuriöse Schlafzimmer der Königin im obersten Stockwerk des Palastes ein. Die holzgetäfelten Wände waren mit Malereien im ägyptischen Stil geschmückt. Aus Räucherschalen stiegen betörende Düfte zwischen den Säulen aus Marmor und Jaspis empor. Das Kranzgesims war mit goldenen Palmwedeln verziert, und der Fußboden war mit Gepardenfellen ausgelegt. Das riesige Bett, zu dem sieben Stufen emporführten, war das einzige Möbelstück im ganzen Saal. Kissen aus roter Seide, mit Marabufedern gestopft, lagen zuhauf auf der himmelblauen Decke. Die hohen Spitzbogenfenster waren zum Schutz vor der Nachtkälte mit Ledervorhängen ausgestattet, und tagsüber hielten Stoffbahnen die Sonnenglut fern.

Zu Füßen des Bettes saßen die beiden Zwerge, treue Wächter über den Schlaf der Allerreinsten Perle. Sie spielten mit vier edlen Katzen, die goldene Halsbänder trugen. Ibra und Belocha stellten sich mitten in den Raum, spähten in jeden Winkel und stellten Fragen, die von den Zwergen unwillig und einsilbig beantwortet wurden.

In der Hoffnung, daß Dunkelheit ihre Aufgabe begünstigen würde, schlossen die Magier die Vorhänge. Eine ganze Stunde lang konzentrierten sie sich vergeblich, doch plötzlich wurde Ibra gewahr, daß eine gewisse Unruhe sich der beiden Zwerge bemächtigt hatte. Er machte Belocha darauf aufmerksam, doch dieser gebot ihm mit einer gebieterischen Geste zu schweigen, denn er war soeben von einer mysteriösen Macht angerührt worden.

»Ibra, ich spüre, daß in diesem Raum ein Astralleib zugegen ist, der sich unseren Bemühungen widersetzt.«

Belocha beschwor nun mit all seiner Willenskraft und äußerster Konzentration die Mächte seiner Geheimlehre, murmelte seltsame Beschwörungsformeln und zeichnete Figuren in die Luft.

Den Katzen sträubten sich die Haare, und ihre Augen funkelten in der Dunkelheit wie Karfunkelsteine.

»Kommt zu mir her!« rief der Magier mit einer Stimme,

die nichts Menschliches mehr an sich hatte, »und bildet den Kreis der Lebenden.«

Ibra und die Zwerge gehorchten, obwohl ihnen das Blut in den Adern gefror.

»I-a-ra-sa-ga-ba-ti-mir!« schrie Belocha. »Der Geist möge ein Zeichen geben. Ich will es, ich verlange es, ich befehle es!«

Die Silhouette des Magiers war kaum zu erkennen, doch die anderen spürten, welch harten Kampf er mit unergründlichen Mächten ausfocht.

»Kein Toter hat geantwortet«, triumphierte er nach langem Schweigen. »Folglich haben wir es mit einem Lebenden zu tun.«

Er ging an den Wänden entlang und wiederholte seine Beschwörungsformeln, bis er plötzlich unter einem Fenster wie vom Blitz getroffen zusammenbrach.

Ibra öffnete rasch die Vorhänge. Belocha lag auf dem Rücken, leichenblaß und mit weit aufgerissenen Augen. Sein Zeigefinger deutete auf einen Vorhang aus bestickter Seide. Steif und stumm schien er nicht mehr von dieser Welt zu sein. Außerhalb von Zeit und Raum kämpfte sein Geist gegen einen unsichtbaren Gegner.

Ibra bemühte sich, Belocha ins Leben zurückzurufen, doch er wußte aus Erfahrung, daß eine Trance sehr lange andauern konnte. Die Magier bezahlten einen hohen Preis dafür, daß sie es wagten, in die Welt des Übersinnlichen vorzudringen, denn sie fühlten sich hinterher oft wie gerädert.

Doch Belocha kam erstaunlich rasch zu sich und murmelte mit erstickter Stimme: »Gehen wir … gehen wir schnell … Ich muß meinen Körper von diesem Kampf mit einem Astralleib reinigen …«

Der verzauberte Vorhang

Um sich von den unseligen Einflüssen des Astralleibes zu befreien, dessen Strahlen ihn getroffen hatten, kehrte der zitternde Magier in sein Haus zurück, wo er die üblichen Reinigungsformeln psalmodierte. Die leibliche Hülle mußte ma-

kellos und durchsichtig sein, wenn Geist und Seele einen erfolgreichen Kampf gegen übersinnliche Kräfte führen wollten, und dazu bedurfte es der Askese und strengen Fastens.

Nachdem er diese Entbehrungen auf sich genommen hatte, begab Belocha sich wieder in die Gemächer der Königin
und verlangte von den Zwergen und Kammerzofen, Schlafzimmer und Bett der Reinen Perle wie üblich herzurichten.
Währenddessen entzündete er Weihrauch und vertiefte sich
in die Lektüre eines heiligen Geheimtextes. Seine spirituelle
Konzentration war noch größer als beim letzten Mal, und
schließlich spürte er wieder die Umklammerung seines unsichtbaren Gegners. Gekrümmt wie ein zu straff gespannter
Bogen, taumelte er zu jenem Fenster, wo er zuvor schon die
Gegenwart des Astralleibes am stärksten wahrgenommen
hatte, stammelte magische Worte und riß wütend den Vorhang aus himmelblauer Seide herunter, der das Zimmer vor
der sengenden Mittagssonne schützte. Er trampelte mit den
Füßen auf dem kostbaren Stoff herum und brüllte, daß man
ihm eine Fackel bringen solle, damit er diesen Vorhang verbrennen könne. Seine wilden Verwünschungen erschreckten
die Zofen so sehr, daß sie in der hintersten Ecke des Zimmers
Zuflucht suchten, doch die Zwerge waren sich ihrer schweren Verantwortung bewußt und traten dem zornsprühenden
Belocha mutig entgegen: »Hütet Euch, mächtiger Magier, diesen Vorhang zu vernichten«, flehten sie ihn an. »Das ist ein
kostbares Geschenk, das Prinz Assadaron der Königin gemacht hat. Die Reine Perle hat uns erklärt, dieses Gewebe sei
ein Schutzfilter gegen die bösen Absichten ihrer Feinde.«

Belocha ließ seine ursprüngliche Idee, den Stoff zu verbrennen, sofort fallen und wollte statt dessen wissen, wer
diesen Vorhang angebracht hatte. Die Zofen konnten ihm den
Mann beschreiben, und Belocha sah sich in seiner Vermutung
bestätigt, daß es sich nur um Teglatt, den assyrischen Magier,
handeln konnte.

»Ihr könnt ganz beruhigt sein«, versicherte er. »Ich werde
den Vorhang nicht vernichten, sondern nur für kurze Zeit
ausleihen, um seine unheilvolle Zauberkraft zu bannen.«

Er nahm den Stoff mit nach Hause und befahl einem seiner Zauberlehrlinge, sich die Seidenbahnen unter dem Hemd um den Körper zu wickeln und sodann ins assyrische Zeltlager zu gehen, um dort die schönsten Lieder von Aksum vorzutragen.

»In einer Stunde erwarte ich dich zurück«, fügte er hinzu, »und dann sollst du mir sagen, ob die Hunde bei deinem Anblick bellten und dich anfallen wollten oder ob sie wie Nattern auf dich zugekrochen kamen und dir die Hände lecken wollten, so als wärest du ihr Herr.«

Eine Stunde später erstattete der eifrige Zauberlehrling ihm Bericht: »Mächtiger Belocha, ich habe im Lager der Assyrer gesungen, wie du es mir befohlen hattest. Die Soldaten haben mich umringt und Beifall geklatscht, und die Hunde waren mucksmäuschenstill, obwohl sie normalerweise beim Anblick eines Fremden völlig außer sich geraten. Und als ich mich tanzend ihrem Zwinger näherte, geschah ein Wunder: Sie haben mir die Hände geleckt. Dann tauchte wutschnaubend der Magier Teglatt auf und trieb die Soldaten auseinander. Er befahl, daß man mich verhaften solle. Doch ich habe so schnell wie eine Gazelle die Flucht ergriffen, und die Hunde haben mich nicht verfolgt …«

Mit einem Lächeln auf den Lippen rief Belocha noch zwei Zauberlehrlinge, und mit vereinten Kräften breiteten sie den verzauberten Vorhang auf dem Boden aus. Die vier Männer umkreisten den Stoff und murmelten geheimnisvolle Worte, bis sie schließlich erschöpft zu Boden sanken. Nachdem Belocha seinen Lehrlingen eingeschärft hatte, sich durch strenges Fasten zu reinigen, suchte er die Königin auf, die ihn wie immer respektvoll empfing.

»Ich bringe Euch, o Perle, einen Vorhang zurück«, erklärte er würdevoll, »den Ihr in einem anderen Gemach aufhängen müßt. Für Euer Schlafzimmer ist er völlig ungeeignet, weil er viel zu leicht ist, um Euch vor der Kälte der Nacht schützen zu können. Nicht zuletzt deshalb leidet Ihr unter Alpträumen. Außerdem sollten auch Eure Gäste diese herrliche Seide bewundern dürfen. Man sollte sie deshalb im großen Festsaal zur Schau stellen.«

Makeda maß Belochas Launen im allgemeinen keinerlei

Bedeutung bei, aber die Idee, Assadaron zu ehren, indem sie sein wertvolles Geschenk ihren Gästen zeigte, sagte ihr durchaus zu. Selbstzufrieden überwachte der Magier persönlich das Anbringen des Vorhangs im Festsaal, und danach begab er sich zum Prinzen Amram, um diesem Bericht zu erstatten.

Weit davon entfernt, beruhigt zu sein, bereiteten Teglatts Geschick, List und Macht dem Onkel der Königin große Sorgen. Er ahnte, daß in seiner Umgebung ein einzigartiger Kampf um Makeda tobte. Belocha versicherte zwar, er werde Teglatts Macht mit Hilfe eines doppelten Bannkreises um die Reine Perle brechen, doch Amram malte sich in seiner Angst schon die schlimmsten Zukunftsvisionen aus: Die Königin würde abdanken müssen, weil das Volk – aufgebracht über ihren Wortbruch – sich weigerte, Assadarons Souveränität anzuerkennen. Das Liebespaar würde flüchten müssen oder aber von fanatischen Rächern ermordet werden. Man würde ihm, Amram, die Krone antragen, doch aus Respekt vor seinem geliebten ermordeten Bruder würde er das Zepter ablehnen, und sein Sohn war noch viel zu jung, um den Königsmantel zu tragen. Angesichts all der Tragödien, die sich aus dieser unglücklichen Konstellation ergeben könnten, mußte man die Königin unbedingt von Assadaron trennen.

Am nächsten Morgen wurde der Zauberlehrling, der in Assadarons Lager gesungen und getanzt hatte, in seinem Haus erdrosselt aufgefunden. Eine dünne Schnur aus Giraffenhaaren war ihm zum Verhängnis geworden. Nachdem Belocha den Leichnam untersucht hatte, stellte der Magier fest, daß das Mordwerkzeug auf besondere Art und Weise geflochten war, doch er wollte keine Untersuchung durch den Magistrat und ließ die Witwe reich entschädigen, unter der Voraussetzung, daß sie Aksum sofort verlassen würde.

In aller Heimlichkeit wurde der Ermordete vor Tagesanbruch beigesetzt. Zuvor hatte Belocha ihm jedoch beide Daumen abgeschnitten, die er mit der mörderischen Schnur verknüpfte und so geschickt in einer Melone versenkte, daß die Frucht unversehrt zu sein schien. Diese Melone überreichte Belocha in einem mit Blättern geschmückten Korb dem überraschten und erfreuten Teglatt.

»Würdest du dieses bescheidene Geschenk eines Kollegen annehmen, dessen Wissenschaft der deinen eng verwandt ist?«

Der assyrische Magier bedankte sich überschwenglich, dachte aber insgeheim, daß die Frucht vergiftet sein könnte. Deshalb legte er sie in eine Wasserschüssel, wobei er unablässig Gebete murmelte. Und als er die Melone vorsichtig mit einem Messer aufschnitt und die Daumen seines Opfers samt der Schnur entdeckte, sah er darin nur einen vorläufigen Höhepunkt im Kampf mit einem höflichen Gegner. Wenn Belocha die Todesursache seines Lehrlings verschwiegen hatte, wollte er diesen Kampf offenbar nicht an die große Glocke hängen. Teglatt dankte Baal dafür, daß sein Feind offenbar vor Gewalttaten zurückschreckte, ließ sich aber trotzdem von einem Einheimischen den Sinn der makabren Inszenierung erklären und erfuhr, daß Tote mit abgeschnittenen Fingern nicht anklagend auf ihre Mörder deuten können, wenn sie vor dem Thron des Allmächtigen stehen. Diese noble Geste beeindruckte Teglatt so sehr, daß er an Belochas Absichten zu zweifeln begann. Plante der Magier von Simen, der sich den Anschein großer Liebenswürdigkeit gab, vielleicht irgendeine besonders grausame Rache? Um Gewißheit zu erlangen, besuchte er seinen Gegner, blickte ihm in die Augen und sagte: »Ich habe die Melone allein gegessen.«

Belocha begriff sofort und antwortete genauso trocken: »Es freut mich, daß niemand außer dir ihren Inhalt kennt.«

Und sie trennten sich mit gegenseitigen Beteuerungen ihrer Solidarität, die auf persönlichem Respekt und der Ehrfurcht vor ihrer gemeinsamen Wissenschaft beruhte.

In seinem stinkenden Refugium, wo er mit Hilfe bizarrer Geräte und ungewöhnlicher Ingredienzien seine einmaligen Amulette anfertigte, hatte Ibra Tag und Nacht gegrübelt und gearbeitet, und nachdem er sich Haare der Königin beschafft hatte, weihte er Prinz Amram in seine Machenschaften ein.

»Zunächst senge ich die Haare auf beiden Seiten im Feuer auf dem Kot des heiligen Ibis von Theben an. Dann tunke ich diese Haare in den Urin einer Löwin. Dann verzaubere ich sie mit Hilfe von Beschwörungsformeln, die ich dir nicht verraten kann, weil sie mein Geheimnis sind. Sie enden jedoch allesamt mit folgenden Worten: ›Mögen diese durch die heilige Ibisflamme gereinigten Haare so haßerfüllt wie die wildeste Löwin sein. Mögen diese Haare Assadaron an jeglicher Verführung jener Person hindern, die diesen Talisman tragen wird.‹«

Der Magier wollte aber auch am Eingang des Palastes Amulette anbringen, um okkulte Barrieren zu errichten, Assadaron zu verhexen, den Willen des Prinzen zu beugen und seine Persönlichkeit zu verändern, damit Makeda eine Antipathie gegen ihn entwickelte.

Doch das war noch nicht alles. Ibra schaltete Lebende ein, um den Geistern bei ihrer heiligen Mission zu helfen. Er befahl seinen Sklaven, alle Tore und Türen des Palastes ständig zu überwachen, damit der assyrische Prinz nicht unbeobachtet zur Königin gelangen konnte. Außerdem erhielten diese Männer, die Ibra treu ergeben waren, genaue Anweisungen, was sie zu tun hatten.

Der eine sollte am Hauptportikus einen winzigen, mit Pfeffer bestrichenen Pfeil auf die Flanke von Assadarons Pferd abschießen, das sich daraufhin in eine Furie verwandeln und den Prinzen in hohem Bogen aus seinem Wagen schleudern würde.

Ein zweiter sollte die ohnehin schon glatten Steine am Eingang zum Palast mit Talg bestreichen, damit Assadaron gefährlich stürzte.

Ein dritter sollte Getreidekörner unter die Füße des Prinzen streuen, um einen ähnlichen Sturz herbeizuführen.

Ein vierter sollte die Beine des Sessels, den Makeda dem Prinzen stets anbot, einfetten. Sobald Assadaron sich setzte, würde der Sessel unter ihm wegrutschen, und der geschickteste Sklave würde die momentane Bestürzung des Assyrers ausnutzen, um stinkende Fäkalien unter ihn zu werfen. Der Prinz würde sich verwirrt und beschämt erheben, und die Königin würde ihrem Geliebten niemals verzeihen, daß er sich in ihrer Gegenwart beschmutzt hatte.

Ferner war daran gedacht, den Prinzen ein Schlafmittel

einatmen zu lassen und seine Speisen mit einem starken Brechmittel zu versehen. Gleichzeitig sollte Belocha Assadarons Willen durch Hypnose lähmen.

Mit Hilfe all dieser Listen würde es zweifellos gelingen, dem Ansehen des Assyrers gewaltig zu schaden, und bald würde die stolze Makeda ihn nur noch mit Verachtung strafen.

Das Liebesturnier

Von all diesen Zaubereien und Fallstricken ahnte Assadaron nichts. Er hatte sein Schicksal in Baals Hände gelegt und wartete auf eine günstige Gelegenheit, um doch noch ans Ziel seiner Wünsche zu gelangen. Eines Tages schien es soweit zu sein.

Der Assyrer wurde eingeladen, einem Wettstreit der besten Bogenschützen auf einer Wiese unweit von Aksum unter der Schirmherrschaft von Makeda beizuwohnen. Die Königin saß unter ihrem purpurnen Baldachin und ließ ihren Blick über die weite Fläche schweifen, wo die Menge der Zuschauer – ein summender Bienenschwarm – das Spielfeld umringte, während die Bogenschützen ihr Geschick an festen oder beweglichen Zielscheiben erprobten. Ihre Pfeile schossen sie stehend, kniend und liegend ab, oder auch vom Rücken galoppierender Pferde und schwerfälliger Kampfelefanten aus. Der Sieger jedes Wettbewerbs erhielt von der Königin einen Paradeschild mit Gold- und Silberverzierungen überreicht.

Assadaron, der in der ersten Reihe der geladenen Gäste saß, beschloß spontan, an einigen Wettkämpfen teilzunehmen. Sein Können rief allgemeine Bewunderung hervor, denn er schoß seine Pfeile mit arroganter Lässigkeit ab und traf dennoch jedesmal mitten ins Ziel. Der Jubel der Menge ließ ihn völlig kalt. Seine Belohnung waren die stolzen und zärtlichen Blicke, mit denen Makeda ihn bedachte.

Einige andere Ehrengäste traten gegen ihn an und verloren. Enttäuscht nahmen sie wieder Platz und verbargen ihren

Haß hinter einem gezwungenen Lächeln. Daraufhin bat der Assyrer die Königin, ihre Meisterschaft unter Beweis zu stellen, denn er wußte, wie oft sie sich bei Turnieren in Ägypten durch besondere Schnelligkeit und Treffsicherheit ausgezeichnet hatte.

Geschmeichelt erklärte Makeda sich dazu bereit und durchbohrte mühelos eine in die Luft geworfene Melone sowie mehrere bewegliche Zielscheiben. Bogenschießen war von jeher ihr Lieblingssport gewesen, und sie war stolz darauf, es in dieser Kunst durchaus mit ihrem Liebsten aufnehmen zu können.

Assadaron hatte seinen Offizieren mit leiser Stimme Befehle erteilt, und sie führten zwei zusammengespannte Streitrösser herbei.

»O mächtige Königin!« rief er. »Bist du bereit, dich einer Herausforderung zu stellen?«

»Mit Freuden«, erwiderte Makeda lachend, »aber was schwebt dir dabei vor, und um welchen Einsatz soll es gehen?«

»Ich werde einen Krug zwischen diesen beiden Pferden aufhängen, und wenn sie im Galopp dahinjagen, mußt du das irdene Gefäß treffen, ohne die Tiere zu verletzen.«

»Mit Jahwes Hilfe wird es mir gelingen, den Krug zu zertrümmern«, sagte Makeda. »Und der Einsatz?«

»Wenn du verlierst, wirst du meinen größten Wunsch erfüllen müssen. Wenn du gewinnst, werde ich dir alles geben, was ich dir zu bieten habe ...«

Diese verschlüsselte Absichtserklärung mißfiel Prinz Amram, dessen Überwachungssystem immer mehr in Tyrannei ausartete. Er verkündete trocken, es sei unzulässig, daß die Königin ihre Ehre aufs Spiel setze, ohne zu wissen, was bei einer Niederlage von ihr erwartet werde.

Makeda schenkte dem Assyrer einen schmachtenden Blick und wies ihren Onkel scharf zurecht: »Ich habe grenzenloses Vertrauen zu Prinz Assadaron, und ich weiß, daß dieser edle Krieger es niemals enttäuschen wird. Ich bin überzeugt, daß die Preise, die er im Sinn hat, nicht ehrenrührig sind, und ich gebe mich bereitwillig in seine Hände.«

Mit diesen Worten spannte sie ihren besten Bogen und legte einen Pfeil aus dem Holz des Kaffeestrauchs ein, während Assadaron das Pferdegeschirr und die Position des Kruges von einheimischen Würdenträgern begutachten ließ.

Die Rösser galoppierten geradlinig, und Makeda wollte eben ihren Pfeil loslassen, als ein erschrockener Aufschrei durch die Menge ging. Assadaron stand genau in der Flugbahn des Geschosses, weil er kontrollieren wollte, ob die Pferde auch wirklich auf gerader Linie blieben. In allerletzter Sekunde riß die Königin mit geradezu übermenschlicher Anstrengung ihren Bogen hoch, so daß der Pfeil über Assadarons Kopf hinwegflog. Der Prinz sprang beiseite, und Makeda zielte erneut. Obwohl der Krug nun weiter entfernt war, traf sie ihn, und die Pferde gingen vor Schreck durch, als das Gefäß in tausend Scherben zerbrach.

Makeda hatte gewonnen, und Assadaron ließ den Kopf hängen. Die Zuschauer bejubelten diesen unvergleichlichen Schuß ihrer Königin, die triumphierend auf den Assyrer zuging und fragte: »Was habe ich gewonnen, o Prinz?«

Assadaron hob gebieterisch die Hand, um sich Gehör zu verschaffen, und sobald der Beifall verebbt war, verkündete er feierlich: »Ich habe die Hälfte meiner Provinz gesetzt, die östlich des Golfes von Tadjoura gelegen ist. Sie gehört von heute an dir, o Königin.«

Seine Erklärung sorgte für große Aufregung. Dieser Mann verzichtete freiwillig auf die Hälfte seines Landes, obwohl außer ihm selbst kein Mensch gewußt hatte, welchen Einsatz er riskierte! Diese Noblesse rief allgemeine Bewunderung hervor.

Makeda war einen Augenblick lang völlig sprachlos, bedankte sich dann aber huldvoll. Der Prinz fackelte nicht lange, sondern bat sie, sofort einen Gouverneur zu ernennen, dem er die Herrschaftsgewalt übertragen würde.

Die Reine Perle kehrte auf ihre Tribüne zurück. Ihre Gefühle waren in hellem Aufruhr, denn Assadaron hatte sie durch seine Großzügigkeit und seinen Einfallsreichtum völlig entwaffnet. Sie tauschte einen langen Blick mit ihrem wunderbaren Geliebten. Was hätte er im Falle eines Sieges

von ihr gefordert? Ein köstlicher Schauer überlief sie bei der
Vorstellung, daß er vielleicht verlangt hätte, sie solle um ihrer
Liebe willen auf den Thron verzichten. Vielleicht hätte er sie
auf einem pfeilgeschwinden Roß entführt, um irgendwo ungestört mit ihr der Lust frönen zu können. In seinen Augen
stand sowohl Abenteuerlust als auch Verlangen geschrieben,
und Makeda wußte, daß sie sich seinen Forderungen nicht
widersetzt hätte. Fast bedauerte sie, gewonnen zu haben ...

Der Prinz übte eine unwiderstehliche Anziehungskraft auf
sie aus, und in ihrer Gemütsbewegung eilte sie plötzlich auf
ihn zu und erklärte zum Entsetzen ihrer Ratgeber: »Ich werde meinen Statthalter morgen ernennen, Prinz Assadaron,
doch wenn du willst, können wir die Teilung deiner Provinz
auf jene Art und Weise besiegeln, die in deinem Land üblich
ist ...«

Und sie bot ihm hingebungsvoll ihren Mund dar. Assadaron umfaßte mit glühenden Händen das zarte Gesicht der
Königin. Ihre Lippen berührten sich, und der Krieger kostete
diesen unverhofften Kuß möglichst lange aus. Endlich besaß
er diesen sinnlichen Mund, der beredter als alle Worte von
Makedas Liebe kündete, ebenso wie ihre violetten Augen, in
denen Sterne tanzten.

Doch mit einem Male kam die Königin wieder zur Besinnung und schob ihren Geliebten von sich. Nie im Leben hatte
sie eine derartige Ekstase verspürt, weder einst in Theben mit
Domedo noch bei Assadarons ersten Küssen. Nicht einmal in
jener Nacht, als er sie auf der Terrasse verführen wollte, war
sie so nahe daran gewesen, ihre Tugend über Bord zu werfen.
Immer – so auch jetzt – war das Bild ihres Vaters vor ihrem
geistigen Auge aufgetaucht und hatte sie an ihren Schwur erinnert. Doch diesmal taumelte sie so dicht am Abgrund der
Wollust dahin, daß sie nur unter Aufbietung aller Willenskraft der Versuchung widerstehen konnte.

Der Prinz küßte ihre Gürtelschnalle und entfernte sich. Zu
Tode betrübt, sprang Makeda in ihren Wagen und jagte im
Galopp zum Palast.

Assadaron ließ sich mit der Rückkehr in sein Lager mehr
Zeit. Sein Herz war schwer, und ihn quälten düstere Gedan-

ken. Er zog sich sofort in sein Zelt zurück, legte sich auf den Diwan und verlangte nach Wein. Doch ihm war keine Ruhe vergönnt, denn Nabunasar kam in bester Laune zu ihm. Die Frauen hatten den Hauptmann mit Aksum versöhnt, denn sie waren schön, leidenschaftlich und zierten sich nicht lange. Um den Prinzen aufzuheitern, begann er von seinen Eroberungen zu erzählen, doch Assadaron fiel ihm hitzig ins Wort: »Belästige mich nicht mit deinen abscheulichen Abenteuern! Was bleibt denn von ihnen übrig, kannst du mir das verraten? Ein bißchen Asche, ein bitterer Nachgeschmack, herbe Enttäuschung über Zärtlichkeiten, die genauso falsch sind wie das Herz!«

Nabunasar war wie vor den Kopf gestoßen. Für ihn bestand im Sinnenrausch der eigentliche Sinn des Lebens, und die körperliche Vereinigung war eine Art Glaubensakt, denn schließlich hatte der Ewige allen Männern den starken Sexualtrieb eingepflanzt. Doch Assadaron, der bis vor kurzem ähnliche Ansichten vertreten hatte, war durch die Liebe zu Makeda verwandelt worden. Sie hatte ihm die Augen für eine sublimierte Form der Liebe geöffnet, für die Verschmelzung von Geist und Seele. Diese Art der Liebe war stark und belebend. War sie nicht die Glückseligkeit, die einen Menschen aus der Masse heraushob und ihn als einzigartiges Geschöpf auszeichnete? Die körperliche Begierde wurde dadurch zweitrangig, denn sie diente letzten Endes nur der Fortpflanzung. Gestilltes Verlangen konnte sogar dazu führen, daß die hell lodernde Flamme der Seelengemeinschaft schwächer wurde.

Nabunasar war über diese neuen Theorien seines Freundes tief bestürzt. Der assyrische Götterkult bot keinen Raum für derartige metaphysische Verzückungen, sondern beschränkte sich im wesentlichen auf die Vergöttlichung des Phallus. Doch der Hauptmann hütete sich, Einwände zu erheben und Assadarons Zorn zu erregen. Dessen Leidenschaft für Makeda war so groß, daß er durchaus imstande wäre, seine Götter zu verleugnen und der Harmonie und Schönheit des Pantheismus abzuschwören, um von seiner Geliebten den Glauben an Jahwe zu übernehmen, der seine Gedankenwelt bereits gefährlich beeinflußte.

Die Magier

Assadaron ließ jetzt größte Vorsicht walten, wenn er sich in den Palast begab, denn Teglatt hatte ihn überzeugt, daß der Weg mit Hindernissen und Fallen aller Art gespickt war. Doch noch nie war der Assyrer einem Kampf ausgewichen. Kein Mensch hatte ihn je dazu gebracht, seinen Kopf einzuziehen, und er schreckte vor keinem Abenteuer zurück. Sein Mut, der an Tollkühnheit grenzte, wurde von babylonischen Poeten besungen. Wer ihn durch List und Tücke zu bezwingen versuchte, war schlecht beraten, denn der Prinz wußte allen Intrigen seinen grenzenlosen Elan entgegenzusetzen.

Deshalb befolgte er Teglatts weise Ratschläge auch nur äußerst widerwillig. Der Magier hatte Belochas, Chapras und Ibras Pläne durchschaut. Er würdigte die Zauberkräfte von Assadarons Gegnern, war aber sicher, sie durchkreuzen zu können. Viel gefährlicher waren seiner Ansicht nach die bösartigen Streiche, die Ibra dem in einer Traumwelt lebenden Verliebten spielen könnte. Teglatt war deshalb heilfroh, als der Prinz sich mißmutig bereit erklärte, nur noch mit einer Eskorte treu ergebener Männer zum Palast zu fahren und sich dort auf Schritt und Tritt von seiner Leibwache beschützen zu lassen.

Als er Makeda an diesem Tag besuchte, wurde er mit dem üblichen Zeremoniell empfangen: Fanfarenstöße und militärische Ehrenbezeugungen am Hauptportikus des Palastes. Er äußerte den Wunsch, der Reinen Perle einen Gesandten Salmanars vorzustellen, der am Vorabend eingetroffen war, um Assadaron eine Botschaft von dessen Onkel zu überbringen. Außerdem sollte er der Königin von Simen in Salmanars Namen seine Aufwartung machen.

Makeda freute sich, ihrem Geliebten einen Wunsch erfüllen zu können. Sie empfing Assadaron und Senach in ihrem Salon, auf dem Diwan liegend und prächtig gekleidet, denn sie gab sich jeden Tag größte Mühe, für ihren Assyrer schön und aufregend zu sein. Prinz Amram, Schatzmeister Levi und Uziel, der Großrabbiner, standen im Halbkreis um sie herum und begrüßten die Besucher mit geheucheltem Respekt und Wohlwollen, obwohl ihre feindseligen Blicke die Ausländer wie Dolche durchbohrten. Der Gegensatz zwischen ihren eisigen Höflichkeitsfloskeln und Makedas kindlicher Freude war so gewaltig, daß nur ein naives Liebespaar davor die Augen verschließen konnte.

Gestik und Mimik des assyrischen Prinzen verrieten nur allzu deutlich, daß er das ganze Protokoll als lästig empfand und es möglichst schnell hinter sich bringen wollte, während der Kämmerer es absichtlich in die Länge zog, um Assadarons Ungeduld zu steigern.

Endlich durfte Senach den Gürtel der Königin küssen und seinen Platz hinter Assadarons Sessel einnehmen. Doch nun mußte auch dieser sich noch vor Makeda verneigen. Mit federnden Schritten näherte er sich dem Diwan auf dem roten Teppich, der vom Eingang zur Tribüne führte, doch plötzlich verlor er sein Gleichgewicht und stürzte so unglücklich, daß sein ganzes Gewicht auf dem linken Arm lastete. Er erhob sich unbeholfen, raffte seinen weiten Mantel zusammen und rang sich ein Lächeln ab, um die erschrockene Königin zu beruhigen. Doch er war leichenblaß und konnte ein leises Stöhnen nicht unterdrücken.

»O Prinz«, flüsterte Senach ihm zu, »jemand hat heftig an dem Teppich gezerrt!«

Assadaron gab darauf keine Antwort. Der gebrochene Arm bereitete ihm solche Schmerzen, daß er die Königin bat, seinen Besuch abkürzen zu dürfen. Sie stimmte besorgt zu und befahl, daß man ihn in einer Sänfte in sein Lager tragen solle, weil er außerstande war, seinen Wagen zu lenken.

In seinem Zelt ließ er sich von Teglatt behandeln, der den Arm badete und anschließend mit Hilfe von Brettern schiente. Der Magier triumphierte.

»Es ist ihnen also gelungen, Euch zu verletzen«, sagte er, »und gleichzeitig wollten sie Euch durch diesen Sturz vor der Königin lächerlich machen. Jetzt reiben sie sich bestimmt die Hände und hecken neue Gemeinheiten aus, die noch gefährlicher sein könnten.«

Teglatt hatte den gebrochenen Arm kaum bandagiert, als auch schon Boten der Reinen Perle eintrafen, die Genesungswünsche und riesige Körbe mit Blumen und Früchten überbrachten.

Zur selben Zeit war Belocha eifrig damit beschäftigt, seinen ehrgeizigsten Plan in die Tat umzusetzen und Assadarons Astralleib mit Hilfe des magischen Kreises zu lähmen. Von allen okkulten Praktiken, die man in Simen kannte, war das die wirksamste, aber auch die schwierigste.

Um diesen Bannkreis herzustellen, bedurfte es eines zweijährigen Kindes, dessen taumelnde Schritte den Willen des Jenseits zum Ausdruck brachten. Jedesmal, wenn das Kind stolperte, wurde an der Stelle des Sturzes ein Loch gegraben, in das man einen lebenden roten Hahn steckte, so daß nur der Kopf aus der Erde hervorschaute. War dieser magische Kreis vollendet, würde Assadarons Geist darin wie in einer tödlichen Schlinge gefangen sein.

Belocha erstattete seinen Kollegen und Prinz Amram über seine Tätigkeit Bericht, doch auch Ibra und Chapra hatten sich im Kampf gegen den Assyrer Neues einfallen lassen und warteten nur auf die Genesung des Prinzen, um erneut ihre Fallen aufzustellen.

Diese Genesung ging rasch vonstatten, wobei Assadarons eiserner Wille und feuriges Temperament eine wichtige Rolle spielten. Makeda schickte jeden Tag Boten, um sich nach seinem Befinden zu erkundigen, und sie überhäufte ihn mit Geschenken. Um seine Geliebte wiederzusehen, war der Prinz gerne bereit, neuen Gefahren ins Auge zu sehen.

Teglatt hatte ihm nicht verheimlicht, daß fanatische Anhänger des Prinzen Amram für seinen unglücklichen Sturz verantwortlich waren. Doch der eigensinnige Assyrer fürchtete weder die verderbliche Kraft des Kreises roter Hähne, von dem Teglatt Wind bekommen hatte, noch sonstige Machenschaften. Von seinem Dichter ließ er einen glühenden Liebesbrief aufsetzen, in dem er Makeda mitteilte, daß er in zwei Tagen geheilt sein würde. Die Untätigkeit lastete wie ein bleierner Mantel auf ihm, und er verbrachte die meiste Zeit damit, dem Papagei zuzuhören, der mit schriller, kreischender Stimme die Worte wiederholte, die Makeda ihm beigebracht hatte. Außerdem lehrte er seinem Papagei genauso zärtliche Worte, denn die Königin ließ sich den Vogel jeden Abend bringen, um die Gefühle ihres Geliebten zu kennen.

Am übernächsten Tag begab sich der Prinz, prächtig gewandet, gegen zehn Uhr morgens zum allwöchentlichen Empfang, den der Hof von Simen für die höchsten Würdenträger und für jeweils fünftausend Soldaten gab, die aus den verschiedenen Garnisonen ausgewählt wurden.

Dieser traditionelle *guebber* fand jeden Samstag von neun Uhr morgens bis zum späten Abend im *adderach* des Palastes statt. Der goldene Thron stand auf einer stufenförmigen Tribüne. Darüber wölbte sich ein imposanter purpurner Baldachin mit Fransen aus Giraffenhaaren. Wenn die weiß gekleidete Monarchin dort oben Platz nahm, glich sie einem majestätischen Himmelswesen.

Umrahmt wurde der Thron von zwei silbernen siebenarmigen Leuchtern, deren große Kerzen ein strahlendes Licht verbreiteten. Die Stufen waren so groß und breit, daß jeweils hundert Personen dort bewirtet werden konnten. Um zehn Uhr wurden jene Gäste, die auf der obersten Plattform Platz nehmen durften, vom Kämmerer hereingeführt. Diese Ehre konnte Satrapen, Vizekönigen, höchsten Würdenträgern, Großrabbinen, Patriarchen und Hauptleuten zuteil werden. Ein üppiges Festmahl wurde ihnen auf goldenem Geschirr serviert. Sobald sie zu speisen begannen, füllte sich der zweite Rang mit Offizieren, Beamten und Rabbinen. Auf der untersten – viel größeren – Plattform durften sodann auch die unzähligen Soldaten, Handwerker und einfachen Bürger an langen Tischen essen.

Die Königin kostete von jedem Gericht und widmete sich unablässig ihren Gästen, ohne sich jemals Müdigkeit anmerken zu lassen. Als Assadaron den Saal betrat, seinen gebrochenen Arm in der Schlinge und eskortiert von seinen Offizieren, konnte Makeda eine freudige Geste nicht unterdrücken. Der stolze, kalte Blick des Prinzen verwandelte sich in eine glühende Liebesflamme, während er den Gürtel der Königin küßte. Wie gern hätte er sie in seine Arme gerissen und einfach entführt! Dieses ganze höfische Zeremoniell ging ihm auf die Nerven, und das geringste Anzeichen von Feindseligkeit in den Gesichtern der Würdenträger wäre ihm ein willkommener Vorwand gewesen, seine Wut an jemandem auslassen zu können. Doch nachdem ihm von allen Seiten nur Ehrerbietung und Bewunderung, vermischt mit Furcht, entgegengebracht wurde, mußte er notgedrungen wohlgesittet seinen Platz einnehmen.

Auf der obersten Plattform durften auch Sänger, Tänzer und andere Künstler auftreten. Dichter trugen ihre Epen vor, und Marktschreier verkündeten die wichtigsten Neuigkeiten oder führten ihre neuesten Attraktionen vor. Ein ausländischer Dresseur, der erfahren hatte, daß die Tore des Palastes am Tag des *guebber* jedem offenstanden, bat den Kämmerer um die Gunst eines Auftritts vor der Königin. Ein Page trug der Reinen Perle dieses Anliegen vor, und weil sie neugierig auf tanzende Schlangen war, forderte sie den Mann auf, seine besten Kunststücke vorzuführen.

Er war erschreckend mager, fast nackt, und sein Gesicht schien nur aus den riesigen Augen zu bestehen. Seine Schlangen, große und bildschöne Tiere, reagierten auf die geringste Modulation seiner Stimme, und ein Flötenspieler trug mit zarten schmeichelnden Klängen zur Verzauberung bei.

Makeda beobachtete fasziniert die kunstvollen Arabesken der prächtigen Tiere, doch plötzlich stöhnte sie dumpf auf und sank auf ihrem Thron zusammen. Davon unbeeindruckt, psalmodierte der Schlangenbeschwörer weiter seine geheimnisvollen Worte, und der Flötist spielte weiter seine Weisen. Belocha stürzte auf die Königin zu und beschützte sie mit seinem Körper, rieb ihren Nacken und zeichnete geheimnisvolle Symbole auf ihren Rücken. Währenddessen packte Ibra mit beiden Händen einen der schweren siebenarmigen Leuchter und stellte ihn zwischen den Fakir und die ohnmächtige Königin. Diese Kandelaber, deren Kerzen aus dem Wachs der Bienenstöcke im Tempel von Aksum gefertigt waren, sollten einen Schutzschild gegen die furchtbaren Verwünschungen bilden.

Belocha und Ibra zweifelten nicht daran, daß Teglatt der

Urheber dieses hinterhältigen Angriffs war, dessen Folgen sich noch nicht absehen ließen. Sobald die Königin das Bewußtsein wiedererlangt hatte und in ihr Schlafzimmer gebracht werden konnte, scharten Belocha, Ibra, Amram und Uziel sich um ihr Bett und enthüllten ihr das Geheimnis.

»Jetzt seht Ihr selbst, o Königin«, setzte Belocha ihr zu, »daß Prinz Assadaron vor keiner Schändlichkeit zurückschreckt! Denn es besteht kein Zweifel daran, daß der Assyrer für Euer Unwohlsein verantwortlich ist.«

Doch Makeda konnte einfach nicht glauben, daß ihr Geliebter zu solch finsteren Machenschaften fähig war. Nein, das war völlig ausgeschlossen!

Nun meldete sich Prinz Amram zu Wort. Auch für ihn stand fest, daß der Fakir in Wirklichkeit ein assyrischer Magier war. Mit seinen geheimnisvollen Kräften hatte er nicht nur die Schlangen beschworen, sondern auch Makeda hypnotisiert. Das Ziel war leicht zu erraten: Sie sollte sich dermaßen zu Assadaron hingezogen fühlen, daß sie bei erstbester Gelegenheit die Seine wurde. Zum Glück hatte das Fluidum auf die nervlich überreizte Königin jedoch eine zu starke Wirkung ausgeübt, und anstatt nur im Unterbewußtsein beeinflußt zu werden, hatte sie das Bewußtsein verloren.

Nun galt es, sie von diesem verhängnisvollen Einfluß zu befreien. Die Königin war zwar zu sich gekommen, hatte aber weiterhin kurze Absencen und flüsterte immer wieder zärtlich Assadarons Namen. Belocha und Ibra knieten am Fußende ihres Bettes nieder und beteten inbrünstig.

Was spielte sich in der folgenden Nacht ab? Niemand erfuhr, ob die Königin vielleicht ihr Bett verlassen hatte und wie eine Schlafwandlerin durch das Labyrinth von Gängen geirrt war, um den Hauptausgang zu finden; ob sie von ihrer Leibwache aufgehalten wurde und trotz ihrer Schreie ins Schlafzimmer zurückgebracht worden war und ob Ibra unter Aufbietung all seiner magischen Kräfte bis zum Morgengrauen versucht hatte, die schrecklichen okkulten Ausstrahlungen seines mächtigen Gegners Teglatt zunichte zu machen.

Ninipallukin tötet Assadaron

Die Ohnmacht der Königin hatte die Gäste der *guebber* tief verstört, doch Prinz Amram wollte, daß der Empfang seinen üblichen Fortgang nahm, und er gab eine offizielle Erklärung ab, in der es hieß, die Reine Perle sei aufgrund totaler Erschöpfung zusammengebrochen.

Als der Fakir seinen Lohn verlangte, erhielt er ihn, doch zugleich machte Schatzmeister Levi ihm klar, daß er entlarvt sei und die Stadt sofort verlassen solle. Von vier Gardisten bis zum Palasttor begleitet, kehrte Ninipallukin – so hieß der Schlangenbeschwörer – ins assyrische Lager zurück und wartete dort geduldig auf Assadaron, der – vor Sorge um seine Geliebte völlig außer sich – beim Empfang ausharren mußte, bis auch die anderen Gäste sich verabschiedeten.

Kaum war der Prinz in seinem Zelt, da bat Ninipallukin auch schon um eine kurze Audienz.

»Euer Onkel Salmanar, o Prinz, ließ mich auf einem Segelschiff seiner Flotte und unter scharfer Bewachung in Eure Provinz bringen. Zweifellos fürchtete er meine Macht, und zweifellos hatte er jenen Neidern Gehör geschenkt, die mich vom Hof entfernen wollten, weil ich ihnen überlegen war. Eine Zeitlang blieb ich in Tadjoura, Eurer Hauptstadt, doch dann habt Ihr mich auf Befehl Eures Onkels auf eine einsame Insel im Roten Meer verbannt. Von Sklaven bewacht, setzte ich dort meine okkulten Studien fort, bis Ihr mir befohlen habt, hierher zu eilen. Und hier bin ich nun, o Prinz, und ich habe meine Kräfte in den Dienst Eurer Liebe gestellt. Heute nacht wird die Königin zu Euch kommen, und Ihr werdet diese rebellische Blume endlich pflücken können. Ich garantiere Euch, daß sie kommen wird, denn ich habe ihren Geist entsprechend beeinflußt.«

Assadaron stieß einen Freudenruf aus, fragte aber gleich darauf besorgt: »Aber jene Ohnmacht?«

»Ihr wißt nichts von den Mysterien«, erwiderte Ninipallukin stolz. »Ich habe ihr meinen Willen aufgezwungen, und sie wird kommen. Doch vergeßt nicht Euer Versprechen, mächtiger Herr! Noch bin ich Euer Gefangener, doch morgen früh wird Ninipallukin, der sein Versprechen gehalten hat, frei wie ein Vogel sein, nachdem er Euch gedankt hat, daß auch Ihr Euer Wort gehalten habt.«

Überwältigt von Liebe und Leidenschaft, wollte Assadaron endlich auch den verführerischen Körper der Königin sein eigen nennen. In herrlichen Träumen hatte er sie schon längst in Besitz genommen, und wenn er sich an frühere lustvolle Abenteuer erinnerte, ersetzte er jene Gespielinnen in Gedanken stets durch Makeda, deren anhaltender Widerstand sie nur noch begehrenswerter machte.

Von dieser fortwährenden Sehnsucht nach der Geliebten völlig aus dem Gleichgewicht gebracht, war der Prinz so tief gesunken, daß er mit List und Tücke ans Ziel gelangen wollte. Noch vor einigen Wochen hätte er aus Ehrgefühl derartige Hinterlist verworfen, doch die Liebe entschuldigte schließlich alles, und der Stärkere hat immer recht. War Baal nicht der Gott der Stärke? Mit solchen Argumenten hatte Teglatt den Prinzen allmählich zermürbt, bis dieser den Magier Ninipallukin kommen ließ und ihm – entgegen den Befehlen des Tyrannen Salmanar – die Freiheit versprach, falls er bewirken konnte, daß Makeda sich ihm endlich hingab.

Doch sie kam weder in dieser Nacht noch in der folgenden.

Assadaron konnte seine Ungeduld nicht länger bezwingen. Mit seinem Ebenholzwagen galoppierte er zum Palast, doch vor dem Hauptportikus bäumte sich eines der Pferde plötzlich auf und rannte gegen einen Baum, wobei es sich so schwer verletzte, daß es getötet werden mußte. Daß Assadaron selbst nicht zu Schaden kam, verdankte er nur der Tatsache, daß er der beste Wagenlenker von Babylon war. Teglatt bestand später darauf, daß der Pferdekadaver ihm übergeben wurde, und er stellte bei seiner eingehenden Untersuchung fest, daß das Tier eine kleine Wunde am Oberschenkel hatte. Diese schmerzhafte Verletzung erklärte sein jähes Ausschlagen.

Der Prinz wurde nicht zu Makeda vorgelassen, der ihre Ärzte jeden Besuch untersagt hatten. Auf den Terrassenstufen rutschte er aus und hätte sich um ein Haar erneut verletzt. Gleichzeitig wurden seine Leibwächter von Hunden angefallen, die angeblich aus dem Zwinger ausgebrochen waren.

In sein Zelt zurückgekehrt, schickte Assadaron der Königin einen Wagen voller Geschenke und einen zärtlichen Brief. Seine Boten, denen im Palast Erfrischungen gereicht wurden, klagten hinterher über starke Leibschmerzen. Bis zum Morgen übergaben sie sich ständig, so daß im Lager bald Gerüchte kursierten, die Einwohner von Aksum wollten assyrische Krieger vergiften.

Der Prinz berief nachts eine geheime Ratsversammlung ein, und dabei gab Teglatt zu, daß er mit seiner Magie auch nicht mehr weiterwußte.

»Die höheren Mächte sind zur Zeit wider uns«, erklärte er. »Wir müßten den Neumond abwarten, um den Kampf fortzusetzen. Ihr müßt von nun an darauf verzichten, die Königin zu sehen, o Prinz, denn Euer kostbares Leben war noch nie so in Gefahr wie jetzt.«

Doch Assadaron widersetzte sich dieser Lösung sowohl aus Stolz als auch aus Leidenschaft. Daraufhin meldete sich Ninipallukin zu Wort. Nachdem er seine Niederlage offen eingestanden und sich freiwillig bereit erklärt hatte, wieder seine Ketten zu tragen, legte er einen ausgeklügelten Plan vor.

Dieser Plan bestand darin, den Tod des Prinzen vorzugaukeln. Ein kataleptischer Zustand könnte mit Hilfe geheimnisvoller Praktiken und einer überaus seltenen Droge, die Ninipallukin besaß, erreicht werden. Er schlug vor, die Sache sogleich an einem Sklaven auszuprobieren, und das wurde auch gemacht. Die Züge des Sklaven bekamen nach kürzester Zeit eine totenähnliche Starre, so daß Assadaron sich unwillkürlich fragte, ob der Mann wirklich nur schlafe. Doch einige Stunden später kam der Sklave wieder zu sich und klagte nur über Übelkeit und Kopfschmerzen.

»Versteht Ihr meine List, o Prinz?« sagte Ninipallukin. »Die Königin kommt hierher und weint um Euch! Auf diese Weise werdet Ihr das wahre Ausmaß ihrer Leidenschaft ergründen ... Auch die Berater der Königin tun so, als trauerten sie um Euch, doch in Wirklichkeit freuen sie sich. Belocha, seine Kollegen und Schüler stellen ihre Machenschaften ein, weil sie Euch für tot halten. Wir begraben Euch hier, unter Eurem Zelt, aber so geschickt, daß Ihr keinen Schaden nehmt. Am nächsten Tag erwecken wir Euch zu neuem Leben, verstecken Euch und brechen das Lager ab, um nach Babylon zurückzukehren. Eine Eskorte akzeptieren wir nur für einen Tagesmarsch. Nach drei Tagen, wenn wir die Grenze überschritten haben, gebt Ihr Euch den Truppen zu erkennen und kehrt anschließend verkleidet nach Aksum zurück, beispielsweise als Perlensticker. Im Palast ist Ruhe eingekehrt. Prinz Amram und die Magier sind grenzenlos erleichtert. Nur die Reine Perle ist völlig niedergeschmettert, weil sie Euch verloren hat. Ihr nähert Euch der Königin, gebt Euch zu erkennen. Und nachdem sie nun nicht mehr das Mißtrauen und die Bösartigkeiten ihrer engsten Berater zu fürchten braucht, gibt sie sich Euch bereitwillig hin. O ja, das tut sie! Was dem bewunderten und hochgeehrten assyrischen Prinzen verwehrt blieb, wird einem demütigen und bescheidenen Perlensticker mühelos zuteil. Versteht Ihr?«

Ninipallukin trägt seinen abenteuerlichen Plan so überzeugend vor, daß vor Assadarons geistigem Auge eine herrliche Zukunftsvision auftaucht, und die Leidenschaft ist so groß, daß er seinem Scheintod und Begräbnis freudig zustimmt.

Am nächsten Tag, um fünf Uhr morgens, verstarb Assadaron an den Folgen seines Sturzes und der anderen Unfälle. In seinem Lager herrschte tiefe Trauer, und das laute Wehgeschrei hallte weit ins Land hinein.

Die Königin wurde sofort benachrichtigt. Wie vom Blitz getroffen, fiel sie in Ohnmacht, doch sobald sie zu sich kam, bestand sie darauf, mit ihrem schnellsten Wagen ins Lager der Assyrer zu galoppieren, angetan mit ihrem gelben Trauergewand, die wirren Haare mit Asche bestäubt. Sie sah Assadaron, in ein Leichentuch gehüllt, daliegen. Sein Gesicht war aschfahl und starr, und als sie seine bleiche Stirn küßte, wurde sie von Verzweiflung überwältigt und verlor völlig ihre Selbstbeherrschung. Prinz Amram mußte sie von dem Toten losreißen, an den sie sich mit aller Kraft klammerte.

Hauptmann Nabunasar gab der zu Tode betrübten Königin, die am Totenlager des ihr jäh entrissenen Geliebten verweilen wollte, schließlich dezent zu verstehen, daß der Leichnam nach assyrischer Sitte für die Bestattung vorbereitet werden müsse, um in Baals Reich aufgenommen zu werden.

Das Begräbnis fand mit allen militärischen Ehren statt. Ganz Aksum gab dem Prinzen das letzte Geleit, wenn auch nur aus Furcht, andernfalls den Zorn seines mächtigen Onkels Salmanar zu erregen. Auch Makeda wohnte der Zeremonie bei, doch ihre Trauer war nicht gespielt. Assadaron wurde vor Sonnenaufgang unter seinem Zelt beigesetzt. Anstelle eines Sarges war das große Grab mit einer kunstvollen Holztäfelung versehen worden. Der schwere Deckel wurde aufgelegt und mit Erde bedeckt. Gebete wurden gesprochen, die Klageweiber lamentierten, und die Königin bestieg ihre Sänfte, schloß sich nach der Rückkehr in den Palast in ihr Schlafzimmer ein und verweigerte jede Nahrung.

Am nächsten Morgen wurde der Granitblock, in den noch die Titel und Heldentaten des Prinzen gemeißelt werden mußten, vom Grab gewälzt. Die Komplizen Assadarons holten diesen aus der Erde und ersetzten ihn durch eine Puppe. Ninipallukin machte sich sogleich ans Werk, und der Prinz erwachte allmählich aus seinem totenähnlichen Schlaf.

Kurze Zeit später brachen sie das Lager in fieberhafter Atmosphäre ab. Die Krieger freuten sich auf die Rückkehr in ihre Heimat, denn der lange Aufenthalt in Simen hatte sie ermüdet und erbittert. Eine Ehreneskorte der Königin, von einem Prinzen befehligt, begleitete die Assyrer einen Tag lang und kehrte sodann um. Zwei Tage später machte die Truppe in Grenznähe halt, inmitten eines dichten Palmenhains.

Nabunasar rief, assistiert von Ninipallukin und Teglatt, die Offiziere und Soldaten zusammen und erklärte ihnen ohne Umschweife, daß Assadaron nicht tot sei. Ihr geliebter Herr sei am Leben, und sein Tod sei nur vorgetäuscht worden, um ihn vor einem Mordanschlag zu beschützen, den die Orakel prophezeit hätten. Selbstverständlich müsse absolutes Stillschweigen über seine wundersame Auferstehung eingehalten werden, um nicht die Rachsucht der Magier von Aksum zu provozieren. Deshalb würde jede Indiskretion mit dem Tode bestraft werden.

Und dann zeigte sich der Prinz endlich den Seinen. Der Jubel kannte keine Grenzen. Die Krieger bewunderten den Mut des Prinzen und die Weisheit ihrer Magier. Ein Festmahl wurde veranstaltet, und die Männer konnten bis zum Morgengrauen nach Herzenslust essen und trinken.

Dann gab Assadaron den Befehl zum Aufbruch, und die Kolonne marschierte flott und leichten Herzens in Richtung Tadjoura, Triumphlieder statt Klagegesängen auf den Lippen. Salmanars Neffe und sein getreuer Nabunasar blickten ihren Landsleuten lange nach, bevor sie sich langsam auf den Rückweg nach Aksum machten, als Perlensticker verkleidet.

Die Perlensticker

Die Perlenstickerei ist ein assyrisches Kunsthandwerk, das man in Simen nicht kennt. Deshalb ist Assadaron überzeugt, daß die modebewußte Königin sich dafür interessieren wird. Nabunasar hat ihm beigebracht, wie die verschiedenfarbigen Kügelchen in komplizierten Mustern auf Gewänder genäht werden. Hemden und Umhänge, aber auch Gürtel und Stirnbänder lassen sich auf diese Weise trefflich putzen.

Unbemerkt nach Aksum zurückgekehrt, mieten Assadaron und Nabunasar einen *souk*, einen kleinen Laden im Viertel der Händler. Ihre Verkleidung ist so perfekt, daß nicht einmal ihre Mütter sie wiedererkennen würden. Ihre glattrasierten Gesichter sind geschminkt, die Haare schulterlang, und sie tragen die Kleidung der Handwerker. Assadaron arbeitet in der Werkstatt, während Nabunasar den reichen Bürgern von Aksum die perlenbestickten Stoffe verkauft, die genauso schillern wie die Deckflügel eines Skarabäus. Es dauert nur wenige Tage, bis die ganze Stadt das

Talent des Assyrers rühmt. Neidische Blicke treffen jene Frauen, die nach dieser neuesten Mode gekleidet sind. Die vorgeblichen Perlensticker können sich vor Aufträgen kaum retten: Sogar eine Prinzessin bestellt eine Robe, die über und über mit blutroten Perlen besetzt sein soll.

Bald wünscht auch Makeda die begabten Handwerker zu sehen. Als sie der Königin vorgestellt werden, klopft Assadarons Herz zum Zerspringen, und während Nabunasar ihr die seltene Kunst erklärt, betrachtet der Prinz das verhärmte Gesicht seiner Liebsten und weidet sich an ihrem Schmerz, denn er weiß, daß sie um ihre verlorene Liebe trauert.

Seit kurzem verbreiten ihre despotischen Launen bei Hofe Angst und Schrecken, und auch die Perlensticker bekommen das zu spüren. Sie hat die Männer zu sich bestellt, weil ihr jede Abwechslung willkommen ist, doch Nabunasars weitschweifige Erklärungen langweilen sie nur.

»Wenn du mir deine Kunst nicht besser erläutern kannst, lasse ich dich hängen«, verkündet sie trocken.

»Dann erlaubt mir bitte, daß ich meinem beredten Freund das Wort überlasse. Er heißt Assadarib ...«

»Möge er unverzüglich näher kommen!«

Besagter Assadarib kommt diesem Befehl demütig nach, und sein Gang jagt Makeda einen Schauer über den Rücken, was sie sich selbst nicht erklären kann.

»O mächtige Königin«, sagt der Assyrer mit verstellter Stimme, »ich lege Euch meine Kunst zu Füßen und werde Euch alle damit verbundenen Geheimnisse bereitwillig enthüllen, aber nur unter vier Augen. In meinem Land geben die Perlensticker diese Geheimnisse nur unter dem Siegel der Verschwiegenheit von Generation zu Generation weiter, aber Ihr sollt sie erfahren.«

Neugierig geworden, erfüllt Makeda den Wunsch des bescheidenen Perlenstickers, dem niemand mißtraut. Sie führt ihn in ihren Gebetsraum, und es fällt ihm schwer, den gebührenden Abstand zu wahren. Er holt aus seinem Bündel ein Tuch hervor und zeigt der Königin ihren Namenszug, mit weißen Perlen aufgestickt. Dann dreht er das Tuch um: Auf der Rückseite ist der Name ›Assadaron‹ aufgestickt. Empört über eine derartige Unverschämtheit, will die Königin ihn bestrafen lassen, doch der Name des Mannes, der sie in ihren schlaflosen Nächten heimsucht, dröhnt in ihren Ohren und beraubt sie ihres Willens. Der Perlensticker steht regungslos da, nur seine Lippen bewegen sich. Dann wischt er sich mit dem Tuch die Schminke vom Gesicht, und nun endlich erkennt Makeda ihren Geliebten. Sie greift sich erschrocken ans Herz, und gleich darauf fällt sie Assadaron in die Arme und ruft:

»Von nun an möchte ich jeden Tag bei dir Unterricht im Perlensticken nehmen!«

Der verkleidete Prinz berauscht sich an diesen Worten. In seinem Herzen geht die Sonne auf.

Jeden Nachmittag begab sich Assadarib der Perlensticker in den Palast, wo er im Gebetsraum empfangen wurde, der mit den Privatgemächern der Königin verbunden war. Diese Laune der Reinen Perle wurde von allen Würdenträgern nachsichtig toleriert. Wer hätte dem Handwerker, dessen Kunst die vornehme Gesellschaft von Aksum ebenso begeisterte wie die Kurtisanen, auch mißtrauen sollen? Das Liebespaar konnte endlich ungestört himmlische Freuden erleben. Die Stunden, in denen sie beisammen waren, verflogen mit Plaudereien, ineinanderverschlungenen Händen und zarten Küssen. Makeda vergaß alles, was sie durchlitten hatte, und freute sich über die List ihres Geliebten, von der Belocha und Ibra nichts ahnten.

»Aus Liebe zu dir werde ich diese verabscheuungswürdigen Magier hängen lassen«, kündigte sie an. »Denn ich liebe dich von ganzem Herzen.«

Und sie lachte vor Glück.

Niemand durfte den Raum betreten, in dem das Liebespaar Zuflucht nahm. Doch die Königin gehörte Assadaron noch immer nicht. Sie blieb die Allerreinste Perle.

Oft jedoch küßten sie einander, und wenn Assadarons Lippen ihr Gesicht, ihre Hände und Arme und sogar ihre Beine berührten, dann befürchtete Makeda, der Versuchung nicht länger widerstehen zu können, die ihr Fleisch marterte und ihr Blut in einen glühenden Lavastrom verwandelte. Wie oft bedauerte sie, daß ihr jene Ekstase verwehrt war, die sie beim Erotikunterricht in Ägypten beobachtet hatte! Doch es gab auch viele sorglose, heitere Stunden. Lachend betrieben die Liebenden gemeinsam die Perlenstickerei und woben daraus den Mantel ihrer Liebe. Makeda litt darunter, den Gebetsraum nicht prächtig ausschmücken und Assadaron nicht mit Geschenken überhäufen zu können, doch die Leidenschaft, von der sie beide erfüllt waren, entschädigte sie für jeden äußerlichen Prunk.

Natürlich war diese Seligkeit nicht von Dauer, denn ewiges Glück wäre kein Glück. An irgendeinem besonders sonnigen Tag brach plötzlich ein Gewitter aus, es kühlte ab, und der Himmel wurde grau in grau. Im Palast von Aksum schöpfte man Verdacht gegen den Perlensticker, und er wurde von einem assyrischen Sklaven gewarnt, daß man ihn erkannt habe und ermorden wolle.

»Warne mich, wenn die Mörder nahen. Dann werde ich aus dem Fenster springen.«

Der Sklave sprach sich mit anderen Assyrern bei Hofe ab, die allesamt Feinde von Prinz Amram waren und jede Religion außer dem Baalskult strikt ablehnten.

Assadaron besuchte die Königin ein letztes Mal, und dieser Nachmittag wurde unvergleichlich schön. Vögel sangen am Himmel, den keine Wolke trübte, bis der Prinz gestand, daß man seine Tarnung durchschaut habe und ihn töten wolle. Makeda war entsetzt. Um ihren Geliebten zu beschützen, war sie bereit, all jene hinrichten zu lassen, die ihm nach dem Leben trachteten, doch der stolze Assadaron wollte seine Rettung nicht der Königin verdanken.

Plötzlich waren auf den Korridoren Geräusche zu hören. Meuchelmörder mit scharfen Messern legten sich in dunklen Ecken auf die Lauer, denn Amram und Belocha hatten angeordnet, daß sie den Prinzen beim Verlassen der königlichen Gemächer erdolchen und heimlich aus dem Palast schaffen sollten. Anschließend wollte man Gerüchte ausstreuen, die Perlensticker hätten Aksum verlassen.

Als Assadaron von dem assyrischen Sklaven gewarnt wurde, wußte er, daß dies das Ende seiner großen Liebe bedeutete. Makeda weinte, doch auch sie sah ein, daß er fliehen mußte, um nicht ständig in Todesgefahr zu schweben. Ein letztes Mal umarmten sie sich leidenschaftlich.

Mit Hilfe einer Strickleiter, die er vorsorglich mitgebracht hatte, gelang Assadaron die Flucht durchs Fenster. Unten nahmen seine Landsleute ihn in Empfang, verkleideten ihn als Diener und brachten ihn ins Gesindehaus, wo Nabunasar schon wartete.

Der Himmel hatte sich zugezogen, und die Vögel sangen nicht mehr. Aus Verzweiflung tötete Makeda die beiden Papageien, und Assadaron verließ noch in dieser Nacht die Stadt. Sein Herz war schwer, denn nun wußte er, daß er die schönste Blume von Simen niemals pflücken würde.

Der unglückliche Prinz kehrte nach Tadjoura zurück und wurde ein Satrap, dessen Grausamkeit die eines Geparden bei weitem übertraf.

Die Despotin

Makedas Leben hatte seit ihrer Krönung eine radikale Veränderung erfahren. Daß die Herrschergewalt ihr nicht nur eine ungeheure Verantwortung für das Wohlergehen ihres Volkes aufbürdete, sondern auch den weitgehenden Verzicht auf persönliche Beziehungen bedeutete, war ihr schon während der kurzen Übergangszeit als Regentin schmerzlich bewußt geworden.

Als sorglose Prinzessin hatte sie zahlreiche Freundinnen gehabt, die sie von ganzem Herzen liebte, doch nach ihrer Thronbesteigung verflog die einstige Vertrautheit im Nu. Makeda flößte ihren Freundinnen plötzlich Furcht ein, und sie heuchelten Respekt und Demut, während sie gleichzeitig versuchten, die naive Zuneigung der Königin auszunutzen, um Privilegien aller Art zu erlangen. Anfangs ließ die großmütige Herrscherin sie tatsächlich von ihrer Macht profitieren, doch schon bald durchschaute sie die Unaufrichtigkeit ihrer ehemaligen Gefährtinnen und litt darunter.

Ihr Schwur ewiger Jungfräulichkeit bildete eine Aureole,

die wie eine Trennwand zwischen ihr und allen anderen Menschen aufgerichtet war. Niemand traute sich mehr, in ihrer Gegenwart von Liebe zu sprechen. Ihre Augen bekamen einen verträumten und zugleich schwermütigen Ausdruck, sobald sie glückliche Liebespaare sah, und um unnötige Qualen zu vermeiden, isolierte sie sich immer mehr. Die Höflinge, die um ihre Liebe zu Prinz Assadaron wußten, behandelten sie wie ein rohes Ei. Für die anderen war sie ein monströses Idol, weder Mann noch Frau, sondern ein bemitleidenswerter und zugleich furchterregender Zwitter.

Die Königin fühlte sich in ihrem riesigen Palast immer einsamer, und Assadarons Flucht erfüllte sie mit tiefer Trauer. Sie verbarg ihre Verzweiflung tief in ihrem Innern, doch daraus wurde ein anderes mächtiges Gefühl geboren: Rachsucht. Ihr Haß auf die Männer, die sie zur Verleugnung ihrer Weiblichkeit gezwungen hatten, kannte keine Grenzen. Sie träumte davon, sich an ihnen zu rächen, indem sie bei der Neuordnung der Gesellschaft und Familie der Frau eine bevorzugte Position einräumte. Der geknechtete Mann – welch herrliche Umkehrung der etablierten Gesetze! In aller Welt würde diese Regelung ungläubiges Staunen hervorrufen, und alle Augen würden auf Simen gerichtet sein.

Makeda dachte lange über diese schwierige Aufgabe nach, und sie scheute bei den Vorbereitungen dieser gesellschaftlichen Umwälzung weder Zeit noch Mühe.

Der Tagesablauf der Königin war streng geregelt. Noch vor Sonnenaufgang, zur zwölften Stunde[1], sprang sie aus dem Bett und ließ sich von ihren Zwergen beim Baden helfen, bevor sie mit duftenden Ölen massiert wurde.

Ihr langes ebenholzschwarzes Haar bedurfte besonderer Pflege. Eine geschickte Friseuse flocht es zu einer Unmenge dünner Zöpfe, die – kunstvoll aufgesteckt – mit goldenen oder silbernen Haarnadeln geschmückt wurden.

Anschließend wurde sie von einem Meister des Fachs ge-

---

[1] Sechs Uhr morgens. In Simen war der Tag – ebenso wie im heutigen Äthiopien – in zwei Zyklen von jeweils zwölf Stunden aufgeteilt: die erste Morgenstunde fällt mit dem Sonnenaufgang zusammen, die erste Abendstunde mit dem Sonnenuntergang.

schminkt, der das ehemals lachende, fast schelmische Gesicht der jungen Prinzessin in eine strenge und hoheitsvolle Maske zu verwandeln vermochte. Ihre regelmäßigen Züge von klassischer Schönheit kamen dadurch um so mehr zur Geltung. Hochgewölbte, weiß umrandete Brauen und geschwärzte Lider, die ihre mandelförmigen Augen mit den langen gebogenen Wimpern noch größer erscheinen ließen. Hinzu kamen die purpurrot geschminkten Lippen, die jeden Mann zum Träumen verführten.

Seit ihrem Aufenthalt in Ägypten schwärmte Makeda außerdem für prächtige Roben in allen möglichen kräftigen Farben. Sie besaß unzählige und zog sich ständig um. Ihre Alltagskleidung bestand allerdings aus einer roten Hose, die ihre wohlgeformten Beine eng umschlossen, und aus einem kurzen ärmellosen Hemd. Der über die Schultern geworfene Mantel vervollständigte diese Garderobe ebenso wie die vielen kostbaren Schmuckstücke, die bei jeder Bewegung ihres zarten Körpers klirrten. Wenn sie hingegen Würdenträger oder ausländische Botschafter empfing, zog sie eine faltenreiche Robe mit langen Ärmeln und tiefem Dekolleté an und betonte ihre Wespentaille mit einem goldenen Gürtel.

Das Frühstück pflegte Makeda im Speisesaal mit Prinz Amram einzunehmen, sowie mit Großrabbiner Uziel und Schatzmeister Levi, mit dem Siegelbewahrer und dem Kämmerer und einigen bedeutenden Satrapen. Dann folgten die Empfänge: Statthalter und Offiziere, Würdenträger und Abgesandte, die in wichtigen Missionen unterwegs waren, defilierten in rascher Folge an der Königin vorüber und wurden belohnt, getadelt oder zum Tode verurteilt. In ihrem Privatsalon besprach sie anschließend mit engen Ratgebern die Verwaltung des Königreichs. Zweimal wöchentlich wurde dieses Programm abgeändert, damit die Reine Perle höchstpersönlich den Vorsitz bei Gerichtsverhandlungen führen konnte. Bis zur siebten Stunde entschied sie über die Schicksale ihrer Untertanen. Ihr juristischer Verstand und Scharfsinn setzten alle in Erstaunen, doch die Männer empörten sich oft über ihre unerbittlichen und demütigenden Urteile, gegen die keine Berufung möglich war.

Das Mittagsmahl mit hohen Würdenträgern und zahlreichen Gästen war kurz, und danach gönnte sich die Monarchin eine Ruhepause.

Zur neunten Stunde verließ sie meistens den Palast und begab sich mit dem Wagen oder zu Pferde auf die Jagd, wenn sie nicht gerade irgendeine Militärparade abnehmen mußte. Jedesmal, wenn sie an der Ebene vorbeikam, wo Assadaron einst sein Lager aufgeschlagen hatte, erbebte sie unwillkürlich.

Das Abendessen wurde zur elften Stunde im kleinen Kreise eingenommen, und danach traten Poeten, Gaukler, nackte Tänzerinnen, Akrobaten, Dompteure und Schlangenbeschwörer auf, die Makeda mit ihren Künsten aus ihrer Teilnahmslosigkeit zu reißen versuchten. Meistens wurde sie dieser Vorführungen schnell überdrüssig, zog sich müde in ihre Gemächer zurück und blickte zum unergründlichen Sternenhimmel empor, so als könnte sie dort ihr Schicksal ablesen. Würde sie ihr ganzes Leben lang in dieser deprimierenden Einsamkeit verbringen müssen?

Erschöpft und benommen schlief sie endlich ein, doch in ihren Träumen wurden großartige Projekte geboren, die sie gleich am nächsten Tag in die Tat umsetzte. Ihre Ratgeber hatten oft Mühe, mit der Entschlußkraft der Monarchin Schritt zu halten und ihre Befehle in Nord und Süd, in Ost und West des Königreichs durchzusetzen. Dieser ungeheure Tatendrang lenkte Makeda von ihrer unglücklichen Liebe ab, und ihre brachliegenden weiblichen Instinkte stellte sie in den Dienst ihres Volkes.

Auf geradezu geniale Weise reformierte sie die Verwaltung von Simen. Das Land wurde in vier Provinzen aufgeteilt, und die Macht der besiegten Könige und Vizekönige wurde radikal eingeschränkt, um die Koordinierung zu erleichtern. Jede Provinz unterstand von nun an einem zivilen Gouverneur, einem hohen Militär, einem Magistrat und einem Abgeordneten der Kaufleute und Handwerker. In diesem »Viererrat« wurden Beschlüsse durch Stimmenmehrheit gefaßt, wobei der Gouverneur, die »Stimme der Krone«, allerdings jederzeit von seinem Vetorecht Gebrauch machen konnte. Nachdem sie das Land auf diese Weise föderalisiert hatte, sorgte Makeda für eine einheitliche Rechtsprechung und ließ die Gesetze kodifizieren.

Doch ihre Hauptsorge galt der Armee. Die Ratschläge ihres Vaters hafteten in ihrem Gedächtnis. Man mußte das junge Königreich vergrößern und seine Macht weiter ausbauen. Mit angeworbenen Feldherren aus Ägypten, Babylon und Ninive ergänzte Makeda den Militärkader von Simen und stattete ihre Regimenter großzügig mit Waffen und Geldmitteln aus.

Ein junger Mann namens Adinram hatte sich gerühmt, das Herstellungsverfahren für ein unvergleichlich widerstandsfähiges Metall zu kennen. Mit Reichtümern überhäuft, kam dieser Asiat nach Aksum und baute neuartige Schmelzöfen. Als er starb, ließ die Königin ihm ein riesiges Grabmal aus Stahl errichten – jenem Metall, dessen Zusammensetzung er den Schmieden von Simen verraten hatte.

In Muttowa ließ die Reine Perle dreißigtausend Männer drei Jahre lang Tag und Nacht arbeiten, um die berühmte Kriegsflotte von Phönikien zu übertreffen. Die Schiffe ihrer »grünen Flotte« segelten bis China und trieben regelmäßig Handel mit Indien und Malaysia, wo man Seide in großen Mengen zu günstigen Bedingungen einkaufen konnte.

Um die unzähligen Arbeiter entlohnen zu können, monopolisierte die Königin die Goldgruben ihres Reiches und ließ sie unaufhörlich ausbeuten. Die runden Goldmünzen, die in der Mitte durchlöchert waren, wurden bald in aller Welt zum beliebten Zahlungsmittel, doch es gab soviel von diesem »Gold der Frau«, wie es im Volksmund genannt wurde, daß seine Kaufkraft vom seltenen Silber übertroffen wurde.

Mit ihrer mächtigen Armee konnte Makeda nun nach Herzenslust Eroberungskriege führen, um so mehr, als ihr Haß auf das ganze männliche Geschlecht dazu führte, daß es ihr völlig gleichgültig war, wieviel tapfere Kämpfer in den grausamen Schlachten ihr Leben lassen mußten. Im Westen bemächtigte sie sich Nubiens bis hin zu den undurchdringlichen Sümpfen, im Osten eroberte sie weite Gebiete am Roten

Meer, im Süden dehnte sie ihren Herrschaftsbereich bis Willemantcharc aus, und im Norden machte sie erst an den Grenzen Ägyptens halt.

Dann ließ die unersättliche Königin ihre Blicke über Afrika hinaus in die Ferne schweifen. Ihre Flotte lief in Richtung Jemen aus, und nach drei Jahren gnadenloser Kämpfe mußte König Attara seine Niederlage eingestehen. Makedas Hauptleute rühmten die Reichtümer des eroberten Landes, die wertvollen Edelsteinvorkommen und die üppige Vegetation, und deshalb beschloß die Herrscherin, sich selbst dort umzusehen und zugleich ihre Macht ein weiteres Mal eindrucksvoll zu demonstrieren. Umringt von ihren Segelschiffen mit zwölf übereinanderliegenden Brücken und von ihren Ruderfahrzeugen mit jeweils tausend Ruderern, stach sie in See.

Die reichen Goldvorkommen der eroberten Länder dienten zur Finanzierung neuer Feldzüge: Makeda unterwarf auch die gesamte Perlenfischerei am Roten Meer ihrem Hoheitsgebiet, und sie demütigte sogar den mächtigen König Hiram von Tyrus, als sie sich weigerte, die für den Schiffsbau so wichtigen Zedernwälder seines Landes mit ihm zu teilen.

Auf diese Weise stillte die Reine Perle ganz methodisch ihren Machthunger, und ein König nach dem anderen war gezwungen, vor ihr in die Knie zu gehen. Nur Assadaron wurde verschont. Die Grenze, die seine Provinz von jener trennte, die er an sie abgetreten hatte, war ihr genauso heilig wie sein Andenken. Weder erschöpfende Arbeit noch unermeßliche Reichtümer, weder Eroberungen noch Ruhm vermochten in ihrem Herzen die Erinnerung an den Geliebten auszulöschen.

Es gab Tage, an denen sie ihm am liebsten ihr ganzes märchenhaftes Imperium zu Füßen gelegt hätte, nur um seine Liebe zurückzugewinnen, und schließlich ließ sie ihm durch einen Geheimboten ein Bilderrätsel zukommen.

Die Zeichnung zeigte zwei von Frauenhänden erdrosselte Papageien. Die Augen einer Frau vergossen große Tränen. Eine gelbe waagerechte Linie drückte tiefe Trauer aus, und dar-

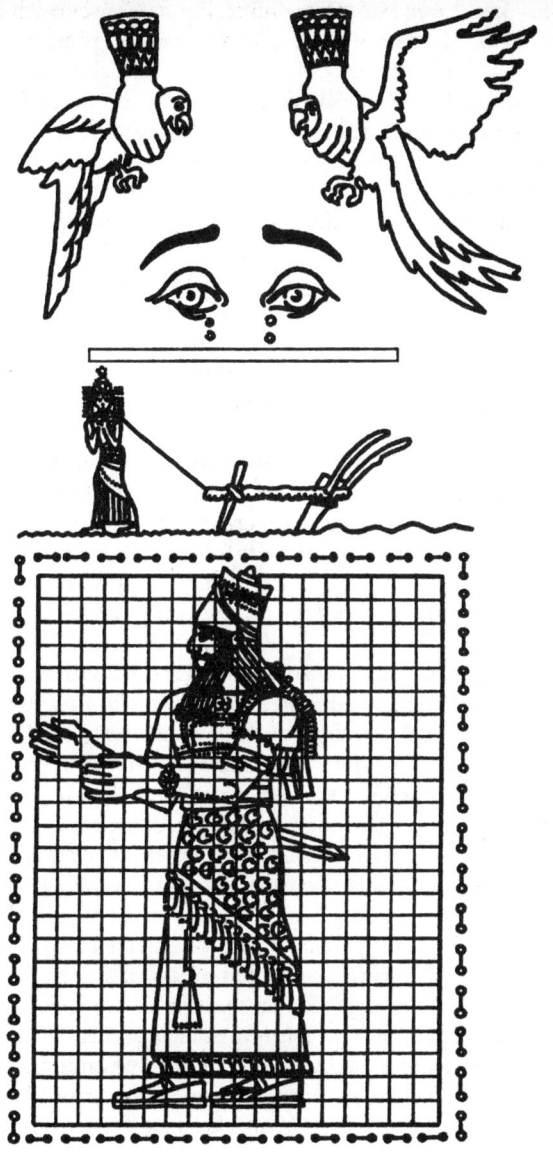

unter beackerte eine Frau mühsam ein steiniges Feld. Unter diesen Motiven war Assadaron in seinem prächtigsten Gewand abgebildet, von einem Schleier verhüllt und umrahmt von kleinen Kreisen, die ein Symbol für die Sonne sein sollten. Jeweils zwei solcher Sonnen waren durch Linien verbunden.

Assadaron entschlüsselte das Bilderrätsel gleich, nachdem er es erhalten hatte, und verfaßte folgendes Gedicht:

O Makeda, in unserem Herzen wurde die herrliche Liebe
erstickt,
so wie man unschuldigen Vögeln das Leben raubt!
Kannst du, während wir unsere tote Vergangenheit
beweinen,
wirklich nur einen Strich der Trauer
unter all unsere Hoffnungen ziehen?
O Makeda, dieser Strich ist unmißverständlich
und so gnadenlos wie ein Schwerthieb!
Ungleich härter als das Los des Sklaven, der ein steiniges Feld
beackern muß,
ist dein Schicksal durch den Schwur, der dich zur
Unfruchtbarkeit verdammt wie jenes Steinfeld.
Deshalb willst du Assadaron niemals wiedersehen:
Du breitest den Schleier des Vergessens über ihn,
doch du wirst ihn lieben in alle Ewigkeit.
Assadaron schickt dir, o Makeda, kein Bilderrätsel,
aber er schickt dir sein totes Herz.
Sein Körper ist der eines Kastrierten,
und seine Seele ist in einem Perlennetz gefangen.
Er kennt keine Frau außer Makeda
und wird niemals eine andere kennen.
Doch wenn er seiner Liebe treu bleibt,
so verlangt auch er unverbrüchliche Treue.
Assadaron hält still und bleibt verborgen,
doch er wird auftauchen, schnell wie der Wind,
sollte Makeda ihren Schwur vergessen
und ungeachtet seiner Schmerzen
jemals einen anderen Mann zu ihrem Bruder erwählen.

Dann wird Assadaron wie ein Blitz vor dir erscheinen,
er wird töten und morden
und dich wie ein Banner entführen, o Makeda,
um dein Herz zurückzuerobern.

Ein seliger Schauer überlief die Königin, als sie diese Zeilen
las.

Der Kampf gegen die Liebe

Aus Schmerz über ihre zerstörte Liebe und aus Stolz auf ihre schier unbegrenzte Macht nahm Makedas Despotismus
immer erschreckendere Ausmaße an. Ihre Wünsche mußten,
kaum daß sie ausgesprochen waren, in die Tat umgesetzt
werden, auch wenn sie unrealisierbar schienen. Und sobald
sie einen Befehl erteilt hatte, mußte die ganze Nation unverzüglich gehorchen. Keine Mühe wurde gescheut: Von reitenden Boten verständigt, wurden in Stadt und Land Handwerker mobilisiert oder Armeen in Bewegung gesetzt. Die
Monarchin duldete keine Verzögerung.

Den Plan, ihre Hauptstadt zu verlegen, faßte sie während
einer Reise in den Jemen. Im Herzen der eroberten Territorien, in Attratt, sollte eine märchenhafte Metropole namens Saba entstehen, ein Symbol der Macht. Die Reine Perle legte in
groben Zügen fest, wie sie sich diese Stadt vorstellte, und innerhalb eines Monats mußten die Architekten ihr die fertigen
Baupläne vorlegen.

Innerhalb nur eines Jahres sollte die Stadt auf ihre Anordnung hin wie eine herrliche Blume erblühen. Die Architekten
setzten immerhin durch, daß fünfzigtausend Arbeiter aus
den Vasallenstaaten den Baumeistern und Handwerkern aus
Simen halfen. Schon am nächsten Tag begann die Rodung
der Ebene von Attratt.

Denselben Ehrgeiz legte Makeda bezüglich der Gesetzgebung an den Tag. Als erstes beschloß sie, den Frauen von Simen größere Privilegien zu verschaffen. Sie hatte die Hauptgründe, die eine solche Reform erforderlich machten, zuvor gründlich analysiert. Die Liebe war die Zentripetalkraft in der Gesellschaft, und Makeda, die neue Göttin, wollte die irdischen Gesetze umkehren: Aus der Zentripetalkraft sollte eine Zentrifugalkraft werden. Nachdem ihr selbst die Liebe verwehrt war, würde sie sie in ihrem ganzen Königreich radikal bekämpfen.

In ihrem Palast rief sie Frauen zusammen und enthüllte ihnen ihre geplanten umwälzenden Neuerungen, doch diese waren uneinsichtig: Sie wollten auf gar keinen Fall, daß die Liebe an Bedeutung verlor, denn das weibliche Geschlecht lebte nur für die Liebe und durch die Liebe. Das sagten sie der Königin klipp und klar, die sie jedoch nicht verstehen wollte, weil sie sie im Grunde viel zu gut verstand. Daraufhin führte Makeda sechs Experimente mit Männern und Frauen aller Gesellschaftsschichten durch.

Zunächst befahl sie, daß zehn junge Stickerinnen in einem Haus mit großem Garten eingesperrt werden sollten, um ohne jeden Kontakt zur Außenwelt ihre Arbeit zu verrichten. Ein Mann sollte diese Frauen wie ein Sklave bedienen. Einen Monat später war der Diener zum Herrn geworden, der von den Frauen ernährt und verwöhnt wurde. Anfangs hatten sie sich um seine Liebe gestritten, doch bald waren sie übereingekommen, ihn zu teilen. Makeda lernte daraus, daß die beiden Geschlechter eine unwiderstehliche Anziehungskraft aufeinander ausübten. Das war ihre erste Erfahrung.

Sie entriß diesen Mann den Frauen und befahl ihnen, ihre Arbeit fern von jeder Versuchung fortzusetzen. Doch die Sehnsucht nach dem Geliebten war so übermächtig, daß die Stickerinnen die Königin nach einem Monat anflehten, ihnen eine Eheschließung zu erlauben. Das war Makedas zweite Erfahrung.

Die Reine Perle ließ sie nun von zwei Männern bedienen, doch das Resultat dieses dritten Experiments war dasselbe wie das des ersten und zweiten: Die Stickerinnen brachten einander aus Eifersucht fast um.

Makeda ersetzte diese Männer durch attraktive und kultivierte Kastraten und wies ihnen zwei Gefährtinnen zu. Sie lebten friedlich nebeneinander her, aber die Frauen interessierten sich nicht für die Kastraten. Ihnen kam es folglich nur auf die Manneskraft, nicht aber auf geistige Fähigkeiten an.

Das fünfte Experiment bestätigte das vierte: Fünf kultivierte Frauen wurden mit einem gebildeten Eunuchen zusammengebracht. Sie vertrieben ihn aus ihrem Gemach.

Im Glauben, daß nur der Koitus ihre Geschlechtsgenossinnen zu begeistern vermochte, brachte Makeda nunmehr drei prächtige Mannsbilder in einem Freudenhaus unter. Wie Prinzen verwöhnt, sollten sie Witwen zur Verfügung stehen, die andernfalls auf sexuelle Freuden verzichten müßten. Zu ihrem großen Erstaunen erfuhr sie nach kurzer Zeit, daß zwei Frauen aus Simen sich dermaßen in zwei der schönen Hengste verliebt hatten, daß sie sie entführten und in ihren eigenen vier Wänden mit Gold überschütteten. Und der dritte Lustspender hatte sich im Freudenhaus mit einer Geliebten eingeschlossen, die ihn mit keiner anderen teilen wollte. Nun endlich begriff die Königin, daß es den Frauen nicht nur um die reine Befriedigung ihrer sinnlichen Gelüste ging, sondern auch um die exklusive Inbesitznahme des Geliebten, bis er nichts Neues mehr zu bieten vermochte. Dieses Interesse an ein und demselben Mann konnte von verschiedener Dauer sein, so jedenfalls Makedas sechste und letzte Erfahrung.

Auf der Grundlage dieser Experimente arbeitete die Königin ihre neue Gesetzgebung aus. Jene Gesetze, die sie gleich im ersten Jahr ihrer Herrschaft erlassen hatte, zeitigten bereits Wirkung und veränderten das Gesicht der Nation. Das »Gesetz der Perle« hatte den Frauen die gleichen Rechte wie den Männern zuerkannt. Töchter konnten ihre Eltern nun genauso beerben wie Söhne. Der Schulunterricht war für beide Geschlechter obligatorisch. Frauen konnten Besitz erwerben, Handel treiben und öffentliche Ämter ausüben. Nur der Militärdienst blieb ausschließlich den Männern vorbehalten, weil Makeda die Frauen nicht als »Kampffutter« benutzen wollte.

Nun wurden diese Gesetze durch Abänderungen des Eherechts verschärft. Eine Ehe mußte in Zukunft vor einem weiblichen Tribunal geschlossen werden. Beide Partner konnten frei zwischen einer Gütergemeinschaft oder einer Gütertrennung entscheiden. Für eine Scheidung in beiderseitigem Einverständnis genügte eine entsprechende Erklärung vor dem Tribunal. Bei Gütergemeinschaft wurde der Besitz aufgeteilt, doch falls es der Mann war, der die Scheidung wünschte, wurde sein Besitzanteil ein Jahr lang vom Tribunal verwaltet, und falls Kinder vorhanden waren, so erbten diese den väterlichen Besitz. Für den Verkauf gemeinsamer Güter war die Zustimmung beider Ehegatten erforderlich, und das Sorgerecht für die Kinder unter sieben Jahren war ausschließlich der Mutter vorbehalten. Nach dem siebten Lebensjahr standen Knaben und Mädchen unter der Vormundschaft beider Elternteile, bis sie mit achtzehn volljährig wurden. Ab diesem Zeitpunkt konnten die Kinder freie Entscheidungen treffen und ein Viertel ihres Erbteils verlangen, während sie die übrigen drei Viertel erst nach dem Tod der Eltern erhielten.

Trotzdem nahmen nur wenige Frauen ihre Rechte in Anspruch. Kaum eine bewarb sich um die öffentlichen Ämter, die früher den Männern vorbehalten gewesen waren. Und im Schoße der Familie blieben die meisten wie eh und je Sklavinnen ihrer Ehemänner. Empört darüber, zog Makeda nun einen noch viel radikaleren Schlußstrich unter die alten Traditionen: Sie erklärte alle Rechte und Privilegien der Männer zugunsten der Frauen für null und nichtig, und viele flüchteten daraufhin in die Armee, um dieser Demütigung zu entkommen.

Von nun an konnten nur noch die Frauen ein Erbe antreten. Ein Mädchen kaufte sich einen Ehemann, so wie die Männer sich einst ihre Frauen gekauft hatten, und die Vielmännerei wurde erlaubt. Jede Frau konnte so viele Ehemänner und Liebhaber nehmen, wie es ihr gefiel, sofern sie imstande war, für deren Unterhalt zu sorgen.

Die Hausarbeit wurde per Gesetz den Männern aufgebürdet, und die Frau konnte nach ihrem Gutdünken über den ganzen Besitz verfügen.

Diese neue Gesetzgebung wollte Makeda den Familien von Simen mit Brachialgewalt aufzwingen, und jedes noch so leise Murren wurde sogleich im Keim erstickt.

Die Königin war sich darüber im klaren, daß die Mädchen nun auf übermäßige Kokette und auf Verführungskünste verzichten konnten, die sie früher hatten einsetzen müssen, um Männern zu gefallen. Dadurch entwickelten sie allmählich männliche Charaktereigenschaften.

Um alle Auswirkungen ihrer Gesetzgebung zu überprüfen, suchte Makeda eines Tages Zicri, die Tochter eines reichen Händlers, auf. Diese Frau hatte ihren Vater beerbt und leitete ein bedeutendes Handelshaus, das Niederlassungen in ganz Afrika gegründet hatte. Zicri hatte sich einen Ehemann gekauft, doch dieser phlegmatische Gefährte vermochte ihr feuriges Temperament nicht zufriedenzustellen. Deshalb hatte sie in ihrem Haus einen regelrechten männlichen Harem eingerichtet, wo ihre Liebespartner – hauptsächlich ehemalige Arbeiter und Handlungsgehilfen – von Sklaven bedient wurden und nur dem Müßiggang frönten, was dazu führte, daß sie sich prächtig und aufreizend kleideten, mit Schmuck behängten und Wolken von Parfum um sich verbreiteten. Sogar ihre Bewegungen wurden matt und träge: Sie lebten nur noch für die Liebe und für den Tanz.

Makeda war darüber tief bestürzt. Sie hatte die Liebe abschaffen wollen, doch die Liebe triumphierte bei diesen parfümierten und geschminkten Männern, die sich faul auf Seidenkissen räkelten und es genossen, Lustobjekte zu sein. Was aber noch schlimmer war – Zicri hatte durchaus nicht das Gefühl, etwas Unmoralisches zu tun, denn sie lebte ja gemäß den neuen Regeln.

Die Gastgeberin wollte der Königin unbedingt einige ihrer Lieblinge vorstellen: Der eine war besonders lasterhaft, der zweite besonders animalisch, und der dritte verfügte über ein großes Repertoire an komplizierten Stellungen und raffinierten Liebkosungen. Ferner rühmte Zicri den einen oder anderen, der eine Vorliebe für dekadente Abarten der körperlichen Liebe hatte. Nein, die sinnliche Liebe war nicht tot! Sie trieb hier nur seltsame Blüten von Wollust und Ausschweifung, ähnlich jenen bizarren Pflanzen, die in Sümpfen gedeihen. Die Liebe hatte sich den »Gesetzen der Perle« nicht nur perfekt angepaßt, sondern schwappte sogar in riesigen Wellen darüber hinweg.

Makeda ließ sich von ihrer Gastgeberin auch noch die Sitten der vornehmen Damen von Aksum schildern. Auch hier hatte sich nicht viel verändert, nur waren jetzt die Rollen vertauscht, und die Frau schwang das Zepter. Zicri erklärte, daß ihr Vermögen es ihr sogar erlaubte, Orgien zu veranstalten, die sich früher nur die Adligen hatten leisten können. Die schönen Mädchen von Simen wählten ihre Männer nun selbst aus, anstatt darauf zu warten, daß ein Mann sie mit seiner Aufmerksamkeit beehrte, das war der einzige Unterschied zu früher. Die Männer mußten jetzt für sie tanzen, doch sobald die Frauen vom Met und *araki* berauscht waren, warfen sie ihre Kleider ab und tanzten mit den Männern, um sich ihnen schließlich bei gedämpftem Licht auf bequemen Diwanen bereitwillig hinzugeben.

Makeda fragte nach Zicris vier Brüdern. Was war aus ihnen geworden?

»Wie die meisten Söhne von Kaufleuten und reichen Bürgern, so haben auch meine Brüder Simen verlassen«, erwiderte Zicri. »Ein Leben ohne Arbeit war für sie unvorstellbar, und deshalb haben sie sich nach Ägypten begeben. Jetzt sind sie meine Geschäftspartner in Theben.«

Verstört verließ Makeda das Haus dieser Frau, die gegen keinen einzigen Buchstaben des neuen Gesetzes verstoßen hatte, das ihr erlaubte, ihre Sinnlichkeit hemmungslos auszuleben. Zweifellos gab es in Simen viele Frauen, die sich ähnlichen Ausschweifungen hingaben. Die weibliche Vorherrschaft und die Degradierung der Männer hatten keineswegs zur Auslöschung der Liebe geführt, und im Grunde hatten die Männer ihre einstige Machtstellung beibehalten, weil die Frauen es gar nicht anders wollten. Ein Mann war mächtig, solange er der Frau Lust bescheren konnte. Folglich mußte man den Hebel an dieser Stelle ansetzen, freilich ohne den Fortpflanzungstrieb abzutöten, denn Makeda würde auch in Zukunft viele Krieger benötigen. Sie beschloß deshalb, Levi zu Rate zu ziehen: Wie konnte sie die Liebe eliminieren? Schließlich gab es ja auch Mittel und Wege, hohes Fieber zu senken!

Der Schatzmeister konnte die blinde Zerstörungswut der Königin nicht verstehen, weil er selbst niemals unter sinnlicher Leidenschaft gelitten hatte. Als Halbwüchsiger war er bei einer Razzia von einem Sklavenhändler entführt und kastriert worden, um als Eunuch verkauft zu werden, und das scharfe Messer dieses Sklavenhändlers hatte ihn ein für allemal von körperlicher Begierde befreit. Daß er es am Hofe von Simen zu hohen Ehren gebracht hatte, verdankte er nicht zuletzt dieser Verstümmelung.

Von allen Männern, die im Palast wichtige Ämter innehatten, war Levi der einzige, der sich traute, ganz freimütig mit Makeda zu sprechen. Diese Kühnheit beruhte vielleicht darauf, daß er weniger am Leben hing als andere Würdenträger. Leises Murren in ihrer Umgebung pflegte die Reine Perle wohlweislich zu überhören, doch wer sich zu lauter Kritik hinreißen ließ, mußte mit sofortiger Deportation in gefahrvolle Länder oder mit der zwangsweisen Rekrutierung in Söldnertruppen rechnen. Sogar Prinz Amram hatte seine ständige Bevormundung der Königin schließlich mit dem Leben bezahlt: Sie hatte ihn zum Gouverneur von Wollamo ernannt, dessen ungesundem Klima er innerhalb weniger Monate zum Opfer gefallen war. Amrams Tochter – Makedas Cousine – war daraufhin nach Theben geflüchtet, weil sie nicht in einer Gegend leben wollte, wo die Menschen wie Fliegen wegstarben.

Vor Empörung zitternd, berichtete Makeda ihrem Schatzmeister von dem Besuch bei Zicri. Der alte Levi, dessen schneeweißer Bart bis zur Brust wallte, erwiderte zynisch, jene Frau sei von Gesetzes wegen durchaus zu Orgien und sonstigen Ausschweifungen berechtigt. Allerdings sei zu befürchten, daß die fähigsten Männer von Simen das Land verlassen würden, zum großen Schaden von Kunst und Wissenschaft.

»Ich will die Liebe töten«, beharrte die Reine Perle, »und in einer derart gereinigten Nation werde ich zu Jahwes Gesetzen zurückkehren!«

»O Königin«, entgegnete Levi, »die Liebe zu töten ist genauso schwierig, wie die Sonne auszulöschen, aber ich habe oft über dieses Problem nachgedacht. Meiner Ansicht nach gibt es nur ein einziges Heilmittel gegen die Liebe: Man müßte Männer und Frauen jene Organe nehmen, die ihre Sinnlichkeit bewirken, genauso, wie man Sklaven das Gehör oder die Sprache raubt. Eine entsprechende Operation müßte eigentlich möglich sein. Ich für meine Person hatte nach der Kastration keine Liebesbedürfnisse mehr, und ich wette, daß gelehrte Ärzte imstande sein müßten, die Begierde bei Männern abzutöten, allerdings ohne das Fortpflanzungsvermögen zu mindern.«

»Dann befehle ich, daß die Ärzte innerhalb von drei Tagen solche Mittel finden«, erklärte Makeda resolut.

Drei Tage später behaupteten die Ärzte tatsächlich, eine Lösung des Problems gefunden zu haben. Belocha, der Magier, war ihr Wortführer und hielt folgende Rede:

»O Königin aller Könige, wenn Ihr die Liebe töten wollt, so müßt Ihr als erstes bei Männern und Frauen jene Organe entfernen, die für sinnliche Reize am empfänglichsten sind. Bei der Frau sind das die Schamlippen und der Schamhügel, beim Mann ist es jene Stelle am Phallus, wo die Eichel beginnt. Wir nennen sie ›Ring der Wollust‹. Wenn diese Zentren der Lust ausgeschaltet sind, werden die Menschen bei der körperlichen Vereinigung nicht mehr in Ekstase geraten. Die gegenseitige Anziehungskraft wird nicht mehr vorhanden sein. Damit die Menschheit nicht ausstirbt, müßte man dann allerdings per Gesetz regeln, daß ein- oder zweimal die Woche Geschlechtsverkehr stattzufinden hat. Die Fähigkeit zum Sinnenrausch wurde dem Menschen von Jahwe gegeben, damit er sich bereitwillig vermehre. Mein gelehrter Kollege Libri hat eine Paste hergestellt, die jene empfindlichen Organe weitgehend lähmt, ohne übermäßige Schmerzen hervorzurufen.«

Belocha zeigte der Königin eine schwärzliche ätzende Salbe, die den Orgasmus verhindern sollte. Sie schnitt eine unwillige Grimasse.

»Wer würde dieses Zeug denn jemals freiwillig verwenden?« fragte sie.

Belocha hatte mit diesem Einwand gerechnet:

»Sowohl Mann als auch Frau müßten gezwungen sein, sich nach jeder Epilation mit dieser Salbe einzureiben. Wer dieser Anweisung innerhalb eines Monats nicht nachkommt, wird enthauptet. Ferner sollte von nun an jedes Kind am vierzigsten Tag nach seiner Geburt beschnitten werden. Natürlich könnte ein junges Mädchen trotzdem vergewaltigt werden.

Um das zu verhindern, müßt Ihr befehlen, daß die Geschlechtsorgane der Mädchen verschlossen werden, so daß sie nur ihren natürlichen Bedürfnissen nachkommen können. Vom medizinischen Standpunkt aus ist das durchaus vertretbar. Unsere Kollegen, die sich auf die Morallehre spezialisiert haben, sind ferner der Ansicht, daß Schmuck und prächtige Kleidung verboten werden sollten. Die Frauen sollen ihre Körper vielmehr züchtig in schlichten Gewändern verhüllen, um keinen Mann in Versuchung zu führen. Außerdem sollte die Monogamie wieder eingeführt werden, und den Prostituierten müßte man ihr unsittliches Gewerbe verbieten.

Mir persönlich war natürlich besonders viel daran gelegen festzustellen, ob diese Reformen im Einklang mit unserer Geheimlehre stehen, und ich bin zu der Überzeugung gelangt, daß die Geister nichts dagegen einzuwenden haben werden. Der Astralleib bleibt schließlich unberührt von der Verstümmelung seiner irdischen Hülle.«

Die Königin hatte diesem Vortrag mit leidenschaftlicher Aufmerksamkeit gelauscht. Nachdem sie sie zu absolutem Stillschweigen verpflichtet hatte, verabschiedete sie ihre Besucher und rief sogleich einen Schreiber herbei, dem sie bis in die Nacht hinein die Entwürfe ihres neuen Gesetzes diktierte. Im Morgengrauen wurde die Arbeit fortgesetzt, und nach zahlreichen Verbesserungen und Abänderungen stand der endgültige Text, den sie ihren gelehrten Beratern vorlesen ließ:

»Ich wünsche die Gesetze von Jahwe, unserem Gott, zu respektieren. Deshalb werden die Knaben in Zukunft drastischer als bisher beschnitten, und den Mädchen müssen die Schamlippen entfernt werden. Die Beschneider – Männer und Frauen – müssen entsprechende medizinische Kurse erfolgreich absolviert haben, bevor sie ihre Tätigkeit ausüben dürfen. Diese Vorschriften gelten für alle Angehörigen unserer israelitischen Religion. Was die Töchter von Heiden betrifft, so werden ihre Geschlechtsorgane bis zum Hochzeitstag zugenäht, so daß sie nur noch ihren natürlichen Bedürfnissen nachkommen können.«

Die Gelehrten verneigten sich bis zur Erde. Die Königin hatte gesprochen.

Vom nächsten Tag an wurde dieses Dekret durch Herolde im ganzen Land verkündet, und Makeda – die große Liebende – wartete freudig auf die Resultate ihres heldenhaften Kampfes gegen die Liebe.

Makeda begnadigt Assyr

Die Königin hielt abrupt ihren vergoldeten Wagen an, der von sechs Riesenantilopen gezogen wurde, als sie sah, daß die Soldaten den Flüchtling eingefangen hatten. Sie befahl, daß ihm die Fesseln wieder abgenommen wurden, in die ihre Leibwache ihn wegen seiner assyrischen Kleidung vorsichtshalber gelegt hatte.

»Wer bist du?« fragte Makeda barsch. »Und warum bist du weggerannt?«

Der Fremde blickte ihr mit verblüffender Selbstsicherheit und Würde in die Augen.

»Ich bin weggerannt, o Königin, weil ich nicht wußte, daß dieser Lärm von einer Jagdgesellschaft verursacht wurde. Ich befürchtete, von Räubern überfallen zu werden, und weil ich arm bin, hätten sie mich sofort umgebracht. Aber jetzt sehe ich Euch, o Königin, und bin von Eurer Schönheit so geblendet, als stünde ich vor Astarte höchstpersönlich.«

Astarte war die Lieblingsgöttin der Assyrer, so wie Baal ihr Lieblingsgott war. Makeda fühlte sich geschmeichelt.

»Du sprichst nicht wie ein Mann aus dem Volke«, fuhr sie etwas sanfter fort. »Was machst du in meinem Land?«

»Dies hier ist das einzige, was meine Feinde mir hinterließen, nachdem sie mich meines Vermögens und meiner Ländereien beraubt hatten.« Der Mann deutete bei diesen Worten auf die gräßliche Narbe, die sein Gesicht von der Stirn bis zum Kinn entstellte. »Wenn ich nach Assyrien zurückkehre, wird man mich töten, denn ich habe mir den unversöhnlichen Haß einer Frau zugezogen, deren Rachsucht keine Grenzen kennt. Schon seit Tagen bin ich in diesem Land umhergeirrt, bis mich Eure Jagdgesellschaft aufgeschreckt hat. O Königin, gesegnet sei Baal, der Euren demütigen Sklaven zu

Euch geführt hat! Er wirft sich vor Euch in den Staub und fleht Euch an, ihm irgendeine Arbeit zu geben. Ich kann einen Wagen lenken, ich kann kämpfen und andere im Umgang mit Schwert und Lanze unterweisen. Seid dem Heimatvertriebenen gnädig, o Königin der Könige, deren Ruhm ganz Assyrien kennt.«

Makeda betrachtete mitleidig den bleichen, ausgemergelten und zitternden Mann, der vor ihr auf den Knien lag, und sie sprach: »Ich nehme dich gerne in meine Fremdengarde auf, aber sag mir vorher deinen Namen.«

»Was spielt mein Name für eine Rolle, o Reine Perle? Er würde mich der Rache meiner Feinde ausliefern. Eines Tages werdet Ihr ihn erfahren, doch bis dahin könnt Ihr mich einfach Assyr nennen.«

Die Königin ließ sich huldvoll darauf ein und befahl ihrer Garde, dem Mann etwas zu essen zu geben. Nachdem er seit drei Tagen nichts im Magen gehabt hatte, stürzte er sich wie ein ausgehungertes Tier auf das gekochte Fleisch, das ihm in einem Fladenbrot gereicht wurde.

Makeda knallte mit ihrer langen Peitsche, und die Antilopen setzten sich wieder in Bewegung, schnell wie der Wind und mit weiten Sprüngen. Die königliche Jagd wurde fortgesetzt.

Die Reine Perle liebte diesen Zeitvertreib über alles, nicht zuletzt, weil er anstrengend und nicht ungefährlich war. Mit der wilden Leidenschaft einer Großkatze jagte sie in den weiten Wäldern unweit von Aksum, wo sich zwischen riesigen Mimosen, Sykomoren und Palmen nicht nur Gazellen verbargen, sondern auch ihnen auflauernde Raubtiere.

Im teilweise schier undurchdringlichen Dickicht dieser Wälder lebten aber auch unzählige Vögel, deren Gesang die Königin aufheiterte: Amseln mit langen blauen Flügeln fühlten sich hier ebenso zu Hause wie bunte Papageien …

Vor den leichten Wagen gespannt, dessen bewegliche Keilriemen alle Unebenheiten des Erdreiches abfederten, galoppierten die Oryxantilopen so mühelos dahin, wie es selbst die besten Pferde nicht vermochten. Und wenn Makeda mit unbedecktem Haupt und wild flatternden Haaren ihr schnelles

Fahrzeug mit der rechten Hand mühelos lenkte, glaubten die Dorfbewohner, eine Himmelserscheinung zu sehen. Ihr besonderes Talent bestand darin, Tiere lebend einzufangen: Gazellen wurden dressiert, Löwen in Käfigen eingesperrt, Strauße in eingezäunten Gehegen gehalten. Wegen der prächtigen Federn jagte sie außerdem Marabus, Pelikane und Flamingos, die an den Rändern von Sümpfen lebten, und solche Trophäen begeisterten sie genauso, als hätte sie eine weitere Provinz erobert.

Wenn sie mit ihren Jagdgästen zwischen Rosenbüschen und wildem Lorbeer eine Rast einzulegen gedachte, wurden in aller Eile purpurne Zelte aufgeschlagen, die sich inmitten der ockerfarbenen Ebene wie riesige rote Blumen ausnahmen.

An diesem Tag konnte Makeda nach erbittertem Kampf zwei große Raubkatzen mit nach Hause nehmen, die von den Hunden allerdings ziemlich übel zugerichtet worden waren. Sie erkundigte sich nach Assyr, und der Hauptmann ihrer Palastgarde berichtete ihr, daß er den Mann ins zweite Korps, das aus ausländischen Söldnern bestand, aufgenommen habe.

Assyr erwies sich als außerordentlich geschickter Schwertkämpfer und wurde deshalb rasch befördert. Es dauerte nicht lange, und er wurde mit Makedas Zustimmung zum Zugführer ihrer Leibwache ernannt.

Dieser Mann bedeutete der Reinen Perle im Grunde nichts, doch er war unter seltsamen Umständen in ihr Leben getreten, und Makeda war abergläubisch. Assyr stammte aus Babylon, und zweifellos kannte er auch Tadjoura und den Gouverneur jener Provinz, Prinz Assadaron, doch sie sprach ihn niemals darauf an. Später sollte er im Leben der Königin jedoch mehrmals eine entscheidende Rolle spielen.

Die Königin von Saba

Saba! Diesen Namen hatte Makeda ihrer prächtigen neuen Hauptstadt im schönen Arabien gegeben. Seit sie bei ihrer ersten Reise in den Jemen die paradiesische Landschaft mit ihrem warmen Klima gesehen hatte, drängte sie ihre Architekten, diese Stadt ihrer Träume möglichst schnell erstehen zu lassen.

Als das Werk vollendet war, ließ Makeda den Menschen in Simen mitteilen, daß sie in Zukunft zwar in Saba residieren, aber oft nach Aksum kommen würde. Sie würde immer eine glühende Liebe zu ihrem Heimatland bewahren und es umsichtig regieren. Sie ernannte einen Statthalter, der den Titel *wak-chaoun* – »Herr des Westens« – erhielt. Der oberste Richter durfte sich *afa neguest* – »Mund der Königin« – nennen. Diesen beiden Männern räumte sie Machtbefugnisse ein, die über jene aller anderen Provinzstatthalter hinausgingen. Auf diese Weise wollte Makeda ihr besonderes Interesse an der Wiege des Imperiums demonstrieren.

Als nächstes organisierte sie den Umzug jener Berater, Würdenträger und Offiziere, die ihr nach Saba folgen mußten, und ebenso den Transport der Truppen, Dienstboten und Sklaven. Neue gerade Straßen verbanden Aksum mit der Hafenstadt Muttowa, wo die »grüne Flotte« zum Auslaufen bereit lag. Außerdem hatte die Königin auf allen Bergen zwischen der alten und der neuen Hauptstadt hohe Türme errichten lassen, damit Nachrichten durch Signale rasch übermittelt werden konnten.

Vor ihrer Abreise gab die Königin für die in Simen zurückbleibenden wichtigen Persönlichkeiten ein großes Fest, das drei Tage dauerte. Sie begründete die Verlegung des Regierungssitzes nach Saba mit der Notwendigkeit einer Expansion des Reiches in östliche Richtung. Die ganze Pracht und Herrlichkeit der Monarchie von Simen mußte in den eroberten Ländern am anderen Ufer des Roten Meeres demonstriert werden, auf daß alle über die ungeheure Machtfülle staunten, die in der zarten Hand einer jungfräulichen Königin geballt war.

Am nächsten Tag brach Makeda auf. Alle zwei Stunden wurden an den Relais frische Pferde vor die schnellen Wagen gespannt, wo auch neue Einheiten der Kavallerie bereitstanden, um die Königin nach Muttowa zu eskortieren. Die Abenddämmerung brach herein, als der imposante Trupp die Stadttore passierte und durch die beleuchteten Straßen zum Hafen ritt.

Bevölkerung und Armee bereiteten ihrer Königin einen triumphalen Empfang. Der Jubel der Menge kannte keine Grenzen. Die Luft duftete nach Weihrauch, Narde und Myrrhe. Hymnen erklangen, und Musikanten feierten die glorreiche Herrschaft der Reinen Perle mit einem Konzert für Zimbeln, Querflöten und Trommeln. Tausende von Fackeln vertrieben die Nacht und schufen mit ihren flackernden Flammenflügeln einen purpurnen hellen Schein. Auf allen Schiffen waren karmesinrote Segel gehißt, und die weißgekleideten Matrosen glichen Scharen riesiger Möwen.

Die Königin begab sich an Bord eines seltsamen Schiffes ohne Segel, das von hundertachtzig Ruderern fortbewegt wurde. Wie ein Pfau geformt, war dieses Schiff mit Gold und Emaille verziert. Die Augen bestanden aus Glas, und in dem ausgehöhlten Schnabel stand unter einem purpurnen Baldachin der Thron. Die Idee zu diesem ausgefallenen Fahrzeug war Makedas kühner Fantasie entsprungen, weil sie eine besondere Vorliebe für Prunk und große Auftritte hatte. Ganz in Weiß, nahm sie majestätisch auf dem Thron Platz. Ihre mit nußgroßen Perlen besetzte Krone schillerte in allen Regenbogenfarben, ebenso wie die Perle an dem Zepter in ihrer Hand.

Vom Bug des königlichen Schiffes bis zum Kai war ein blutroter Teppich ausgerollt, den die höchsten Würdenträger demütig küßten, bevor auch sie an Bord gehen durften. Dieser Teppich wurde anschließend ins Meer geworfen, als Symbol für die Einheit der Streitkräfte zu Land und zu Wasser. Umringt von ihrer Flotte, nahm Makeda Kurs auf ihre neue Hauptstadt. Wie riesige Vögel glitten die Segelschiffe aus dem Hafen, und die am Ufer zurückgebliebenen Menschen blickten ihnen lange nach, denn mit ihnen entschwand auch ihre göttergleiche Herrscherin, die vom nächsten Tag an Königin von Saba sein würde.

In der Morgenröte entstieg sie ihrem Pfauenschiff wie ein Himmelswesen, und die Jemeniten wurden bei diesem Anblick von heiliger Furcht ergriffen und gaben ihr den Namen »Königin des Morgens«. In der Ferne war verschwommen der Palast von Saba zu erkennen. Er schien in den Wolken zu schweben und überragte Land und Meer wie ein Leuchtturm auf hohen Felsen.

Erfüllt von unbändigem Stolz, betrat Makeda den roten Teppich, der natürlich auch hier zu ihren Ehren ausgerollt worden war. Bei jedem Schritt empfand sie tiefe Genugtuung, denn diesen Boden hatte sie mit gewaltigem Kraftaufwand erobert! Trotzdem wurde ihr hier ein genauso begeisterter Empfang wie in Muttowa zuteil. Umjubelt stieg sie in ihren Prunkwagen und fuhr langsam zwischen den wogenden Wellen aus funkelnden Schilden und Lanzen hindurch – dem Spalier, das vom Hafen bis zum Palast reichte. Dieser Weg war zweitausend Ellen lang, und Makeda konnte sich auf jeder einzelnen Elle in ihrem Ruhm sonnen.

Der Palast von Saba

Abends stand Makeda gern auf der Dachterrasse ihres Palastes, über der im starken Seewind das grüne Banner wehte. Versonnen blickte sie auf die Stadt hinab, die ihr zu Füßen lag …

Sie hatte die genialen Architekten mit Gold, Ehren und Titeln überhäuft, die es verstanden hatten, das fantastische Traumgebilde der Königin in Stein und Holz erstehen zu lassen: eine Metropole, angelegt in drei konzentrischen Kreisen, die jeweils Platz für fünfzigtausend Menschen boten. Um sie zu bauen, hatte es Unmengen an Material bedurft: Sandstein, Granit, Basalt und Quarz. Kolonnaden mit fächerförmigen Kapitellen, die Pfauenköpfen und Pfauenschwänzen nachgebildet waren, begrenzten die drei Kreise. In die Säulenschäfte waren Schriftzeichen gemeißelt, die von den großen Eroberungen der Königin kündeten. Die Wände waren mit kunstvollen Arabesken und lebensnahen Szenen bemalt, und die Marmordecken wurden von Balken aus Zedernholz gestützt, in die Tierköpfe geschnitzt waren.

Die Fußböden bestanden aus einer besonders haltbaren Mischung von Gips und gehäckseltem Roßhaar und waren vielfach mit Mosaiken geschmückt.

Im Zentrum der Stadt ragte – auf einem künstlichen Hügel errichtet – der Königspalast empor. Von hier bis zum äußersten Ring führte eine hundert Ellen breite Straße, auf der sogar die größten Eskorten von Provinzgouverneuren oder Botschaftern aus Nachbarstaaten mühelos vorankommen konnten. Und zum großen Erstaunen dieser wichtigen Besucher gab es im Palast sogar Logis für all ihre Soldaten.

Am äußeren Ring befanden sich Kasernen, Arsenale und Dienststuben dritter Klasse. Sklavenunterkünfte, Schlachthäuser und Militärgefängnisse schlossen sich daran an. Näher zum Zentrum hin wohnten Offiziere, Gelehrte, Magier und Rabbinen, und hier war auch genügend Platz für Speisehäuser, Schulen und Diensträume der gehobenen Beamten. Der innere Ring war hohen Würdenträgern vorbehalten, und in den prächtigen Bauten gab es auch riesige Säle für Audienzen, Ratsversammlungen und Gerichtsverhandlungen.

Ein weitläufiger Park, in dem Makeda ihren Privatzoo eingerichtet hatte, trennte diesen inneren Ring vom Königspalast. Zwei stufenförmig angelegte Gartenterrassen führten zum Eingangstor. Das Erdgeschoß beherbergte den imposanten Thronsaal, Speisesäle und Empfangssalons, und in den oberen Etagen waren die Privatgemächer der Königin mit erlesenem Geschmack und unglaublicher Farbenpracht eingerichtet und dekoriert.

Erlauchte Besucher empfing Makeda im Thronsaal, nachdem sie von Fanfaren angekündigt worden waren. Die Königin saß majestätisch unter ihrem roten Baldachin und blickte der Prozession entgegen, die sich ihr auf dem Mittelgang nahte. Die Eskorte – Soldaten, Offiziere und Würdenträger – blieb nach und nach zurück, wobei jedem Rang ein ganz bestimmter Platz im Saal zugeordnet war, bis der illustre Gast ganz allein vor der glorreichen Königin stand. Dieses strikt einzuhaltende Protokoll und der Pomp beeindruckten jeden, dem die Ehre zuteil wurde, von der Reinen Perle empfangen zu werden, und sie genoß weit über die Grenzen ihres Reiches hinweg ein unvergleichliches Ansehen.

Wie früher in Aksum, so ließ die Königin es sich auch in Saba nicht nehmen, persönlich den Vorsitz bei öffentlichen Gerichtsverhandlungen zu führen. Der oberste Richter durfte ihr meistens nur assistieren. Nur in seltenen Ausnahmefällen kam er selbst zum Zuge.

Einmal in der Woche empfing sie Würdenträger, Offiziere, Soldaten und Vertreter aller Berufe, um den Kontakt mit ihrem Volk aufrechtzuerhalten. Geblendet vom märchenhaften Prunk, war jeder Soldat und jeder einfache Bürger bereit, seinen letzten Blutstropfen für den Ruhm der Königin zu opfern.

Wenn Makeda nachdenklich auf ihrer Dachterrasse stand, wußte sie, daß ihre Träume von absoluter Hegemonie bald Realität sein würden. Sie hatte sich bereits aller benachbarten Königreiche bemächtigt. Dreihunderttausend Krieger kämpften ständig unter ihrem Banner: Kaum hatten sie einen Feind besiegt, da hielt die Königin auch schon nach neuen – noch furchterregenderen – Gegnern Ausschau, ohne den Soldaten eine Ruhepause zu gönnen.

Sogar der ägyptische Pharao und König Salmanar von Assyrien waren gezwungen gewesen, alle Bedingungen der Reinen Perle zu akzeptieren, um Freundschaftsverträge mit ihr abschließen zu können.

Makeda war auch Herrin über das Rote Meer. Stolz blähten sich die Segel ihrer Schiffe im Wind, den sie gezähmt zu haben schien, denn er bewegte auch gefügig die großen Holzflügel ihrer Hebewerke. Sogar die Sonne stand ihr zu Diensten und trocknete weite Flächen am Meer aus, so daß kostbares Salz gewonnen werden konnte. Ferner hatte sich die Königin die Erde untertan gemacht, indem sie Brunnen graben ließ, die so tief waren, daß die Arbeiter befürchteten, beim nächsten Spatenstich in die glühende Hölle zu stürzen. Auf ihren Befehl hin schossen hohe Fontänen glasklaren Wassers in den Himmel empor, so daß ihre Gärten in unglaublicher Blumenpracht prangten, und wilde Tiere lagen ihr wie Hunde zu Füßen.

Makeda hatte allen Grund, stolz auf ihr Werk zu sein, und doch war ihr Herz von Bitterkeit erfüllt, und ihre glatte Stirn legte sich in tiefe Zornesfalten. O ja, sie gebot den Elementen, und sie war Herrin über zehn Völker und Millionen Menschen, doch eines war ihr nicht gelungen: die Liebe zu bezwingen. Die Liebe war stärker als Wasser und Feuer, sie erblühte überall und erstrahlte heller als die Sterne. Gegen die Liebe kam nicht einmal Makeda an, und es bedeutete für sie eine unerträgliche Demütigung, daß die Liebe eine noch mächtigere Gebieterin als sie selbst war. Auf dem Gipfel ihrer Macht weinte die Königin von Saba deshalb oft heiße Tränen, wie ein kleines Mädchen, das auf einem Berg aus Gold sitzt und am Verhungern ist.

Ein Tag im Leben der Königin

Es gab Tage, an denen die Königin sich weder mit neuen kriegerischen Plänen noch mit feministischen Gesetzen, noch mit schöpferischen Bauprojekten beschäftigte, sondern nur auf Körperpflege und elegante Kleidung bedacht war, denn ihre Koketterie kannte keine Grenzen.

An einem jener Tage hatte sie ihre zarten, mit Ringen geschmückten Finger der Obhut einer Maniküre überlassen, die ihre Nägel polierte und färbte. Diese günstige Gelegenheit nutzte die Handpflegerin aus, um die Königin zu bitten, sie möge doch zwei Gelehrte empfangen, die in vielen durchwachten Nächten ein Wunderelixier für die Reine Perle hergestellt hätten. Aus Neugier gewährte Makeda diese Audienz.

Die beiden Gelehrten waren sehr alt und ärmlich gekleidet, aber sie traten überaus würdevoll auf. Ihre langen weißen Bärte waren sorgfältig geflochten, und sie trugen eng anliegende Kapuzen, die mit Sternen bestickt waren.

Von der majestätischen Herrscherin ebenso geblendet wie von all dem Luxus, vervielfachten sie ihre Ehrbezeugungen am Eingang des Saales für Privataudienzen. Makeda schenkte ihnen ein huldvolles Lächeln und befragte sie wohlwollend.

Sie berichteten, sie hätten von der Traurigkeit und Wehmut der Königin gehört. Makeda begriff, daß diese Männer auch über ihre ungestillte Liebessehnsucht Bescheid wußten, sich aber nicht trauten, auch nur ein Wort darüber zu verlieren. Um diesem Zustand abzuhelfen, hatten sie einen Zaubertrank gebraut und in einem mit Palmblättern umhüllten Krug mitgebracht.

»Woraus besteht dieses Elixier, das mir eine Heiterkeit bescheren soll, die all meine Macht mir nicht zu schenken vermag?« fragte Makeda.

»O Majestät«, erwiderte der ältere Magier, »es besteht aus einem Absud von Taubengehirnen, verdünnt mit Milch der weißen Gazelle, und es wird Euch mit Sicherheit sogleich von jener Mattigkeit befreien, über die Ihr klagt ...«

Nun ergriff der zweite Gelehrte das Wort: »Um die Wirkung des Mittels zu verstärken, müßt Ihr es einnehmen, wenn Ihr diesen Gürtel hier angelegt habt. Er ist aus den Häuten von Tauben angefertigt, die im Tempel auf dem Berg des Schweigens geopfert wurden. Doch zuvor solltet Ihr ein Bad nehmen, das mit dem Öl weißer Rosen parfümiert ist. Dann werde ich Eure nackten Hüften persönlich mit diesem Talisman umgürten und die Geister beschwören, auf daß sie über Euer Herz, Eure Seele und Euer Fleisch wachen mögen.«

Die Herrscherin, deren Aberglaube allgemein bekannt war, befahl sogleich, daß dieses duftende Bad vorbereitet werden sollte.

Das Basaltbecken in der Mitte des Badezimmers wurde ständig mit frischem Wasser versorgt. Die Königin entkleidete sich wie immer hinter großen Tüchern, die ihre Zofen hochhalten mußten, um ihre Blöße vor indiskreten Blicken zu schützen. Doch diesmal wurden die Frauen von dem komischen Aufzug der Magier abgelenkt, und Makeda hatte es eilig, die wohltuende Wirkung des Elixiers zu spüren. Deshalb wurde den lüsternen alten Gelehrten ein unerwarteter Anblick zuteil: sie konnten den wohlgeformten bernsteinfarbenen Körper der Reinen Perle bewundern, die schlangenhaft beweglichen Arme, die reifen Früchte der vollen Brüste und sogar das dunkle Dreieck ihrer Schamhaare ...

Die Königin wollte gerade ins Wasser steigen, als sie spürte, wie die Männer, die sie aufgrund ihres hohen Alters und ihrer Weisheit für harmlos gehalten hatte, sie anstarrten. Wutentbrannt entriß sie ihren Zofen ein Tuch, schlang es hastig um sich und brüllte die Magier an:

»Ihr wagt es, eure Königin zu betrachten? Ich könnte euch dafür hängen lassen! Hinaus!«

Den zu Tode erschrockenen Greisen schleuderte sie den Krug mit dem Wunderelixier und den Gürtel nach und befahl, sie sofort der Stadt zu verweisen und ihnen unter Androhung der Todesstrafe absolutes Stillschweigen zu gebieten.

Vor Empörung am ganzen Leibe zitternd, kleidete sie sich rasch wieder an. Gleich darauf meldete der Riese, der ihre Tür bewachte, den Schneider Nabus aus Ninive und den Perückenmacher Am-Tat aus Theben an. Diese Stammgäste wurden wie Prinzen empfangen, denn beide waren große Künstler, und die Königin liebte es, über die neueste Kleider- und Frisurenmode unterrichtet zu werden.

Nabus hatte bei seinem letzten Besuch den Auftrag erhalten, ein Gewand für nächtliche Feste zu schneidern. Mit Hilfe der Zofen und der Maniküre, deren guten Geschmack Makeda besonders schätzte, zog sie die Tunika und Hose aus netzartigem Seidengewebe an. Jeder Knoten war mit Edelsteinen besetzt, so daß die Beine der Königin schillernden Schlangen glichen. Der Schneider zupfte an seinem Werk herum und trat sodann einige Schritte zurück, um es zu bewundern, während eine Dienerin der Reinen Perle einen Spiegel aus poliertem Metall hinhielt.

»O Majestät«, schlug Nabus vor, »Ihr solltet ans Wasser herantreten, wenn Ihr Euch in voller Schönheit sehen wollt.«

In einer Ecke des Empfangssalons war ein großes Becken aus glänzendem schwarzem Stein in den Fußboden eingelassen, gefüllt mit kristallklarem Wasser. Auf einer Stufe stehend, konnte Makeda tatsächlich ihr Spiegelbild deutlich erkennen. Sie beugte sich vor und zurück, drehte sich kokett hin und her und machte schließlich einen Schmollmund.

»Die Tunika ist viel zu lang!« beschwerte sie sich. »Sie verhüllt ja meine Beine.«

Nabus schmunzelte vor sich hin, denn das Oberteil bedeckte nicht einmal die Oberschenkel zur Gänze. Doch er holte gehorsam eine Holzlatte und ein scharfes Messer hervor und begann das Gewand zu kürzen, wobei er zu Makedas großer Überraschung murmelte: »O Königin, Prinz Assadaron hat eine Stelle entdeckt, wo es Perlen von solcher Größe, Reinheit und Strahlkraft gibt, wie Ihr sie noch nie gesehen habt. Er bittet Euch, seine Einladung anzunehmen und mit ihm an Bord seines neuen Schiffes, das in Tyrus erbaut wurde, nach jenen Perlen zu fischen.«

»Nabus«, erwiderte Makeda streng, »ich habe dir schon oft verboten, Prinz Assadaron oder irgendeinen anderen Mann auch nur zu erwähnen. Wenn du nicht endlich gehorchst, werde ich dir die lose Zunge abschneiden lassen.«

Nabus verneigte sich bis zur Erde.

»Ich verspreche Euch bei meinem Kopf, niemals wieder ein Wort zu äußern, das Euch mißfallen könnte.«

Und Nabus setzte die Anprobe fort, so als wäre nichts gewesen, doch plötzlich berührten ihn Makedas zarte Finger unter dem Kinn und zwangen ihn, den Kopf zu heben.

»Mir ist zu Ohren gekommen, daß Assadaron sich mit der Absicht trägt, die fette Prinzessin von Ninive zu heiraten. Sag ihm, daß Königin Makeda seinen Geschmack abscheulich findet und um die kostbaren Teppiche im Palast von Tadjoura bangt, denn sobald diese kolossale Milchkuh auch nur einmal niederkauert, werden sie bestimmt Fettflecke abbekommen!«

Der Schneider schüttelte heftig den Kopf und zog rasch eine lange Kette aus seiner Tasche hervor. Die Perlen waren sehr groß und von seltenem Glanz – kristallene Regentropfen, die wie ein Regenbogen schimmerten.

»Wie könnt Ihr auch nur einen Augenblick lang glauben, Majestät, daß der mächtige Prinz von Tadjoura an eine andere Frau als an die Königin von Saba denkt? Er hat mir vorgeschlagen, mit diesen herrlichen Perlen Eure neue Festtunika zu schmücken, und er wäre überglücklich, wenn Ihr Euch damit einverstanden erklärtet.«

Makeda bewunderte die Kette.

»Du hast recht, Nabus, diese Perlen sind schöner als alle,

die ich bisher gesehen habe. Wo hat Assadaron sie denn gefunden?«

»An jener Stelle im Meer, wohin er mit Euch fahren möchte, damit Ihr die allerschönsten selbst aussuchen könnt.«

»Nein, Nabus, Königin Makeda wird niemals mit Assadaron nach Perlen fischen. Sag dem Prinzen, wir müßten trotz unserer guten nachbarschaftlichen Beziehungen unbedingt Distanz halten. Er soll nicht meine Nähe suchen, denn ich bin wie Feuer, und sein armes Herz würde verbrennen, sollte er mich wiedersehen.«

»Eure Robe ist jetzt fertig«, sagte der Schneider trocken, »und Ihr gleicht darin einem göttlichen Sonnenstrahl. Alle Männer, die Euch so gewandet erblicken werden, werden sich vor Verlangen nach Euch verzehren. Ich muß jetzt nach Theben reiten, um Gold- und Silberwaren einzukaufen. Kann Euer getreuer Nabus Euch dort irgendeinen Dienst erweisen, o Königin?«

»O ja, bestelle bei dem Goldschmied, dessen Werkstatt sich gegenüber dem Palast der Mutter des Pharaos befindet, eine genaue Kopie des Schmuckes, den er vor einigen Monaten für die ägyptische Herrscherin angefertigt hat. Ich liebe es, die gleichen Kostbarkeiten wie sie zu tragen. Und bring mir auch jene neuartigen Glaskrüge mit, von denen ich soviel gehört habe.«

Der Schneider entfernte sich rückwärts, wobei er gegen einige der Zofen und Zwerge stieß, was die Königin zum Lachen brachte. Nun öffnete der Perückenmacher dienstbeflissen das große Paket, das er mitgebracht hatte, und zeigte Makeda sein Meisterwerk. Sie begutachtete die Perücke, setzte sie auf und betrachtete sich im Spiegel.

Nabus, der den Saal noch nicht verlassen hatte, meldete sich ungefragt wieder zu Wort.

»O Majestät, warum habt Ihr eine Kurzhaarperücke bestellt? Sie sind völlig aus der Mode gekommen.«

»Weißt du denn nicht, daß ich jeden Unterschied im Aussehen der beiden Geschlechter beseitigen will?« erwiderte die Königin. »Ich verlange, daß Männer und Frauen die gleiche Kleidung und die gleichen Frisuren tragen. Die früheren krassen Unterschiede waren empörend. Warte – ich werde dir zwei Soldaten meiner Garde zeigen, und du sollst mir sagen, wer von beiden der Mann ist.«

Sie gebot ihrem Riesen mit einer Geste, zwei Gardisten eintreten zu lassen. Ihre Haare waren kurz geschnitten, und die schenkellange Tunika war so gut gepolstert, daß sie alle Körperformen verhüllte. Der Schneider musterte sie aufmerksam von Kopf bis Fuß.

»Die Uniform ist weder maskulin noch feminin«, gab er zu, »doch darunter bleiben die gottgewollten Unterschiede zum Glück bestehen. Erlaubt Eurem demütigen Diener die Bemerkung, daß Eure Anordnungen nicht durchführbar sind. Eine Herrscherin, die vor Jahrhunderten im Norden von Assyrien regierte, hat bereits erfolglos etwas Ähnliches wie Ihr versucht. Um die Liebe abzuschaffen, die ihr selbst viele Schmerzen bereitet hatte, trennte sie Männer und Frauen. Die Männer mußten an einem Ufer des Tigris leben, die Frauen am anderen. Doch die beiden Geschlechter fanden dennoch Mittel und Wege, um der Liebe zu frönen – sie kamen auf Booten in der Flußmitte zusammen. Daraufhin gab sich die Königin geschlagen und gestand ein, daß die Liebe stärker war als alle Gesetze und alle Naturgewalten.«

Makeda wußte insgeheim, daß der Schneider recht hatte, und gerade deshalb rief sie wütend: »Nabus, vergiß nicht, daß du Schneider bist und das Risiko eingehst, deine Kundschaft zu verlieren! Überlaß die Entscheidungen in bezug auf diese Probleme getrost mir! In deine Kompetenz fällt nur eine einzige Frage, die ich dir jetzt stellen möchte: Soll ich diese goldblonde Perücke tragen oder nicht?«

»Goldblonde Perücken sind nicht mehr modern, o Königin! Am Königshof von Ninive tragen die Prinzessinnen jetzt rote, gelbe, grüne oder blaue Perücken. Ich persönlich würde Euch zu einer purpurroten raten. Diese Farbe steht Euch besonders gut und würde außerdem hervorragend zu Eurer neuen Robe passen.«

Mit einer ungeduldigen Geste verabschiedete die Königin den Schneider und den Perückenmacher. Die Audienz war beendet.

Während Makeda sich umzog, dachte sie an Assadaron, an seine Perlen und an seinen Vorschlag, zu zweit auf Perlenfang zu fahren, was bestimmt sehr reizvoll wäre. In der Abenddämmerung trat sie auf die Blumenterrasse hinaus, und dabei fielen ihr zwei Lanzen auf, die an einer Mauer lehnten. Sie suchte leise nach den pflichtvergessenen Soldaten, die ihre Waffen einfach stehengelassen hatten, und entdeckte sie eng umschlungen unter duftenden Bäumen.

Die Allerreinste Perle trennte sie zornig.

»Du läßt dich von diesem gräßlichen Kerl auf den Mund küssen?« fuhr sie die verliebte Gardistin an. »Um Himmels willen, wie kannst du dich als überlegenes Geschöpf nur so erniedrigen? Hast du denn meine Gesetze nicht begriffen? Zitterst du nicht vor Scham?«

Die junge Frau zitterte tatsächlich, aber nur vor Angst, denn sie befürchtete, durch den Strang oder das Schwert hingerichtet zu werden. Trotzdem stammelte sie:

»Das ist mein Verlobter, o Königin … Verzeiht ihm und bestraft mich an seiner Stelle!«

Makeda erkannte bestürzt, daß diese Frau bereit war, sogar den Tod auf sich zu nehmen, nur um ihren Geliebten zu retten.

»Du hast dich erniedrigt!« beharrte sie. »Ich kann dich nicht länger in meiner Garde dulden.«

Sie rief den diensthabenden Offizier und teilte ihm mit, die Frau würde verbannt und der Mann würde zu zwei Wochen Kerker verurteilt.

Um ihre Melancholie zu vertreiben, setzte die Königin sich an ihre goldene Harfe, griff in die Saiten und sang dazu mit kristallreiner Stimme. Doch das stimmte sie nur noch trauriger, und deshalb schlug sie auf ihren Gong und befahl dem Riesen: »Ruf mir den Possenreißer!«

Aber auch die tausenderlei Farcen und Grimassen des Narren vermochten sie nur einen Moment lang zu erheitern.

»Laß den Sterndeuter kommen!« verlangte Makeda daraufhin von ihrem Riesen.

»Die Nacht bricht herein«, erklärte sie dem Astronomen, »und ich kann nicht schlafen, weil mich alle möglichen Gedanken quälen. Lehre mich, in den Sternen zu lesen. Ich will sie beobachten, bis ich endlich einschlafe.«

Der Gelehrte holte Sandsteintafeln aus einer Krokodilledertasche hervor.

»Seht Euch diese Tafeln an, Königin aller Könige. Jeden Abend könnt Ihr am südlichen Himmel diese kreuzförmige Konstellation erkennen, deren Sterne sich niemals bewegen. Doch sie werden von anderen Sternen umkreist. Wenn Ihr zwei Sterne seht, die über das Kreuz emporsteigen, parallel zu den horizontalen Strichen, so bedeutet das, daß ein Liebender von seinem Gott Euren Tod verlangt.«

Makeda erschauderte.

»Wenn jene Sterne hingegen unterhalb des Kreuzes und vertikal zum Horizont stehen, so bedeutet das, daß ein Liebender Euch eine Verbindung vorschlagen wird, die Euch Reichtum, Glück und Liebe verheißt.«

»Du bist ein Dummkopf!« rief die Reine Perle und schob die Tafeln wütend beiseite. »Du übertriffst an Dummheit all deine Kollegen in Saba! Sagen die Sterne dir denn nichts Vernünftiges?«

»O Königin, was könnte sich eine schöne Frau denn wünschen, wenn nicht den Geliebten, von dem sie träumt?«

»Du weißt, daß solche Träume mir verwehrt sind.«

»Euer Schwur ist die grausamste aller vorstellbaren Foltern. Lieber ließe ich mir einen Arm abschlagen, als ewig mein Temperament zügeln zu müssen. Deshalb habe ich die Sterne befragt, ob es nicht irgendeine Möglichkeit gibt, um Euch von diesem unglückseligen Schwur zu entbinden. Und die Himmelskörper haben mir folgendes gesagt, o Königin: ›Eine Lösung ist nicht mehr fern, und sie wird durch einen weisen und mächtigen Mann aus dem Norden bewirkt werden.‹«

»Astronom, du langweilst mich«, behauptete Makeda, um sich ihre Aufregung nicht anmerken zu lassen. »Zieh dich in deinen Turm zurück, bevor ich zornig auf dich werde.«

Der Sterndeuter entfernte sich würdevoll. Sobald Makeda allein war, begann sie zu grübeln, und schließlich winkte sie einen Offizier herbei.

»Daour, als Kurier hast du viele Monarchen gesehen. Welcher von all jenen, die im Norden leben, ist deiner Meinung nach der weiseste?«

Der Offizier überlegte und ließ alle Könige vor seinem geistigen Auge vorüberziehen.

»Majestät, der Pharao ist ein junger, unerfahrener Mann. König Hiram von Tyrus ist ein guter Händler, weiter nichts. Der König von Edom ist eher schlau als weise, und der Herrscher von Assiongabar ist ungebildet. Bleibt nur noch König Salomo, dem ich aber bedauerlicherweise nie persönlich begegnet bin. Er trägt den Titel ›König der vier Horizonte und der vier Winde‹ und soll ein großer Gelehrter sein. Seine weisen und gerechten Urteile sind berühmt. Er ist ein Dichter und Denker und außerdem ein sehr schöner Mann. Man nennt ihn auch den ›goldenen König‹.«

»Viele seiner Untertanen kommen nach Saba, um Handel zu treiben«, sagte Makeda nachdenklich. »Schau sie dir alle an, und sobald du einen findest, der aus Jerusalem stammt und Aufträge des Königs ausführt, bring ihn sofort zu mir, damit ich ihn befragen kann.«

Daraufhin ließ sie ›Morgensturm‹, ihr feuriges Pferd, satteln und galoppierte mit zwanzig ihrer besten Reiter querfeldein, um sich abzulenken, denn ihre Nerven waren so straff gespannt wie die Saiten einer Laute. Ihre Eskorte hatte Mühe, ihr zu folgen, so schnell jagte sie dahin.

Die Reine Perle grübelte darüber nach, ob der weise und mächtige Mann, den die Sterne ihr zugedacht hatten, wohl König Salomo sein könnte. Ohne es sich selbst erklären zu können, verspürte sie Sympathie für den Sohn Davids, der – wie man ihr berichtet hatte – einen prächtigen Tempel in Jerusalem erbaut hatte und vor der Bundeslade tanzte. Vielleicht würde er tatsächlich eine Möglichkeit finden, um sie von ihrem Schwur zu entbinden.

Zweiter Teil

Ein Judäer in Saba

Der Hafen von Saba, der in vierjähriger Schwerstarbeit ausgebaut worden war, wurde mittlerweile immer häufiger von Schiffen ausländischer Kaufleute angelaufen, die früher in Muttowa vor Anker gegangen waren. Die Segelschiffe der »grünen Flotte« überquerten das Rote Meer in nur fünfzehn Stunden, so daß die Einheit des Königreichs stets gewahrt blieb. In den Lagerhallen des neuen Hafens türmten sich Kisten, Säcke und Ballen aus aller Herren Länder, und diese Waren verbreiteten eine exotische Geruchsmischung: aromatische reife Früchte, herber Weihrauch, Spezereien und Kräuter.

In diesem geschäftigen Hafen legte eines Tages ein königlicher Offizier, der von Schatzmeister Levi informiert worden war, seine Hand auf die Schulter eines Großhändlers aus Jerusalem, der seit mehreren Wochen in Saba weilte, um Wolle zu verkaufen. Tamrinn, ein ehrenwerter und humorvoller Mann, glaubte an einen Irrtum und wollte sich scherzend befreien, doch der Offizier beharrte:

»Ich täusche mich nicht. Du bist Tamrinn, ein Kaufmann aus dem Reich Juda. Die Königin aller Könige bittet dich zu sich, weil sie sich von dir Auskünfte über dein Land und deinen außergewöhnlichen König erhofft.«

Tamrinn folgte dem Offizier zum Palast, wo er zu seinem großen Erstaunen mit allen Ehren empfangen wurde. Der Kämmerer führte ihn sogleich in den Audienzsaal, so als wäre er eine wichtige Persönlichkeit, und die Königin schenkte ihm ein huldvolles Lächeln.

»Sei willkommen in meinem Reich«, sagte sie. »Man rühmt dich für dein kaufmännisches Geschick und für deine Ehrlichkeit, und mir wurde berichtet, daß du aus dem Königreich Juda kommst, dessen Herrscher für seine Weisheit berühmt ist. Erzähle mir von ihm und wundere dich nicht über das Interesse, das ich an deinem Volk zeige. Nicht umsonst trage ich den Titel ›Löwin vom Stamme Juda‹, denn der Glaube an Jahwe und die Liebe zu Ihm verbindet unsere Völker.«

Der Händler war zum Glück sehr wortgewandt und vermochte seine Heimat deshalb in leuchtenden Farben zu schildern. Mehr als alles andere pries er die Weisheit und den Reichtum des genialen Königs Salomo.

Die Reine Perle stellte ihm geschickte Zwischenfragen, wobei sie vorgab, sich mehr für die Religion als für die Person des Herrschers zu interessieren. Trotzdem wollte sie schließlich wissen, ob Salomo, um dessen Gunst doch bestimmt die schönsten Prinzessinnen warben, verheiratet sei.

Tamrinn erwiderte, der von Jahwe ausgewählte König könne Anspruch auf die edelsten Frauen der Welt erheben. Er sei von Schönheiten sondergleichen umgeben, habe unter ihnen aber noch keine würdige Gemahlin gefunden, was ihm großen Kummer bereite.

Makeda dankte dem Händler für seine Auskünfte und lud ihn ein, während seines Aufenthaltes in Saba ihr Gast im Palast zu sein. Sie bat ihn sogar, am nächsten Tag wieder zu ihr zu kommen.

Einen ganzen Monat lang mußte Tamrinn der Königin tagtäglich über sein Heimatland berichten. Begeistert rühmte er die Schönheiten Jerusalems, den prächtigen Tempel und Salomos Intelligenz und Noblesse. Er zeichnete ein so faszinierendes Bild von dem weisen Herrscher, der zugleich ein begnadeter Dichter war, daß Makeda ihm gestand, sie verspüre große Lust, nach Juda zu reisen, den König kennenzulernen und zu Jahwe in Seinem Tempel zu beten, denn dies sei die Pflicht der Tochter des Propheten Angebo.

Am Tag vor Tamrinns Abreise überhäufte die Königin ihn mit Geschenken für Salomo, als da waren: zwölf bestickte Beutel mit 120 Talenten Gold zur Ausschmückung des Tempels, zwölf Beutel Weihrauch, zwölf Krüge mit den seltenen und kostbaren Parfums aus Sandelholz und Zibet und zwölf Beutel mit Edelsteinen.

Ferner übergab Makeda dem Händler ein großes Buch, geschrieben auf gegerbten Gazellenhäuten, das die Geschichte der Hebräer von Simen erzählte, angefangen mit der Vertreibung aus Ägypten und über Angebos Herrschaft bis hin zu Makedas Machtübernahme. Es endete mit folgenden Worten: »Die Reine Perle wurde zur Königin von Simen gesalbt und herrscht seitdem zur großen Freude ihres Volkes.«

Als nächstes nahm Tamrinn einen kleinen Pokal aus reinem Gold entgegen.

»Dieses Gold stammt aus meinem Land«, erklärte sie, »und das Gefäß ist bis zum Rand mit Perlen aus meinen Meeren gefüllt. Überreiche es Salomo mit den besten Grüßen der Gebieterin über Land und Meer.«

Das erstaunlichste Geschenk war jedoch eine Löwenskulptur aus Jade von der Größe eines Straußeneies.

»In dieser kostbaren Jade ist eine Botschaft an deinen König verborgen. Ohne den Löwen zu beschädigen, muß er das Pergament finden und das Bilderrätsel entschlüsseln. Sollte das deinem großen König nicht gelingen, so möge er mir den unversehrten Löwen zurückschicken. Gelingt es ihm aber, so warte ich auf Antwort von ihm.«

Der mit Perlen gefüllte Pokal, das Geschichtsbuch und der Jadelöwe wurden in einer verschließbaren Kassette aus Eben- und Zedernholz verstaut – eine Vorsichtsmaßnahme der Königin, um Tamrinns Redlichkeit auf die Probe zu stellen.

Mit stolzgeschwellter Brust trat der Kaufmann die Rückreise nach Jerusalem an, auch persönlich mit Silber und anderen Geschenken reich bedacht. Währenddessen konnte es Makeda kaum erwarten, eine Botschaft von dem König zu erhalten, den die Sterne ihr prophezeit hatten.

Salomos Antwort

Tamrinns Reise dauerte einen Monat. In Jerusalem angelangt, wünschte er Salomo zu sehen. Er begab sich zunächst zu Haisar, dem Schatzmeister, und berichtete von seinem Aufenthalt in Saba, wo er Wolle aus Galiläa gegen Gold eingetauscht hatte, das zur Verschönerung des Tempels dienen sollte. Er übergab dem Schatzmeister ferner die Geschenke des Volkes von Simen und ließ sich von ihm eine Bestätigung ausstellen. Schließlich verlangte er in seiner Eigenschaft als Botschafter der Königin von Saba eine Privataudienz beim König.

Haisar war sehr überrascht und fragte sich unwillkürlich, ob der Kaufmann vielleicht den Verstand verloren hatte, doch die prächtigen Geschenke bewiesen, daß er nicht log. Deshalb wurde er am nächsten Tag in den Palast bestellt und vom Kämmerer zum Herrscher geführt.

Salomo thronte auf einem hohen Stuhl aus vergoldetem Zedernholz. Er trug ein karmesinrotes Gewand und einen weiten, grünen Mantel, beides von schlichter Eleganz. Sein schmales Gesicht war edel geschnitten, und die Augen strahlten Güte und Weisheit aus. Sobald Tamrinn den Namen der Königin von Saba erwähnte, entließ Salomo mit lässiger Geste all die Dichter, Musiker und Architekten, die sein Gefolge bildeten, und betrachtete neugierig den Kaufmann, der sich vor ihm niedergeworfen hatte und behauptete, ein Abgesandter jener Frau zu sein, um deren Gestalt und Herrschaft sich schon zu ihren Lebzeiten unzählige Legenden woben.

»Steh auf und sprich!« befahl der König.

Tamrinn überreichte ihm als erstes die Kassette und erklärte, sie könne nur mit Gewalt aufgebrochen werden. Danach beschrieb er Salomo die märchenhaften Reichtümer von Saba und zeichnete ein lebendiges Porträt der Königin.

Er rühmte ihre Schönheit und Anmut so wortreich, daß Salomo ihn schließlich spöttisch unterbrach: »Wie mir scheint, Tamrinn, könntest du deinen Namen auf die lange Liste all jener Verehrer setzen, die vergeblich nach der Königin von Saba schmachten.«

Tamrinn verlor völlig die Fassung. Wie ein ertappter Schuljunge geriet er ins Stottern, während er die Reinheit seiner Gefühle beteuerte. Er wolle nichts weiter als ein Botschafter sein, der getreulich weitergebe, was er gesehen habe. Allerdings gestand er schließlich ein, daß der unwiderstehliche

Charme dieser göttlichen Frau auf ihrem goldenen Thron mit Worten einfach nicht zu beschreiben sei.

Salomo äußerte seine Verwunderung, daß die Königin ausgerechnet Tamrinn mit einer so wichtigen Mission betraut hatte.

»Makeda war neugierig«, erklärte der Kaufmann, »denn sogar in ihrem fernen Königreich hatte sie schon viel von Eurer ruhmreichen Herrschaft gehört, und deshalb befragte sie den ersten Judäer, der ihr vertrauenswürdig erschien. Ihr Schatzmeister Levi, bei dem ich seit Jahren Wollstoffe gegen Gold eintausche, hatte mich ihr als ehrlichen und zuverlässigen Mann empfohlen, und nachdem ich Euch, mächtiger Salomo, nach besten Kräften gepriesen hatte, wuchs die Neugier der Königin, und ich mußte ihr jeden Tag von Euch erzählen, weil sie Euch auf diese Weise kennenlernen wollte. Vor meiner Abreise übergab sie mir dann ihre Geschenke und eine Botschaft, die in dieser Kassette verborgen ist.«

Salomo ließ in Gedanken alle Geschichten an sich vorbeiziehen, die ihm jemals über die Reine Perle zu Ohren gekommen waren, und er fragte: »Tamrinn, bist du ganz sicher, daß Königin Makeda eine Jungfrau ist? Hat sie wirklich keinen heimlichen Geliebten oder Ehemann?«

»So felsenfest, wie ich an Eure Macht glaube, ruhmreicher König, so felsenfest glaube ich, daß die Königin von Saba so makellos ist wie die Perle, die ihr Zepter schmückt. Ich habe mich mehrmals längere Zeit in Saba aufgehalten, und während meines letzten Besuches habe ich besonders viel gesehen und gehört. Ich weiß, daß die Königin alle Reichtümer, alle Kronen und alle Prinzen verschmäht hat, die in heißer Liebe zu ihr entbrannt waren. Ich habe mit eignen Augen gesehen, daß ein gelber Prinz aus dem Reich der Wunder sich ihr demütig zu Füßen warf, ohne erhört zu werden. Und das, obwohl seine Sänfte aus purem Gold war, mit herrlichen Stoffen behängt und getragen von zwölf prächtig gekleideten Sklaven. Die Männer seiner Eskorte trugen riesige Helme mit Federn und Mäntel aus bestickter Seide, wie sie nur in jenem fernen Land gewebt wird, und ihre Waffen waren einfach furchterregend.

Der Prinz flehte Makeda an, seine Frau zu werden. Sie hätte trotzdem in Saba bleiben können, aber er hätte ihr sein ganzes Vermögen und eine riesige Armee zur Verfügung gestellt. Im Hafen von Saba lagen bereits sechs große Segelschiffe vor Anker, angefüllt mit Geschenken. Dieser märchenhaft reiche und mächtige Prinz war bei seiner Ankunft sicher gewesen, die Königin blenden und ihre Begehrlichkeit reizen zu können, doch die Reine Perle erteilte ihm eine Abfuhr ...«

»Sie ist also nicht empfänglich für Reichtümer?« fragte Salomo.

»Hört, was dann geschah: Der gedemütigte gelbe Prinz bat Makeda um die letzte Gunst, ihr wenigstens seine Geschenke überreichen zu dürfen. Sie wollte ablehnen, doch ihr wurde gesagt, daß sie damit den Kaiser jenes geheimnisvollen Reiches brüskieren würde, der ihr die Herrschaft auf den Meeren streitig macht. Um einen Krieg zu vermeiden, mußte Makeda deshalb die kostbaren Geschenke akzeptieren.

Siebzehn Tage lang schleppten die Sklaven des Prinzen eine Unmenge an Vasen, Seidenballen, Parfums, Waffen und Schatullen von den Schiffen zum Palast. Am achtzehnten Tag gestand der Prinz der Königin, daß er einst auf den Thron verzichtet habe, um in aller Welt nach der personifizierten Schönheit zu suchen. In Makeda habe er sie gefunden, und nun bleibe ihm nur noch der Tod. Ihr müßt wissen, o mächtiger König, daß jenes Volk, das angeblich vom Himmel und von der Sonne abstammt, sehr merkwürdige Sitten hat. Der gelbe Prinz hat sich denn auch wirklich vor einem Bildnis seines Gottes getötet, indem er sich den Bauch aufschlitzte. Die Königin war darüber sehr bestürzt, doch die Würdenträger, die den Prinzen begleitet hatten, erklärten ihr, ein Selbstmord sei durchaus nichts Ungewöhnliches. Der Prinz habe damit einfach zum Ausdruck gebracht, daß ihm sein Leben nichts mehr bedeute, nachdem die Frau seiner Träume ihn verschmäht habe. Am Sarg des Prinzen folgten übrigens mehrere dieser Würdenträger seinem Beispiel und schlitzten sich die Bäuche auf.«

König Salomo staunte über diese unglaubliche Geschichte, doch er wunderte sich noch viel mehr, als Tamrinn ihm von Makedas Gesetzgebung erzählte.

»In Saba haben die Hochzeiten große Ähnlichkeit mit Begräbnissen. Klageweiber raufen sich die Haare und jammern, daß eine Frau der Roheit des Mannes ausgeliefert wird. Außerdem muß der Bräutigam seiner Gemahlin die Füße waschen und nicht nur sie, sondern auch alle Hochzeitsgäste wie ein Sklave bedienen.

Die Frauen von Simen und Saba kaufen sich ihre Männer wie irgendwelche Gebrauchsartikel. Sie fühlen sich den Männern überlegen, kleiden sich wie Männer, haben kurze Haare und genießen das Privileg, Schmuck und Sandalen tragen zu dürfen. Die Männer müssen hingegen barfuß gehen und auf jeglichen Schmuck verzichten.«

»Und welchen Sinn soll diese aberwitzige Gesetzgebung haben?« wollte Salomo wissen.

»Die Königin möchte die Liebe vernichten.«

Der weise König lachte herzhaft über das Chaos, das Makeda in ihrem riesigen Reich angerichtet hatte, aber er war fest entschlossen, diese exotische Blume kennenzulernen, und deshalb befahl er Tamrinn, jeden Morgen beim Schatzmeister vorstellig zu werden.

»Ich werde dich nämlich zweifellos bald benötigen«, fügte er zum Abschied hinzu.

Sobald der Kaufmann sich entfernt hatte, wandte Salomo seine Aufmerksamkeit der Kassette zu. Sogar seine Leibwache, die regungslos auf der Schwelle stand, mußte den Saal verlassen, bevor er das mysteriöse Geschenk mit einem Schwert aufbrach.

Er fand darin das auf Gazellenhaut geschriebene Buch, den mit Perlen gefüllten Goldpokal und den Löwen aus Jade, den er lange abtasten mußte, bevor er eine winzige Schraube entdeckte.

Er öffnete die Statuette und zog vorsichtig die verschlüsselte Botschaft heraus. Das Bilderrätsel bereitete dem scharfsinnigen König keine großen Probleme, und sobald er es gelöst hatte, rief er nach seinem Kämmerer und befahl, alle Termine der nächsten Tage abzusagen.

Daraufhin schloß er sich im »Pavillon der himmlischen Töne« ein, wo er sonst seine Psalmen dichtete, über deren Gedankentiefe und göttliche Harmonie ein jeder staunte. Vier Tage verweilte er in völliger Abgeschiedenheit, und nur Darda, sein treuer Diener, durfte ihn stören, um ihm Speise und Trank zu bringen.

Am Morgen des fünften Tages ließ Salomo seinen Schatzmeister rufen.

»Hör zu, Haisar«, sagte er. »Du besitzt mein volles Vertrauen, und deshalb sollst du ins Reich der Königin von Saba reisen. Vielleicht wirst du mir aus jenem Märchenland einen Schatz mitbringen, der noch kostbarer ist als alles, was du bisher so treu verwaltet hast …«

Haisar begann sofort mit den Reisevorbereitungen, und Salomo bestellte als nächstes den besten Elfenbeinschnitzer von ganz Juda zu sich und erteilte ihm einen geheimen Auftrag. Während der Künstler sich mit den Miniaturen – vier Bilderrätseln – abplagte, wählte der König höchstpersönlich die Geschenke aus, die sein Schatzmeister der Königin von Saba überbringen sollte.

Unter Tamrinns kundiger Führung trat Haisar die Reise nach Saba an, begleitet von prächtig gekleideten Kriegern und Dienern. Salomos Antwort auf das Bilderrätsel der Reinen Perle ruhte in einem Schrein aus Zedernholz, auf dessen Deckel der Tempel von Jerusalem abgebildet war.

»Wenn Königin Makeda das Reich Juda, Jerusalem und König Salomo kennenlernen möchte«, hatte der Herrscher gesagt, »so wirst du sie mit allen ihr gebührenden Ehren zu mir bringen. Sollte sie sich jedoch weigern, dich zu begleiten, wirst du mich durch die schnellsten Boten darüber informieren und dich in Saba verstecken, bis du neue Befehle von mir erhältst. Doch sie wird mitkommen, Haisar, und du wirst im Hafen von Ezjon-Geber mit ihr an Land gehen. Über deine Reise wirst du mir in allen Einzelheiten berichten müssen, denn ich wünsche, daß Makeda, die Königin der Könige, sich wohl fühlt und glücklich ist …«

Das Gedicht des Weisen

Makeda tanzte mit ihren Pfauen. Das leise melodische Pfeifen der Königin schlug die schönen Vögel in Bann und veranlaßte sie, ihr prächtiges Federkleid fächerförmig zu spreizen und ein Rad zu schlagen, während die Reine Perle mit nackten Füßen im Gras herumwirbelte, schwerelos wie ein Blatt im Wind. Ihre Schleier entfalteten sich wie große rote und blaue Flügel, und sie lachte ausgelassen, denn sie rechnete bald mit einer Botschaft von König Salomo.

Und an diesem Tag war es endlich soweit.

Als ein Offizier den Tanz störte, flüchteten die erschrockenen Pfauen mit rauhen Schreien.

»Was gibt es?« fragte Makeda den Offizier, dem der Anblick der ausgelassenen Königin förmlich die Sprache verschlagen hatte.

»O Königin«, stammelte er schließlich, »Schatzmeister Haisar, ein Abgesandter des Königs von Juda, ist soeben angekommen und bittet Euch, ihn zu empfangen. Er hat im Karawanenhof eine Menge Truhen abstellen lassen, die – wie er mir sagte – Geschenke für Euch enthalten, und seine riesige Eskorte ist überaus prächtig.«

»Ich werde ihn im ›Saal des Morgens‹ empfangen«, erwiderte Makeda, deren Herz genauso schnell und laut klopfte wie das ihrer erschrockenen Pfauen. »Aber ich möchte ihn allein sprechen. In der Zwischenzeit soll die Garde diesem Abgesandten des großen Königs Salomo die gebührende Ehre erweisen.«

Der Offizier beeilte sich, ihre Befehle auszuführen, und die Reine Perle kehrte in den Palast zurück, um sich zurechtzumachen. Rasch verwandelte sich die anmutige Tänzerin in eine hoheitsvolle Statue, die mit Gold und Edelsteinen überladen war, und dann ließ Makeda ihren Sterndeuter rufen. Sobald Tsochar, den Sklaven bereits über die Ankunft der Fremden informiert hatten, seine herausgeputzte und lächelnde Herrin sah, wußte er genau, welche Frage ihr auf der Seele brannte, doch er wartete respektvoll, bis sie ihm gestellt wurde.

»Sage mir, Tsochar, der du wie kein anderer in den Geheimnissen des Himmels zu lesen vermagst, hast du vergangene Nacht im Spiel der Sterne nichts Neues entdeckt?«

»Gewiß doch, Majestät! Ich habe seit der Morgendämmerung erwartet, daß Ihr mich rufen würdet. Der nächtliche Sternenhimmel hat mir verraten, daß ein Botschafter aus fernen Ländern Euch gute Nachricht bringen wird – Nachricht von jenem mächtigen und weisen Mann aus dem Norden.«

Makeda lächelte huldvoll.

»Du hast sehr gut im Buch des Himmels gelesen, Tsochar, und ich werde deine hellseherischen Gaben mit hundert Goldringen belohnen. Halte weiterhin Ausschau nach den Botschaften der Sterne und laß sie mich wissen.«

Der Sterndeuter entfernte sich, und Makeda erteilte neue Befehle. Daraufhin erschollen mächtige Fanfaren, die Türen wurden geöffnet, und Haisar schritt zwischen einem Ehrenspalier hindurch.

Der Schatzmeister warf sich protokollgemäß vor der Königin nieder, doch er hätte es auch getan, wenn es nicht vorgeschrieben gewesen wäre, denn er war völlig geblendet von dem Prunk, der alles in den Schatten stellte, was es am Hofe des mächtigen Königs Salomo an Pracht und Herrlichkeit gab.

Diese Stadt! Dieser Palast! Die mit Gold verzierten Wände und Säulen! Die Gemälde und Teppiche! Die unzähligen Negerslaven! Dieser Saal aus Marmor, Jade, Onyx und Gold! Dieser atemberaubende Thron, auf dem ein göttliches Wesen saß! Zarte Kinderfinger, an denen Edelsteine funkelten, hielten das Zepter mit einer taubeneigroßen Perle, die in allen Regenbogenfarben schimmerte. Ein Gesicht von überirdischer Schönheit mit riesigen Augen unter langen Wimpern. Der Mund – ein blutroter Rubin. Der Teint – eine Nachthyazinthe aus dem fernen China. Und diese himmlische Erscheinung geruhte, den Schatzmeister anzusprechen, umweht von Duftwolken aus zahllosen Räucherpfannen.

»Du bist der Abgesandte des großen Königs Salomo? Sei willkommen in Saba!«

Haisar mußte sich räuspern, bevor er antworten konnte:

»König Salomo, Bewahrer des Siegels, Hüter der Heiligen Schrift und Diener der Bundeslade, grüßt Euch, o Königin der Könige, und wünscht Euch, daß in Eurem großen Reich Friede herrschen möge. Er hat mich beauftragt, Euch seine Botschaft in diesem Schrein zu überbringen.«

Haisar klatschte in die Hände, und ein alter Mann, der fünf Schritte hinter ihm stehengeblieben war – der oberste Schreiber und Kalligraph –, überreichte ihm Salomos Geschenk.

»O Königin«, erklärte der Schatzmeister, »Ihr werdet diesen Schrein nicht mühelos öffnen können. Er muß in Eurer Gegenwart zersägt werden, unterhalb des Tempels, der darauf abgebildet ist.«

Makeda befahl sofort, daß man eine Säge holen solle.

Währenddessen klatschte Haisar ein zweites Mal in die Hände, und 24 seiner Gefolgsleute stellten 24 Truhen vor dem Thron ab, während der Schatzmeister erläuterte, was sie enthielten: Wolle, Gaze, Teppiche, Roben, Brokate, seltene Rosenstöcke und Amphoren mit lebenspendendem Wasser.

Makeda war entzückt über die kostbaren Geschenke, doch sie hatte es eilig, Salomos Botschaft zu lesen, und zuvor mußte Haisars Gefolge den Saal verlassen. Sobald sie mit Salomos Schatzmeister und mit ihrem Kämmerer allein war, wurde der Schrein zersägt, und Makeda holte den unversehrten Jadelöwen hervor. War es Salomo gelungen, ihn zu öffnen? Mit zitternden Fingern schraubte die Königin die Figur auseinander und zog ein aufgerolltes Pergament hervor.

Sie erbrach das nach Aloe und Moschus duftende Siegel: ein Sechseck, in das sieben furchterregende Namen eingraviert waren.

Die Botschaft war in hebräischen Lettern geschrieben und lautete folgendermaßen:

O Königin des Südens und des Morgens,
Heil dir und Segen!
O Perle der Perlen,
Heil dir und Segen!
O sonnengleiche Schönheit,

Heil dir und Segen!
O Makeda, du Quelle unzähliger Seufzer,
Was Gott tut, das ist wohlgetan.
Er schenkt unseren Augen die Blumen
Und unseren Nasen ihren Duft.
Er schenkt uns auch den herrlichen Himmel,
Kristallen und Saphiren gleich,
Die tiefen dunklen Wälder,
Die geheimnisvollen Meere
Und die weiten Horizonte,
Die Seen, die wie Augen der Erde anmuten,
Und die ehrfurchtgebietenden Berge.
Doch Er beschert den Menschen einen noch schöneren Berg.
Denn Er erschuf Makeda, die Reine Perle.

Um diese Göttin zu erschaffen,
Raubte Jahwe der Luft ihr Fluidum,
Dem Himmel sein Azur,
Den Rosen ihren Purpur.
Der Sonne raubte Er ihre Strahlen
Und den Tauben ihre zarten Federn.
Er nahm alle Düfte der Blumen
Und alle Freuden der Erde,
Alle Schönheiten der Meere
Und alle Weiten der Luft
Und erschuf daraus Makeda.

So sehe ich dich in schlaflosen Nächten,
Wenn mich das Fieber packt, dich zu kennen.
Ich grüße dich, o Königin der Frauen,
Golden und sternengleich.
Salomo hat dich in seiner Fantasie erschaffen,
Doch in Wirklichkeit bist du noch vollkommener,
Und er wünscht dich bewundern zu können.
Gegrüßet seist du!

Doch der Himmel wäre nichts, o Makeda,
Ohne die Sterne, die Sonne, den Mond.

Die Erde wäre nichts ohne das Feuer.
Und deine Schönheit wäre nichts, o Makeda,
Ohne deinen strahlenden Geist.
Deine Rätsel haben mir die geistige Tiefe
Deiner reinen Seele offenbart,
Und ich habe dich so verstanden:
Du, o Königin von Saba,
Trägerin der Perlenkrone,
Die schillert wie Wasser im Sonnenlicht,
Einer einmaligen Krone, dem Symbol deiner Größe,
Du, o Königin von Saba,
Zart und geschmeidig wie eine Pfauenfeder,
Rein und unberührt wie die Perle,
Die im Schutz ihrer Muschel auf dem Meeresboden ruht,
Herrscherin über zwei Länder und über das Meer,
Das diese Länder trennt und vereint,
Du, o Königin von Saba,
Mächtig und reich wie eine Flutwelle aus reinem Gold,
Du weinst unter der Grabzypresse deiner Einsamkeit,
Und dein Herz ist so schwer,
Als ruhte darauf ein Steinblock.
Doch eines Nachts sprachen die Sterne zu dir,
Und sie kündeten dir getreulich
Von der Größe der salomonischen Herrschaft,
Von Salomos erhabenem Geist,
Der die abstraktesten Rätsel zu lösen vermag.
Die Sterne kündeten von Salomos Gerechtigkeit und Weisheit,
Die allerorten bekannt sind,
Und du wolltest Salomo kennenlernen,
Um von seiner Weisheit und von seinem Scharfsinn zu
profitieren.
Du hast eine Botschaft gewünscht?
Hier ist sie: Salomo lädt dich ein,
Über das Meer nach Juda zu kommen,
O Makeda!
Salomo sagt dir:
O Perle, zögere nicht!
Komm!

Salomo erwartet dich vor dem Tempel,
Betörten Herzens,
Und er weiß, daß die Wirklichkeit
Seine kühnsten Träume übertreffen wird,
Und er fleht Jahwe um Beistand an.
Was Gott tut, das ist wohlgetan:
Er wird dich auf der Reise beschützen,
Deine Schritte lenken,
Deinen Weg abkürzen,
Deine Segelschiffe vorantreiben.
Komm!

Ich werde mich bemühen, den Trauerschleier zu zerreißen,
Der dein Herz umhüllt,
Der deinen strahlenden Blick verdüstert,
Der deine Schritte einer Gazelle lähmt,
O Makeda!
Sogar die Steine werden »Hosianna!« rufen.
Die Blumen werden ihre Düfte verströmen,
Und die Löwen werden dir zahm zu Füßen liegen,
O Makeda!

Meine Weisheit wird, durch deine Schönheit angeregt,
Für dich allein die Wahrheit ergründen,
Und du wirst wieder heiter sein.

Vernimmst du, so wie ich, den Ruf,
Daß der weiseste aller Menschen,
Der Sohn Davids,
Der Emir der Gläubigen,
Der Herr über die vier Winde und vier Horizonte,
Der Bewahrer des Siegels,
Der Hüter der Heiligen Schrift,
Der Diener der Bundeslade,
Von Gott zugedacht wurde
Der schönsten aller Frauen,
Der Löwin vom Stamme Juda,
Der Königin des Südens und des Morgens,

Der Herrscherin über Simen und Saba,
Der Gebieterin der vier Elemente,
Der Herrin der Meere?

Doch wenn du müde bist, o Makeda,
Wenn deine Schwermut den Magiern Sorge bereitet,
Wenn die Reise nach Juda dir angst macht, o Makeda,
Liegen meine Segelschiffe schon im Hafen bereit,
Und ich werde dir entgegeneilen,
Schneller als das Licht.

Eifersüchtig auf alle Augen, die dich erblicken,
Schicke ich dir einen Schleier,
Und ich bitte dich: verhülle dein Gesicht,
Auf daß ich der erste bin, der sich an deinem Anblick erfreut.

Dein Schicksal ist mit dem meinen verwoben,
Und Gottes Wille wird geschehen.

O Makeda!
Schönste aller Blumen,
Allerreinste makellose Perle!
Das sind Salomos Gedanken und Worte,
Aufgeschrieben und besiegelt.

Makeda hatte dieses herrliche Schreiben, das von Salomos Dichtkunst zeugte, zunächst überflogen. Nun las sie es noch einmal, langsam und gründlich, und bewegte dabei die Lippen. Erst jetzt begriff sie, wie hintergründig Salomos Botschaft war, und ein seliger Seufzer entrang sich ihrer Brust.

Sie holte den Schleier und ein Diadem, das für sicheren Halt sorgen sollte, aus dem Schrein und entließ ihren Kämmerer.

Unter vier Augen mit Salomos Schatzmeister, überschüttete sie ihn mit Fragen, und schließlich verkündete sie: »Schatzmeister Haisar, ich werde deinen König besuchen. Sein Brief hat mich von seiner Weisheit überzeugt, und ich möchte im

Tempel zu unserem Gott beten. In etwa zwanzig Tagen werde ich aufbrechen. Sei bis dahin mein Gast, denn ich möchte dich jeden Morgen sehen, damit du mir mehr von deinem König erzählst.«

Beim Hinausgehen formulierte Haisar schon in Gedanken die freudige Botschaft, die er seinem König durch Kuriere übermitteln würde.

Makeda legte den Schleier an, setzte das Diadem auf und betrachtete sich kokett in dem Spiegel aus poliertem Silber. Dann schlug sie auf den Gong, und der Kämmerer eilte sogleich herbei.

»Morgen früh sollen sich alle Würdenträger, Berater und hohen Offiziere im großen Thronsaal einfinden. Ich habe ihnen etwas Wichtiges mitzuteilen.«

Makeda begab sich in ihren Gebetsraum und flehte Jahwe an, ihre Schritte zu segnen. Anschließend las sie Salomos Brief noch einmal, diesmal laut, um alle Feinheiten zu erfassen. Sie psalmodierte die Worte und dachte dabei an Domedo, an Assadaron und an Salomo.

Der erste war naiv und unerfahren.

Der zweite hatte ein feuriges Temperament, doch sein Geist war nicht allzu geschliffen.

Der dritte war weise und geistvoll. Er beherrschte die Dichtkunst – die Sprache der Götter – besser als sämtliche Poeten und Schreiber von Simen und Saba zusammengenommen.

Tief in Gedanken versunken, glitten ihre Finger über den kostbaren Schrein, von dem sie sich nicht mehr trennen konnte, und plötzlich entdeckte sie im Boden vier kleine Elfenbeintafeln: kunstvoll geschnitzte Miniaturen, die mit Überschriften versehen waren.

Die erste lautete: *Die Evolution*, die zweite: *Die Gesetze der Königin Makeda*, die dritte: *Jahwes Gesetze*, die vierte: *Salomo spricht zu Makeda*.

Mit großer Freude machte sich Makeda daran, diese Bilderrätsel zu deuten.

Makeda antwortet Salomo

Am nächsten Tag wurde Haisar, der Schatzmeister, schon im Morgengrauen in den Raum geführt, wo Makeda sich nach dem Bad von kundigen Händen ankleiden und zurechtmachen ließ.

Eine Kammerzofe zog ihr die Sandalen an.

Die Maniküre, der Perückenmacher und der Schminkkünstler harrten noch geduldig der Befehle ihrer Königin, und Haisar stellte fest, daß sie keiner künstlichen Hilfsmittel bedurfte, um schön wie die Morgenröte zu sein – eine wichtige Beobachtung, die er Salomo sofort mitteilen würde.

»Ich empfange dich hier in aller Ungezwungenheit, Haisar, denn die Beziehung zwischen Salomo und mir ist ausschließlich persönlicher Art. Es geht dabei nicht um irgendwelche Staatsangelegenheiten.«

Haisar verbeugte sich tief.

»Haisar, ich möchte dich bitten, einen Eilkurier, den ich zu deinem König schicken will, von vier deiner Gardisten begleiten zu lassen, die ihm als Führer dienen sollen. Dieser Kurier soll sich in meinem Namen für Salomos Geschenke bedanken und ihm meine Antwort auf seine vier Bilderrätsel übergeben, die ich entschlüsselt habe.«

»Euer Wunsch ist mir Befehl, o Königin!« erwiderte Haisar.

Die Reine Perle ließ den Kurier El-Kana kommen, stellte ihn Haisar vor und übergab ihm ein mit hebräischen Lettern beschriebenes Pergament. Makeda hatte gar nicht erst den Versuch gemacht, es an Poesie mit Salomo aufzunehmen. Ihr Brief war nüchtern und prosaisch:

»Die Allerheiligste Perle Makeda, Königin der Könige, Löwin vom Stamme Juda, schreibt Salomo, dem Sohn Davids, dem König von Juda, dem Bewahrer des Siegels und Diener der Bundeslade folgendes:
Heil dir und Segen! Friede sei mit dir!
Ich habe deine poetische Botschaft gelesen. Der Allmächtige hat dich tatsächlich mit Seiner Weisheit gesegnet. Du

DIE EVOLUTION :: 1

DIE GESETZE DER KÖNIGIN MAKEDA :: 2

JAHWES GESETZE :: 3

SALOMO SPRICHT ZU MAKEDA :: 4

hast das Rätsel gelöst. Ich werde deiner Einladung Folge leisten, weil ich glaube, daß es Jahwes Wunsch entspricht, wenn ich mich in dem großen Tempel, den du Ihm erbaut hast, vor Ihm niederwerfe und Ihm reiche Gaben darbringe, nicht nur von mir, der Tochter des Propheten Angebo, sondern auch von meinem ganzen Volk, auf dem Sein Segen ruht. Deshalb werde ich nach Jerusalem kommen.

Den Sinn deiner in Elfenbein geschnitzten Bilderrätsel habe ich so verstanden: Die Evolution verlangt, daß das Ei sich in eine Taube verwandelt, daß die Taube sich mit einer anderen paart und eine glückliche Familie gründet. Makedas Gesetze lähmen hingegen die Liebe, schwächen die Familie und entvölkern das Königreich. Jahwe hat den Menschen indessen die Liebe geschenkt, auf daß sie sich mehren und die Erde bevölkern, und deshalb sagt der weise Salomo der Reinen Perle: ›Hör auf, die Liebe zu bekämpfen. Fördere und schütze die Liebe, auf daß deine Völker glücklich sind.‹

Deine Botschaft hat mir verraten, daß du, von der Vernunft ausgehend, meine schmerzerfüllte Seele nicht begreifst. Trotzdem begebe ich mich zuversichtlich auf die Reise, denn ich weiß, daß du Makedas Haß auf die schreckliche Liebe eines Tages verstehen wirst und daß du, beseelt von göttlicher Weisheit, dieses schwierige Problem lösen kannst.

Womit alles gesagt ist, was Makeda zu sagen hatte.«

Sehr zufrieden mit diesem Schreiben, dem sie ihren Nachtschlaf geopfert hatte, ließ sie sich nun von ihrer Maniküre, dem Schminkkünstler und dem Perückenmacher umsorgen.

Die Königin von Saba reist nach Jerusalem

Die nächsten Tage verflogen mit Reisevorbereitungen. Makeda wollte unzählige Roben, ihren prächtigsten Schmuck und die erlesensten Parfums mitnehmen, ganz zu schweigen von Truhen mit kostbaren Geschenken. Zwei große Segelschiffe würden dem ganzen Gepäck, den vielen Dienstboten und Sklaven sowie einer ganzen Armee kaum Platz bieten. Doch Makeda wollte nun einmal ihre ganze Pracht und Herrlichkeit entfalten und alle Prinzessinnen von Juda in den Schatten stellen. Sie wollte Salomo mit dem Glanz von Gold und Edelsteinen blenden, ihn mit Wohlgerüchen und Eleganz betören.

Am neunzehnten Tag berief sie noch einmal ihre Würdenträger ein, um sich von ihnen zu verabschieden. Erneut erklärte sie ihnen, daß sie diese Reise nach Jerusalem antrete, um Jahwe in Seinem Tempel Sühneopfer darzubringen. Denn die Tochter des Propheten Angebo sei es der Religion ihrer Vorfahren und des Volkes von Simen und Saba schuldig, diesen Glauben in seiner ganzen Tiefe zu ergründen. Dazu bedürfe sie der Hilfe Salomos, des Hüters der Bundeslade, der sie selbst erleuchten und später judäische Schriftgelehrte schicken solle, um die hiesigen Rabbinen zu belehren. Außerdem würde sie König Salomo bitten, besonders fähige Lehrer der hebräischen Sprache an die Schulen ihres Landes zu entsenden.

Die Würdenträger spendeten begeistert Beifall. Sie waren sehr zufrieden, daß ihre Königin Gottes Beistand für die Völker von Simen und Saba erflehen wollte, denn Jahwe war zweifellos ergrimmt über das Heidentum in den eroberten Ländern, das auch die Seelen Seines auserwählten Volkes vergiftete.

Alle begriffen, daß die Königin lange auszubleiben gedachte, als sie einen Regenten bestimmte: Prinz Jakob, der wegen seines Mutes, seiner Gläubigkeit, seiner Loyalität und seines edlen Gemüts hohes Ansehen genoß. Es war eine erhebende Zeremonie: Zu Füßen der Allerreinsten Perle legte Jakob den Treueeid ab und küßte den Boden, während sie ihm die Hände auflegte. Anschließend wiederholten auch die hohen Beamten, die Priester, Rabbinen und Offiziere ihren einstigen Treueeid und defilierten am Thron vorbei.

Am zwanzigsten Tag reiste Makeda ab.

Armee und das Volk brachten ihr Ovationen dar, als sie in einer goldenen Sänfte vom Palast durch die Stadt getragen wurde. Die breite Straße war ein einziges Blumenmeer, und wahrscheinlich wären ihr alle Einwohner bis zum Schiff gefolgt, wenn sie nicht in weiser Voraussicht beschlossen hätte, nicht im großen Hafen von Saba an Bord zu gehen, sondern an ihrer zweitausend Ellen entfernten kleinen Privatanlegestelle. Dort wurde sie von den bedeutendsten Persönlichkeiten erwartet, die ihr eine glückliche Reise wünschen und Gottes Segen auf sie herabflehen wollten.

Als sie aus der Sänfte stieg, fielen der Reinen Perle drei große assyrische Kriegsschiffe auf, die in einiger Entfernung vom Ufer ankerten. Ihr wurde berichtet, diese Ruderschiffe seien nachts eingelaufen, und Salmanars Neffe sei von Bord gegangen, um der Königin Lebewohl zu sagen, bevor sie nach Juda segelte.

Makeda erbebte.

Sie sah Assadaron näher kommen, umringt von einer gewaltigen Eskorte. Er verneigte sich tief, und sie erwiderte seinen Gruß, indem sie mit zwei Fingern der rechten Hand ihre Stirn berührte.

Während sie von Haisar in das purpurne Zelt geführt wurde, wo die höchsten Würdenträger sich unter Einhaltung des strengen Protokolls von ihr verabschieden würden, fragte Makeda sich beunruhigt, was den Assyrer nach Saba geführt haben mochte. Wer hatte ihn über ihre Reise nach Jerusalem informiert? Hatte ihre abschlägige Antwort auf seine Einladung, mit ihm Perlen zu fischen, dem Prinzen mißfallen? Sie erging sich in allen möglichen Vermutungen.

Wenig später stand Assadaron vor ihr. Niemand hatte es gewagt, ihn und seine Eskorte an den Absperrungen aufzuhalten, und so war er ungehindert ins Zelt gelangt. Genauso stolz und selbstbewußt wie einst in Simen, küßte er respektvoll Makedas Gürtel und sagte: »Ich habe erfahren, o Perle, daß du eine abenteuerliche Reise in ein fernes Land antrittst – aus religiösen Gründen, wie mir berichtet wurde. Ich habe meine Ruderer zu größter Eile angetrieben, um dir persönlich zu wünschen, daß dein Gott diese Reise segnen möge, doch mein unwandelbares Herz hofft, daß du bald zurückkehrst.«

Makeda verstand die Anspielung und erwiderte, ohne zu

zögern: »Ich reise in das Land des weisen Salomo, um in Jahwes Tempel zu beten, und der Zeitpunkt meiner Rückkehr wird von Gottes Allmacht abhängen. Bis dahin muß dein Herz sich gedulden, Prinz Assadaron.«

»Mein ungestümes Herz bedarf deiner Gegenwart viel mehr als das des Königs, und es hat ältere Anrechte auf dich!« entgegnete der Assyrer dreist.

Er hatte nichts von seiner Arroganz und von seinem aufbrausenden Wesen eingebüßt, doch vermochte dieses feurige Temperament die Königin nicht mehr so zu entzücken wie ehedem. Mit einer gebieterischen Geste gab sie dem Prinzen unmißverständlich zu verstehen, daß das Gespräch beendet sei, und sie wandte ihre Aufmerksamkeit anderen Würdenträgern zu, so daß Assadaron nichts anderes übrigblieb, als sich hocherhobenen Hauptes und mit trotziger Miene zu entfernen. Befremdet blickten die engsten Ratgeber der Königin dem unverschämten Fremden nach.

Sobald das Defilee vorüber war, wollte Makeda sich zur Anlegestelle begeben, wo die Schaluppe vertäut war, die sie zu ihrem Schiff bringen sollte. Ihre Zwerge reichten ihr den Schleier und das Diadem, die Salomo ihr gesandt hatte, und sie schmückte sich kokett damit, als plötzlich ein Mann die Absperrung durchbrach und sich ihr zu Füßen warf.

Mit einem Aufschrei fiel sie Haisar in den Arm, der schon seine Waffe gezückt hatte, denn sie hatte Assyr sofort erkannt, von dessen aufrichtiger Ergebenheit und Treue sie seit langem überzeugt war. Außerdem stellte sie im Geiste sogleich einen Zusammenhang zwischen Assyrs Nationalität und Assadarons unerwartetem Auftauchen her.

»Was willst du? Sprich!«

»Erhabene Königin«, keuchte Assyr, »ich habe soeben von einem Komplott gegen Euch erfahren.«

»Wer sind die Verschwörer?«

»Assyrer.«

»Und was führen sie im Schilde?«

»Sie wollen Euch entführen, sobald Eure Schaluppe sich ein Stück vom Ufer entfernt hat.«

Haisar wollte den Regenten und den Oberbefehlshaber

der Armee herbeirufen, um unverzüglich harte Strafmaßnahmen gegen die Assyrer zu veranlassen, doch die Königin hinderte ihn daran.

»Danke, Assyr«, sagte sie. »Und was dich betrifft, so verlange ich absolutes Stillschweigen über dieses Komplott. Ich möchte jeden Kampf und jedes Blutvergießen vermeiden, denn das wäre ein schlechtes Omen für meine Reise. Wir müssen uns etwas anderes einfallen lassen.«

»In diesem Fall solltet Ihr mit mir die Kleidung tauschen«, schlug Assyr vor. »Der Schleier wird mein Gesicht verhüllen, so daß ich bestimmt unerkannt an Bord Eurer Schaluppe gehen kann. Und Ihr zieht meine Uniform an und rudert mit einem einfachen Boot zu Eurem Schiff. Wir werden bald sehen, ob die Assyrer es wirklich wagen, Euch anzugreifen.«

Makeda befolgte seinen Rat und ruderte, in den Kleidern Assyrs, mit Haisar auf ihr Pfauenschiff zu, während Assyr, in den Schleier gehüllt, auf dem roten Teppich zur königlichen Schaluppe schritt, einem prachtvollen Fahrzeug aus Zedernholz, reich verziert mit Arabesken aus Gold und Silber. Am Heck dieses Bootes gab es einen kleinen Pavillon mit dichten Vorhängen, hinter denen sich ein purpurner Diwan mit vielen bestickten Kissen verbarg. Hier ließ sich die vorgebliche Königin würdevoll nieder.

Niemand hatte das Täuschungsmanöver bemerkt.

Die Ruderer legten sich ins Zeug, und die Schaluppe entfernte sich vom Ufer, umjubelt von der Menge, die jedoch gleich darauf entsetzt den Atem anhielt, denn plötzlich steuerten drei leichte assyrische Boote auf das königliche Fahrzeug zu und umzingelten es. Mit einem kühnen Satz sprang Prinz Assadaron vom Bug des Bootes an Bord der Schaluppe und riß die Vorhänge des Pavillons zurück, um Makeda zu rauben.

Mit Widerstand hatte er nicht gerechnet, doch die Königin entpuppte sich als Mann, der ihn heftig zurückstieß und mit gezücktem Schwert zu einem gnadenlosen Zweikampf herausforderte.

Die Menschen am Ufer stießen Schreckensschreie aus,

weil sie die Reine Perle in Gefahr glaubten. Krieger schoben hastig Boote ins Wasser, um ihrer Königin zu Hilfe zu eilen.

Kurze Zeit später, an Bord des Pfauenschiffes, schilderte Assyr der Herrscherin die dramatische Szene:

»Ich beschimpfte den Prinzen, riß mir den Schleier vom Kopf, sah ihn erschrocken zurückweichen und rief: ›Sieh mich an, Assadaron! Ich bin ein Assyrer, verstümmelt von der schändlichen Semiramis und auf Befehl von dir deportiert! Du hast mich zweimal beleidigt, damals in Tadjoura und heute hier in Saba, weil es dir an Respekt vor der glorreichen Königin von Saba mangelt. Verteidige dich!‹ Assadaron gab mir keine Antwort, aber er kämpfte wie ein Löwe, doch er befand sich im Nachteil, weil er an Bord der schnellen Schaluppe meine Angriffe mit dem Rücken zum Meer parieren mußte. Plötzlich taumelte er rückwärts und stürzte mit blutüberströmtem Gesicht ins Wasser. Die Assyrer zogen ihn rasch heraus, und noch bevor die Boote der Sabäer im Wasser waren, verschwanden die drei Schiffe am Horizont.«

»Hast du den Prinzen getötet?« fragte Makeda bestürzt.

Assyr konnte sie beruhigen: Sein Schwert hatte Assadarons Gesicht nur leicht gestreift.

Makeda atmete erleichtert auf und befahl lächelnd, daß die Assyrer nicht verfolgt werden sollten. Sie wolle sich mit einer persönlichen Entschuldigung von König Salmanar begnügen, erklärte sie.

Die Reise gen Norden

Das Rote Meer war so spiegelglatt wie ein ruhiger See. Makedas Pfauenschiff glitt mühelos über das Wasser, umrahmt von der ganzen sabäischen Flotte.

Die Königin hatte befohlen, möglichst dicht an der Küste entlangzufahren, um die Jemeniten zu beeindrucken, und sie bestaunten denn auch eingeschüchtert die ganze Pracht: acht große Dreimaster, die zusätzlich mit langen Rudern ausgestattet waren, so daß sie besonders schnell die Meere durchkreuzen konnten, bildeten die Vorhut. Ihnen folgten vier schwere gepanzerte Schiffe mit kurzen Rudern – ausgesprochene Kriegsschiffe, die über Zugbrücken verfügten, mit deren Hilfe die Soldaten ein gegnerisches Schiff entern konnten. Außerdem waren sie mit Eisenrohren ausgestattet, aus denen brennende, mit Harz getränkte Stoffkugeln abgefeuert werden konnten, und aus kuppelförmigen Aufbauten konnten Bogenschützen ungefährdet ihre Pfeile abschießen. Diese gepanzerten Riesen hatten ferner jeweils zwei große Beiboote, die »geschlossene Teufel« hießen, weil gewölbte Blechdecken die Besatzung vor Angriffen schützten. Diesen »geschlossenen Teufeln« oblag es, mit Hilfe großer Bohrer den feindlichen Schiffen klaffende Wunden zuzufügen. Bei diesen gefährlichen Kriegsmanövern kamen natürlich viele Krieger ums Leben, und die Sträflinge, die an die Ruderbänke gekettet waren, ertranken qualvoll, wenn ihr Schiff versenkt wurde.

Doch auf der Fahrt nach Juda drohte der sabäischen Flotte keine Gefahr. Die Königin wollte nur ihre Macht demonstrieren, indem sie ihr Pfauenschiff, die drei Schiffe, die ihrer riesigen Eskorte Platz boten, sowie die acht Handelsschiffe, auf denen die Geschenke, die ganze Ausstattung und die Tiere transportiert wurden, von der Kriegsmarine begleiten ließ.

Makeda genoß die Huldigungen, die ihr von den Menschen am Ufer dargebracht wurden, doch es beunruhigte sie, daß die Küstendörfer immer ärmlicher aussahen, je weiter Saba zurückblieb. Man erklärte ihr, daß dieser Landstrich ihres Königreichs unfruchtbar sei, weil es an Wasser fehle.

Die Königin beschloß sofort, Abhilfe zu schaffen. Brunnen und Kanäle sollten gegraben werden, und es sollten Salzwerke entstehen, in denen die Menschen Arbeit finden würden. Diese Befehle wurden mit Hilfe von Signalmasten, deren komplizierte Apparaturen wahre Wunder vollbrachten, an Land übermittelt und dort von einem Kontrollturm zum nächsten weitergegeben, bis hin zur Hauptstadt, so daß Jakob, der Regent, noch am selben Tag erfuhr, was die Reine Perle von ihm erwartete.

Schließlich entfernte sich die Flotte und steuerte auf die hohe See hinaus, begleitet von zahlreichen Haien. Im Roten

Meer wimmelte es von diesen menschenfressenden Ungeheuern, die besonders den Perlenfischern das Leben schwermachten. Doch die Matrosen sagten: »Jahwe weiß, was Er tut. Er hat die Haie geschaffen, damit sie jene Deserteure verschlingen, die während einer Schlacht angsterfüllt ins Wasser springen und versuchen, ans sichere Ufer zu gelangen.« Deshalb wurden die Haie im Volksmund auch »Henker der Feiglinge« genannt.

Die Seereise dauerte vierzehn Tage, und die Königin vertrieb sich die Zeit, indem sie Harfe spielte oder sich mit ihren Pfauen, ihren dressierten Affen und zahmen Löwen umgab. Doch weil sie nicht lange untätig bleiben konnte, dachte sie auch an Bord ständig darüber nach, wie sie ihre Städte verschönern und ihre Armee noch schlagkräftiger machen könnte.

Abends erzählten ihr die Kapitäne von den Heldentaten, die sie auf ihren Fahrten in ferne Länder vollbracht hatten. Die sabäische Flotte hatte sämtliche Meere des Südens durchkreuzt. Sie hatten Inseln mit feuerspeienden Vulkanen ebenso gesehen wie riesige Palmen, deren Wurzeln weit ins Meer hinausragten. Sie kannten das seltsame Land der Gelben, die Schlitzaugen hatten. Sie wußten von harten Kämpfen mit Freibeutern zu berichten, deren Kühnheit und Mut sie rühmten. Aus der Ferne hatten sie uneinnehmbare Hafenstädte bestaunt, wo es Märchenpaläste aus Marmor, Jade und Onyx gab. Makeda hätte all diese Wunder gern mit eigenen Augen gesehen, doch ihre jetzige Reise kam ihr noch viel abenteuerlicher vor, denn sie wußte nicht, was sie am Ziel erwartete, und konnte nur auf Jahwes Weisheit vertrauen.

Am vierzehnten Tag kam Ezjon-Geber in Sicht, und Makeda wunderte sich über die Ärmlichkeit dieser Hafenstadt eines so mächtigen Herrschers wie Salomo. Haisar erklärte ihr, daß der König sich in den letzten zehn Jahren nur noch um den Bau des unvergleichlichen Tempels gekümmert habe. Um dem ewigen Gott diese gigantische Wohnstätte bereiten zu können, hatte der Monarch sein Volk mit hohen Abgaben gequält und alle öffentlichen Arbeiten in Stadt und Land vernachlässigt.

Makeda war kaum von Bord gegangen, als sie auch schon eine Grußbotschaft von Salomo erreichte. Die Abgesandten präsentierten ihr außerdem ein Geschenk des Königs: vier Pferde und vier Maultiere. Die Reine Perle freute sich über diese noble Geste, stellte aber fest, daß die Pferde ziemlich schwächlich aussahen und einem Vergleich mit ihren prächtigen Araberhengsten nicht standhalten konnten. War Salomo etwa nicht so reich wie sie selbst?

Auch an den großen Augen der Abgesandten konnte Makeda ablesen, daß sie über ihre mächtige Flotte und ihren ganzen Prunk staunten. Es dauerte zwei Tage, bis alle Tiere, Geschenke und Armeeutensilien ausgeladen waren. Die Judäer hatten noch nie Negersklaven gesehen, ebensowenig wie zahme Elefanten, die Türme oder Kuppeln auf den Rükken trugen und die Vorhut der Sabäer bildeten.

Ferner wurde Makeda von 500 Kavalleristen, 1000 Infanteristen, 150 Kamelen und einer Meute Kampfhunde durchs gelobte Land geleitet, und sie ließ unterwegs ihre Signaltürme errichten, so als befände sie sich auf eigenem Territorium. Südlich von Jerusalem wurde schließlich das Zeltlager aufgeschlagen, das einem riesigen Fort glich. Diese Machtentfaltung beunruhigte Salomos Ratgeber, und sie beklagten sich darüber, daß er der Königin von Saba diese militärischen Maßnahmen erlaubte, die er bei keinem anderen ausländischen Besucher geduldet hätte.

Gleich nach ihrer Ankunft in Ezjon-Geber hatte Makeda dem König die Botschaft zukommen lassen: »Meine Ankunft wird von einem Stern angekündigt werden, der plötzlich hell am Himmel erstrahlen wird.« Salomo hatte über dieses anmaßende Versprechen nur geschmunzelt, doch vier Tage später kamen Rabbinen und Leviten angerannt, um ihm mitzuteilen, daß am Nachthimmel ein neuer Stern von unglaublicher Leuchtkraft aufgetaucht sei. Der König begab sich daraufhin auf die Dachterrasse seines Palastes und sah tatsächlich flammende Lichtstrahlen am samtschwarzen Horizont. Makeda hatte ihre Ankündigung von einem ihrer Türme aus wahr gemacht, die Leuchtsignale auszusenden vermochten, und der König staunte über ihren Einfallsreichtum.

Seine Ratgeber, die seine Begeisterungsfähigkeit kannten, befürchteten, daß er sich von der Pracht und Schönheit dieser Fremden blenden lassen könnte, die zwar behauptete, ebenfalls dem auserwählten Volk anzugehören und eine Botschafterin des Friedens zu sein, die sich in Wirklichkeit aber jederzeit als schreckliche Kriegsgöttin entpuppen konnte. Deshalb hatten sie durchgesetzt, daß zuverlässige Kuriere mehrmals am Tag über jeden Schritt der Königin von Saba Bericht erstatten sollten. Doch keiner beobachtete etwas Verdächtiges. Selbst sichtlich beeindruckt, schilderten sie lediglich die ungläubige Bewunderung und Begeisterung, die der prunkvolle Zug, angeführt von Elefanten, allerorten hervorrief. Die tief verschleierte Herrscherin saß in einer Sänfte aus Gold und Silber auf einem weißen Elefanten, unter einem Baldachin aus karmesinroter Seide, und ihr Dickhäuter war mit kostbaren Stoffen behangen, in die das Wappen von Simen und Saba – grimmige Löwen – eingestickt war. Querflöten, Lauten, Trompeten, Trommeln und Pauken sorgten fortwährend für musikalische Unterhaltung und verstummten nur, wenn die Prozession in ein Dorf einzog. Dann stimmten die Rabbinen Hymnen an, die von der Ankunft der Tochter des Propheten Angebo kündeten, und Leviten warfen als rituelle Geste Sand in die Luft. Und die Königin warf parfümierte Seidenschmetterlinge in die jubelnde Menge, damit die Menschen ein Andenken an sie behielten.

Salomos Ratgeber warnten abermals vor der Gefahr: Die Judäer waren unzufrieden über die hohen Steuern, die sie bezahlen mußten, um den Tempelbau zu finanzieren. Falls die Königin insgeheim hoffte, Jerusalem erobern zu können, so könnte sie ihre Popularität ausnutzen, um eine Revolte anzuzetteln, und ihre disziplinierten und fanatischen Krieger, die sie fast wie eine Göttin verehrten, könnten sich der Stadt mühelos bemächtigen.

Salomos Zorn war grenzenlos. Diese Kleingeister wagten es, der Frau seiner Träume niedrige Motive zu unterstellen? Er jagte sie davon und beherzigte nur den Rat seines Freundes Nathan, des ersten Opferpriesters im Tempel, der ihn darauf hingewiesen hatte, daß die Ordnungshüter überfordert wären, wenn Makedas riesige Eskorte, der sich viele Judäer angeschlossen hatten, in die Stadt käme: Im Menschengewühl könnte es zu Plünderungen und Tumulten kommen.

Daraufhin schickte Salomo der Reinen Perle eine Botschaft: Er lud sie ein, in zwei Tagen – an einem Dienstag – nach Jerusalem zu kommen, wo er sie mit allen gebührenden Ehren im Palast empfangen würde, der unmittelbar an den Tempel grenzte, und er legte ihr die Gründe dar, weshalb Jerusalem nicht all die vielen Menschen aufnehmen könne. Makeda antwortete verständnisvoll, sie werde in ihrem Zeltlager vor den Toren der Stadt bleiben.

In zwei Tagen würde Salomo der Königin von Saba eine Prachtentfaltung sondergleichen bieten.

Die Kriegerin und der Dichter

Am Dienstagmorgen war ganz Jerusalem in heller Aufregung. Das Gefolge der Königin von Saba erreichte die Stadttore zur dritten Stunde.

Der Oberbefehlshaber der judäischen Truppen hieß sie, umgeben von seinen Offizieren, im Namen des Königs willkommen, und der zweite Rabbiner begrüßte sie im Namen des Großrabbiners. Von 120 Jungfrauen umringt, bot ein Greis ihr sodann Brot und Wein dar: »Eßt und trinkt, Königin des Morgens! Wir möchten, daß Ihr hier unter uns glücklich seid.«

Makeda war gerührt über den schlichten, aber herzlichen Empfang, der ihr von diesen Menschen zuteil wurde, die derselben Rasse wie sie angehörten. Sie stieg aus ihrer Sänfte und antwortete dem Greis: »Ich bin glücklich, daß die Judäer mich wie eine Schwester aufnehmen. Die Königin von Saba und Tochter des Propheten Angebo möchte allen Israeliten, die sich mit ihr an einen Tisch setzen wollen, zu einem Festmahl einladen. Meine Offiziere werden die Invaliden besuchen, und die Armen der Stadt sollen 100 000 Schekel erhalten.«

Mit diesen Worten hielt Makeda Einzug in Jerusalem. Zu

ihren Ehren waren alle Gärten und Parks des Landes geplündert worden: Blumen lagen ihr zu Füßen, und Girlanden schmückten die Häuser, die außerdem mit grünen und roten Stoffbahnen beflaggt waren. In den offenen Türen und Fenstern standen Räucherpfannen, die tausend Düfte verströmten.

Vom höchsten Turm des Tempels aus beobachtete Salomo den majestätischen und farbenprächtigen Zug, der sich langsam durch die Straßen bewegte, und er lauschte den Fanfaren und dem Jubel der Menge, die von der Schönheit der Königin ebenso geblendet war wie von ihrem Reichtum.

Der König von Juda freute sich wie ein Kind, daß sein epischer Traum nun Wirklichkeit wurde, und er war gerührt über die Begeisterung, mit der sein Volk auf Schönheit reagierte, denn nichts strebte er so sehr an wie die vollkommene Harmonie, soweit sie sich auf Erden verwirklichen ließ.

Als der triumphale Zug die Umfassungsmauern erreichte, die Tempel und Palast schützten, eilte Salomo in den Thronsaal, wo er die Königin empfangen wollte. Die Decke war mit bunten Rosetten geschmückt und wurde von zwanzig mächtigen Säulen getragen. An den Wänden breiteten stilisierte Engel ihre großen schillernden Flügel aus, und der Boden war mit einem Teppich bedeckt, in den die Sandalen tief einsanken.

Auf Marmorsockeln standen siebenarmige Leuchter und Weihrauchschalen, und dazwischen waren bauchige Vasen mit seltenen Blumen oder Blättern gefüllt. An den vier Ecken des Thrones standen Fächerträger, die in dem riesigen Raum, wo jedes Geräusch wie in einem Muschelhorn widerhallte, für Luftbewegung sorgten.

Mit einem goldfarbenen Gewand bekleidet, nahm der König auf seinem Elfenbeinthron Platz, der auf einem hohen Postament aus vergoldetem Zedernholz emporragte. Zwanzig grimmige Löwen aus Elfenbein flankierten die zehn Stufen, und ein Baldachin aus himmelblauer Seide wölbte sich über den Thron, verziert mit dem symbolhaften sechszackigen goldenen Stern. An den Ecken des Baldachins prangten zwei Widder- und zwei Löwenköpfe.

Auf einer Estrade zur Rechten und zur Linken des Monarchen hatten bereits die Priester und Rabbinen, die engsten Ratgeber der Krone und hohe Vertreter des Militärs Platz genommen. Die Garde stand in Dreierreihen entlang der Querwände, regungslos und mit glänzenden goldenen Schilden.

Die riesigen Türflügel gegenüber dem Thron wurden weit geöffnet. Der oberste Kämmerer der Königin von Saba betrat in einem purpurroten Gewand den Saal, blieb nach fünf Schritten stehen, machte eine tiefe Verbeugung und rief:

»Hier kommt die Allerreinste Perle! Makeda, die Königin der Könige! Die Königin der Meere! Die Königin des Südens und des Morgens! Die Herrscherin über Simen, Saba und die Vasallenstaaten! Die Löwin vom Stamme Juda!«

Er trat beiseite, und Makeda erschien hoheitsvoll im Türrahmen.

Als sie durch ihren Schleier hindurch den König auf seinem prächtigen Thron erblickte, war sie tief beeindruckt von der Macht, die dieser Mann ausstrahlte. Rechts vom Thron, auf dem Postament, fiel ihr ein leerer goldener Stuhl auf. Der König erhob sich und deutete mit seiner ringgeschmückten Hand darauf, und diese Geste verhieß Makeda eine herrliche Zukunft.

Aufmerksam betrachtete Salomo die anmutige Erscheinung, die eine meerblaue Robe trug, bestickt mit einem Pfau und einem Paradiesvogel und reich verziert mit Pfauenfedern. Dieses eng anliegende Gewand betonte die schlanke, wohlgeformte Figur der Königin und wurde von einer fünfzehn Ellen langen perlenbesetzten Schleppe ergänzt, die in der Mitte von zwei Zwergen und am Ende von zwei hochgewachsenen Zofen getragen wurde. Makedas Perücke – rot- und goldfarben, mit einem Federbusch gekrönt – erinnerte an den Kopf eines Pfauen.

In der Mitte des Thronsaals blieb sie stehen, und der Kämmerer verkündete: »O großer König Salomo, die Königin der Könige, die Allerreinste Perle Makeda grüßt Euch und ruft Jahwes Segen auf Eure Krone herab!«

Tiefe Stille herrschte im Raum, als Makeda sich dem Thron näherte und auf der ersten Stufe eine anmutige Verbeugung machte. Der König griff nach ihren Händen, eine stumme Aufforderung, daß sie auch die anderen Stufen erklimmen solle, und als sie oben stand, schlug er ihren Schleier zurück, ohne auch nur um Erlaubnis gefragt zu haben. Sie zuckte leicht zusammen, doch in ihrer Verwirrung wirkte sie um so verführerischer auf Salomo.

Während nun die Würdenträger der Königin den Saal betraten, stimmte ein Chor, begleitet von Lautenklängen, den Gesang an, den Salomo selbst für Makeda geschrieben hatte: »Sei willkommen inmitten deiner Brüder ...«

Der König betrachtete verzückt das ovale Gesicht der Reinen Perle, blickte ihr tief in die violetten Augen und fühlte sich von ihrer bernsteinfarbenen duftenden Haut und dem rubinroten Mund magisch angezogen. Er vergaß jedes Protokoll, zog den geschmeidigen Körper an sich und küßte die sinnlichen Lippen, die jeden Mann um den Verstand brachten.

Sobald sie sich von ihrer Verblüffung erholt hatte, murmelte Makeda vorwurfsvoll: »Das war kein väterlicher Kuß, o König!«

»Ihr sollt in Salomo auch keinen Vater sehen, betörende Königin, sondern Euren besten Freund, der Euch beschützen, beraten und mit Schönheit umgeben wird.«

Der Gesang war verklungen, und nun mußte der König seinen erlauchten Gast offiziell begrüßen, doch er brachte kein Wort hervor, so fasziniert war er von diesem Himmelswesen. Tamrinn, der Kaufmann, und Haisar, der Schatzmeister, hatten nicht gelogen, und er würde sie reich belohnen. Aber vielleicht sollte er sie doch lieber bestrafen, denn ihre unzulänglichen Porträts der Königin waren der Wirklichkeit nicht gerecht geworden.

Salomos Seele war so aufgewühlt, daß sein Kämmerer sich ihm dezent nähern mußte, bevor er sich an seine Pflichten erinnerte und erklärte: »Wir heißen Eure Majestät in unserem Königreich willkommen. Ich und mein Volk bringen Euch große Sympathien entgegen ...«

Makeda neigte ihr Haupt, ohne zu lächeln. Der König deutete erneut auf den goldenen Sessel zu seiner Rechten, und sobald sie Platz genommen hatte, stellte er ihr zerstreut seine höchsten Würdenträger vor. Im Gegensatz zu Salomo hielt sich die Königin beim anschließenden Defilee ihrer eigenen Würdenträger genau an alle protokollarischen Regeln.

Während dieser langen Zeremonie ruhte Salomos Hand auf Makedas Arm, und er ignorierte ihre dezenten Versuche, sich dieser Berührung zu entziehen. Schließlich zog er einige kostbare Ringe von seinen Fingern und streifte sie über Makedas Finger, und dann nahm er auch noch eine Halskette ab und überreichte sie der Königin, die sich erfreut bedankte, jedoch wohlweislich auf jede Koketterie verzichtete.

Nun war es an der Zeit, Salomo ihre Geschenke zu überreichen. Merari, ihr zweiter Schatzmeister, löste mit einer gebieterischen Geste die fächerförmige Formation von Sklaven auf, die sich vor dem Thron zu Boden warfen und die Gaben ihrer Herrin dem König zu Füßen stellten: 120 Goldtalente[1], 120 Elefantenstoßzähne, 120 Beutel mit Edelsteinen, 120 Beutel mit Perlen und 120 Beutel mit Aromen.

Darüber hinaus kündigte Merari dem staunenden Herrscher an, daß im Hof 120 reinblütige Araberhengste, 120 Kamele und 120 Maultiere für ihn bereitstünden.

»O Königin der Könige, meine Dankbarkeit ist unbeschreiblich!« sprach Salomo. »Du hast mir mehr Gold und Weihrauch mitgebracht, als dieses Königreich jemals gesehen hat. Gott segne dich für deine Großzügigkeit! Mit diesem Gold und Elfenbein werde ich den Tempel ausschmücken, auf daß dein Name den Menschen für immer in Erinnerung bleiben möge. Höre meine Prophezeiung: Die Philister werden in kommenden Zeiten den Tempel zerstören, doch ich weiß, daß unsere Nachkommen ihn wieder aufbauen werden, und sollte er abermals zerstört werden, so werden sie ihn wieder aufbauen, denn der Tempel von Jerusalem ist ewig!«

»Ich genieße die Gegenwart und weiß nichts über die Zukunft, o mächtiger König«, erwiderte Makeda sanft, »doch

---

[1] Eine Summe, für die man 100 000 Pferde kaufen konnte.

dein Volk empfinde ich als meine Brüder und Schwestern, und ich liebe es. Mein Vater Angebo, der von Gott geliebte Prophet, pflegte zu sagen: ›Vereint im Denken und Fühlen, das muß das Leitmotiv der Juden in aller Welt sein, und dieses Leitmotiv ist genauso unsterblich wie Gott!‹ Zum Andenken an meinen Vater möchte ich Gott in Seinem Tempel ein Opfer darbringen und Ihm für deinen herzlichen Empfang danken, der mich mit großer Freude erfüllt. Mögen deine Opferpriester 160 Lämmer annehmen, die an vierzig Tagen geschlachtet werden sollen.«

Priester und Rabbinen waren wider Willen beeindruckt, daß die Königin die religiösen Vorschriften genau beachtete, doch das änderte nichts an ihrer Voreingenommenheit. Sie mißtrauten dieser ausländischen Herrscherin, deren Macht und Intelligenz beunruhigend war.

Die lange Empfangszeremonie endete mit dem rituellen Teilen von Brot und Wein, und danach geleitete der König seinen Gast vom Thron herab, wobei er versehentlich auf die lange Schleppe trat, ohne es zu bemerken. Eine Hand schob seinen Fuß rigoros beiseite, so daß er unwillkürlich zusammenzuckte. Diese dreiste Hand gehörte einem der Zwerge der Königin, die sich über Salomos verwirrte Miene amüsierte.

»Vermochte eine winzige Hand den mächtigen Gebieter über die vier Horizonte zu erschrecken?« lachte sie.

»Das liegt nur daran, daß er sich schon im Himmel wähnte, denn solche Schönheit und Anmut wie die deine gibt es auf Erden kaum, o Königin! Könntest du dir vorstellen, länger in diesem Palast zu bleiben und ihm durch deine Gegenwart einen strahlenden Glanz zu verleihen?«

Um eine Antwort verlegen, schritt Makeda wortlos die Stufen hinab, doch im Türrahmen drehte sie sich noch einmal um und lächelte Salomo zu, der daraufhin das Gefühl hatte, in seinem Herzen wäre die Sonne aufgegangen.

Das Festmahl in der Heiligen Stadt

Makeda fühlte sich wie berauscht. Die melodische Stimme des Königs und seine Beredsamkeit hatten sie verzaubert. Sein Blick glich einem Sternenhimmel, und ihre Seele drohte in der unergründlichen Tiefe dieser Augen zu ertrinken. Er strahlte Güte und Weisheit aus, und dieses geistige Fluidum übte auf Makeda eine noch größere Anziehungskraft aus als Assadarons kriegerisches Draufgängertum, denn in ihrem tiefsten Inneren war die Reine Perle verträumt und sentimental, und sie glaubte an die mögliche Verschmelzung zweier verwandter Seelen.

In den prächtigen Palastgemächern, die Salomo ihr zur Verfügung gestellt hatte, ließ Makeda sich zur Entspannung ausgiebig massieren. Ihre Zofen wuschen sie mit duftendem Wasser und bekleideten sie mit einer perlenbestickten Tunika aus grüner Seide. Nachdem sie geschminkt und in eine Wolke betörenden Parfums gehüllt war, setzte man ihr zuletzt eine zur Robe passende Perücke auf.

Während sie sich von allen Seiten in dem großen Spiegel aus poliertem Silber betrachtete, war sie dankbarer denn je, daß Gott sie mit Schönheit, Anmut und Charme bedacht hatte, und ihr schwindelte bei der Vorstellung, daß Salomos verzehrende Blicke, die ihren Körper zu streicheln schienen, bald wieder auf ihr ruhen würden.

Sie war aufgeregt wie ein junges Mädchen vor dem ersten Rendezvous, als sie sich zu dem Festmahl begab, das der Gebieter über die vier Winde und vier Horizonte ihr zu Ehren veranstaltete. Zu ihrer großen Verwunderung und Freude behandelte man sie nicht wie die Herrscherin eines fremden Staates, sondern wie eine Königin von Juda. Sie saß zur Rechten ihres Gastgebers unter dem riesigen roten Baldachin, und die halbkreisförmig aufgestellten Tische bogen sich unter dem Gewicht des goldenen und silbernen Geschirrs, der Blumenvasen, Kerzenleuchter und erlesenen Speisen. Salomo hatte allen Prunk aufgeboten, um Makeda zu beeindrucken und seinem Ruf gerecht zu werden. Harfen und Lauten trugen mit einschmeichelnden Weisen zur harmonischen Atmosphäre bei, und zwischen den einzelnen Gängen rühmten Poeten die Königin in überschwenglichen Versen.

Doch lag es weder an der Musik noch an den Gedichten, daß die Königin seltsam entrückt war. Daran war nur die Stimme neben ihrem linken Ohr schuld. Salomo schilderte ihr wortreich und in herrlichen Bildern sein Leben und seine Liebe zur Kunst. Er offenbarte ihr sein Herz und seine Seele, und obwohl der Tisch einem summenden Bienenstock glich, kam es den beiden Herrschern so vor, als wären sie ganz allein.

»Du bist erschienen, o Reine Perle«, sagte Salomo, »und hast mein Leben schlagartig verändert. Seien wir gemeinsam die größten Monarchen auf Erden. Jahwe selbst hat dich zu mir geführt, und wir müssen Ihm gehorchen. Bleib hier, holde Königin! Du wirst sehen, daß Salomo groß sein kann, wenn er liebt.«

Unter Aufbietung aller Willenskraft kämpfte Makeda gegen die Worte des goldenen Königs und gegen ihr eigenes Herz an.

Nein, sie würde Salomo übermorgen nicht sehen, denn an diesem Tag mußte sie in ihrem Lager Recht sprechen.

Nein, sie würde nicht im Palast wohnen, denn dadurch könnte sie sich in den Augen ihrer mißtrauischen Rabbinen kompromittieren.

Nein, sie würde auf gar keinen Fall einen weiteren Kuß wie jenen bei der Begrüßung dulden.

Nein, sie durfte ihn nicht lieben … Aber sie liebte ihn bereits.

Salomo zeigte ihr den Tempel, die Gärten und den Palast. Beim Anblick des monumentalen Tempels blieben Pilger, die von den Steilhängen auf Jerusalem hinabschauten, in ehrfürchtigem Staunen stehen, denn das schwindelerregend hohe Bauwerk kündete von der Majestät Gottes, des Herrn über Himmel und Erde, und jeder Stein schien Ihn zu lobpreisen.

Eine Umfassungsmauer mit viereckigen Türmen schützte den ganzen Palast- und Tempelbereich. Die Königin von Saba bewunderte die vollkommene Harmonie des Gotteshauses, die Ausgewogenheit von Formen und Stilelementen: zwölf stufenförmig angeordnete Etagen, die nach oben hin immer kleiner wurden, bildeten eine Art Pyramide. Sechzig Stufen führten zum Haupteingang empor, der von mächtigen Säulen flankiert war, und die sechs Fenster in jeder Etage waren von Friesen und Fresken umrahmt. Ein gewaltiges Tor, von zwei grimmigen Steinlöwen bewacht, verwehrte Makeda das Betreten des Vorhofs der Männer und der Tempelräume: Als Frau hatte sie keinen Zutritt zum Allerheiligsten. Maßlos enttäuscht mußte sie sich mit Salomos Versprechen zufriedengeben, er werde auf die Priester einwirken, damit der Tochter des Propheten Angebo erlaubt würde, Jahwe in Seinem Tempel anzubeten.

Der große Vorhof der Heiden war von einem Säulengang umgeben, wo die Tische der Händler standen, die den Gläubigen Opfertiere, Leuchter, Kerzen und Weihrauch verkauften.

Zur Linken schloß sich der Palastbereich an, ein buntes Durcheinander von prächtigen Bauten, Gärten, Terrassen und überdachten Galerien. Der König deutete auf den Palast, den er Makeda für die Dauer ihres Aufenthalts in Jerusalem zur Verfügung stellen wollte. Er hatte sogar schon geplant, ein neues Tor in die Umfassungsmauer schlagen zu lassen, damit die Königin völlig unabhängig war. Sie amüsierte sich darüber, daß er über ihr Leben entschied, ohne vorher auch nur gefragt zu haben, hatte aber nicht das Herz, energisch zu protestieren.

Ein großes dreistöckiges Haus fiel ihr auf, weil aus allen Fenstern neugierige Frauen in eleganten Roben lehnten. Sie erkundigte sich nach ihnen, und Salomo beeilte sich, sie zu beruhigen.

»Diese Frauen? O Königin, das sind Prinzessinnen, die eine Gefangenschaft in diesem Gebäude willig auf sich nehmen, um meine Gunst zu gewinnen. Jede von ihnen hofft, Königin von Juda zu werden, doch bisher konnte noch keine meinen anspruchsvollen Geist fesseln. Und von nun an werden all ihre Verführungskünste vergeblich sein, denn sie haben eine Rivalin bekommen, mit der sie es niemals aufnehmen können.«

»Wer ist diese Rivalin?«

»Ein paradiesisches Geschöpf, eine Blume aus meinen Träumen, die ich plötzlich vor meinen Füßen entdeckt habe, eine purpurrote Blüte, umgeben von grünen Blättern. Kennst du sie nicht?«

»Nein, ich kenne sie nicht«, murmelte die Reine Perle, während sie errötend ihr grünes Gewand betrachtete.

Kurze Zeit später stieg sie vor Salomos Palast in ihre Sänfte und kehrte in ihr Zeltlager zurück. An diesem ersten Tag mit Salomo hatte ihr Herz mehr gelernt als während ihres ganzen bisherigen Lebens.

Im Zeltlager

Am nächsten Tag erwiderte Salomo Makedas Besuch, und sie legte größten Wert darauf, ihn in dem riesigen Zeltlager mit allem Prunk zu empfangen.

Unter ihrem purpurnen Brokatbaldachin saß sie auf einem prächtigen Thron, angetan mit dem schweren Krönungsmantel, die Perlenkrone auf dem Haupt, das Zepter in der Hand, und Salomo staunte über ihre Fähigkeit, in einem Zelt genauso majestätisch aufzutreten wie in einem Marmorpalast.

Um ihm zu imponieren, ließ Makeda ein Truppenmanöver abhalten, und er konnte beurteilen, daß dies kampferprobte Männer waren, gewöhnt an harten Drill und anstrengende Märsche, an Blutvergießen und schwere Opfer. Doch Salomo empfand keine Freude über dieses Waffenklirren, über dieses Dröhnen der schweren Schritte marschierender Soldaten. Kriege waren dem humanen Monarchen ein Greuel, weil dabei so viele unschuldige Menschen den Tod fanden. Sein ausgeprägter Sinn für Gerechtigkeit und Ästhetik verbot ihm zu kämpfen und zu töten. Lieber tanzte er vor der heiligen Bundeslade, und seine weisen Urteile, die von tiefer Menschenliebe zeugten, hatten ihn weit über die Grenzen seines Landes hinaus berühmt gemacht.

Er nahm sich fest vor, Makeda gemäß seiner Prinzipien zu bekehren. So war er denn auch ohne jedes militärische Imponiergehabe zu ihr ins Lager gekommen und hatte statt dessen hohe Würdenträger und Ratgeber, Priester, Rabbinen, Architekten, Musiker und Dichter mitgebracht.

Ein Kranz aus Blumen und Blättern schmückte sein Haupt, als er zur Rechten der Königin das Festmahl genoß, das bis in die Nacht hinein dauerte. Die sabäischen Gerichte mit viel rotem und gelbem Pfeffer waren neu für ihn, doch er ließ sich die Haifischflossen und Schwalbennester, das weiße Kamelfleisch, die am Spieß gebratenen Pfauen und die Gazellenkoteletts gut schmecken. Er kostete die leichten und kräftigen Weine aus Saba, herbes Zitronenwasser aus dem Jemen und den starken *araki*, der ihn benommen machte.

Makeda hatte das Festmahl des Königs am Vortag unbedingt noch an Prunk übertreffen wollen und zu diesem Zweck keine Kosten gescheut: goldenes und silbernes Geschirr, Blumen, Parfums und Aromen zeugten von maßlosem Luxus. Nach dem Essen stellten Negersklaven, die lebenden Bronzestatuen glichen, riesige Blumengestecke auf die Tische, und als Musik erklang, entstiegen diesen Gestecken nackte Tänzerinnen, die mit Gold und Edelsteinen behängt waren und ihre geschmeidigen Körper gewollt aufreizend bewegten. Doch sobald ihr Auftritt beendet war, hüllten sie sich in weite Umhänge und verschwanden, was die judäischen Würdenträger verstimmte, denn sie hätten sich gerne mit den Mädchen vergnügt. Weil die Königin solche Wünsche der Männer jedoch empörend fand, wachte sie streng darüber, daß ihre Tänzerinnen unbehelligt blieben.

Statt dessen ließ sie nun arabische Tänzer auftreten, die als Raubtiere verkleidet waren, gefolgt von Schwarzen, die sich zum Klang von Trommeln mit schwindelerregender Geschwindigkeit drehten, bis sie erschöpft und in Ekstase zu Boden sanken. Schließlich – und das war für die Judäer eine absolute Neuigkeit – spielten ägyptische Komödianten einige Farcen, und Fakire beschworen Schlangen, schluckten Feuer und liefen über Nagelbretter.

Die Judäer waren von diesen Darbietungen so fasziniert, daß sie die Tänzerinnen zum Glück fast vergaßen. Salomo selbst hatte während des ganzen Mahles versucht, die Königin mit Worten zu verführen, und Makedas eiserner Wille schmolz unter der Zauberkraft seiner Stimme zusehends dahin und machte einer unerklärlichen Schwermut Platz.

Als sie Salomo von ihrem Schwur und den daraus resultierenden Qualen erzählte, griff er nach ihrer Hand. Sie erklärte ihm, weshalb dieses Versprechen ewiger Jungfräulichkeit es ihr unmöglich mache, im Palast zu wohnen: aus Angst vor Jahwes Zorn wachten die Priester eifersüchtig über ihre Tugend.

Der weise König lächelte, flüsterte einem Diener etwas ins Ohr und wandte sich dann wieder Makeda zu: »Wenn du in dem Palast residieren möchtest, den ich dir zugedacht habe, o Königin, so befolge meine Anweisungen: Täusche einen hartnäckigen Husten vor und klage über starke Beschwerden.«

Ohne zu zögern, begann Makeda so laut zu husten, daß ihr ganzer Körper bebte. Ihre Würdenträger zeigten sich darüber sehr besorgt, und obwohl sie versicherte, so schlimm sei es nicht, eilte Salomos Arzt herbei und erklärte:

»Dieser Husten ist gefährlich, o Königin! Er wird durch die kalten Nachtwinde erzeugt, die in Euer Zelt eindringen. Ihr müßt in der Stadt wohnen.«

»Nun gut«, erwiderte die Reine Perle. »Dann kaufe ich eben ein Haus in Jerusalem.«

»In dieser Stadt gibt es keine Häuser, die Euch angemessen wären«, gab Schatzmeister Merari zu bedenken.

»In diesem Fall«, warf Salomo lässig ein, »sollte die Königin Reine Perle in den leerstehenden ›Palast der Königin‹ übersiedeln. Sie wäre dort völlig unabhängig, allein mit ihren Bediensteten.«

Hustend dankte Makeda dem König für seine Fürsorge und versprach, am übernächsten Tag in den Palast zu kommen. Die sabäischen Priester wagten keine Einwände.

Gleich nach seiner Rückkehr in den Palast bestellte der König seine Architekten zu sich und befahl ihnen, gleich im Morgengrauen dafür zu sorgen, daß der »Palast der Königin« einen direkten Ausgang zur Stadt hin bekomme. Ferner sollten die Fenster im »Haus der Konkubinen« vernagelt werden, damit der Reinen Perle der Anblick dieser Frauen erspart blieb.

Weil er an seiner Freude fast erstickte, wollte Salomo seinem besten Freund und Vertrauten Nathan sein Herz ausschütten, doch der Opferpriester mißtraute Makeda immer noch und warnte: »Nehmt Euch in acht, großer Herrscher! Ihr genießt einen unvergleichlichen Ruf, und Eure Macht ist beispiellos. Paßt auf, daß beides nicht dieser Zauberin in die Hände fällt! Was verbirgt sich hinter diesem Gesicht, dessen Schönheit fast schon unheimlich ist? Diese Frau ist so ergründlich wie eine Sphinx, und es wäre durchaus möglich, daß sie nur mit Euch spielt, ohne Eure Gefühle zu erwidern, und daß sie sich eines Tages rühmen wird, Euch verschmäht zu haben.«

»Schweige, Nathan!« fiel der König ihm ins Wort. »Hast du denn nicht gesehen, wie sie mir zugelächelt hat? Dieses Lächeln war süßer als Honig und zarter als das Aufbrechen einer herrlichen Knospe!«

»Aber glaubt Ihr nicht«, beharrte Nathan, »daß es unklug von einem Monarchen wäre, eine so reiche und mächtige Frau wie die Königin von Saba zu heiraten? Stellt Euch vor – ein Streit zwischen Eheleuten könnte einen jener schrecklichen Kriege auslösen, vor denen Euch so graut, und Euer Königreich könnte eine Niederlage gegen die kampferprobten Sabäer erleiden.«

»Vorerst denke ich noch nicht daran, die Königin von Saba zu heiraten – ihr Thron ist viel zu hoch, viel zu bedeutend. Die Reine Perle führt eine Mission aus. Sie wird bis zu ihrem Tod von dem Wunsch beseelt sein, die Seelen aller Hebräer zu vereinen. Aber darf ich sie deshalb nicht lieben? Ich vertraue ihr grenzenlos, und ich glaube den Gerüchten nicht, die über sie kursieren. Wurde nicht behauptet, sie hätte dicht behaarte Beine, Bocksfüße und sieben Finger an jeder Hand? Wurde nicht auch behauptet, sie würde Feuer essen, hätte eine Abmachung mit Satan getroffen und könnte ihre Feinde nur mit ihren Blicken töten?«

Anzüglich lächelnd, blickte Nathan in Richtung des »Hauses der Frauen«.

»Wärest du nicht mein Freund, Nathan«, rief der König hitzig, »so würde ich dich wegen deiner Dreistigkeit hängen lassen! Ich liebe keine von all den Frauen in dem Haus dort drüben. Wie du weißt, habe ich sie aus politischen Gründen geheiratet. Die Tochter des Pharaos hat mir eine Provinz eingebracht, und auch die anderen haben mein Reich vergrößert und meinem Volk Frieden und Wohlstand beschert. Wie hätte ich denn sonst den Tempel bauen sollen?«

»Die Allerreinste Perle hat nur wenige Stunden benötigt, um Euch zu betören. Paßt auf, daß sie Euch morgen nicht beherrscht«, warnte Nathan abermals.

»Selbst wenn dem so wäre – was machte das schon? Warum sollte man sich nicht von einer Frau beherrschen lassen, wenn sie die Verkörperung von Schönheit, Charme und Geist ist? Dein Herrscher fürchtet sich nicht vor der Königin von Saba, Nathan! Sie kann ihn zum glücklichsten Mann auf Erden machen.«

Der Opferpriester entfernte sich. Trotz all seiner Vorbehalte war er von der schönen Sabäerin genauso fasziniert wie Salomo, und weil er kein ganz reines Gewissen hatte, mochte er dem König keine weiteren Vorhaltungen machen.

In seinem Haus holte er eine herrliche Vase aus einer Truhe hervor, eine Siegestrophäe, die er einst aus Ezjon-Geber mitgebracht hatte. Er strich zärtlich über die kunstvollen Fresken, die diese Vase zierten, und murmelte vor sich hin: »Dieses Geschenk ist ihrer würdig!«

In dieser Nacht wehrte er die Zärtlichkeiten seiner Frau ab und träumte statt dessen von der Reinen Perle.

Makeda empfängt Salomo

Die sechs Schimmel, die vor Makedas Wagen gespannt waren, gingen im Schritt: stehend und mit ruhiger Hand lenkte sie sie. Mit einer langen weißen Tunika bekleidet und ohne jeden Schmuck, glich sie einer Marmorstatue. Ihre langen Haare waren in zwei dicke Flechten aufgeteilt, und ein schmales Perlendiadem zierte ihre Stirn.

Ihre Eskorte bestand aus dreißig Kavalleristen auf Rappen. Trotzdem entstand kein Lärm, denn die Hufe der Pferde waren mit *medreparas*, einem Spezialharz, bestrichen, und die Räder von Makedas Wagen waren mit Nilpferdhäuten umwickelt.

Die Judäer staunten über diesen lautlosen Zug und jubelten der Königin zu. Ein Kavallerist aus Salomos Leibwache ritt voran, um der Reinen Perle zu zeigen, wie sie auf direktem Wege, ohne den Tempelbereich zu betreten, in den »Palast der Königin« gelangen konnte.

Salomo erwartete sie am Eingang dieses Palastes. Er war allein und hatte für diesen Empfang auf jedes Zeremoniell verzichtet. Die Königin zügelte ihre Schimmel, sprang leichtfüßig aus dem Wagen und streckte ihm ihre Hände entgegen.

Der verliebte Herrscher schmolz bei ihrem Anblick förmlich dahin. Er küßte ihre zarten Hände und machte ihr Komplimente, sie sehe in dem hauchdünnen weißen Gewand wie eine Taube aus.

»Gesegnet sei dein Aufenthalt in diesem Hause, Tochter von Juda!«

Makeda strahlte vor Freude über diese Anrede.

Salomo zeigte ihr den Palast, den er in den letzten Tagen mit erlesenem Geschmack eingerichtet hatte: kostbare Teppiche, rote Vorhänge, Räucherschalen aus Alabaster, kunstvoll geschnitzte Möbel, prächtige Blumenvasen und Ziergegenstände aus aller Welt. Alles in allem durchaus ein würdiger Rahmen für die an Prunk gewöhnte Königin, die jedoch darauf bestanden hatte, ihr Schlafzimmer und den Audienzsaal, wo ihr Thron stehen sollte, selbst einzurichten.

Nachdem sie ihren neuen Wohnsitz besichtigt hatte, wo ihre Dienstboten schon eifrig an der Arbeit waren, verabschiedete die Reine Perle den König äußerst liebenswürdig.

»Nachdem dies nun mein Zuhause ist, hoffe ich, daß du mir so oft wie möglich die Freude machen wirst, mein Gast zu sein. Ich werde mich bemühen, dich hier genauso zu empfangen, wie ich in Saba illustre Gäste zu empfangen pflege. Erlaube mir, dich schon für diesen Abend zum Essen einzuladen, denn ich möchte mit dir unter vier Augen über verschiedene Probleme sprechen, für die du in deiner Weisheit vielleicht Lösungen findest.«

Salomo entfernte sich, und Makeda organisierte ihren neuen Haushalt, lebhaft und geschwind wie die Bergvögel in ihrem Heimatland Simen.

Die Abenddämmerung brach herein, als der König Makedas Einladung Folge leistete. Er trug ein locker fallendes Gewand aus grüner Seide, ein schmales Diadem mit dem salomonischen Siegel zierte sein Haupt, auf seiner Brust, an Handgelenken und Fingern funkelten Edelsteine, und er duftete nach dem Parfum, das die Königin ihm geschenkt hatte.

Sie empfing ihn in dem großen Audienzsaal mit vierundzwanzig Säulen. Auf einem stufenförmigen Postament, flankiert von zwei Löwen, stand ihr Thron, überdacht von einem roten Baldachin.

Wedelträger lehnten links und rechts vom Thron an den Säulen und schwenkten ihre Fächer aus Straußenfedern. Vier schöne Katzen hatten sich zu Füßen der Königin zusammengerollt, die auf den Sitz zu ihrer Rechten deutete.

»Diesen Platz habe ich dir für alle deine Besuche reserviert, glorreicher Herrscher.«

Der Raum wurde von den brennenden Kerzen siebenarmiger Leuchter und von Fackeln, die regungslose schwarze Sklaven halten mußten, hell beleuchtet. Dem König fiel auf, daß Makeda innerhalb weniger Stunden dem Saal ihren eigenen Stempel aufgedrückt hatte: Er war jetzt so farbenprächtig ausgeschmückt, daß Salomo sich in jenes märchenhafte Königreich von Saba versetzt fühlte, dessen sich bereits die Legende bemächtigt hatte.

Auch Makeda hatte sich in eine jemenitische Prinzessin verwandelt, denn sie trug jetzt eine Pluderhose, die bis zu den mit Goldreifen geschmückten Knöcheln reichte und an den Hüften durch einen breiten Gürtel aus Gazellenleder, mit Palmblättern bemalt, festgehalten wurde. Die Seide war so zart, daß die wohlgeformten Beine durchschimmerten. Der Oberkörper der Reinen Perle war nackt, doch ihre Haut blieb weitgehend unter goldenen Halskragen und unzähligen Ketten aus Perlen und funkelnden Edelsteinen verborgen. Die langen Haare fielen, durch ein perlenbesetztes Netz gebändigt, über die Schultern, und an den Füßen trug sie leichte Ledersandalen.

Ihre sinnliche Ausstrahlung war in diesem Aufzug überwältigend, und von ihrem für die Liebe wie geschaffenen Körper schienen Wellen des Verlangens auszugehen. Während die Diener erfrischende Getränke in goldenen Bechern anboten, sagte sie mit ihrer süßesten Stimme:

»Ich bin überglücklich über das Paradies, das du hier für mich geschaffen hast. Ich spüre, daß ich in diesem Palast sehr zufrieden sein werde, Salomo. Nun muß deine Weisheit aber noch die Wolken vertreiben, die mein Leben verdüstern. Ich vertraue darauf, daß es dir gelingt, so wie es dem Blitz gelingt, die dickste Wolkenschicht zu durchbrechen.«

Der König hatte ihre Worte wohl vernommen, wurde aber vom Duft ihrer Haut abgelenkt, und er erlag der Versuchung, seine Lippen auf ihre nackte Schulter zu pressen.

Makeda erschauderte und wich protestierend zurück.

»Brecht dieses Spiel ab, goldener König, in dem Ihr ein Meister zu sein scheint, denn es birgt nur Gefahren und Kummer in sich … Führt mich lieber wie ein Bruder zu Tisch.«

Auf dem weißen Marmortisch, der für zwei Personen gedeckt war, funkelte Geschirr aus Gold und Silber, feinem Porzellan und buntem Emaille. Die beiden Stühle aus Ebenholz mit bestickten Seidenbezügen standen einander gegenüber, doch Salomo setzte sich über dieses steife Protokoll hinweg und stellte sie dicht nebeneinander. Seite an Seite speisten die beiden Herrscher zum erstenmal zu zweit, angeregt plaudernd und lachend.

Der König schickte schließlich sogar die Diener fort, schenkte Makeda selbst Wein und Met ein und zupfte für sie Trauben ab, die sie ihm aus der Hand aß. Doch die Tradition verlangte, daß das Mahl von Tänzen oder anderen Vorführungen abgerundet wurde.

Während sie die Künste der sabäischen Tänzerinnen bewunderten, tranken sie eine heiße schwarze Flüssigkeit, die Salomo noch nie gekostet hatte.

Makeda klärte ihn auf: »Die Kaffeebäume wachsen in meinem Land, und ich werde dir Setzlinge schenken, damit du sie auch in Juda anpflanzen kannst, denn das Getränk, das aus den Kaffeebohnen gewonnen wird, verfügt über Zauberkräfte – es fördert die Verdauung und läßt Müdigkeit im Nu verfliegen.«

In kleinen goldenen Tassen serviert, duftete das Getränk sehr aromatisch, und nachdem er es getrunken hatte, fühlte sich der König so unternehmungslustig wie ein Jüngling.

»Du bist es, unvergleichliche Königin, die über Zauberkräfte verfügt. Dein Blick gleicht den Sonnenstrahlen, die jedem Gegenstand Glanz verleihen, und was auch immer du berührst, blüht auf wie eine Blume. Du bist eine Magierin ohnegleichen und inspirierst meinen Geist zu den schönsten Liedern. Man bringe mir eine Laute!«

Der König griff in die Saiten und improvisierte ein Liebeslied, in dem er von der Schönheit der Reinen Perle, von ihrem herrlichen Körper und ihrem lichten Geist schwärmte. Seine Komposition war so sinnlich, daß Makedas Haut prickelte, so als würde Salomo sie liebkosen. Betört von soviel Talent, lehnte sie ihren Kopf an die gepolsterte Rückenlehne und lauschte verzückt, mit geschlossenen Augen, während sie in ihrer Fantasie all das erlebte, was sie einst im Liebestempel von Theben beobachtet hatte.

In ihrer Entrückung sah sie so hinreißend aus, daß Salomo seine Leidenschaft nicht länger zügeln konnte, denn sie brodelte in ihm wie Lava in einem Vulkan. Seine Lippen preßten sich auf ihren Hals, und seine Hände bahnten sich durch den ganzen Schmuck hindurch einen Weg zu den nackten Brüsten, und gleich darauf umspannten sie mit eisernem Griff Makedas Hüften. Der Gürtel aus dünnem Gazellenleder zerriß, und nun hatte die Pluderhose keinen Halt mehr.

Makeda sprang wütend auf, doch das machte die Sache nur noch schlimmer, denn die Hose glitt zu Boden, und sie stand nackt vor Salomo, der sich an diesem Anblick weidete.

»O Königin der Schönheit!« stammelte er hingerissen. »Ich werde die Konturen deines herrlichen Körpers besingen, und ich werde die besten Bildhauer beauftragen, deine atemberaubende Gestalt in Marmor zu verewigen!«

Makeda entfloh verwirrt und geschmeichelt, doch sie kehrte bald zurück, diesmal als Ägypterin verkleidet, in einem hauchdünnen Gewand, das ihren herrlichen Körper kaum verhüllte, so als legte sie es darauf an, den König zu betören, dessen Leidenschaft sie berauschte.

Trotzdem tadelte sie ihn: »Ich hatte dich doch gebeten, solche Spiele zu unterlassen! Deine Lippen haben meinem Hals ein Siegel eingebrannt, und deine Hände haben meine Haut versengt. Du hattest mir versprochen, mein Bruder zu sein, doch du hast mich umarmt und geküßt wie ein feuriger Liebhaber!«

»Und woher weißt du, wodurch sich die Umarmung eines Bruders von der eines Liebhabers unterscheidet?« brauste Salomo auf.

»Ich spüre es instinktiv! Du beleidigst mich mit deiner Frage, denn du mußt wissen, daß ich trotz aller Listen der Männer stets eine reine und unbefleckte Jungfrau geblieben bin! Meine Keuschheit ist das höchste Gut meines Volkes. Vergiß das nie, Salomo, auch wenn du darunter leiden mußt!«

Nach diesem Wortwechsel klang der Abend für Salomo und Makeda traurig aus. Der König hatte gehofft, daß sie ihm jene wichtigen Fragen stellen würde, auf die sie von ihm Antworten erwartete, und er ahnte, daß sie mit ihrem Keuschheitsschwur zusammenhingen. Doch als sie schwieg, begriff er, daß sie dieses schwierige Thema auf einen anderen Tag verschoben hatte, weil sie viel zu verwirrt und erregt war, um jetzt darüber sprechen zu können.

Auch Salomo war verwirrt und erregt, als er in seinen Palast zurückkehrte.

Makeda beschwört das verlorene Paradies herauf

König Salomo hatte wieder zu einem Festmahl geladen, und der Großrabbiner Ben Eliazar nutzte diese Gelegenheit, um Makeda einige Fragen zu stellen, die den judäischen Priestern und Juristen viel Kopfzerbrechen bereiteten.

»Ihr habt uns erlaubt, o Reine Perle, jenes Buch zu lesen, das Ihr dem König zusammen mit Eurer ersten Botschaft gesandt hattet. Es ergänzt die erschütternde Geschichte des israelitischen Volkes, und unsere eigenen Forschungen bestätigen die Richtigkeit dieses Berichtes. Das Volk der Hebräer hat viel gelitten, doch Jahwe hat es beschützt und zweimal vor den ägyptischen Peinigern gerettet. Gelobt sei der Allmächtige! Und gesegnet sei unser großer König Salomo, denn er hat durchgesetzt, daß jene grausamen ägyptischen Gesetze, die noch vor 25 Jahren in Kraft waren und unsere Glaubensbrüder zum Exil oder zum Tode verurteilten, endlich annulliert wurden.«

»Diese Gesetze wurden aber seit einer Ewigkeit nicht mehr angewandt«, widersprach die Königin von Saba. »Schon als mein Vater Angebo in Theben weilte, lebten dort viele Juden.«

»Das stimmt«, gab Salomo bereitwillig zu, »doch solange es kein Dekret über die Annullierung jener Gesetze gab, mußten unsere Glaubensbrüder ständig befürchten, eines Tages doch wieder verfolgt zu werden. Erst durch meine Ehe mit Prinzessin Assassif wurde diese Gefahr endgültig gebannt.«

Makeda wußte über diese Ehe Bescheid. Prinzessin Taibja, die liebreizende Tochter des Königs, hatte ihr alles erzählt.

»Unsere Völker sind eng verwandt«, kam der Großrabbiner auf sein eigentliches Thema zurück, »doch die dunklere Hautfarbe Eurer Untertanen deutet darauf hin, daß Eure Vorfahren in Simen einheimische Frauen geheiratet haben, um nicht auszusterben.«

»Meine Mutter entstammte einem rein hebräischen Geschlecht«, betonte Makeda.

»Aber wie kommt es, daß Eure Gesetzgebung, über die seit Eurer Ankunft in Jerusalem soviel geredet wird, sich so sehr von der unsrigen unterscheidet?« wollte der Opferpriester Nathan wissen.

Die Reine Perle begriff, daß diese Männer, die so stolz auf ihre Herkunft und Gelehrsamkeit waren, sie in eine schwierige Diskussion verwickeln wollten, bei der sie möglicherweise unterliegen würde. Um das zu vermeiden, wandte sie sich direkt an Salomo.

»Unsere Vorschriften unterscheiden sich tatsächlich beträchtlich von den eurigen. Einer der Hauptgründe für meine Reise nach Jerusalem war denn auch, dich, weiser König, zu bitten, einige deiner hochgelehrten Priester und Rabbinen nach Simen und Saba zu entsenden, damit sie mein Volk in Jahwes Gesetzen und Riten unterweisen. Und vielleicht könntest du auch Architekten in meine Länder schicken, denn ich möchte dem Allmächtigen prächtige Tempel errichten.«

»All diese Fachleute werden dich begleiten, wenn du die Rückreise in deine Heimat antrittst«, erwiderte Salomo. »Meine ganze Herrschaft ist Gott geweiht, und ich empfinde deinen Wunsch als wahren Segen …«

»Wir haben gehört«, beharrte der Großrabbiner, »daß Ihr die Ehegesetze abgeändert habt, so daß der Mann jetzt gegenüber der Frau im Nachteil ist. Würdet Ihr für uns eine Kopie davon anfertigen lassen? Ehrlich gesagt, sind wir sehr bestürzt über diese Neuerung, denn sie steht in krassem Widerspruch zu Jahwes Gesetzen. Wir wagen Euch das zu sagen, o Königin, weil es uns obliegt, über die Einhaltung der göttlichen Gebote zu wachen.«

»Das ist fürwahr eine wichtige Aufgabe«, entgegnete Makeda diplomatisch. »Die Reformierung des Eherechts war indessen eine rein staatliche Maßnahme. Indem ich die Freiheit und das Primat der Frau gesetzlich festlegte, wollte ich einen Markstein in der Weltgeschichte setzen.«

Ihre Opponenten wiesen respektvoll auf die Schwachstellen dieser Konzeption hin. Gewiß, die Frau hatte durchaus das Recht, gewisse Vorteile zu beanspruchen, doch im Interesse der gesellschaftlichen Ordnung mußte sie vor allem die Hüterin von Heim und Herd sein, eine Familie gründen und für deren Zusammenhalt sorgen, denn andernfalls würde die Menschheit ins Chaos stürzen.

»Eine neue Gesetzgebung, die der Frau eine überlegene Stellung einräumt, könnte zu Sittenlosigkeit und zu Ausschweifungen aller Art führen«, erklärte der Großrabbiner.

Salomo hielt es für geraten einzugreifen. »Die glorreiche Königin hatte zweifellos ganz persönliche Gründe für diese sonderbare Gesetzgebung. Gebe Gott, daß wir bald Aufschluß über ihre Motive erhalten.«

Makeda warf dem König einen erstaunten Blick zu und errötete, weil sie sich von ihm durchschaut fühlte.

»Du verkörperst die Weisheit, o Salomo, und ich vertraue dir. Du wirst in meiner Seele lesen wie in einem Buch und darin entdecken, was dem Auge eines normalen Sterblichen für immer verborgen bliebe.«

»Auch ich bedarf dazu der Hilfe Gottes«, sagte Salomo bescheiden. »Warten wir also ab … Zunächst einmal sollten wir der Reinen Perle Zutritt zum Tempel gewähren, denn dies ist ihr sehnlichster Wunsch. Allerdings müßte sie zuvor in der Geschichte unserer Religion, in unseren Riten und unseren Gesetzesvorschriften unterwiesen werden.«

Damit schien die verbissene Diskussion zunächst beendet zu sein. Beschwingt vom Wein, unterhielten sich die Gäste angeregt. Der Kommandant der salomonischen Kavallerie machte Makeda Komplimente über ihre Amazonen, die es durchaus mit den Männern aufnehmen könnten, fragte aber besorgt, ob es in den Reihen dieser weiblichen Garde nicht zu viele Ausfälle wegen Schwangerschaft gebe.

»In dieser Hinsicht gibt es keinerlei Probleme«, entgegnete die Reine Perle, »denn meine Gardistinnen halten sich stets an das sabäische Prinzip, und das lautet: ›Das Vaterland lieben und den Mann hassen.‹«

Alle lachten, weil sie das für einen Scherz hielten, und Schatzmeister Haisar rief: »Der Kommandant wird an Eurer Maxime bestimmt keinen Anstoß nehmen, denn seine eigene Devise lautet: ›Dem Vaterland dienen und die Frau hassen!‹«

Der Kommandant fühlte sich durch diese Bemerkung sichtlich geschmeichelt.

»Wenn dieser Mann Frauen haßt«, kommentierte die Reine Perle, »so liegt das vielleicht daran, daß das weibliche Geschlecht nichts von ihm wissen wollte.«

Wieder lachten alle, doch Salomo gebot Schweigen.

»Makeda, meine liebe Königin«, sagte er, »du sprichst von

der Ehe, so als handle es sich dabei um einen Akt der freien Wahl, doch dem ist nicht so. Die Ehe ist die logische Folge der Liebe, und die Liebe ist ein Zusammenwirken von Herz, Seele und Geist. Dieses Gefühl, das den Tieren abgeht, beweist die Überlegenheit der Menschen, und deshalb läßt es sich auch durch Gesetze nicht abschaffen. Dein erbitterter Kampf gegen die Liebe ist vergeblich, denn deine Untertanen werden sich über deine Verbote hinwegsetzen.«

»Ich gebe zu, daß ich die Liebe töten will, aber ich habe nicht die Absicht, mich über dieses Gefühl lustig zu machen, obwohl ich persönlich es nicht begreifen kann«, behauptete Makeda im Brustton der Überzeugung. »Es ist mir vom Schicksal bestimmt, den Frauen zu ihrem Recht zu verhelfen. Ich bin ihr Heilsbringer, ihr Messias! Diese Rolle wurde mir aufgezwungen, und ich werde ihr treu bleiben.«

»Dein Sendungsbewußtsein ist bewundernswert, aber du hast dir etwas Unrealisierbares vorgenommen, mutige Königin! Du hast gesagt, daß du die Liebe nicht begreifst. Hast du denn nie geliebt?«

»Niemals werde ich meinen Untertanen ein so negatives Beispiel geben.«

»Sag nicht ›niemals‹, denn die Liebe kann wie ein Blitz einschlagen, und kein Mensch ist dagegen gefeit.«

Makeda wollte nicht einmal sich selbst eingestehen, daß er recht hatte. Nach kurzem Schweigen erklärte sie trotzig: »Wenn eine Frau heiratet, opfert sie sich für die Nation auf, indem sie deren Fortbestand sichert. Dieses Martyrium müßte eigentlich durch gebührenden Respekt belohnt werden, doch was geschieht statt dessen? Die Frau unterwirft sich ihrem Mann, obwohl er keinerlei Verdienste vorweisen kann! Dabei sollte er der Frau dienen, die ihre Kräfte erschöpft und ihr Leben riskiert, indem sie Kinder auf die Welt bringt.«

Keiner wagte einen Einwand.

»Hört zu«, fuhr die Königin hitzig fort. »Eine meiner Statthalterinnen hat in ihrer Provinz ohne mein Wissen ein neues Gesetz eingeführt, wonach es einem Mädchen verboten ist, einen Mann zu heiraten, der nicht mindestens zwei seiner

Geschlechtsgenossen getötet hat. Als Beweise muß der Bräutigam die Geschlechtsorgane und Nasen seiner Opfer vorlegen. Diese Fleischfetzen werden verbrannt, und damit gilt die Ehe als geschlossen. Mir persönlich geht diese Grausamkeit etwas zu weit, aber ich habe die Statthalterin gewähren lassen, weil in jener Provinz die Stellung der Frau seitdem deutlich aufgewertet wurde.«

»Ich schlage einen Themenwechsel vor«, sagte Salomo in ziemlich gereiztem Ton, »denn andernfalls könnte es zu unerfreulichen Diskussionen kommen.«

»O Königin«, fragte daraufhin der Großrabbiner, »wie schafft Ihr es, in Euren Ländern soviel Gold zu gewinnen?«

»Früher haben auch wir den goldhaltigen Sand gewaschen, um das schwerere Edelmetall davon zu trennen, aber diese Methode ist sehr langsam und mühsam, und deshalb haben meine Techniker Mühlen erfunden, um goldhaltiges Gestein zu zermahlen. Diese Mühlen werden von Eseln bewegt, und die Goldwäsche erfolgt in Kanälen. Das reine Goldpulver landet in Rinnen, die in große Steinblöcke geschlagen und ständig besprengt werden. Mit Hilfe dieses Verfahrens gewinne ich viel mehr Gold als der Pharao, der jetzt allerdings beginnt, mein Verfahren anzuwenden.«

»Der König von Juda wäre glücklich, wenn er über solche Reichtümer verfügen würde …«

»Ich schenke dir eine Goldmine und eine der Mühlen. Du kannst daraus soviel Gold gewinnen, wie du willst, um damit den Tempel zu schmücken«, sagte Makeda gleichmütig. »Ferner soll ein Fünftel der Ausbeute einer anderen Mine für kostbare Kultgegenstände verwendet werden.«

»Aber was könnte ich dir im Gegenzug schenken?« rief der König.

»Ich erwarte für meine Geschenke keine Gegengaben, Salomo. Vergiß nicht, daß die Großzügigkeit der Frauen grenzenlos ist. Auch in dieser Hinsicht sind sie den habgierigen und geizigen Männern überlegen.«

»Sei tausendmal gedankt für den Goldregen, den du auf den Tempel und indirekt auch auf mein Land herabregnen läßt. Haben die Gelehrten deines Königreichs vielleicht auch eine Erklärung für den Ursprung von Gold und Silber, Edelsteinen und Perlen?«

»Kennst du denn das große Buch des Glaubens nicht, in dem das verlorene Paradies erklärt wird, das lange Zeit eines der großen Geheimnisse der Schöpfungsgeschichte war? Mein Vater hat dieses wichtige Buch in unsere Sprache übersetzt, das alle Wunder der Erde und alle Symbole entschlüsselt ...«

»Und was steht darin?« wollte der Großrabbiner wissen.

»Am sechsten Tag der Schöpfung sah Gott, daß Sein Werk gelungen war, aber Er sah auch, daß Er keinem Lebewesen soviel Intelligenz verliehen hatte, daß es sich die Erde untertan machen könnte. Deshalb schuf er den Mann und gab ihm den Namen Adam. Er war sehr stolz auf Sein neues Werk, doch alsbald sah Er, daß es dem Mann an Anmut, Harmonie und Schönheit fehlte. Deshalb vervollkommnete Er Sein Werk und schuf Eva, deren Körper von den seidigen Haaren bis zu den perlmuttfarbenen Zehennägeln vollkommen war. Alles an ihr war richtig proportioniert, und sie war so schön, daß die Tiere Jahwe baten, auch ihnen so herrliche Gefährtinnen zu schenken, und Er erfüllte ihnen diesen Wunsch.

Adam und Eva priesen Gott, weil Er ihnen jenen Funken Intelligenz geschenkt hatte, der sie allen anderen Lebewesen überlegen machte. Jahwe war darüber so geschmeichelt, daß Er beschloß, weitere Männer und Frauen verschiedener Hautfarbe zu schaffen, wobei Er aber die Farbe von Gold der Rasse von Adam und Eva vorbehielt. Danach schuf Er Ströme aus flüssigem Gold, Seen aus Silber und Kupfer und Flüsse aus Perlen und Edelsteinen, damit die Männer und Frauen in Wohlstand leben konnten, ohne Krankheit und Tod zu kennen.

Nach hundert Jahren bekamen Adam und Eva es satt, jeden Tag die Wohltaten eines unsichtbaren Gottes zu rühmen. Sie tauchten ihre Hände in die Flüsse und Seen und erschufen sich ein Idol aus Gold und Silber, Perlen und Edelsteinen. Und sie verehrten dieses Idol, weil sie es sehen konnten.

Als Gott das sah, ergrimmte Er gewaltig. Er gab diesen undankbaren Geschöpfen den Namen ›Menschen‹ und verfluchte sie mitsamt der übrigen Erde. Von nun an mußten die Menschen, um leben zu können, im Schweiße ihres Angesichts den Boden bearbeiten, Viehzucht treiben oder Tiere unter Lebensgefahr jagen, um ihr Fleisch zu essen. Sie lernten Krankheiten und den Tod kennen, und die Frau mußte unter Schmerzen gebären.

Die Perlen versteckten sich in Muscheln tief im Meer, und die Flüsse und Seen aus Gold, Silber und Edelsteinen trockneten aus und wurden mit Sand, Erde und Felsen bedeckt. Seitdem müssen die Menschen hacken und graben, um solche Adern aufzufinden ...«

Makedas Zuhörer waren sehr beeindruckt von diesem Bericht. Die Schriftgelehrten beschlossen, ihn niederzuschreiben, um ihn mit anderen Schöpfungsgeschichten vergleichen zu können, und alle Gäste bewunderten die Königin von Saba wegen ihres Wissens nur noch mehr.

Die Ratsversammlung

Die Königin von Saba hatte Salomo gebeten, eine Ratsversammlung einzuberufen, die über ihre Zukunft entscheiden sollte, und nun saß sie mit klopfendem Herzen da, während Merari die einleitenden Worte des von ihr verfaßten Textes mit lauter Stimme und in geschliffener hebräischer Sprache vorlas.

Salomos ehrwürdige und weise Ratgeber lauschten aufmerksam, nickten mitunter oder schüttelten die Köpfe: Ben Eliazar, der strenge Großrabbiner, Nathan, der Opferpriester, dessen Blicke immer wieder wohlgefällig zu der Tochter des Propheten Angebo schweiften, der Levit Simeon, Beneja, Schwiegersohn des Königs und Gouverneur der Provinz Joppe, Schatzmeister Haisar und Kapitän Nadab, Kommandant des Schiffes *Amasa*.

Die Reine Perle war auf heftige Wortgefechte gefaßt. Hoffte sie, diese Männer überzeugen zu können? Gewiß nicht! Sie hoffte nur, daß diese weisen Männer irgendeinen Spalt entdecken würden, durch den sie aus ihrem Gefängnis entfliehen könnte – aus dem Kerker ihres verhängnisvollen Schwurs.

Salomo ergriff das Wort und beschwor mit großem Ernst das ganze Leben der illustren Herrscherin herauf, vor allem ihre Kindheit, deren normaler Verlauf jäh beendet worden war, als die Rabbinen ihrem überrumpelten Vater jenes schreckliche Versprechen entrissen hatten. Er führte auch all die Seelenqualen auf, die Makeda dadurch erleiden mußte.

»Ihr weisen Männer von Juda«, schloß er, »erinnert euch daran, daß es eine Tochter Israels ist, die euren Rat erbittet. Die Königin von Simen und Saba regiert über ein israelitisches Volk. Ihr Gott ist unser Gott, ihre Religion ist die unsrige. Möge Jahwe uns inspirieren, daß wir eine Lösung finden, die unserem hochverehrten Gast inneren Frieden und Heiterkeit zu schenken vermag.«

Makeda dankte dem König mit einem langen innigen Blick für seine mitfühlenden Worte.

»Merari«, forderte Salomo den Schatzmeister und Ratgeber der Reinen Perle auf, »lies uns nun die Fragen deiner Königin vor.«

»Die erste Frage«, begann Merari, »betrifft meine Herrschaft. Mein Vater, der Prophet Angebo, ein gerechter, mächtiger und fortschrittlicher König, hat mir drei Ratschläge gegeben. ›Meine Tochter, du mußt zu Jahwes Ruhm dein Land ständig vergrößern. Du mußt danach trachten, die zerstückelten Teile des israelitischen Reiches zusammenzufügen, zum Wohle der Israeliten. Und du mußt mächtig und ruhmreich sein, zum Wohle deines Volkes und zu deinem eigenen.‹ Hingegen hat der weise Magier Belocha, der einer meiner geistlichen Ratgeber war, mir folgendes Schriftstück hinterlassen: ›Lehre unsere Völker, o Königin, einander zu lieben und als gleichwertig zu betrachten. Regiere friedlich, um den Frieden in der Welt zu mehren. Bemühe dich, eine wegen ihrer Gerechtigkeit und Güte bewunderte Herrscherin zu sein. Vermeide deshalb Eroberungen und Blutvergießen.‹ Meine erste Frage, o weiser König und ehrwürdige Gelehrte, lautet deshalb: Welche dieser beiden Konzeptionen ist besser? Krieg oder Frieden? Güte oder Tyrannei?«

Merari legte das erste Blatt des Manuskripts beiseite, und Salomo amüsierte sich über die Verlegenheit seiner Ratgeber.

»Möge jeder sich äußern«, forderte er sie auf. »Ihr könnt völlig ungezwungen reden, denn es handelt sich ja um die Frage einer Person, die mit unseren Gesetzen nicht vertraut ist.«

»Die Antworten auf die Fragen der erlauchten Königin sind kinderleicht«, erklärte der Großrabbiner ironisch, »und nur deshalb schweigen meine Kollegen. Wie gesagt, jedes Kind könnte diese Fragen beantworten, aber die Antworten würden je nach Temperament verschieden ausfallen.«

»Ja, je nachdem, ob das Kind friedliebend oder kämpferisch ist«, erläuterte Nathan.

»Eine vergeistigte Künstlernatur oder ein draufgängerischer Charakter, abenteuerlustig und auf Gewinn bedacht«, merkte Simeon anzüglich an.

»Wir sind nicht hier, um die Herrschaft der illustren Königin zu beurteilen«, stellte Haisar scharf fest. »Und auch die Vorstellungen unseres großen Königs Salomo stehen hier nicht zur Debatte.«

»Gewiß«, meinte der Gouverneur von Joppe nachdenklich, »aber ihre Ansichten sind nun einmal völlig gegensätzlich. Dem einen zuzustimmen hieße, den anderen zu verdammen. Die Ratgeber des genialen Königs sagen ihm stets offen ihre Meinung, und diese Meinung der Rabbinen, Künstler und Krieger deckt sich fast immer mit den Befehlen unseres Herrschers, denn wenn er spricht, können wir immer nur über seine Weisheit staunen, die uns erleuchtet.«

»Unsere Gedanken stimmen stets überein«, bestätigte Ben Eliazar, »und so muß es auch sein, denn Jahwes Befehl lautet, daß wir im Denken und Fühlen vereint sein sollen.«

»Dieser göttliche Befehl betrifft die geistige Einheit aller Hebräer«, merkte Simeon an. »Gesegnet sei Königin Makeda, die als erste Botschafterin dieser angestrebten Vereinigung aller israelitischen Seelen zu uns gekommen ist.«

»Dieser göttliche Aufruf bedeutet aber nicht, daß man zum Schwert greifen soll«, bemerkte Salomo ruhig. »O Reine Perle, meine Ratgeber und ich, wir können deine erste Frage nicht beantworten. Du mußt die Antwort in deinem eigenen

Herzen suchen. Könige haben das Recht zu töten, aber sie müssen auch die Verantwortung für ihre Handlungen tragen, und ich habe Herrscher gekannt, die sich wegen ihrer Eroberungen schwere Gewissensbisse machten.«

Diesen ausgewogenen Worten hatten die Ratgeber nichts hinzuzufügen. Merari nutzte ihr Schweigen aus, um seine Königin zu rechtfertigen.

»O großer König, wißt Ihr, daß alle Eroberungen der Königin von Saba zum Ruhme Gottes erfolgten, daß der Gewinn zum Bau von Schulen und Synagogen verwendet wurde und daß ihr Volk durch bessere Handelsbedingungen im Wohlstand leben kann?«

»Die Reine Perle ist eine große Herrscherin«, erwiderte Salomo, »das steht völlig außer Frage, und wir besingen ihren Ruhm tagtäglich. Doch sie hat uns gefragt, ob man Krieg führen oder Frieden stiften solle, und darauf können wir keine Antwort geben.«

»Mir ist klar«, ergriff Makeda selbst das Wort, »daß das Ansehen, das du, genialer König, wegen deiner Weisheit und Güte genießt, mehr wert ist als jeder militärische Ruhm. Die geballte Macht meiner Armeen wird durch ein einziges Wort von dir zunichte gemacht …«

Die Königin setzte sich wieder und gab Merari ein Zeichen, daß er weiterlesen solle.

»Die zweite Frage betrifft mich persönlich. Hatte man das Recht, meinem Vater und mir, einem unwissenden Kind, das Versprechen zu entreißen, daß ich mein Leben lang Jungfrau bleiben würde? Wenn ja, so habe ich diesen Schwur nur vor dem Volk von Simen abgelegt. Wäre es deshalb möglich, daß ich als Königin von Simen abdankte, heiratete und fortan nur noch Saba regierte?«

Wieder trat tiefes Schweigen ein. Salomo überließ es bewußt den Gelehrten, sich zu diesem schwierigen Problem zu äußern, und deshalb appellierte er an ihren Stolz.

»Antwortet der Königin, die uns für würdig befunden hat, über die ihr auferlegte schwere Last zu entscheiden. Was haltet ihr von dem Schwur, der sie daran hindert, ganz Frau zu sein?«

»Gott ist groß, und was Er tut, ist wohlgetan«, erklärte der Großrabbiner nach kurzem Zögern. »Er hat den Menschen befohlen: ›Seid fruchtbar und mehret euch!‹ Dieses Gebot ist heilig, und kein Schwur darf dagegen verstoßen.«

»Ja, Gott ist groß«, fuhr Simeon fort. »Er hat dem Menschen die Sinne gegeben – Gesicht, Gehör, Geruch, Geschmack und Gefühl. Jene, die Gottes Werk verändern wollen, indem sie einen Menschen daran hindern, von seinen Sinnen Gebrauch zu machen, sind nicht von Gottes Wort inspiriert. Und die Liebe ist eine Funktion der Sinne. Deshalb hatte niemand das Recht, Euch zu diesem Verzicht zu zwingen. Das war nicht minder grausam, als wenn man Euch das Augenlicht oder das Gehör geraubt hätte.«

»Unsere Frauen sind dazu geschaffen, Kinder zu gebären«, bestätigte der Opferpriester. »So hat Gott es gewollt. Er hat den Menschen die Liebe und Sinnenlust geschenkt, um sie dem Himmel näherzubringen. Der Mann ist Gott am nächsten, wenn er seinen Samen spendet, um ein neues Menschenleben zu erschaffen, und die Frau wird zu einem göttlichen Gefäß, wenn sie diesen Samen aufnimmt und in ihrem Leib trägt. Daraus folgt, daß Keuschheit die Menschen von Gott entfernt.«

»Die Liebe ist ein natürliches Bedürfnis des Menschen«, fügte der Gouverneur von Joppe an, »genauso wie Essen und Trinken. Welcher grausame Gott wollte mich daran hindern zu essen, zu trinken oder zu lieben?«

»Ich habe aber gehört«, wandte Makeda ein, »daß manche Götter anderer Völker von jungen Mädchen verlangen, daß sie als Jungfrauen den Tempeldienst versehen.«

»Gewiß«, bestätigte Salomo. »Diese Jungfrauen verkörpern die absolute Reinheit und sorgen in den Tempeln dafür, daß das heilige Feuer nie erlischt. Doch sie werden nach einigen Jahren von ihrem Schwur entbunden und durch andere Jungfrauen ersetzt. Es gibt sogar grausame Religionen, wo Jungfrauen auf heidnischen Altären geopfert werden. Aber unser Gott ist ein Gott der Liebe, der Güte und Gerechtigkeit, und Er will nicht, daß Menschen, die Er geschaffen hat, getötet werden.«

»Wir haben soeben viele weise Antworten auf deine Frage vernommen, Reine Perle«, fuhr Salomo fort. »Ich selbst habe mich bewußt zurückgehalten, weil die Entscheidung über die Gültigkeit deines Schwurs in die Kompetenz unserer religiösen Führer fällt. Möge Ben Eliazar, der mit göttlicher Weisheit erleuchtet ist, uns seine Entscheidung mitteilen.«

»Ich bin der Ansicht«, verkündete der Großrabbiner, »daß die glorreiche Königin von Saba den Schwur brechen kann, der ihr von ignoranten Priestern, die keine Ahnung von Gottes Geboten hatten, aufgezwungen wurde.«

Alle nickten zustimmend.

Makeda erhob sich und streckte ihre Hände zum Himmel empor, so als wäre sie von schweren Ketten befreit worden. Auch Salomo war überglücklich.

»O Makeda«, rief er, »die Weisheit unserer Schriftgelehrten wird dich zur größten Herrscherin und glücklichsten Ehefrau auf Erden machen!«

Die Königin seufzte selig. Ein neues Leben lag verheißungsvoll vor ihr ... Trotzdem wurde sie plötzlich von einer neuen Angst gequält.

»Die Priester meines Volkes haben mich einst betrogen«, sagte sie, »indem sie mich zur Jungfräulichkeit zwangen. Doch werde ich nicht eines Tages abermals betrogen werden, wenn mein Gemahl sich anderen – jüngeren und schöneren – Frauen zuwendet?«

Nathan ergriff das Wort und vertrat beredt seine These, wie er es schon oft gegenüber fanatischen Befürwortern der Monogamie getan hatte. »Gott hat die Männer niemals verpflichtet, die Zahl ihrer Ehefrauen zu begrenzen. Er hat ihnen das Recht eingeräumt zu lieben und fruchtbar zu sein, denn das Fortbestehen der Menschheit ist Gottes Hauptanliegen. Der Mann kann sich nicht mit einer einzigen Frau begnügen, denn jeden Monat ist die Frau tagelang außerstande, ihn zu befriedigen. Und während einer Schwangerschaft muß er gar neun Monate auf ihren Körper verzichten. Ein treuloser Mann wird sich während dieser Zeit mit käuflichen Frauen vergnügen. Ein treuer Ehemann bittet seine Frau hingegen, eine zweite Ehefrau für ihn auszuwählen. Trotzdem bleibt die erste Frau, falls sie über entsprechende Qualitäten verfügt, die einzige wirkliche Gefährtin des Mannes. So will es das göttliche Gesetz.«

»Nathan hat weise gesprochen«, kommentierte Salomo.

Makeda wechselte wohlweislich das Thema und bat den König um Erlaubnis, Gott in Seinem Tempel für die ihr zuteil gewordene Erleuchtung danken und Ihn wegen ihrer unwissentlichen Verstöße gegen Seine Gebote um Verzeihung bitten zu dürfen.

»Noch nie hat eine Frau das Heiligtum betreten!« murrte der Großrabbiner.

»Als Herrscherin, die jedem König ebenbürtig ist, steht ihr dieses Recht jedoch zweifellos zu«, wandte Salomo ein.

»Nun gut«, gab der Großrabbiner widerwillig nach. »Wir erheben keine Einwände und erwarten Euch im Tempel.«

Vor Ehrfurcht überliefen Makeda Schauer, als sie von Priestern und Rabbinen in den Tempel geleitet wurde. Sie fiel auf die Knie und flehte Gott an, ihr zu verzeihen und sie von ihrem Schwur zu befreien, der – wie sie jetzt wußte – gegen Seine Gebote verstieß. Als Sühneopfer versprach sie Ihm 180 weiße Böcke, Weihrauch und Myrrhe. Und dann vernahm sie endlich die erlösenden Worte des Großrabbiners:

»Makeda, Königin von Simen und Saba, der Allmächtige entbindet dich von deinem Schwur!«

Überwältigt von ihren Gefühlen, sank die Reine Perle in Ohnmacht.

Ein melancholischer Abend in Jerusalem

Den ganzen nächsten Tag über war Makeda erschöpft und verstört. Das neue Leben, das sich ihr plötzlich eröffnet hatte, verschlug ihr fast den Atem. Wie ein Kind zitterte sie vor dem Unbekannten, sagte alle Empfänge ab und zog sich mit Merari und zwei Schreibern zurück, um zahlreiche Signale und Botschaften nach Saba zu übermitteln.

In ihrem Zeltlager hatte sich die Neuigkeit, daß die Königin durch den Willen und die Gnade des israelitischen Gottes von ihrem Gelübde ewiger Jungfräulichkeit entbunden worden war, wie ein Lauffeuer verbreitet, und nun herrschte große Aufregung. Was wären die weiteren Schritte der Herrscherin? Würde sie in Jerusalem bleiben oder nach Saba zurückkehren? Würde sie ihrem Volk einen König geben? Jeder – vom einfachsten Soldaten bis hin zum höchsten Würdenträger – spürte, daß dieses Ereignis gravierende Folgen haben würde. Sogar die Eskorte der Königin wurde von der allgemeinen Nervosität angesteckt.

Am Nachmittag lud ein Bote Makeda ein, gegen Abend die frische Brise auf der riesigen Dachterrasse von Salomos Palast zu genießen. Die Königin nahm diese Einladung an, die ihr vor dem majestätischen Hintergrund der von Dunkelheit und Stille eingehüllten palästinensischen Berge eine Nacht unter strahlendem Sternenhimmel versprach. Sie brauchte diese Ruhe und Frische, und sie bedurfte auch der Worte des Königs, der ihre Ängste beschwichtigen würde.

Ihr war so, als ginge sie ihrem Schicksal entgegen, als sie die blumengesäumte Treppe zur Terrasse emporschritt. Oben angelangt, atmete sie begierig die klare Luft aus den Wäldern ein, die ihr eine heitere Zukunft zu verheißen schien. Der König von Juda erwartete sie mit hoffnungsvoll strahlendem Gesicht. Er war prächtig gekleidet, wie für ein Fest. Nur ein einziger Diener führte seine Befehle aus, doch hinter den Büschen und Blumenranken erklang leise Musik, die sich mit dem Säuseln des Windes vermischte.

»Da bist du ja, mein Stern«, sagte Salomo.

Er griff nach ihren heißen Händen und führte sie unter den karmesinroten Baldachin, der den Blick auf das Lichtermeer von Jerusalem freigab. Der Diwan war breit und weich, und die Musik klang betörend. Der Himmel hüllte die beiden Herrscher mit tragischer Schönheit ein, als die letzten Sonnenstrahlen in märchenhafter Pracht verglühten. Die Herzen der Monarchen waren fast so weit wie der Himmel. Makeda hatte vorsichtshalber ihre Zwerge mitgebracht, und ihr treuer Riese ließ sie nicht aus den Augen. Salomo schickte jedoch alle fort. Er wollte mit der Königin auf dieser duftenden Terrasse allein sein, deren mit Lampions beleuchtete Blumenbeete in der Luft zu schweben schienen.

»Diese Nacht, o Makeda, ist so heiß wie ein Kuß!«

»Und genau das ist gefährlich für eine Frau, die sich der Melodik deiner Worte überläßt.«

»Fürchte dich nicht und leg diesen Pelzumhang ab ...«

»Das sind Otterfelle aus Taccatzi. Ich habe die Tiere selbst mit großer Mühe erlegt, als ich noch eine gewalttätige und auf Abwechslung bedachte Herrscherin war. Jetzt haben deine Lieder, deine Musik und Poesie in mir die Leidenschaft für Eroberungen aller Art ersterben lassen. Das ist das Resultat dieses Aufenthalts, bei dem mein eiserner Wille immer mehr geschwächt wird. Kriege interessieren mich kaum noch, und die Siegesbotschaften, die meine Hauptleute mir voller Stolz übermitteln, lassen mich kalt.«

»Siehe, Königin der Schönheit, du bist nun zu einer Königin der Güte und der Künste geworden. Gelobt sei Jahwe, wenn Salomo in seiner Weisheit und Liebe zur Harmonie dich in dieser Hinsicht zu erleuchten vermochte.«

Sie tranken süßen Wein aus Goldpokalen und knabberten an zartem Gebäck, während weiche Harfenklänge nostalgische Gefühle in ihnen hervorriefen.

»O Salomo«, seufzte Makeda, »du sollst wissen, daß ich heute abend gekommen bin, um dir für die Einberufung der Ratsversammlung zu danken, denn die Worte dieser klugen Männer glichen hellen Lichtstrahlen ...«

»Du brauchst mir nicht zu danken, Makeda. Lies jene Verse, die ich dir vor achtzig Tagen übersandt habe. Ich habe mein damaliges Versprechen erfüllt, weiter nichts.«

»Jene Botschaft habe ich mir immer wieder laut vorgelesen, goldener König, und es war das schönste Lied, das meine Ohren jemals vernommen haben.«

Salomo, der Monarch mit achthundert Konkubinen, war in Gegenwart von Makeda so schüchtern wie ein Knabe. Mit seiner ringgeschmückten Hand griff er nach seiner Harfe, und wie von selbst kam ihm ein neues Lied über die Lippen. Er wurde inspiriert von der Heiterkeit dieses Abends, von der majestätischen Kulisse der judäischen Berge und Wälder und vom prächtigen Sternenhimmel, doch geweiht war dieses Lied einzig und allein der Liebe.

Makeda schloß berauscht die Augen.

Und dann sprach Salomo: »Du hast mir gesagt, o Königin, daß es der Wunsch deines Vaters war, alle Hebräer in einem einzigen Reich zu vereinen. Deshalb bist du nach Jerusalem gekommen. Gesegnet seist du, denn du hast getan, was du tun mußtest, und du wurdest dabei von Jahwe geführt. Doch um alle Hebräer zu einen, müßten wir unsere beiden Königreiche vereinigen. Hast du das bedacht, Makeda? Auf diese Weise wäre dein Werk vollendet. Aber ich habe dir gestern bei der Ratsversammlung gesagt: nicht durch das Schwert, Makeda, niemals durch das Schwert, sondern nur durch die Liebe! Was Gott tut, das ist wohlgetan. Er hat dich als Jungfrau zu mir geführt – zu Seinem Diener, zum Hüter der Bundeslade und Bewahrer des Siegels. In meinem Herzen hat Er die Liebe zu dir sprießen lassen wie die schönste, farbenprächtigste und seltenste aller Blumen. Zweifellos erkennst auch du die geheimnisvolle Komposition und Harmonie, die dem göttlichen Willen zugrunde liegt. Du gibst mir keine Antwort, Makeda? Begreifst du nicht, daß ich dich bitte, meine Frau zu werden und mir ein schönes Kind zu schenken, das einst Herrscher über unsere durch Liebe und Blutsbande vereinten Königreiche sein wird?«

»Ich wußte im voraus alles, was du mir sagen würdest, Salomo, denn ich habe deine Leidenschaft schon vor langer Zeit erkannt. Deine Augen sind wie ein Buch, deine Worte sind durchsichtig wie ägyptisches Glas, und dein Herz duftet wie der Sandelbaum. Alles um mich herum hatte mir angekündigt, was du mir heute abend sagen würdest. Trotzdem kann ich dir noch keine Antwort geben.«

»Bist du denn nicht die Herrin deines eigenen Schicksals und der Millionen Menschen, die sich deinem Willen beugen?«

»Gewiß, Salomo, meine Entscheidung hängt nur von mir selbst ab. Dennoch habe ich heute morgen mit Hilfe von Signalen meine Hauptstadt über die Neuigkeiten unterrichtet, und nun warte ich die Reaktion meiner Untertanen ab. Gewähre mir einige Nächte, in denen ich in Ruhe überlegen kann. Meine Ratgeber und die Armee sind sehr beunruhigt, weil sie ahnen, daß die Preisgabe des Gelübdes gravierende Auswirkungen auf mein ganzes Leben haben wird. Sie befürchten, daß meine Gesetze aufgehoben werden könnten, daß die Männer ihre schändlichen Privilegien zurückerhalten und daß die Frauen von Saba zusammen mit ihrer Königin wieder unter die Knechtschaft des Mannes und der Liebe geraten.«

»Dann werde ich dich eben in drei Tagen nach deiner Antwort fragen, Reine Perle. Oh, aber wenn du nur wüßtest, wie falsch deine Auffassung von der Liebe infolge dieser langen Jungfräulichkeit ist, die deine Gefühle für den Mann verzerrt hat.«

Wider besseres Wissen beharrte Makeda immer noch auf den rigorosen Dogmen, die sie im Laufe der vergangenen achtzehn Jahre proklamiert hatte.

»Ich habe dir schon gesagt, Salomo, daß ich die Knechtschaft verabscheue. Und werde ich als deine Gemahlin nicht deine Dienerin sein, ein Werkzeug deiner egoistischen Lust?«

»Welchen Schmerz du mir zufügst, o Reine Perle! Du entstellst Jahwes edle Vorstellung: Wollte Er nicht, daß die Menschen sich vermehren, um den Fortbestand der Erde zu garantieren? Er hat uns die kostbare Gabe der Liebe geschenkt, um die körperliche Vereinigung der beiden Geschlechter zu verschönern, so wie Er den Blumen Farbenpracht und Duft verliehen hat, um uns zu erfreuen. Die Ehe ist demnach eine göttliche Einrichtung, keine Erfindung der Menschen.«

»Wenn du die Wahrheit sprichst, hat Jahwe Adam aber nur eine einzige Frau gegeben. Warum hast du dann so viele?«

Salomo hob eine der Goldplatten an seinem Gürtel an, um seinen goldfarbenen Bart im Schein einer Lampe zu betrachten. »Ich sehe, daß dieser Gedanke dich regelrecht verfolgt«, sagte er. »Dabei hat Nathan dir gestern bei der Ratsversammlung weise Erklärungen gegeben, weshalb ein Mann das Recht hat, mehrere Frauen zu heiraten, wobei eine Hauptfrau die Nebenfrauen mit auswählt. Ich möchte seinen Worten noch hinzufügen, daß Gott genauso viele Frauen wie Blumen erschaffen hat. Das mag auf den ersten Blick wie eine Laune der Natur erscheinen, aber in Wirklichkeit war hier wie überall Gottes Plan wirksam. Das kleinste Staubkorn, das verweht wird, folgt dem Willen des Unsichtbaren. Alles im Leben ist aufeinander abgestimmt und ergänzt sich, auf der Erde wie im Himmel. Du glaubst doch ebenso wie ich an die Allmacht unseres Gottes, Makeda. Und die Tatsache, daß Gott mehr Frauen als Männer erschaffen hat, beweist zur Genüge, daß Er jedem Mann mehrere Frauen bestimmt hat.«

»Hattest du sehr viele?«

»Schau dir diesen Rosenstock an, Makeda. Er schmückt sich mit hundert Blüten, die mich mit ihrem Duft und mit ihrer Schönheit betören. Und genauso, wie dieser Rosenstock die Natur bereichert, haben die Frauen, die ich mir ausgewählt habe, mein Leben bereichert, bis ich dich kennenlernte.«

»Aber würdest du auch weiterhin von Blüte zu Blüte flattern und gleichzeitig von mir absolute Treue verlangen?«

»Schau dir noch einmal die Rose an«, erwiderte der König. »Sie kann nur auf dem Rosenstock blühen und gedeihen. Genauso kann meine Gemahlin nur in meinen Armen Liebe finden.«

Makeda machte eine Geste der Empörung.

»Das Kind meines Blutes«, fuhr Salomo lebhaft fort, »wird nicht in meinem Bauch heranwachsen, Makeda, sondern in deinem. Wäre das Kind nicht von mir, würdest du dein Leben lang von Gewissensbissen geplagt werden, sobald ich den Sohn, der nicht mein eigenes Fleisch und Blut wäre, auf die Stirn küßte. Diese Strafe Gottes wäre auf Dauer unerträglich, und deshalb muß die Frau treu sein.«

»Die Überlegenheit des Mannes sollte demnach gottgewollt sein? Welch grausame Ungerechtigkeit!«

»Begreifst du denn nicht, Makeda, daß diese scheinbare Überlegenheit nur die Entschädigung ist, die Jahwe den Männern verheißen hat, weil sie sich im Schweiße ihres Angesichts abmühen und gegenseitig umbringen, um ihre Familie erhalten zu können? Die Überlegenheit des Mannes ist doch rein illusorisch, verglichen mit der Anmut, dem Charme und den Verführungskünsten der Frau. In Wirklichkeit ist immer sie die Herrscherin.«

»Du hast auf alles eine Antwort«, murmelte Makeda erschöpft.

Beide verstummten. Der weise König war bereit, sich ihrem Willen zu beugen und tagelang auf ihre Antwort zu warten. Doch er befürchtete, daß der von ihr gewünschte Aufschub nur ein Vorwand war, ihn zurückzuweisen, denn er kannte von Haisar die Geschichte jenes assyrischen Prinzen namens Assadaron, der sich durch Kühnheit und Magie einen Platz im Herzen der Königin von Saba erobert hatte – einen Platz, den er vielleicht nach wie vor innehatte.

Die Nacht war angebrochen, und die Stadt hatte ihre Lichter gelöscht. Die Musik war verstummt. Makeda wollte in ihren Palast zurückkehren. Sie stieg in ihre Sänfte, und Salomo blickte diesem weißen Schatten, der so unberechenbar wie eine Wolke war, lange nach.

Die Reine Perle schlüpfte ihm zwischen den Fingern hindurch, war genauso wenig zu greifen wie der Nebel. Salomo begab sich in den »Pavillon der himmlischen Töne«, wo er in Stunden leidenschaftlicher Erregung die Freuden oder Schmerzen seines Herzens in Lieder umsetzte.

Makeda suchte in ihrem Gebetsraum Zuflucht, nachdem sie ihre prächtige Robe und ihren Schmuck abgelegt und ein schlichtes schwarzes Gewand angezogen hatte. Sie rief sich die Instruktionen des Magiers Belocha ins Gedächtnis, um ihren Astralleib zum Sprechen zu bringen. Lange Zeit blickte sie starr in die Nacht hinaus, dann kniete sie nieder, sammelte sich und schlug mit der Stirn fünfzig Mal auf den Marmorboden. Der Blutzustrom verschaffte ihr einen klaren Kopf.

Sie legte sich auf den Rücken. Ihr erleichtertes Herz schlug gleichmäßig. Nur auf sich selbst konzentriert, ordneten sich ihre wirren Gedanken vor ihrem geistigen Auge zu einem ergreifenden Relief. Sie durchlebte ihr ganzes Leben noch einmal, von der Kindheit bis zu diesem Tag, an dem sie eine endgültige Entscheidung treffen mußte, und sie flehte Jahwe an, sie zu erleuchten.

Der von Idealen beseelte große König

Zwischen der Hauptstadt und Makedas Lager wurden tagtäglich Botschaften ausgetauscht. Die Königin befürchtete, daß es während ihrer Abwesenheit zu Aufständen kommen könnte, wie sie in den Nachbarländern gang und gäbe waren, wo sie, einer blutigen Flutwelle gleich, von Stadt zu Stadt um sich griffen. Deshalb wartete sie mit unbegründeter Besorgnis auf die detaillierten Berichte ihrer Gouverneure in den verschiedenen Provinzen.

»Eure Untertanen waren niemals friedlicher und glücklicher«, versuchte Merari sie zu beruhigen. »Nachdem Ihr ohne Unterlaß Befehle nach Saba übermitteln laßt, weiß jeder, daß auch Eure Reise nach Jerusalem keinen Raum für Revolten geschaffen hat.«

»Das stimmt allerdings, Merari. Noch nie war ich so voller Tatendrang. Obwohl ich in Jerusalem bin, läuft alles so ab, als hätte ich meinen Palast in Saba nicht verlassen. Ich kümmere mich um die Organisation der eroberten Provinzen, ich lasse Städte, Schiffe und Kanäle bauen und tiefe Brunnen graben, und ich sorge dafür, daß mißverständliche Aussagen in der Glaubenslehre beseitigt werden. Mein Regent Jakob führt all meine Befehle getreulich aus, wie ich weiß. Aber mein Gelübde, Merari! Denkst du auch an das Gelübde, von dem ich befreit worden bin?«

»Die Königin ist Herrin über ihr eigenes und über unser aller Leben.«

»Die Königin will aber, daß ihr Volk begreift, daß sie ihr Versprechen nicht leichtfertig gebrochen hat. Doch wird es das begreifen? Wurde nicht die Angst meiner Untertanen von den Rabbinen ständig geschürt wie ein Feuer? Nur meine Jungfräulichkeit bewahrte sie vor Gottes Groll. Werden sie nicht befürchten, daß Jahwes Zorn über sie kommen könnte, sobald ihre Königin sich einen Gemahl nimmt? Werden sie nicht wutentbrannt in die Tempel stürzen, um die göttliche Vergebung zu erflehen und nach einem neuen Herrscher zu rufen?«

»Die Befürchtungen der Reinen Perle sind völlig unbegründet«, erwiderte Merari. »Ganz im Gegenteil, das Volk wird in dieser Heirat eine Befreiung und einen Segen Jahwes sehen, denn jeder weiß, daß Gottes Wort durch König Salomo kundgetan wird ...«

Die Tage vergingen, König Salomo wurde ungeduldig und verlangte von der Königin eine Antwort.

»Ich habe mein Volk unterrichtet, daß Jahwe mich von meinem Schwur entbunden hat«, erklärte ihm Makeda, »und nun warte ich ab, bis ich erfahre, was meine Untertanen von einer Eheschließung ihrer Königin halten. Ich möchte, daß du meine Skrupel verstehst, Salomo. Meine Untertanen glauben, daß meine Jungfräulichkeit mir und ihnen Schutz gewährt. Kann ich diese Jungfräulichkeit beenden, ohne ein moralisches Verbrechen zu begehen? Die Königin hat sich noch nie eines Vergehens schuldig gemacht. Ihre Herrschaft ist so rein wie sie selbst, und sie ist über jeden Tadel erhaben.«

»Du bist als Herrscherin fürwahr so gerecht und geradlinig wie ein Dolch. Ich verstehe, daß die Furcht, verkannt zu werden, dich veranlaßt, die Antwort deines Herzens hinauszuschieben.«

»Du hast mich wirklich verstanden, weiser König. Du kennst mein Herz, und du weißt, was mich daran hindert, dir zu sagen: ›Ja, ich will deine Frau werden.‹«

»Ich kann nur demütig deine Gürtelschnalle küssen«, erwiderte Salomo. »Du bist wahrhaft würdig, die Königin der Israeliten beider Reiche zu werden.«

»Wenn ich einwillige, deine Frau zu werden«, widersprach Makeda, »werde ich die Krone von Juda ablehnen, deren strahlenden Glanz du mit niemandem teilen darfst. Und ich selbst werde Königin von Saba bleiben und mein Volk auch in Zukunft allein regieren.«

»Meine Liebe wird nicht durch irgendwelche Gedanken an Größe, Reichtum oder Ruhm belastet, Makeda. Mein Ehrgeiz erschöpft sich darin, dich zur Frau zu nehmen und zu lieben. Der Diener der Bundeslade und Bewahrer des Siegels darf nur am Fuße des Tempels leben. Wir werden also beide in unseren jeweiligen Hauptstädten residieren und uns treffen, wann immer unsere Herzen uns zueinander führen.«

Einige Tage später trat die Ratsversammlung wieder zusammen, um über staatliche Reformen zu debattieren. Der König hatte in seinem Idealismus jenen hervorragenden Gelehrten, die dem Rat angehörten, Redefreiheit gewährt, und so war er keineswegs erstaunt, in aller Ehrerbietung nach seinen Heiratsplänen gefragt zu werden.

»Das Rabbinat würde sich sehr freuen, wenn unverbrüchliche Bande die von Mose befreiten Israeliten mit jenen vereinen würden, die Jahwe wunderbarerweise vor dem Zorn der Ägypter gerettet hat.«

»Ich kann meinen treuen Untertanen noch nicht den erwünschten Bescheid geben«, erwiderte Salomo und erläuterte die edlen Skrupel der Reinen Perle. »Trotzdem müssen wir dem Allmächtigen danken, daß Er die israelitische Jungfrau, die in Saba herrscht, zu Seinem Propheten geführt hat. Die Entwicklung der Völker von Israel während der letzten fünfzig Jahre hat diese göttliche Entscheidung vorbereitet. Die Herrschaft meines Vaters David fiel mit Angebos Herrschaft zusammen, und Makedas Jungfräulichkeit ist ein Geschenk Gottes an das Volk von Juda. Gelobt sei Er! Hosianna!«

Alle wiederholten den Lobpreis stehend und mit ausgebreiteten Armen. Danach erkundigte sich der Großrabbiner jedoch beunruhigt, ob Salomo im Falle einer Heirat die Absicht habe, Jerusalem zu verlassen.

Der friedliebende König legte dar, daß die Königin von Saba und er selbst darin übereinstimmten, sich so oft wie möglich in ihren jeweiligen Hauptstädten aufzuhalten. Deshalb würde sich an der Regierungsform in Juda nichts ändern. Nur das Dogma würde in einem riesigen spirituellen Reich vereint sein.

Salomos Idealismus hatte sogar seine engsten Ratgeber von jeher erstaunt. Der goldene König war weder Kaufmann noch Soldat, und er regierte sein Volk mit der Laute in der Hand, um zu seinen Dichtungen passende Weisen zu ersinnen. Diese Abgeklärtheit und innere Heiterkeit wurde von jenen Israeliten, die vom Materialismus geblendet waren, oft scharf verurteilt. Der Handel litt unter der Sorglosigkeit des Königs, und die Herrscher benachbarter Länder fürchteten einen Monarchen, der den Krieg verabscheute, nicht genügend. Deshalb erhofften sich viele Ratgeber von der Heirat einen beträchtlichen Aufschwung des Handels ebenso wie politische Hegemonie.

Dem Heerführer schwebte bereits ein Militärbündnis mit der mächtigen Armee der Königin von Saba vor, der Flottenkommandeur wollte von der enormen Sachkunde ihrer Kapitäne profitieren, und der Schatzmeister träumte gar von einem Vertrag, der es den Israeliten erlauben würde, an die märchenhaften Reichtümer von Saba heranzukommen.

»Genug dieser Pläne!« rief Salomo. »Ich heirate die Frau, nicht die Königin. Erwartet nicht von eurem König, daß er in seiner Ehe eine Art Handelsabkommen sieht. Kennt ihr ihn denn noch immer nicht, ihr Rabbinen und Offiziere? Wißt ihr nicht, daß er den Krieg und das Gold, die Habgier und den Ehrgeiz der Kaufleute verabscheut? Einzig und allein der Tempel ist sein Werk, und dieses Werk ist größer als alles andere! Die geplante Ehe wird nichts verändern. Sie wird dem Volk nur mehr Frieden, Glück und Schönheit bescheren.«

Zitternd wagte Nathan, eine letzte Frage zu stellen.

»Aber was wird geschehen, falls aus dieser Verbindung ein Kind hervorgeht?«

»Salomos Kind«, erklärte der Herrscher energisch, »wird König von Saba sein. Sollten mir weitere Söhne geboren werden, so werde ich unter meinen Erben denjenigen auswählen, der am würdigsten ist, meine Nachfolge anzutreten. Gott ist groß, und es geziemt sich nicht, Seinem Ratschluß zuvorzukommen. Ihm allein obliegt die Entscheidung, ob ein unseren Lenden entsprungenes Kind unsere beiden Königreiche zusammenschweißen soll.«

Der König hatte gesprochen, und niemand wagte ihm zu widersprechen. Die Ratgeber zogen sich zurück und überließen Salomo seinen seligen Träumen von Makeda.

Sinnliche Tänze

Es klopfte an der Tür des »Pavillons der himmlischen Töne«. Nathan, der einzige, der Zutritt zu diesem Refugium
hatte, wo Salomo seine Psalmen schrieb, wurde gemeldet.
Der Herrscher grübelte, über einen mit Papyri übersäten
Marmortisch gebeugt, während die schräggeschliffene Feder
in die goldfarbene Tinte eingetaucht war.

»Verzeiht die Kühnheit Eures ergebensten Freundes, o König, doch meine Unruhe wächst von Stunde zu Stunde. Ich
sehe, daß mein geliebter König in düsterer Stimmung ist.
Kann ich ihm irgendwie helfen, diese Schwermut zu über-
winden?«

»Du meinst es gut, Nathan, aber meine Schwermut wird
so lange andauern, bis die Königin unseren Hochzeitstag
festlegt.«

»Ich kenne die Vorsicht und die Vorbehalte der Reinen
Perle, aber ich glaube, daß die Möglichkeit besteht, ihre letzten Bedenken zu beseitigen.«

»Der weise und von Gott inspirierte König leidet aber
diesmal unter völliger Einfallslosigkeit.«

»Die Reine Perle widersteht Euch nur noch, weil sie edle
Skrupel hat. Ihr müßt Euch deshalb eine List einfallen lassen,
bei der gerade ihre Tugenden ihr zum Verhängnis werden.«

»Das ist äußerst schwierig, wenn nicht unmöglich.«

»Es ist möglich und gar nicht schwierig, o König! Hört zu:
Ich habe mir nächtelang den Kopf zerbrochen, Pläne ge-
schmiedet und wieder verworfen, welche Falle man der Königin stellen könnte.«

»Und was ist dir eingefallen?«

»Man muß es so einrichten, daß die Königin zur Diebin
wird.«

»Zur Diebin? Niemand wird sie dazu verleiten können.«

»Ihr irrt Euch! Ich stelle mir vor, daß es Euch ein leichtes
wäre, der Königin bei einem gemeinsamen Abendessen salzi-
ge und scharf gewürzte Speisen auftischen zu lassen, die
ihren zarten Gaumen reizen und sie wahnsinnig durstig machen. Gleichzeitig erklärt Ihr ihr, daß das Wasser im Palast-

brunnen dem Volk von Juda gehöre und von ihr nicht getrunken werden dürfe ...«

»Ich glaube, mir geht ein Licht auf, Nathan«, fiel der König ihm schmunzelnd ins Wort.

»Dann habt Ihr bestimmt auch schon erraten, daß die Königin dieses Verbot vergessen und von dem Wasser trinken wird. Folglich wird sie das Volk von Juda bestohlen haben.«

»Und ich werde sie vor Gericht bringen ...«

»Und dann werdet Ihr sie begnadigen, aber nur unter einer Bedingung ...«

»Daß sie mich sofort heiratet?«

»Nein, o König, das wäre viel zu durchsichtig. Ihr müßt die Königin beeindrucken, indem Ihr ihr klarmacht, daß ihr Volk eine Straftat begangen hat. Einen unschuldigen Menschen der Freiheit zu berauben ist ein Verbrechen, und das Volk von Simen hat der Reinen Perle, die auf die Freuden der Liebe und Mutterschaft verzichten mußte, die Freiheit geraubt.«

»Sehr richtig«, bestätigte der König.

»Die Reine Perle ist jedoch großmütig und verzeiht ihrem Volk, ohne auch nur abzuwarten, ob ihre Untertanen mit ihren Heiratsplänen einverstanden sind.«

»Sie begnadigt also ihr Volk?«

»Ja, und im Gegenzug begnadigt Ihr sie.«

»Nathan, dein Geist gleicht der strahlenden Sonne!« rief der König. »Und dafür möchte ich dich belohnen. Was wünschst du dir?«

»Daß Ihr und die Königin glücklich werdet, o Herr über die Elemente!«

»Du sollst in den nächsten fünf Jahren der Nutznießer aller Steuereinnahmen einer meiner Provinzen sein.«

»Eure Großzügigkeit beschämt mich, o König!«

Die beiden Männer machten sich nun daran, die List in allen Einzelheiten zu planen.

»Du wirst Ben Eliazar ins Vertrauen ziehen«, entschied Salomo. »Möge er sofort alle Vorbereitungen für die Hochzeit treffen. Der König kann nicht mehr warten! Informiere auch den Richter. Und vor allem: Laß der Reinen Perle mitteilen, daß ich heute abend bei ihr zu speisen wünsche. O Nathan, hoffentlich hat diese qualvolle Wartezeit nun bald ein Ende!«

Am Abend begab sich der König zu Makeda, was nichts Ungewöhnliches war, denn die beiden Herrscher pflegten mittlerweile fast täglich miteinander zu speisen. Der Reinen Perle fiel nicht auf, daß Salomo ihren goldenen Becher ständig mit süßem Wein füllte und daß er sie drängte, die kleinen gesalzenen Fische aus Phönikien zu essen.

Bald bekam sie schrecklichen Durst und ließ sich einen Becher klaren Wassers bringen, doch der König hinderte sie daran, es zu trinken, und erklärte ihr, das Wasser im Palast sei ausschließlich dem Volk von Juda vorbehalten. Makeda war völlig verblüfft, weil sie noch nie etwas von diesem Verbot gehört hatte, doch sie stellte gehorsam den Becher hin und ließ sich statt dessen wieder Wein einschenken.

Der König war an diesem Abend so fröhlich wie lange nicht mehr, und der Königin stieg der viele Wein zu Kopf, so daß sie alle Sorgen vergaß und dieses Beisammensein von ganzem Herzen genoß. Schließlich ließ sie ihre Tänzer kommen.

»Ich werde dir einen Tanz zeigen, der die Liebe verherrlicht, o König. Deshalb hatte ich ihn in meinem Königreich verboten.«

Ein ägyptisches Paar betrat den Saal. Der Mann war jung und muskulös, die Frau zart und wohlgeformt. Schön wie Götter, stellten sie in diesem Tanz aus ihrem Heimatland das Leben der Frau dar.

Erste Szene: die kindliche Freude des kleinen Mädchens, das eine hübsche Puppe bekommt. Ihre Neugier erwacht, sie wiegt die Puppe und bekommt eine erste Vorahnung von der Mutterliebe.

Zweite Szene: Zwei junge Leute begegnen sich. Sie finden Gefallen aneinander, doch zunächst sind sie vor Schüchternheit wie gelähmt. Der Jüngling überwindet seine Hemmungen und bringt seine Bewunderung zum Ausdruck, und das Mädchen erlaubt erste Liebkosungen. Der Verliebte tanzt mit der Jungfrau, und bei diesem Tanz entflammen ihre Sinne, und das Mädchen sinkt dem Verführer in die Arme. Der Tanz wird fortgesetzt, aber in langsamem, schmachtendem Rhythmus. Der Mann mimt sein Verlangen, drückt seine Leidenschaft aus, und die Frau leistet keinen Widerstand mehr, sondern breitet auffordernd ihre Arme aus.

Dritte Szene: Die Musik wird wild und ungezügelt, und der Tänzer, der sich mit seiner Geliebten auf den Armen verzückt im Kreis gedreht hat, bettet sie nun auf ein weiches Fell. Er zieht ihr das hauchdünne Gewand aus und küßt den bebenden Körper, der sich ihm sehnsüchtig entgegenwölbt. Der Mann entkleidet sich nun ebenfalls, und die Frau bestaunt diese nackte Bronzestatue, die sich über sie beugt und sie in die Arme schließt. Die Musik erinnert an selige Seufzer, als der Tänzer sich anschickt, die Tänzerin in Besitz zu nehmen ...

Doch an dieser Stelle machte Makeda eine gebieterische Geste, und die Musik verstummte jäh. Die Tänzer kamen zur Besinnung, griffen hastig nach ihren Kleidungsstücken und entflohen, um sich nicht dem Zorn der Königin auszusetzen.

Statt dessen trugen nun vier Negersklaven eine goldene Statue auf einer Plattform herein, stellten sie auf einem niedrigen Sockel ab und verließen den Raum. Es war die Statue eines zierlichen Mädchens in kauernder Haltung.

»Ich werde diese Statue aus massivem Gold für dich jetzt zum Leben erwecken«, kündigte Makeda dem König an.

»Ich freue mich auf eine weitere Demonstration deiner Zauberkräfte, meine schöne Magierin!«

Makeda umrundete die Statue und murmelte unverständliche Worte, und vor den Augen des staunenden Königs begann sich die Statue zu bewegen, stieg vom Sockel und vollführte einen kunstvollen Tanz zu den Klängen einer Harfe aus Zedernholz, der Makeda reizvolle Töne entlockte. Doch viel zu schnell ließ sie ihre Finger ruhen, und die Tänzerin kehrte auf ihre Plattform zurück und erstarrte wieder.

»Ich werde dir das Geheimnis dieser Magie verraten«, lachte Makeda, »und dir diese Goldstatue schenken.«

»Ich werde sie oft tanzen lassen«, versprach Salomo, während er auf den Sockel zuging.

»Rühr sie nicht an!«

Zu spät! Schon berührten Salomos Finger das Gesicht der Statue, und er spürte, daß unter der Goldschicht Leben pulsierte. Makeda amüsierte sich über den Schrecken, der sich flüchtig auf seinen edlen Zügen malte, und dieses silberhelle Lachen verstimmte ihn.

»Die Tänzerin Aika soll kommen!« befahl Makeda, die seinen Unmut einfach ignorierte.

»Was willst du mir jetzt vorführen lassen?«

»Eine meiner ungewöhnlichsten Tänzerinnen, die sich ganz dem Rausch der Sinne überläßt.«

Aika war ein seltsames Geschöpf mit zartem Gesicht, riesigen Augen und sinnlichen Lippen. Sie trug eine weiße Pluderhose und ein knappes weißes Oberteil, das ihre üppigen Brüste frei ließ. Das Erstaunlichste an ihr war jedoch der gewaltige Bauch, und ihr geschminkter Nabel glich einem dritten Auge.

Sie tanzte, ohne die Füße vom Boden zu heben. Nur ihre Arme und ihr Bauch bewegten sich, doch auch die schlangenhaften Arme erstarrten bald, und der Bauch setzte den Tanz allein fort, in immer schnellerem Rhythmus der kleinen Trommeln. Ihr Blick war dabei starr zur Decke gerichtet, ihre Lippen bebten, und ihre Glieder zuckten, so als befände sie sich im Zustand höchster sinnlicher Erregung. Plötzlich stieß sie einen rauhen Schrei aus und sank stöhnend zu Boden.

Verschämt erklärte Makeda dem König, daß der Bauchtanz die Liebe bis hin zum Höhepunkt der Lust verherrliche.

»Du bietest mir heute lauter erregende Darbietungen«, sagte Salomo. »Befürchtest du nicht, damit mein Verlangen nach dir noch mehr anzufachen?«

Die Königin lächelte.

»Es gefällt mir, von dir begehrt zu werden, doch wenn du willst, lasse ich keine weiteren Tänzer auftreten.«

»Und wann wirst du selbst für mich tanzen, Makeda?«

»Ich tanze nur in der Abgeschiedenheit meiner Gärten, und für einen Mann habe ich noch nie getanzt.«

»Trotzdem bestehe ich darauf, göttliche Schönheit. Du würdest mein Herz erfreuen und die unendliche Geduld belohnen, mit der ich auf deine Antwort warte, grausame Königin, indem du mir wenigstens diese Gunst gewährst.«

»Also gut, ich werde für dich tanzen, um dir für deine Geduld und Nachsicht zu danken, denn mir liegt viel daran, gerecht zu sein, und deine Bitte klingt vernünftig.«

Leichtfüßig wie ein junges Reh verließ sie den Raum, entledigte sich ihrer schweren Prunkrobe und kehrte kurz darauf in einem ägyptischen Gewand mit steifen Falten zurück, das Schultern und Brüste frei ließ, die jedoch mit Schmuck weitgehend verhüllt waren. Auf dem Kopf hatte sie eine Pfauenperücke, und als sie leise pfiff, ließ ein Diener ihre dressierten Pfauen ein. Verzaubert von den zarten Melodien einer Flöte, entfalteten die schönen Vögel ihre prächtigen Schwänze zu großen Fächern und umkreisten anmutig die Tänzerin, die ihrer Fantasie in kunstvollen Arabesken freien Lauf ließ.

Salomo weidete sich an dem hinreißenden Anblick, und als der Tanz beendet war, eilte er auf Makeda zu, überschüttete sie mit Komplimenten und versengte ihre nackte Haut mit heißen Küssen. Er streifte einen Ring, in dessen Stein der salomonische Stern eingraviert war, von seinem Finger und schmückte damit die zarte Hand der Königin, die sich weder gegen das Geschenk noch gegen die Liebkosungen wehrte.

»Ich möchte mit dir den Bechertanz tanzen!« rief der verzückte Herrscher.

Und die Reine Perle erfüllte ihm auch diesen Wunsch.

Zwei volle Weinbecher wurden auf einen großen purpurroten Teppich gestellt, neben dem Makeda niederkniete. Ihr Oberkörper bewegte sich – scheinbar völlig losgelöst von den Hüften – geschmeidig hin und her, so als würde ein Rosenstock einer leichten Brise ausgesetzt. Als die Musik einen heftigen Windstoß andeutete, beugte sie sich weit vor, packte den Weinbecher mit ihren weißen Zähnen und richtete sich so geschickt auf, daß kein Tropfen verschüttet wurde.

Der große Speisesaal aus Marmor und Jaspis, geschmückt mit farbenprächtigen Orientteppichen, bot einen perfekten Rahmen für dieses Schauspiel. Makeda glich einer exotischen Blume, und Salomo umkreiste sie majestätisch. Die Reine

Perle konnte nur darüber staunen, wie kunstvoll er tanzte, wie harmonisch alle Bewegungen aufeinander abgestimmt waren. Schließlich kniete er ihr gegenüber nieder und bemächtigte sich des zweiten Bechers, die daraufhin ausgetauscht und geleert wurden.

Damit war der Tanz zu Ende, doch Salomo und Makeda knieten einander noch immer gegenüber, und die Königin versuchte in kindlichem Übermut und berauscht vom Wein, ihren Tanzpartner aus dem Gleichgewicht zu bringen und umzustoßen, indem sie sich mit aller Kraft gegen seine Schultern stemmte.

Der König ging auf dieses reizvolle Spiel ein, riß sie in seine Arme und zog sie mit sich zu Boden. Lachend befreite sie sich und flüchtete an den Tisch, erfüllt von einer Lebensfreude, die sie nur als sorglose Prinzessin gekannt hatte.

Als der König sich nach weiteren ausgelassenen Kinderspielen schließlich verabschiedete, fragte Makeda ihn überglücklich, ob er sie am nächsten Tag wieder besuchen würde.

Salomo gab ihr eine rätselhafte Antwort: »Wir werden uns bald wiedersehen, mein Goldstern, und du wirst von dieser Begegnung überwältigt sein.«

Die Reine Perle war viel zu müde, um zu fragen, was diese Worte zu bedeuten hatten. Sobald sie allein war, erfrischte sie ihren glühenden Körper mit einem kühlen Bad in dem Marmorbecken, das auf ihren Wunsch hin in einen der Palasträume eingebaut worden war, und danach ließ sie ihren Körper von den Zwergen mit duftenden Ölen massieren.

Schließlich glitt sie unter das *chat-bet*, eine Art zylindrisches Zelt aus Seide, unter dem sie – wie die meisten Frauen in ihrer Heimat – nackt schlief, nur mit ihren Amuletten um den Hals. Ohne von Kleidungsstücken oder Decken beengt zu werden, konnte sie ihren schönen Körper ausstrecken und die milde Nachtluft ungehindert genießen, und sie behauptete oft, das erhalte sie jung und gesund.

Doch an diesem Abend fand sie keinen Schlaf. Nervös wälzte sie sich von einer Seite auf die andere, und ihr Blut glich einem Lavastrom. Am schlimmsten war die Hitze in ihren intimsten Körperpartien, und instinktiv verirrten ihre

Hände sich dorthin, doch vor Scham gebot sie ihnen sogleich Einhalt und drehte sich auf den Bauch. Vergeblich versuchte sie, die erotischen Bilder zu vertreiben, die in ihrem Kopf herumschwirrten. Sie sah den Liebestanz der Ägypter, die sich wie Pflanzen umschlungen hatten, und gleichzeitig spürte sie Salomos Arme, in denen sie auf dem Teppich geruht hatte. Sie fieberte vor Erregung und war so durstig wie noch nie in ihrem Leben. Ihr Gaumen glühte, und ihre Kehle stand in Flammen. Dann erinnerte sie sich an die salzigen Fische aus Phönikien, die sie gegessen hatte, und rief: »Schnell! Bringt mir einen Becher frischen kalten Wassers!«

Die Zwerge sprangen hastig von ihrem Lager zu Füßen des Bettes ihrer Herrin auf und beeilten sich, ihren Wunsch zu erfüllen. Sie führte den Silberbecher an ihre Lippen, doch noch bevor sie ihren Durst löschen konnte, hörte sie Lärm, und gleich darauf wurde die zweite Tür ihres Schlafzimmers, die in die Gärten führte, weit aufgerissen, und der schwarz gekleidete oberste Richter betrat den Raum, gefolgt von zwei fackeltragenden Schreibern. Makeda stieß einen Schreckensschrei aus, schlang hastig ein Laken um sich, sprang aus ihrem Zelt und wollte die Eindringlinge beschimpfen.

»O Königin«, kam der Richter ihr jedoch zuvor. »Wir erfüllen nur unsere Pflicht, und zu unserem großen Bedauern müssen wir feststellen, daß Ihr eine Straftat begangen habt, indem Ihr dieses Wasser trinken wolltet.«

Er deutete anklagend auf den silbernen Becher.

»Der König versichert«, fuhr er fort, »Euch gewarnt zu haben, daß dieser Brunnen dem Volk gehört, und daß jeder, der auch nur einen Tropfen davon trinkt, sich des Diebstahls schuldig macht.«

»Das stimmt«, murmelte Makeda. »Jetzt fällt es mir wieder ein.«

»Ich muß Euch deshalb vor Gericht bringen, o Königin! Den Vorsitz bei allen Verhandlungen führt jedoch unser erlauchter Monarch, und so wird er darüber entscheiden müssen, welche Strafe verhängt werden soll.«

Bei diesen Worten eilte Salomo ins Zimmer. Mit gebieterischer Geste verscheuchte er die Schreiber, bat den Richter jedoch, an seiner Seite zu bleiben. Mit einem maliziösen Lächeln wandte er sich an die Königin:

»O Reine Perle! Nach unseren Gesetzen hast du eine Straftat begangen, daran besteht kein Zweifel. Ich kann dich allerdings begnadigen, aber nur unter einer Bedingung! So wie du dich schuldig gemacht hast, als du das Wasser aus diesem Brunnen stahlst, so hat sich dein Volk schuldig gemacht, als es deine persönliche Freiheit beschnitt. Das ist strafbar, sowohl nach euren als auch nach unseren Gesetzen. In deiner Großmut wirst du dein Volk jedoch begnadigen, ohne abzuwarten, wie es sich zu deiner geplanten Heirat äußert. Wenn du deinen Regenten Jakob in diesem Sinne informierst, werde auch ich dich begnadigen.«

Makeda durchschaute seine List, doch anstatt ihm zu zürnen, streckte sie ihm ihre Hände entgegen.

»Wie könnte ich dir etwas abschlagen? Jedes deiner Worte ist wahr. Nicht nur dein Volk, nein, die ganze Welt rühmt deine Weisheit und Gerechtigkeit. Ich bin damit einverstanden, o mein König, daß du unseren Hochzeitstag bestimmst.«

»Die Feierlichkeiten werden morgen zur ersten Stunde beginnen, glorreiche Königin! Schon seit langem sind alle Vorbereitungen getroffen worden.«

Der König entfernte sich nach heißen Küssen und feurigen Blicken, doch Makeda fand in dieser Nacht keinen Schlaf mehr.

Die Hochzeit

Das Brautpaar stand unter der *chuppah*, einem Baldachin mit Säulen aus Ebenholz. Hoch erhobenen Hauptes erklärte es:

»Wir, Makeda, Tochter des Propheten Angebo, Königin der Könige, Königin von Simen und Saba, Königin des Morgens und der Meere, Löwin vom Stamme Juda, und Salomo, Sohn Davids, König von Juda, Diener der Bundeslade und Bewahrer des Siegels, Herr über die vier Winde und vier Horizonte – wir wollen uns vermählen und erbitten dafür den Segen Jahwes.«

Der Großrabbiner spendete seinen Segen und wandte sich an die Braut, wobei er auf ihre Titel verzichtete, denn während der Hochzeitszeremonie sind alle Menschen gleich:

»Makeda, Angebos Tochter, willst du Salomo, den Sohn Davids, zum Mann nehmen?«

»Ja, ich will.«

Nathan, der Freund des Königs, reichte diesem einen schlichten Goldring, und Salomo streifte ihn der Braut über den Finger, wobei er sagte:

»Makeda, mit diesem Ring bist du mir anvertraut nach dem Gesetz Mose und Israel.«

Der Großrabbiner reichte ihnen einen Goldpokal, aus dem sie abwechselnd tranken, zum Zeichen, daß sie fortan Freud und Leid miteinander teilen würden.

Makeda glaubte vor Glück zu sterben, während sie ihrem Gemahl tief in die Augen blickte. Über einem goldenen Untergewand trug er zwei symbolträchtige Gewänder: eine blaue Tunika und einen roten Mantel, und die schwere, über und über mit funkelnden Edelsteinen besetzte Krone schien ihn überhaupt nicht zu belasten. Majestätisch geleitete er die Königin zu den beiden Thronen, die mit rotem Goldbrokat bedeckt waren, während die Ehrengäste »Hosianna!« riefen und sich tief verbeugten.

Das Herrscherpaar nahm auf den prächtigen Sitzen Platz, Makeda zur Rechten des Königs, der sein Zepter hob, worauf Fanfarenstöße für sofortige Stille sorgten.

Salomos Kämmerer klopfte mit seinem Stab siebenmal auf die unterste Thronstufe, bevor er mit lauter Stimme einen langen Text verlas:

»Höret, ihr Priester und Rabbinen, ihr Würdenträger und Offiziere der Königreiche von Simen, Saba und Juda! Eure Herrscher rufen euch folgendes ins Gedächtnis: Nachdem Mose auf Jahwes Befehl hin die Israeliten von der Sklaverei befreit hatte, wurden die in Ägypten zurückgebliebenen Hebräer zum Tode verurteilt, doch Jahwe rettete Sein Volk ein zweites Mal, indem Er einen Sandsturm entfachte.

Jene Menschen flüchteten nach Simen und ließen sich dort nieder, doch sie waren undankbar und verfielen nach drei Jahrhunderten dem Götzendienst. Jahwe ist jedoch ein barmherziger Gott, der Sein ganzes Volk liebt. Um die irregeleiteten Juden von Simen zur Umkehr zu bewegen, erleuchtete Er Angebo, der zum Propheten berufen wurde, das Idol vernichtete und den Glauben an den wahren Gott wiederherstellte, woraufhin er zum König gesalbt wurde.

Mammete, seine Tochter, war sein einziges Kind, und die Rabbinen von Aksum verlangten von ihr ein Keuschheitsgelübde, damit sie nach ihrem Vater Königin von Simen werden konnte. An dem Tag, als sie ihrem Volk ewige Jungfräulichkeit schwor, nahm sie den Namen Makeda – die Reine – an, und Perlen wurden zum Symbol ihrer Unberührtheit. So hat Gott es gewollt, damit Makeda dem König Salomo im Glanz ihrer Jungfräulichkeit begegnen konnte.

Es war auch Gottes Wille, daß Makeda nach Jerusalem kam, um in Seinem Tempel zu beten. Es war Gottes Wille, daß Makeda auf diese Weise die Hebräer von Simen, Saba und Juda in einem spirituellen Königreich vereinigte. Und es war Gottes Wille, daß Makeda ihrem Keuschheitsgelübde abschwor und König Salomo heiratete. Gelobt sei Jahwe!«

»Gelobt sei Jahwe!« wiederholten alle Ehrengäste.

»In ihrer Weisheit tun unsere glorreichen Herrscher kund«, fuhr der Kämmerer fort, »daß es genügt, wenn die Israeliten im Denken und Fühlen vereint sind. Deshalb wird diese Heirat keine politische Vereinigung der beiden Königreiche zur Folge haben. Die ruhmreiche Königin Makeda wird auch in Zukunft allein über Simen und Saba herrschen, und unser König Salomo wird auch in Zukunft allein über Juda herrschen. Diese Proklamation wird in allen Städten und Dörfern beider Königreiche verlesen werden, auf daß jeder davon Kenntnis erhält! Gelobt sei Gott!«

Die Ehrengäste spendeten Beifall und defilierten an den Thronen vorbei, um den Herrschern zu gratulieren.

»Mögen Eure Vorfahren Euch segnen, und möge Gott Euch zu Ahnen machen«, sagten sie mit tiefen Verbeugungen, worauf das Brautpaar erwiderte: »Gelobt sei Jahwe!«

Schließlich erteilte der Großrabbiner den Neuvermählten noch einmal Gottes Segen.

»O Makeda«, murmelte Salomo sehnsüchtig, »nun müssen wir noch das Hochzeitsmahl hinter uns bringen, bevor wir uns in unser Schlafgemach zurückziehen können.«

Das riesige Bett stand unter einem prächtigen karmesinroten Baldachin, und von der Decke hingen weiße Seidenbahnen in weichen Falten herab, denn Gott hatte gesagt, daß der Bräutigam seine Braut »unter das Zelt« geleiten würde.

Das Schlafgemach war mit Teppichen und Wandbehängen, Leuchtern, Vasen und Weihrauchgefäßen, Diwanen, Hockern und kleinen Tischen aus Rosenholz prunkvoll ausgestattet.

Das Brautpaar hielt sich genau ans Ritual: Makeda hatte die Ehre, Salomo zu entkleiden und ihm das weite weiße Hemd mit kurzen Ärmeln zu überreichen, das sie eigenhändig genäht und bestickt hatte.

Der König staunte: »Du bist fürwahr eine Zauberin, sonst hättest du dieses Hemd nicht in so kurzer Zeit fertigstellen können.«

»Mein König, ich habe schon an dem Tag, als ich dich zum erstenmal erblickte, mit der Arbeit begonnen«, gestand Makeda.

»Seit unserer ersten Begegnung ist nur ein Mond ins Land gegangen, doch damals war dein süßes Gesicht melancholisch, von düsteren Wolken verhangen. Heute hingegen strahlt es so glücklich wie das eines sorglosen Kindes.«

Die geschickten Finger des Königs befreiten Makeda nun langsam von ihren sieben Gewändern, die hauchdünn wie Spinnennetze waren.

Das erste war aus blauem Satin.

Das zweite aus aprikosenfarbener Seide.

Das dritte aus rotem Samt.

Das vierte aus zitronengelber Seide.

Das fünfte aus orangefarbener Gaze.

Das sechste aus zartgrünem Satin.

Das siebte aus roter Seide.

Nachdem auch die letzte Hülle gefallen war, stand Makeda wie eine Goldstatue vor dem König. Er streifte ihr behutsam das Nachthemd über, trug sie zum Bett und bedeckte ihren schönen Körper mit heißen Küssen.

Und Makeda war glücklich. Es schien ihr, als regneten alle Sterne vom Himmel auf die Erde herab. Ihre viel zu lange aufgestaute Sinnlichkeit entlud sich in einer atemberaubenden Ekstase, die sie den flüchtigen Schmerz sogleich vergessen ließ. Beim Anblick der Blutstropfen auf dem Laken stieß Salomo einen Freudenruf aus, denn dieses Blut war für ihn kostbarer als jeder Rubin.

Gemäß Jahwes Geboten blieben sie sieben Tage in ihrem Brautgemach. Der goldene König war ein erfahrener Liebhaber, dem es stets aufs neue gelang, die Königin von Saba in paradiesische Gefilde zu versetzen, und sie begriff nun, daß ein dichter Schleier ihr viel zu lange die klare Sicht getrübt hatte. Sie begriff, daß die Lust eine Gottesgabe war, und sie gab sich der Liebe mit ganzer Seele und mit allen Sinnen hin.

Manchmal, wenn sie nackt, befriedigt und erschöpft von den raffinierten Liebkosungen ihres Gemahls dalag, tanzte Salomo um das Bett herum, griff zur Laute und besang die Sinnenlust, und jedesmal gipfelten seine Lieder in dem Ausruf:

»O Jahwe, einziger und wahrer und wunderbarer Gott, Du hast gesagt: ›Gehet hin und mehret euch!‹«

Sie schwelgten in der Sinnenlust

Das Liebespaar lebte im siebten Himmel. Makeda lernte beseligt die Ekstase kennen, und der erfahrene König wurde nicht müde, zusammen mit ihr die Wonnen der Lust neu zu erleben, denn ihn faszinierte alles an seiner Gemahlin, die nur noch ein Ziel kannte: ihn stets aufs neue zu betören.

Wenn er in seinen Gärten spazierenging, hörte er entzückt, daß Papageien in vergoldeten Käfigen seinen Namen kreischten und ihn rühmten.

Ihren Speisesaal verwandelte Makeda mit Hilfe von Paravents aus verschiedenfarbenen Stoffen, die zu ihren jeweiligen Roben paßten, in einen lauschigen Ort mit weichen Sitzen, wo sie ihre Zweisamkeit ungestört genießen konnten. Wenn sie auf einen Gong schlug, wurde ein Tisch aus Zedernholz mit Perlmuttintarsien lautlos ins Zimmer gerollt. Dieser Tisch war jeden Tag mit großer Sorgfalt gedeckt, und nicht nur die Speisen waren abwechslungsreich, sondern auch die ganze Dekoration: Geschirr, Blumenschmuck und Leuchter.

Durch eine neue Tür konnte man aus dem Speisesaal nun direkt in einen Märchengarten gelangen, wo seltene Blumen sich an Farbenpracht und Düften überboten, Pfauen ihre Schönheit zur Schau stellten, Gazellen anmutige Sprünge vollführten und Vögel zwitscherten. Salomos Seele erfreute sich an all diesen Wundern, die seine Liebste unablässig für ihn ersann.

Auch im riesigen Empfangssaal mit den zahlreichen Säulen staunte der goldene König immer wieder über Makedas Einfallsreichtum. Das kristallklare Wasser des großen Springbrunnens sprudelte aus den Mündern von Cherubinen, aus den Mäulern oder Schnäbeln von Drachen, Ibissen und Chimären hervor, und dieses Wasser änderte die Farbe, je nachdem, ob Makeda rubinrot, saphirblau, opalweiß, smaragdgrün oder türkisfarben gekleidet war.

Leise Musik ertönte im Hintergrund, wenn die Herrscher ihren Amtsgeschäften nachgingen. Sie berieten sich gegenseitig, und oft unterbrachen fröhliche Plaudereien die ernsthafte Arbeit.

»Ich habe von einem der Schreiber deines Hofes ein seltsames Gedicht erhalten«, berichtete Makeda eines Tages. »Es war so schwülstig und sinnlich, daß ich es nicht zu Ende gelesen habe.«

»Dann werde ich es dir vorlesen«, lachte Salomo. Ihn entzückte diese unvermutete Schamhaftigkeit seiner sonst so kühnen Gemahlin.

Die Königin von Saba suchte den Papyrus hervor und erklärte: »Dieses Gedicht schildert in höchst origineller Weise den Sündenfall und die Vertreibung aus dem Paradies, weil

Adam und Eva die verbotene Frucht gegessen haben. Unseren Schriftgelehrten würde diese Version zweifellos mißfallen!«

Salomo nahm ihr den Papyrus aus der Hand, entrollte ihn und las das Gedicht vor. Die erotischen Bilder waren ziemlich abgedroschen, doch der Schluß war überraschend:

»O Königin des Morgens, du bist wie Eva, unsere Mutter, denn deine Macht ist so groß, daß Salomo wegen deiner Schönheit und Sinnlichkeit die Künste vernachlässigt, deren Beschützer er bisher war. Möge der glorreiche Herrscher die Künstler, die zu seinem Ruhm beitragen, nicht ganz vergessen, nicht so, wie Adam seinen Gott vergaß.«

Der Dichter hatte mit Bel-Adinoja unterschrieben.

»Meine Künstler haben mir schon andere Werke dieser Art zugeschickt«, berichtete Salomo. »Eine Zeichnung meiner Architekten stellte einen Keil dar, der eine Basaltsäule zum Einsturz brachte. Damit wollten sie ausdrücken, daß ich mich unter deinem Einfluß von ihnen getrennt hätte. Ich habe ihnen als Antwort die Zeichnung einer unversehrten Säule geschickt, in der dein Name – von Herzen umrahmt – die Steine kittete. Das sollte bedeuten, daß dein Einfluß nicht destruktiv, sondern im Gegenteil äußerst konstruktiv ist. Auch eine Statuette zeugte von der Eifersucht der Künstler. Sie stellte uns als ineinander verschlungene Löwen dar, die durch ihre Vereinigung den Tempel zum Einsturz brachten. Ich habe den Bildhauern dieses Werk zurückgeschickt, mit einem unversehrten und neu vergoldeten Tempel und neuen prächtigen Säulen, um ihnen klarzumachen, daß deine Gegenwart unseren Tempel und die ganze Stadt verschönert.«

»Solange ihr Pessimismus sich nur in solchen Symbolen Luft macht, haben wir von diesen Schwärmern wohl nichts zu befürchten«, kommentierte Makeda.

»Ich habe erfahren«, widersprach Salomo mit sorgenvoller Miene, »daß die Künstler, die sich von mir vernachlässigt fühlen, versucht haben, meine eifersüchtigen Frauen aufzuhetzen, damit diese ihrerseits die Würdenträger aufhetzen sollten.«

»Ist unsere Liebe denn ein Verbrechen?«

»Nein, Makeda, aber sie ist ein so großes Glück, daß sie Neid und Mißgunst erweckt. Das ist immer so. Weißt du das nicht?«

»Um ein Exempel zu statuieren, solltest du diese Künstler streng bestrafen, Liebster.«

»Ich werde niemanden bestrafen, Makeda. Ich bin der Schirmherr der Künste, die nur in völliger Freiheit gedeihen können. Mit ihren Zeichnungen, Gedichten und Statuen haben meine Dichter und Bildhauer zweifellos Kunstwerke geschaffen. Ich werde sie zusammenrufen, ihnen ihre Mißgunst vor Augen führen und sie davon überzeugen, daß unsere Ehe eine ideale Verbindung ist, weil sie nicht durch irgendwelche politischen oder wirtschaftlichen Interessen belastet wird.«

Die Königin von Saba konnte die Milde und Nachsicht ihres Gemahls nur bewundern.

Kurze Zeit später wurde Makedas Glück getrübt. Sie war sehr beunruhigt, als ihr Regent Jakob sie benachrichtigte, daß Assadaron Tadjoura mit acht Kriegsschiffen verlassen habe, angeblich, um nach Babylon zu reisen. Bei der Meerenge von Diodori, die in sabäischer Hand war, hatte Jakob ihm die Durchfahrt mit Hilfe von zwölf schwer gepanzerten und bis zu den Masten bewaffneten Schiffen verwehrt.

Als Makeda eines Tages, eskortiert von ihrer Garde, in einer Sänfte durch die Straßen Jerusalems getragen wurde, glaubte sie in dem ärmlich gekleideten Mann, der sich ihrem Zug in den Weg stellte, Assadarons Hauptmann und treuen Freund zu erkennen. Er schwenkte einen Papyrus, und seine Gesten waren so flehend, daß Makeda ihren Soldaten befahl, ihn näher kommen zu lassen.

Es war tatsächlich Nabunasar, der ihr den Papyrus und zwei Bernsteine überreichte. Bevor sie ihm auch nur eine Frage stellen konnte, verschwand der Hauptmann wie eine von Hunden gehetzte Katze.

Die Vergangenheit stand der Königin plötzlich wieder lebhaft vor Augen. Der herrliche Liebesmorgen im Zelt des assy-

rischen Prinzen, als sie die Bernsteinkette unter sich aufgeteilt hatten, von der sie jetzt zwei Steine in der Hand hatte!
Sie erinnerte sich an die Küsse, an die Liebesschwüre und an
jedes Wort, das damals gesprochen worden war.

Assadarons Botschaft lautete folgendermaßen:

»Dein Bruder, o Makeda, *dein einziger Bruder auf Erden*,
verlangt die Erfüllung der einst im Sinnenrausch gegebenen
Versprechen. Er wird dich kommende Nacht zur sechsten
Stunde am Brunnen von Jericho erwarten. Wir werden zusammen aufbrechen, so wie du es dir einst gewünscht hattest. Wir werden endlich jene Liebe genießen, die dir früher
verwehrt war, doch nun bist du ja von deinem Schwur entbunden worden. Denk daran, daß dein Bruder dich entführen wird, wenn du nicht freiwillig mitkommst.«

Die neun Sänftenträger bewegten sich längst wieder
durch die Straßen von Jerusalem, doch Makeda nahm ihre
Umgebung nicht mehr wahr. Sie hielt die Bernsteine und die
Botschaft des feurigen Kriegers umklammert, dessen Treue
und Beharrlichkeit solch gefährliche Auswirkungen hatte,
und sie dachte, daß dieser Sohn Baals eine Tochter Jahwes
niemals wirklich verstehen konnte.

Nachts wurde sie von Alpträumen heimgesucht. Um Salomo fernzuhalten, hatte sie starke Kopfschmerzen vorgetäuscht, und sie hatte einen vertrauenswürdigen Mann nach
Jericho geschickt, der Assadaron die beiden Bernsteine zu-
rückgeben sollte, zusammen mit einer Botschaft, die einem
herzzerreißenden Schrei glich:

»Kehre, o kehre doch in dein Land zurück, Assadaron,
und warte dort geduldig auf die Ankunft jener, die du zu sehen begehrst. Sie wird dir Erklärungen geben, die deinem
Herzen Frieden schenken werden, denn du mußt wissen, daß
Makeda vor Gott ein reines Gewissen hat.«

Doch der assyrische Prinz würde niemals auf die Stimme
der Vernunft hören. Ihn konnte nichts und niemand aufhalten, wenn er sich etwas in den Kopf gesetzt hatte.

Assadarons Rache

Nachdem ihm der Seeweg nach Ezjon-Geber versperrt worden war, hatte Assadaron seine Wut an den unschuldigen Kapitänen ausgelassen. Daraufhin beschloß er, nach Babylon zu reisen und seinen Onkel, den Tyrannen Salmanar, aufzufordern, diese Schmach zu rächen.

Doch unterwegs änderte er seine Pläne, denn er fürchtete sich vor einer Begegnung mit dem König, der die Leidenschaft seines Neffen für die Königin von Saba mißbilligte, weil er nicht die geringste Lust verspürte, einen Krieg gegen diese mächtige Nachbarin zu führen. Assadarons mißlungene Entführung hatte Salmanar sehr verstimmt, weil dieser tollkühne Plan zu einem folgenschweren Konflikt mit den Sabäern und hinzu noch mit König Salomo hätte führen können.

Ohne Salmanar aufgesucht zu haben, nahm der Prinz einen großen Umweg über Ninive und Damaskus in Kauf, um unerkannt nach Jerusalem zu gelangen, obwohl er ursprünglich vorgehabt hatte, mit seinen acht Segelschiffen in Ezjon-Geber vor Anker zu gehen und den König von Juda mit der Macht Babylons zu beeindrucken. Statt dessen mußte nun eine müde Karawane die Berge Galiläas überqueren, und die assyrischen Krieger mußten sich als Teppichhändler verkleiden.

Der Prinz von Tadjoura war schwermütig geworden und wies sogar Nabunasars brüderliche Freundschaft oft brüsk zurück. Der Hauptmann war sehr besorgt über dieses neue Abenteuer seines Herrn, das die Assyrer nach Jerusalem führte.

Sie schlugen ihr Lager in einer Schlucht unweit des Jordans auf, und Assadarons treueste Offiziere begaben sich in die Stadt, um Teppiche zu verkaufen und mit dem Erlös die Garde zu bestechen, um Neuigkeiten über Makeda zu erfahren.

Als der Prinz erfuhr, daß seine Liebste einen anderen Mann geheiratet hatte, hatte er geschworen, sich zu rächen. Vor Schmerz schluchzend, hatte er der Königin eine Botschaft geschickt und zwei Steine von der Kette, die er stets um den Hals trug, doch war sie nicht zum Brunnen von Jericho gekommen, was ihn nur noch mehr in seinem Entschluß bestärkte, sie zu entführen.

Nabunasar bestach mit viel Gold mühelos einen Diener des Schatzmeisters Haisar, der ihn über alles informierte, was bei Hofe vor sich ging. Auf diese Weise erfuhr Assadaron, daß Makeda und Salomo am übernächsten Tag an den felsigen Ufern des Jordans auf Gazellenjagd gehen wollten. Er bereitete sogleich einen Hinterhalt vor, flehte Baal um Beistand an und opferte seinem Gott mehrere Tiere. Die aufsteigenden Rauchspiralen prophezeiten nichts Gutes, doch er schlug die Warnungen der Magier in den Wind und bereitete seine Männer auf eine hastige Flucht über die galiläischen Berge vor.

Seine Späher hatten den geeignetsten Ort für einen Überfall ausfindig gemacht: Der Weg zum Fluß, den die Jagdgesellschaft nehmen mußte, führte an einem Hügel vorbei, der mit duftenden Lorbeerrosenbüschen, Wacholdersträuchern und Pistazienbäumen dicht bewachsen war. Hier konnten sich die Krieger mühelos verstecken.

Eine junge gefesselte Gazelle lag am Wegesrand und gab klagende Laute von sich. Assadaron wußte, daß die Königin bei diesem Anblick unweigerlich aus ihrem Wagen springen würde, um das arme Tier von seinen Fesseln zu befreien. In diesem Augenblick würden scharfe Klingen aus den Büschen hervorblitzen.

Der Prinz hatte auch vorhergesehen, daß Salomos Wagen hinter Makedas flinken Antilopen zurückbleiben würde, und alles verlief genau nach Plan. Als die Königin sich der wimmernden Gazelle näherte, packte er sie mit eisernem Griff und sprang mit ihr im Arm auf sein Pferd, während seine Kavalleristen dem König und dessen Gefolge den Weg versperrten.

Assadarons Streitroß galoppierte auf den Jordan zu, und seine Hufe schienen den Boden kaum zu berühren. Makeda wehrte sich nicht, und ihr Entführer glaubte, sie wäre ohnmächtig geworden, doch in Wirklichkeit wartete sie nur auf einen günstigen Augenblick, um dem Assyrer zu entkommen.

König Salomo erholte sich blitzschnell von seiner ersten

Verblüffung und befahl seiner Garde, die Reiter anzugreifen, die ihm den Weg versperrten. Er schlug sie mühelos in die Flucht, denn Assadarons Männer wollten nicht kämpfen, sondern ihrem Herrn nur einen möglichst großen Vorsprung verschaffen.

»Rettet die Königin!« brüllte Salomo, der um seine Liebste bangte und zugleich in seinem Stolz getroffen war. »Bringt mir diesen dreisten Kerl, tot oder lebendig! Tausend Schekel Belohnung!«

Die Kavalleristen des goldenen Königs nahmen die Verfolgung des Prinzen auf, der nur noch ein dunkler Punkt in der Ferne war. Nach tausend Ellen ertönten gellende Schmerzensschreie, und Salomo sah, daß Pferde und Reiter sich mit gebrochenen Gliedern am Boden wälzten. Eine mit Sand zugeschüttete tiefe Grube mitten auf dem Weg hatte sie zu Fall gebracht.

»Wenn Ihr wollt«, schlug Assyr vor, der nicht von Salomos Seite gewichen war, »werde ich den Entführer mit fünfundzwanzig Mann auf schmalen Pfaden verfolgen.«

Gleich darauf galoppierte Makedas treuer Gefolgsmann mit seinen Reitern davon, die mit ihren Pferden verwachsen zu sein schienen, während der König mit den unverletzt gebliebenen Kavalleristen auf der Straße weiterritt. Zwei Judäer wurden von feindlichen Pfeilen durchbohrt, und die Eskorte mußte wieder anhalten.

Während zwanzig Mann zurückblieben, um das Gestrüpp nach den Angreifern zu durchkämmen, trieb Salomo seine Rösser zu noch größerer Eile an. Die Schreckensvision, daß seine Gemahlin entführt und vielleicht sogar getötet werden könnte, weckte in dem friedliebenden Monarchen gräßliche Rachegefühle.

Am Flußufer erwartete ihn ein neues Hindernis: Lanzen, Spieße und Pfeile tauchten unversehens hinter den Felsen auf. Der Kampf war kurz, aber blutig, denn die Assyrer wehrten sich heldenhaft.

Salomo sah, daß Assadarons Pferd in der Ferne plötzlich einen Ausfall machte und in den Jordan hineinritt, aber er wußte natürlich nicht, daß Makeda plötzlich in die Zügel gegriffen hatte. Der Prinz wurde aus dem Sattel geworfen und landete im Wasser. Die Königin schwamm zehn Ellen von ihm entfernt um ihr Leben.

Doch Assadaron gab nicht auf. Er fing sein Pferd ein, schwang sich in den Sattel und verfolgte Makeda, der es gelang, sich ans andere Ufer des Flusses zu retten. Doch der vor Wut kochende Assyrer blieb ihr dicht auf den Fersen.

Salomo befahl seinen Männern, ebenfalls den Jordan zu überqueren, um seine Gemahlin zu retten. Pfeile wurden abgeschossen, doch sie landeten im Wasser, denn der Prinz war außer Reichweite.

Makeda wußte nicht mehr aus noch ein. Ihr weißes Gewand klebte durchnäßt an ihrem Körper. Zwanzig Ellen von ihr entfernt ragten steile Felsen empor. Sollte sie diese Felsen erklimmen, um Assadaron aufzuhalten, bis Salomos Garde ihr zu Hilfe kommen würde?

Weil sie keinen anderen Ausweg sah, um ihrer furchterregenden Jugendliebe zu entkommen, begann sie eigensinnig die gefährliche Kletterpartie. Ihre langen roten Nägel brachen ab, und sie riß sich die Hände an spitzen Steinen und Dornen blutig, doch bald ließen ihre Kräfte sie im Stich, und Assadaron kam immer näher.

In einer Felskluft holte er sie ein, überwältigte sie mühelos und fesselte sie. Dann warf er seine kostbare Beute über die Schulter und stieg bis zum Gipfel des steilen Felsens empor. Hier wuchsen turmhohe Bäume und dichte Sträucher, so daß seine Verfolger ihn nicht sehen konnten.

Der Prinz legte Makeda behutsam auf den Boden, und sein Gesicht verzerrte sich vor Begierde. Leidenschaftlich küßte er ihren roten Mund.

»Du magst dich noch so sehr beklagen, o Königin des Morgens, nichts wird mich daran hindern, dich zu besitzen! Denn mein Schwur ist dein Schwur, und dein Schwur ist der meinige. Du willst mir Widerstand leisten? Das wird dir nichts nützen. Mein Gott ist der Gott der Stärke und Gewalt. Ich werde dich auch gegen deinen Willen entführen und mich an deinem Fleisch berauschen, und die Erinnerung daran wird mir sogar in Baals Paradies erhalten bleiben!«

Er hob sie wieder hoch, und Makeda erschauerte unwillkürlich, denn seine Arme glichen einem Schraubstock. Plötzlich stieß sie einen Schreckensschrei aus, denn hinter Assadaron bewegten sich die Büsche. War das ein Retter oder ein Feind?

Es war Assyr, mit einem Dolch in der Hand. Assadaron ließ die Königin los und wich bis an den Rand des Felsens zurück.

»Was willst du von mir?« rief er. »Du solltest der Letzte sein, einen Landsmann anzugreifen, du Schurke!«

»Ich will mich für erlittene Schmach rächen.«

»Wenn du mich mit meiner Liebsten fliehen läßt, schenke ich dir meine Provinz Tadjoura!«

»Ich bin nicht käuflich.«

Entsetzt mußte die gefesselte Königin mit ansehen, wie die beiden Männer sich aufeinander stürzten, so als wären sie Raubtiere. Ein heftiger Kampf entbrannte. Ermüdet versuchte der Prinz eine Finte, aber er hatte Assyrs Geschick und Schnelligkeit unterschätzt, dessen funkelnde Klinge sein Herz durchbohrte.

Assadarons letzter Blick galt Makeda, und während er zusammenbrach, deuteten seine Lippen einen letzten verzweifelten Kuß an.

Assadarons Tod

Entsetzt über Assadarons Schreie und über das Blut, das sein Gewand durchtränkte, war Makeda in Ohnmacht gefallen.

Als sie wieder zu sich kam, kniete einer ihrer Diener neben ihr und hielt ihr ein Elixier unter die Nase. Sie wandte den Kopf zur Seite, und ihre Augen füllten sich mit heißen Tränen. Assyr näherte sich dem leblosen Körper des Prinzen. Der Leichnam war schön. Die bleichen Gesichtszüge wirkten heiter und hoheitsvoll. Er schien ruhig zu schlafen und von seiner großen Liebe zu träumen, die doch nie die Seine geworden war.

Von Salomo gestützt, erhob Makeda sich taumelnd. Der König küßte erleichtert ihre Gürtelschnalle, ohne etwas von dem Drama zu ahnen, das sich in der gemarterten Seele seiner Gemahlin abspielte. Er führte sie zu einem Feldbett, das die Jagdgesellschaft mitgenommen hatte, und sagte tröstend: »Du leidest, o Königin? Die Freude, gesiegt zu haben, müßte Balsam für dich sein, denn es war ein Oberleutnant deiner Leibwache, der diesen dreisten Entführer getötet hat.«

Salomo winkte einen Soldaten herbei.

»Ruf Assyr her, damit ich ihm die versprochene Belohnung für seinen Mut überreichen kann.«

Assyr hörte die Worte des Herrschers nicht, denn er war vollauf damit beschäftigt, dem Toten die letzte Ehre zu erweisen. Er hatte ihm die Augen geschlossen und ihn auf seinen Mantel gebettet. Er hatte seine Haare geglättet und die Tunika geöffnet, so daß die Kette aus Goldplatten mit den eingravierten Heldentaten der Vorfahren auf der nackten Brust des Prinzen funkelte. Dann hatte er dem Verstorbenen das Schwert in die rechte Hand gedrückt und die assyrischen Krieger herbeigerufen, die nun neben dem Leichnam knieten und Baal anflehten, Assadaron huldvoll ins Paradies aufzunehmen.

Als Salomos Soldat Assyrs Schulter berührte, staunte er über die Noblesse, die im verstümmelten Gesicht des Oberleutnants geschrieben stand. Assyr erhob sich, ging stolzen Schrittes auf das Herrscherpaar zu, verbeugte sich tief, wies aber den Beutel zurück, den Salomo ihm hinstreckte.

»Erlauchter König von Juda, zwingt einen assyrischen Prinzen nicht, eine Belohnung anzunehmen, nur weil er getan hat, was seine Ehre ihm gebot.«

»Was?« rief Salomo erstaunt. »Ein Prinz?«

»Das hättest du mir nicht verheimlichen sollen, Assyr«, tadelte die Königin milde.

»Erlaubt dem Prinzen Namassar aus dem alten Herrschergeschlecht der Belochi, Euch in Kürze seine tragische Lebensgeschichte zu erzählen. Als Ihr mich halb verhungert und verdurstet in den Wäldern bei Aksum gefunden habt, war ich völlig erschöpft von den Kämpfen gegen eidbrüchige Feinde und vom Umherirren. Erinnert Ihr Euch noch daran, o Königin, daß ich Euch damals bat, meinen Namen verschweigen zu dürfen, daß ich Euch aber versprach, das Geheimnis eines Tages zu lüften?«

»Ich erinnere mich genau daran«, murmelte Makeda.

»Ich war Oberleutnant der Leibwache von König Salmanar, und die Prinzessin Semiramis von Assyrien war meine Verlobte«, erklärte Namassar mit verhaltener Erregung. »Doch Salmanar kümmert sich nicht um Herzensangelegenheiten – seine unerbittlichen Befehle werden nur von der Staatsräson diktiert. Fürwahr ein großer Herrscher! ›Semiramis wird Assadaron heiraten!‹ verfügte der König, doch sein eigensinniger Neffe weigerte sich, die Prinzessin zu ehelichen. Er ließ ihr ausrichten, er liebe eine andere Frau, eine Prinzessin mit Augen wie Diamanten, eine Prinzessin, die so rein und makellos wie eine Perle auf dem Meeresgrund sei. Semiramis geriet daraufhin in heftigen Zorn. Daß Assadaron sie wegen dieser Reinen Perle verschmähte, empfand sie als grenzenlose Beleidigung, und für diese Schmach rächte sich die leidenschaftliche und grausame Prinzessin an mir. Sie ließ mich von ihren Komplizen fesseln und mein Gesicht verstümmeln, und sie lachte über meinen Schmerz und ohnmächtigen Zorn. In Ketten schickte sie mich mit einem Segelschiff in Assadarons Hauptstadt Tadjoura. Die Schande, in Fesseln und mit verstümmeltem Gesicht dem Prinzen vorgeführt zu werden, raubte mir fast den Verstand. Semiramis ließ ihm gleichzeitig eine Botschaft übergeben, in der sie ihre leidenschaftliche Liebe beteuerte. Mit meiner Verstümmelung wollte sie Assadaron beweisen, daß ich nie ihr Geliebter gewesen sei, daß sein Verdacht jeder Grundlage entbehre und daß sie genauso rein wie jene Perle sei.«

»Jene Perle?« fiel Salomo ihm ins Wort.

»Wie jene Prinzessin, die so rein wie eine Perle war«, korrigierte Namassar sich hastig.

»Und Assadaron hat sich deiner nicht erbarmt?« fragte Makeda bestürzt.

»Nein, o Königin! Verflucht sei Semiramis, die den Prinzen in diese Falle lockte! Salmanars Neffe wollte um jeden

Preis vermeiden, daß der König von diesem Drama erfuhr, und deshalb hielt er mich in seinem Palast gefangen. Ich mußte verkleidet nach Simen fliehen, und erst als ich Euch traf, fühlte ich mich in Sicherheit. In Eurer Nähe war ich glücklich, denn ich liebte Euch.«

»Ihr habt mich geliebt, Prinz Namassar?«

»Hat ein Prinz nicht das Recht, Euch zu lieben, o Königin? Euch so sehr zu lieben, daß er glücklich über Eure Ehe mit dem illustren Salomo ist, weil er sieht, daß sie Euch glücklich macht. Ich habe zweifellos meine Befugnisse überschritten, als ich jenen tötete, der zweimal mein Rivale war, doch möge Salmanar in seiner Weisheit darüber entscheiden, wer im Recht war. Die Liebe führte meine Klinge, und ich wollte um jeden Preis Euer Leben retten, o Königin! Entbindet mich jetzt von meinen militärischen Verpflichtungen, damit ich nach Babylon zurückkehren kann. Ich möchte Assadarons Leichnam seiner Mutter übergeben, und ich möchte dem König seine Todesumstände persönlich erklären.«

Tief in Gedanken versunken, erfüllte Makeda seine Bitte.

»Bis zum Tag Eurer Einschiffung«, verkündete Salomo, »bleibt der Leichnam des Prinzen Assadaron unter meinem Schutz, und ihm sollen dieselben Ehren erwiesen werden wie einem judäischen Prinzen.«

»Dieses ganze schreckliche Drama«, murmelte Makeda, »wurde also dadurch ausgelöst, daß Assadaron die ihm vom König zugedachte Gemahlin verschmähte, weil er eine reine Frau liebte?«

»Ja«, bestätigte Namassar, »und auch ich liebte diese Reine Perle mehr als mein Leben.«

»Schweigt, o Prinz, um meinen Schmerz nicht durch neue Gewissensbisse zu vergrößern. Führt mich lieber zu dem Toten, damit ich von ihm Abschied nehmen kann.«

Sie war zutiefst beeindruckt von der Disziplin der Assyrer, von ihrer Ehrfurcht vor dem Tod und ihren noblen Sitten. Sie bildeten einen Kreis um den Leichnam, und ihre Säbel, Bogen und Wurfspieße hatten sie zu seinen Füßen niedergelegt. Diese Größe rührte die Königin, und so sagte sie in assyrischer Sprache: »Nehmt eure Waffen wieder an euch, ihr Krieger, denn ihr seid würdig, sie zu tragen. Unsere Soldaten werden euch mit allem Respekt bis zur Grenze geleiten.«

Während die Männer nach ihren Waffen griffen, kniete Makeda neben dem Toten nieder. Sie dachte daran, daß sie nun zum zweitenmal von Assadarons leblosem Körper Abschied nehmen mußte, doch diesmal war der Tod nicht vorgetäuscht. Namassars Dolch hatte diesem verwegenen Leben ein Ende gesetzt.

Makeda kehrte nachdenklich zu Salomo zurück, und sie warteten gemeinsam, bis die Assyrer den Baldachin errichtet hatten, unter dem sie den Leichnam in ihr Lager transportierten, mit gesenkten Waffen und unter melancholischen Trauergesängen.

Das Herrscherpaar folgte ihnen in Salomos Wagen. Die Verstörung ihres Gemahls war Makeda nicht entgangen, und sie wußte, daß sie ihm eine Erklärung schuldig war.

»Prinz Assadaron liebte mich, und aus Liebe zu mir schwor er, genauso keusch zu leben, wie ich es aufgrund meines Schwures tun mußte. Er hatte aber auch geschworen, mich zu entführen, sollte er jemals einen Rivalen bekommen. Diesen Schwur hat er gehalten, und seine Opferbereitschaft und sein Heroismus verdienen unseren Respekt und unser Mitleid. Ich werde stets sein Andenken bewahren, doch meine Liebe zu dir bleibt davon unberührt. Die schmerzlichen Bilder der Vergangenheit vermögen nichts daran zu ändern. Als ich dem Toten die letzte Ehre erwies, ist meine Vergangenheit zusammen mit ihm gestorben.«

»O Königin«, erwiderte Salomo mit dumpfer Stimme, »wer könnte meine Liebe zu dir beschreiben? Sie ist so groß und mächtig wie der weite Himmel über uns! Deine Erinnerungen an die Vergangenheit setzen meinem Herzen so zu, als wäre es ein Schiff auf stürmischer See! Ich danke Gott dafür, daß Er dich wie durch ein Wunder vor der Leidenschaft des Prinzen gerettet hat, und ich werde Ihm Dankopfer darbringen, daß Er nicht nur dein Leben verschont, sondern dich zugleich auch von deiner Vergangenheit befreit hat.«

In Assadarons Lager waren schon am frühen Morgen alle Vorbereitungen getroffen worden, um in Windeseile aufbrechen zu können. Nun trugen Assyrer unter lautem Wehklagen den Leichnam in das Zelt des Prinzen und legten ihn unter dem Baldachin nieder, um ihm gemäß ihren Traditionen die letzte Ehre zu erweisen.

Hauptmann Nabunasar, Assadarons treuer Freund, schämte sich seiner Tränen nicht. Die Königin von Saba ließ Prinz Namassar rufen, griff nach den Händen beider Männer und führte sie zusammen.

»Versöhnt Euch«, sagte sie. »Euer Haß hat sich in einem Kampf erschöpft, dessen Ausgang nun von Gott bestimmt wurde. Versöhnt Euch und betet in brüderlicher Eintracht zu Eurem Gott, daß Er sich Assadarons Seele erbarmen möge.«

Die Gegner küßten dem Toten die rechte Hand, bevor sie einander umarmten.

»Ich bin glücklich«, sagte Makeda. »Ich bin glücklich über Eure großen Herzen. Kommt morgen in den Palast. König Salomo und ich möchten mit Euch alle Einzelheiten der Überführung des Leichnams in seine Heimat besprechen.«

Das Herrscherpaar entfernte sich, doch schon eine Stunde später erschienen hundert judäische und hundert sabäische Soldaten im Lager der Assyrer, um den Toten zu ehren. Weihrauchwolken stiegen zum Himmel empor, und die Klageweiber stießen herzzerreißende Schreie aus. In Jerusalem besangen Dichter zu Lautenklängen die Heldentaten des Prinzen.

Einige Tage später eskortierten Krieger von Saba und Juda die Assyrer bis zum Hafen Ezjon-Geber, wo der Leichnam an Bord eines Segelschiffes gebracht wurde. An der Meerenge von Diodori salutierte die Flotte der Königin von Saba dem tollkühnen Prinzen, und in Babylon wurde er feierlich beigesetzt. König Salmanar sah in dieser Tragödie ein böses Omen. Er befragte Namassar und fällte daraufhin ein strenges Urteil: Prinzessin Semiramis wurde für zwei Jahre in einem Tempel eingekerkert. Dort hatte die stolze Prinzessin viel Zeit, über die Gefahren der Rache nachzusinnen.

Salmanar war ein kluger und vorsichtiger Herrscher, der nicht daran dachte, sich wegen seines getöteten Neffen mit König Salomo oder mit der Königin von Saba anzulegen, doch seine unbefriedigten Rachegelüste und sein Haß übertrugen sich auf kommende Generationen, und viel später hegte Sardanapal einen unerklärlichen Groll gegen die Judäer und Sabäer.

Unerklärlich? Gewiß, aber nur für all jene, die das Heldenepos des Prinzen Assadaron nicht kannten. Semiramis, der nach Salmanars Tod die Herrschaft über das riesige Reich zufiel, erschreckte ihre Zeitgenossen durch zügellose Ausschweifungen grausamster Art, doch wer weiß – vielleicht wollte sie sich an all den jungen Männern nur dafür rächen, daß die größte Liebe ihres Lebens unerwidert geblieben war.

Die Königin von Saba bewirkt ein Wunder

Eines Tages wurde Salomo in seiner Andacht im Tempel jäh gestört. Er hatte seine täglichen Gebete gerade beendet und wollte in seinen Palast zurückkehren, um einen neuen Psalm, der ihm eingefallen war, aufzuschreiben, als ihm eine zornige Gruppe von Priestern und Rabbinen entgegeneilte. Der Großrabbiner bat ihn mit der üblichen Ehrerbietung, aber sehr energisch um sofortiges Eingreifen.

Fünf Frauen der sabäischen Garde, erklärte er aufgeregt, hätten ein schreckliches Verbrechen begangen: Sie waren in ihren Männeruniformen in den Tempel eingedrungen und hätten sich sogar erdreistet, das Allerheiligste zu betreten!

Zur Rede gestellt, hatten die Amazonen der Königin von Saba nicht einmal Reue gezeigt, sondern den empörten Priestern ganz frech erklärt: »Unsere Königin hat uns zu Männern gemacht, wir genießen alle männlichen Privilegien und müssen deshalb auch wie Männer behandelt werden.«

»Die kriegerische Erziehung hat den Geist dieser Frauen offenbar stark verformt«, murmelte Salomo bedrückt. »Ben Eliazar, glaubt Ihr, daß diese Frauen das Heiligtum absichtlich betreten haben? Ist es nicht möglich, daß sie sich einfach im Labyrinth der Gänge verirrt haben?«

»Das behaupten sie, o großer König, doch es spielt keine große Rolle, ob sie dieses Verbrechen wissentlich oder unwissentlich begangen haben. Im Namen des göttlichen Gesetzes muß ich Euch bitten, diese Frauen mit dem Tode zu bestrafen.«

»Wo sind sie denn jetzt?« fragte der König, dem sich bei der Vorstellung, Gardistinnen seiner Gemahlin hinrichten zu lassen, die Haare sträubten.

»Sie haben sich geweigert, uns freiwillig zu folgen, und als wir sie festhalten wollten, haben sie sich wie listige Raubkatzen gewehrt. Bevor wir unsere Garde rufen konnten, sind sie geflüchtet.«

Salomo mußte unwillkürlich schmunzeln, als er sich den Kampf der steifen und würdevollen Gottesmänner mit den geschmeidigen Kriegerinnen ausmalte.

Doch dieses Lächeln verflog sofort wieder, als er die verkniffenen Gesichter betrachtete, in denen sich ausgesprochene Feindseligkeit gegenüber der Königin von Saba widerspiegelte. Es war ihm nichts Neues, daß gewisse Kreise seiner Frau nach wie vor mißtrauten oder sie sogar regelrecht haßten. Die einen warfen ihr Prunksucht vor und neideten ihr die unerschöpflichen Reichtümer, die anderen befürchteten, daß ihr großer Einfluß auf den König ihre eigenen hohen Positionen gefährden könnte. Manche beschuldigten sie sogar der Hexerei: Ihre Vorliebe für Magie stehe im Widerspruch zur Religion, behaupteten sie.

Salomo hatte einen günstigen Zeitpunkt abwarten wollen, um alle Nörgler und Verleumder zur Rede zu stellen, doch nun hatten die törichten sabäischen Gardistinnen den Priestern und Rabbinen einen wunderbaren Vorwand geliefert, um ihrem tiefen Groll gegen die Königin Ausdruck zu verleihen.

»Ich werde diese Angelegenheit unter vier Augen mit dem Großrabbiner regeln«, erklärte Salomo und führte Ben Eliazar in einen abgelegenen Nebenraum.

Die beiden Männer betrachteten einander mißtrauisch.

»Meine Gemahlin Makeda«, begann der Monarch, »gehört unserem Glauben und unserer Rasse an. Ihre Frömmigkeit ist über jeden Zweifel erhaben. Ihr selbst habt ihre Rechtgläubigkeit bestätigt. Vermeiden wir es also, sie durch übertriebenes Beharren auf strikter Einhaltung aller Gesetze, die ihr Volk teilweise noch gar nicht kennt, zu erzürnen.«

»O König!« rief der Großrabbiner entrüstet. »Ist es wirklich der Mund des Dieners der Bundeslade, der solche gottlosen Worte spricht? Ich zittere vor Angst, denn Gottes Zorn ist schrecklich, wenn Seine Gebote übertreten werden.«

»Die göttliche Gerechtigkeit entbehrt aber nicht der Barmherzigkeit«, erwiderte Salomo scharf. »Zusammen mit der Königin werde ich eine Strafe ersinnen, die dem Respekt vor dem Kult Genüge tut, ohne das Selbstwertgefühl des sabäischen Volkes zu verletzen.«

Ben Eliazar kreuzte gebieterisch seine Arme auf der Brust. »Nein, o großer König! Nein, es ist meine heilige Pflicht, von Euch ein sofortiges Urteil zu verlangen. Es geht um unser aller Seelenheil, und Gottes Macht ist in Gefahr, wenn Ihr jetzt zaudert. Menschliche Schwäche darf niemals über göttliches Recht triumphieren. Denkt daran, daß ein Verstoß gegen die Gesetze des Allmächtigen eine Empörung der Priester und Rabbiner und einen Volksaufstand nach sich ziehen könnte, denn die Menschen würden zu Recht den Zorn des Himmels fürchten. Rettet deshalb Eure Seele und Euren Thron!«

Salomo bebte vor Wut auf diesen Mann, der es wagte, ihm zu drohen, doch er wußte auch, daß er selbst ihn mit dieser religiösen Machtfülle ausgestattet hatte. Zwischen seiner Liebe zur Königin und den Gesetzen, die er eigenhändig unterschrieben und besiegelt hatte, fühlte er sich hilflos in die Enge getrieben, und seine ganze Überredungskunst und Weisheit vermochte nichts an der Unerbittlichkeit des Fanatikers zu ändern.

»Gottes strenge Gesetze, die von unseren Vorfahren auf uns gekommen sind«, belehrte Ben Eliazar den König, »verlangen vom Herrscher, bei einem so schrecklichen Verbrechen wie diesem sofort ein Urteil zu fällen. Das hohe Gericht der Priester und Rabbinen wird dieses Urteil später bestätigen.«

»Nun gut«, gab Salomo widerwillig nach. »Ihr sagt, daß Gott den Tod dieser fünf Frauen verlangt? Als gehorsamer Hüter von Jahwes Gesetzen muß ich ihnen Folge leisten. Die

Schuldigen werden mit dem Tode bestraft werden, sofern das hohe Gericht dieses Urteil bestätigt. So sei es!«

Die Augen des Großrabbiners funkelten triumphierend, als er hinausging, um der Gruppe von Priestern den Urteilsspruch des Königs zu verkünden, und alle heuchelten tiefe Dankbarkeit.

Doch der König verließ sie wortlos und eilte zu seiner Gemahlin, um ihr die komplizierte Situation zu erklären: das Vergehen ihrer Gardistinnen, seine Einwände gegen die unerbittlichen Gesetze und den unversöhnlichen Haß der Priester.

Makeda begriff, daß diese tragische Episode nur der vorläufige Höhepunkt einer langen und verhängnisvollen Auseinandersetzung war. Sie befahl, die fünf Schuldigen sofort ausfindig zu machen.

Die Amazonen warfen sich ihr zu Füßen.

»Niemand hätte uns ausfindig gemacht, o Königin«, erklärten sie, »aber wir befürchteten, daß die ganze Armee unter dem ungesühnten Verbrechen zu leiden hätte. Wir wissen, daß uns die Todesstrafe droht, aber wir wollen uns nur Eurem Urteil unterwerfen.«

Makeda war gerührt, und später berichtete sie Salomo, sie sei von der Unschuld der Frauen überzeugt. Sie hätten die Schwelle des Allerheiligsten überschritten, ohne zu wissen, daß sie damit ein Verbrechen begingen.

»Ich kann die unerbittliche Strenge der Religion deiner Priester nicht begreifen, weiser König«, klagte sie. »Mein Vater, der Prophet Angebo, hat mir beigebracht, daß Jahwe keinen Unterschied zwischen Seinen treuen Kindern mache, daß Männer und Frauen vor Ihm gleich seien. Gott ist gütig, und Er verzeiht jenen, die Seine Gesetze unwissentlich übertreten.«

Der König stimmte ihr zu, versuchte ihr aber zu erklären, daß nicht einmal ein so mächtiger Herrscher wie er sich religiöse Entscheidungen anmaßen dürfe. Er stellte ihr die Gefahr eines von fanatischen Geistlichen geschürten Volksaufstands vor Augen und bat sie, Ruhe zu bewahren und nichts Unüberlegtes zu tun.

Das hohe Gericht bestätigte das Todesurteil. Zur Begründung hieß es, ein erschwerender Umstand sei die Tatsache, daß die Frauen die Priester beleidigt und sogar tätlich angegriffen hätten.

Makeda verlangte daraufhin, daß die Schuldigen ihr für eine öffentliche Hinrichtung übergeben würden.

»Als Königin dieser Frauen, die Soldaten meiner Armee sind«, erklärte sie, »werde ich meinen absoluten Gehorsam gegenüber den göttlichen Gesetzen zum Ausdruck bringen, indem ich diese Frauen ihres Lebens beraube, auf daß niemand mehr daran zweifle, daß auch mein Volk auf Jahwes Gebote hört und sie befolgt.«

Salomo fragte sich besorgt, was hinter diesem plötzlichen Sinneswandel seiner Gemahlin und ihrer scheinbaren Resignation stecken mochte.

Rigoros verkündete sie, die Gottlosen würden am nächsten Tag zur fünften Stunde im Toten Meer ertränkt werden, und den Rabbinen blieb nichts anderes übrig, als diese Härte im Dienste der Religion zu begrüßen.

Die Frauen sollten von einem hohen Felsen, der tief ins Tote Meer hinausragte, in die Tiefe gestürzt werden, mit gefesselten Beinen, durch Bronzegewichte beschwert. Die sabäischen Soldaten verlangten lautstark eine Begnadigung, und die Offiziere hatten große Mühe, Ruhe und Ordnung wiederherzustellen.

Priester, Rabbinen und Leviten, hohe Würdenträger und Beamte sollten der Hinrichtung beiwohnen, mit der die Königin ein Exempel statuieren wollte.

Doch bevor das Urteil vollstreckt wurde, wandte sie sich an die versammelten Geistlichen: »Ich flehe euch an, doch noch Gnade walten zu lassen. Eure Herzen können dem Erbarmen doch nicht ganz verschlossen sein! Gibt Jahwe uns nicht täglich zu verstehen, daß Er ein gütiger Gott ist, der sich der sündigen Menschen immer wieder erbarmt und ihnen verzeiht? Im Namen dieser göttlichen Gnade bittet die Königin euch, das Todesurteil aufzuheben. Vergeßt nicht, daß Gott Noah verziehen hat. Meine Gardistinnen bereuen ihre Tat und haben ihren schweren Irrtum eingesehen. Sie haben die ganze Nacht im Gebet verbracht, und obwohl sie den Tod nicht fürchten, hoffen sie doch noch auf eure Milde …«

Beeindruckt von diesem beschwörenden Appell, scharten sich die Rabbinen eingeschüchtert um Ben Eliazar, doch der Großrabbiner ließ sich nicht beirren.

»O Königin, wir verlangen die Hinrichtung der Schuldigen!« rief er pathetisch. »Das göttliche Gesetz muß befolgt, das Urteil des Königs und des hohen Gerichts muß vollstreckt werden. Als Schriftgelehrter kann ich auf Euren Appell, Gnade walten zu lassen, nur folgendes erwidern: Gewiß, Jahwe hat Noah verziehen, aber Er war unerbittlich gegen Adam. Gottlosigkeit und Sakrilege müssen mit dem Tode bestraft werden!«

Hinter den Absperrungen kam es zu empörten Protesten und Tumulten, und einen Augenblick lang sah es so aus, als würde sich die sabäische Armee auf die Judäer stürzen, doch die Königin erhob sich und breitete gebieterisch die Arme aus. Sofort trat wieder Ruhe ein.

»Das göttliche, königliche und rabbinische Urteil wird vollstreckt werden«, verkündete Makeda. »Indem ich mich ein letztes Mal für die fünf Frauen einsetzte, wollte ich versuchen, die verhärteten Herzen der Priester dem Mitleid zu öffnen. Im Grunde trage ich die Verantwortung für das Vergehen dieser Frauen, denn wenn ich sie nicht wie Männer gekleidet hätte, wären sie gleich am Tor von der Tempelwache aufgehalten worden. Ich bin genauso schuldig wie sie.«

Die Königin rief nach dem Henker, einem schwarzen Koloß, der eine fünfzehnjährige Galeerenstrafe verbüßt hatte, weshalb sein Rückgrat völlig verkrümmt war. Dann ließ sie ihre Amazonen herbringen, die ihre Paradeuniformen trugen und schön, ernst und unerschrocken aussahen.

»Degradiere diese Frauen nicht«, warnte sie den Henker, »denn ihre Ehre ist unversehrt. Und ihr«, fügte sie an die Adresse der Frauen hinzu, »zeigt euch im Tode eurer Königin und eures Landes so würdig, wie ihr es im Leben stets getan habt.«

Mit gefesselten Knöcheln, an denen schwere Gewichte

hingen, wurden die Frauen vom Henker in die Tiefe gestoßen. Laut schreiend versanken sie im blaugrünen Wasser, das hoch aufspritzte. Einige Sabäer wollten sie retten, doch die Königin hielt sie zurück, gebot Schweigen und begann inbrünstig zu beten.

»Verzeih den Märtyrerinnen, allmächtiger Gott!« flehte Makeda. »Zweimal hast Du Dein Volk vor seinen Peinigern gerettet! Rette nun Deine unschuldigen Dienerinnen, die der Unbarmherzigkeit zum Opfer fielen. O Jahwe, rette sie! Fünf Widder mögen statt ihrer sterben!«

Fünf sabäische Opferpriester trugen fünf Widder herbei, die sogleich geschlachtet wurden.

»Was soll diese Zeremonie?« rief der Großrabbiner. »Das Urteil wurde vollstreckt, und somit wurden die göttlichen Gesetze befolgt.«

Die Königin von Saba blickte angestrengt aufs Tote Meer hinaus, und plötzlich stieß sie einen gellenden Schrei aus und deutete auf den Helm eines der Opfer, der auf den Wellen schwamm. Und dann erscholl unter diesem Helm hervor eine dumpfe Stimme: »Gott verzeiht den Unschuldigen und bestraft die Bösewichter! Makeda, ich gebe dir deine Frauen zurück …«

Und das Wunder geschah: Nacheinander tauchten sie aus der Tiefe auf, stießen laute Freudenrufe aus und schwammen auf das Ufer zu.

Ehrfürchtiges Staunen und große Furcht ließ Sabäer und Judäer zu Salzsäulen erstarren.

»So helft ihnen doch!« befahl Makeda.

Man eilte ihnen zu Hilfe, brachte sie an Land, und die vor Kälte und Fieber zitternden Frauen warfen sich der Königin zu Füßen, während die erschrockenen Geistlichen ihre Gesichter in den Falten ihrer Gewänder verbargen, so als wären sie von der Sonne geblendete Eulen.

»Jahwe hat bewiesen, daß Er ein barmherziger Gott ist!« rief Makeda ihnen herausfordernd zu. »Er hat den unschuldigen Kriegerinnen von Saba verziehen. Werdet auch ihr sie jetzt begnadigen?«

Das Wunder, dessen Zeugen sie soeben geworden waren,

ließ die Geistlichen erzittern, und sie hatten das Gefühl, als würden sie von der göttlichen Allmacht zermalmt.

»Wir verzeihen ihnen, o Königin!« beteuerten sie, nur von dem einen Wunsch beseelt, in den Tempel zu flüchten und die Wunden ihrer Niederlage zu lecken.

Nachdem sie die Geretteten hastig gesegnet hatten, entfernten sie sich, begleitet von Schmähworten der Sabäer und von ironischen Bemerkungen der Judäer.

König Salomo hatte während der ganzen Szene geschwiegen, aber in seinen Augen stand tiefe Trauer geschrieben, denn er wußte genau, daß die Priester und Rabbinen seine Gemahlin von nun an nur noch mehr hassen würden.

Das Wagenrennen

Was wünschten sich die Einwohner von Jerusalem? Frieden, Brot und Unterhaltung. Deshalb hatte Salomo, der Schirmherr der Künste und Spiele, vor den Toren der Stadt ein riesiges Feld zur Verfügung gestellt, wo Wagenrennen und andere Wettkämpfe stattfinden konnten.

Die rechteckige Piste war 2000 Ellen lang und 1000 Ellen breit, begrenzt von Tribünen und Rasenflächen für die Zuschauer. In der Mitte waren auf einer Plattform von 150 Ellen Länge und drei Ellen Breite sieben Zielscheiben für die Bogenschützen angebracht.

Die ganze Konstruktion war aus Holz, von den Pferdeställen bis hin zur königlichen Tribüne, die allerdings mit kostbaren Stoffen und Teppichen ausgestattet war. Irgendwann wollte Salomo dieses Provisorium durch massive Steinbauten ersetzen, doch vorläufig genügte auch diese schlichte Ausstattung, um sein Volk zufriedenzustellen und engere Kontakte zwischen Judäern und Sabäern herzustellen.

Der König wollte den Platz mit einem großen Sportfest einweihen, und schon bei Sonnenaufgang strömten erwartungsvolle Menschenmassen stadtauswärts.

Der Weg des Herrscherpaares führte durch das Davidstor, und unter dem Jubel der Bevölkerung nahm es in seiner ganzen Pracht und Majestät auf der königlichen Tribüne Platz. Nun folgte die Parade der Kavallerien von Juda und Saba.

Am meisten staunten die Zuschauer natürlich über die sabäischen Amazonen auf ihren prächtigen Pferden, deren Mähnen und Schweife mit Bändern durchflochten und deren Köpfe mit Straußenfedern geschmückt waren – eine in Juda unbekannte Sitte. Die Sättel waren aus leichtem Holz, und das Zaumzeug aus buntem Leder war mit Goldplatten und Edelsteinen verziert. Die Amazonen trugen funkelnde Schilde und waren mit Bogen oder Lanzen bewaffnet. Ihre Uniformen bestanden aus knielangen Tuniken, engen Hosen, purpurroten Sandalen und ledernen Brustharnischen. Die Metallschnallen an den breiten Gürteln stellten zwei ineinander verschlungene Schlangen dar – ein Symbol für die ewige Rache. Ein Lederhelm, der Ohren und Nacken bedeckte, schützte ihre Köpfe.

Die männlichen Kavalleristen von Saba trugen die gleichen Uniformen, jedoch ohne Stickerei und sonstigen Schmuck, und ihre Waffen waren schwerer als die der Frauen.

Dem Militär zogen Kapellen voran, die mit Pauken, Querflöten, Trommeln und Trompeten die Menge begeisterten.

Der König eröffnete die Spiele, und seine Elitereiter führten Pferde vor, die sich auf der Hinterhand drehten oder tänzelten, sobald der Dresseur mit der Peitsche knallte. Anschließend vollführten Reiter der Königin von Saba waghalsige Kunststücke, zunächst auf gesattelten und dann auf ungesattelten Pferden.

Die besten Speerwerfer und Bogenschützen von Juda und Saba versuchten sich gegenseitig zu überbieten, wobei der Nationalstolz eine große Rolle spielte. Die Schützen, die ins Schwarze getroffen hatten, wurden von triumphierenden Kameraden auf die von ihnen durchbohrten Zielscheiben gehoben und dem König präsentiert, der ihnen einen vergoldeten Bogen oder eine vergoldete Lanze überreichte und ihre Stirn mit einem schmalen Purpurband bekränzte.

Als alle Offiziere und Adligen sich in diesem edlen Wettkampf gemessen hatten, stand die Königin auf und bat Salomo um die Gunst, gegen die besten Bogenschützen antreten zu dürfen.

Die Judäer lächelten ironisch über die Tollkühnheit dieser zarten und hocheleganten Person, die wahrscheinlich noch nie einen Bogen in der Hand gehabt hatte. Doch die Sabäer, die das außergewöhnliche Geschick ihrer Herrscherin kannten, freuten sich.

»Seit ich zehn Jahre alt bin, übe ich mich im Bogenschießen und Lanzenwerfen, und ich treffe die schwierigsten Zielscheiben«, rühmte sich die Königin. »Wenn mein Gemahl es erlaubt, könnte ich es mit den geschicktesten von euch aufnehmen.«

»Natürlich stimme ich zu«, erklärte der Monarch. »Ich möchte der Königin nicht im Wege stehen.«

»Mein Einsatz sind diese beiden goldenen Armreifen!« rief die Königin, die es kaum erwarten konnte, ihre sportlichen Erfolge von Theben, Aksum und Saba zu wiederholen. »Mögen auch alle Herausforderer zwei Armreifen auf diesen Teppich werfen. Sie werden dem glücklichen Gewinner gehören.«

Der König streifte zwei seiner Armreifen ab, und alle Offiziere und Würdenträger taten es ihm nach. Bald war der Teppich mit funkelnden Reifen übersät.

»Nachdem ich euch herausgefordert habe«, sagte die Königin glücklich, »steht mir nach den Spielregeln das Recht zu, als erste zu schießen.«

Übereifrig wie ein kleines Mädchen, legte sie rasch ihren schweren Mantel und die Perlenkrone ab. In einem schlichten weißen Gewand, das ihren wohlgeformten Körper perfekt zur Geltung brachte, war sie so atemberaubend schön, daß Salomo sich schwor, jenen Bildhauer fürstlich zu belohnen, dem es gelingen würde, diese Vollkommenheit in Marmor nachzubilden.

Man hatte der Königin bereits ihren Bogen und ihre Pfeile gereicht, die sie nun gewissenhaft überprüfte, beseelt von dem Wunsch zu gewinnen.

Spöttische Konkurrenten umringten die zierliche Frau, und Salomo befürchtete, daß sie sich blamieren könnte, doch

– o Wunder! – ihre Pfeile trafen ins Schwarze der ersten, zweiten und dritten Scheibe.

Unerschütterlich nahm die Königin die nächsten Pfeile aus ihrem goldenen Köcher, den ein kniender Offizier hielt. Ohne sich um die geheuchelten Komplimente ihrer Gegner zu kümmern, hinter denen deutliche Verstimmung zu spüren war, und ohne auf die Begeisterung des staunenden Publikums zu achten, spannte sie wieder konzentriert ihren Bogen. Nachdem auch die siebte Zielscheibe genau in der Mitte getroffen war, verzichteten sogar die besten judäischen Bogenschützen darauf, gegen sie anzutreten, und Sabäer bestätigten ihnen, daß die Königin unbesiegbar sei.

Makeda nahm wieder auf der Tribüne Platz, dankte den Zuschauern für ihren Applaus, weigerte sich aber, ihren Gewinn entgegenzunehmen.

»Ich möchte nur meine Armreifen und die meines Gemahls zurückhaben«, erklärte sie den Offizieren, die ihr die Siegestrophäen überreichen wollten. »Alle übrigen sollen versteigert werden, und der Erlös soll den Armen von Jerusalem zugute kommen.«

Die Königin verstand es großartig, sich durch Großzügigkeit beliebt zu machen.

»Jetzt beginnen die Wagenrennen«, kündigte Salomo an, zweifellos der Höhepunkt des Festprogramms. Das Publikum fieberte diesen Wettkämpfen entgegen, bei denen es auf das Geschick und Reaktionsvermögen des Lenkers genauso ankam wie auf die Schnelligkeit der drei, vier oder auch fünf feurigen Pferde, die im Galopp über die Piste jagten.

Es galt, auf der geraden Strecke einen möglichst großen Vorsprung vor dem Gegner zu gewinnen, am Ende der Piste geschickt zu wenden und zurückzurasen. Dabei kam es häufig zu Zusammenstößen, bei denen Menschen und Tiere verletzt wurden. Rasch transportierte man die Opfer ab, und das Rennen ging weiter.

Nach einigen spannenden Rennen waren die animalischen Instinkte der jubelnden Menge auf dem Höhepunkt angelangt, und sogar die Königin beobachtete mit lautem Herzklopfen und geblähten Nasenflügeln den Galopp der Pferde.

Sie nahm Salomo die Siegestrophäen aus der Hand, denn sie wollte den Gewinnern selbst die Krone aufsetzen, die ihnen als Belohnung winkte.

»Ich möchte auch an dem Rennen teilnehmen«, teilte sie dem König mit. »In Theben und Aksum pflegten meine Pferde fast zu fliegen! Die Geschwindigkeit macht uns dem Licht gleich, Salomo, und ich möchte dir mein Geschick demonstrieren.«

Der gütige Herrscher war bereit, allen Launen seiner eigenwilligen Frau nachzugeben. »Ich erlaube es dir, o Königin, doch wer wird bereit sein, deine Herausforderung anzunehmen?«

»Ich!« rief ein Offizier Salomos, der mit seiner Quadriga soeben ein Rennen gewonnen hatte.

»Einverstanden«, sagte die Königin. »Ich fordere dich zu fünf Runden mit einem Vierergespann heraus.«

»Aber dein Rennwagen ist im Palast«, wandte Salomo ein. »Du wirst mit meinem vorliebnehmen müssen. Bereite dich darauf vor, beim übernächsten Rennen an den Start zu gehen.«

Herolde teilten den Zuschauern die große Neuigkeit mit, die daraufhin am nächsten Rennen kein Interesse zeigten, weil sie gespannt auf die erstaunliche Königin von Saba warteten.

Unglaublicher Jubel brandete auf, als sie in den mit Blumen geschmückten Wagen sprang und die Zügel der Quadriga mit ihren zarten Händen umfaßte.

»Bisher hat heute kein sabäischer Offizier eines der Wagenrennen gewonnen. Deshalb muß die Königin selbst die Ehre ihres Reiches retten!«

Alle klatschten begeistert Beifall, und niemandem fiel die Blässe des Offiziers auf, der gegen Makeda antrat.

Salomo gab das Startzeichen.

Die Wagen setzen sich in Bewegung. Die Königin lenkt mit sicherer Hand, hat es aber zunächst nicht allzu eilig, sondern achtet konzentriert darauf, wie die Pferde auf die kleinste Bewegung der Zügel reagieren. Auch ihr Rivale versucht nicht, einen Vorsprung zu gewinnen, sondern galoppiert rechts von dem königlichen Wagen dahin, ohne dessen Lenkerin aus den Augen zu lassen.

Plötzlich treibt Makeda ihre Pferde an, und ihr Wagen läßt den des Gegners hinter sich zurück. Die Menge jubelt ihr zu und buht den Offizier aus. Am liebsten würden die Zuschauer den Wagen der Königin auch noch mit ihrem Atem antreiben, um ihr den Sieg zu sichern.

Plötzlich gellt wie aus einem Munde ein Schreckensschrei, denn die Königin hat die Zügel offenbar verloren und taumelt. Es sieht so aus, als würde sie jeden Moment aus dem Wagen stürzen und von den galoppierenden Pferden ihres Gegners schwer verletzt werden. Doch Makeda umklammert mit eiserner Hand das Vorderteil des Wagens, schwingt sich darüber hinweg und springt auf den Rücken eines der verstörten Pferde. Sie zieht ungeniert ihre Tunika hoch und preßt ihre nackten Beine an die Flanken des schweißbedeckten Tieres. Dann greift sie wieder nach den Zügeln und treibt die vier Rösser mit neuer Energie an, eine furchterregende, unbezwingliche Amazone mit wehenden Haaren.

So gewinnt sie das Rennen, und die Bewunderung der Menge kennt keine Grenzen. Die Menschen, die in ihr jetzt fast eine Göttin sehen, durchbrechen die Absperrungen und rennen auf die Tribüne zu.

Salomo bedeckt die Blöße seiner Gemahlin hastig mit ihrem schweren Mantel.

»Ich bin einer Heimtücke zum Opfer gefallen«, flüstert Makeda ihm zu. »Sorge dafür, daß niemand sich den Pferden und dem Wagen nähert.«

Der König untersucht höchstpersönlich die Zügel, die seltsamerweise mitten im Rennen zerrissen sind. Er entdeckt, daß sie mit einem Messer angeschnitten wurden, ruft den obersten Richter herbei und weiht ihn ein, verlangt jedoch, diesen Mordversuch vorläufig geheimzuhalten.

Ohne sich etwas von seiner tiefen Verstörung anmerken zu lassen, läßt der Herrscher in aller Eile die Zügel ersetzen, steigt in seinen Wagen und bittet die Königin, an seiner Seite die Piste zu umrunden, um die aufgeregte Menge zu beruhigen.

Sobald die Ruhe wiederhergestellt war, erklärte Salomo die Rennen für beendet, die Menge zerstreute sich langsam, und das Herrscherpaar kehrte in den Palast zurück.

Makedas ganzer Körper schmerzte. Sie wünschte sich nichts sehnlicher als ein labendes Bad, sanfte Massagen und ein weiches Bett, doch auch seelisch litt sie unter diesem Attentat.

Der oberste Richter, der Salomo durch besonderen Scharfsinn beeindrucken wollte, erklärte stolz: »Großer König, ich kann Euch den Kopf des Schuldigen auf einem Spieß präsentieren!«

»*Der* Schuldige interessiert mich weniger als *die* Schuldigen«, entgegnete der König.

»Gewiß, doch er kann uns verraten, wer ihm den schurkischen Befehl erteilt hat.«

»Wie habt Ihr ihn gefunden?« fragte die Königin.

»Als ich die vielen Blumen in Eurem Wagen sah, habe ich mich erkundigt, wer ihn damit geschmückt hatte, o Königin, und mir wurde gesagt, ein Sklave der Prinzessin Samsi habe diese riesigen Sträuße angeschleppt.«

»Wo ist dieser Mann?« erkundigte sich Salomo.

»Er ist hier. Ich habe ihn sofort suchen lassen.«

In Ketten, von Gardisten umringt und am ganzen Leibe zitternd, wurde der Sklave den Herrschern vorgeführt. Er warf sich angsterfüllt zu Boden und stammelte etwas Unverständliches.

»Dein Kopf steht auf dem Spiel, aber wenn du die Wahrheit sagst, wird dir nichts geschehen. Wer hat dir befohlen, den Wagen der Königin mit Blumen zu schmücken?«

»Das war Prinzessin Samsi, o König! Gnade für mich, ich flehe Euch an!«

»Welchen Grund hatte sie für diese freundliche Geste?« wollte Salomo wissen.

Der Sklave sagte kein Wort.

»Der Mann schweigt? Man möge ihn foltern, bis er spricht!« befahl der König.

»Nein, nein, ich will nicht sterben! Ich werde alles sagen! Die Prinzessin gab mir die Blumen, in denen ein Stilett verborgen war. Eure Garde schöpfte keinen Verdacht, als ich Euren goldenen Wagen mit den Blumen schmückte. Und dann ...«

»Dann hast du die Zügel angeschnitten, du Hund!«

»O König, mir drohte der Tod, wenn ich die Befehle der Prinzessin Samsi nicht ausführte!«

»Richter, laßt Prinzessin Samsi und jenen Offizier herholen, der gegen die Königin angetreten ist!«

»Jetzt fällt mir ein«, murmelte Makeda, »daß dieser Mann mich überhaupt nicht überholen wollte. Zweifellos wollte er meinen Sturz ausnutzen, um mich von seinen Pferden zermalmen zu lassen. Welch ein gräßlicher Tod! Und es war eine Frau, die sich das ausgedacht hat?«

Es dauerte nicht lange, bis Prinzessin Samsi vorgeführt wurde. Die Garde hatte sie festgenommen, als sie Vorbereitungen traf, die Stadt zu verlassen. Sie grüßte weder den König noch die Königin, stolz sogar in ihrer Niederlage.

»Samsi, wir wissen, daß du deinem Sklaven befohlen hast, die Zügel des Wagens meiner Gemahlin zu beschädigen. Warum hast du das getan?«

»Weil ich sie hasse und dich liebe, Salomo!«

»Du wirst sterben«, verkündete der König, »und dein Komplize auch.«

Nun wurde der Offizier vorgeführt. Im Gegensatz zu der hochmütigen Prinzessin trat er sehr demütig auf und gestand sofort alles: seine maßlose Liebe zu Samsi und das Verbrechen. Er war Stallknecht gewesen, aber sie hatte ihn in den Rang eines Offiziers erhoben, weil seine Männlichkeit ihr gefiel, denn sie war eine sehr leidenschaftliche Frau. Sie hatte ihrem Geliebten geschworen, ihn zum königlichen Stallmeister zu machen, wenn sie Salomos Frau würde.

Zerknirscht beichtete er, daß es schon viele andere Komplotte und Mordpläne gegen Makeda gegeben habe. Der eine habe sie erdolchen, der andere vergiften wollen. Und Samsi habe dann schließlich den schrecklichen Unfall beim Wagenrennen ersonnen, weil sie geahnt habe, daß die Königin daran teilnehmen würde.

In der Hoffnung, seinen Kopf retten zu können, beteuerte

der Offizier, nur ein Spielball der Prinzessin gewesen zu sein, vor der ihm jetzt graue. Lange Zeit habe er sich geweigert, an dem Mordkomplott teilzunehmen, doch sie habe ihn mit ihren Zärtlichkeiten und Versprechungen mürbe gemacht.

»Ihr werdet beide sterben«, entschied der König, »doch zuvor sollt ihr gefoltert werden.«

»Mein König«, säuselte Makeda mit ihrer süßesten Stimme, »ich bitte dich um Gnade für die Frau.«

»Für die Mörderin, die dich mir um ein Haar für immer entrissen hätte? Niemals!«

»Schließlich wollte sie nicht dich, sondern mich ermorden«, betonte Makeda mit einem unergründlichen Lächeln. »Glaube mir, du wirst deine Milde nicht bereuen, denn auch ich knüpfe gewisse Bedingungen an diese Begnadigung.«

»Ich werde deinen Wunsch erfüllen, Geliebte, wenn du mir deine Pläne enthüllst.«

»Samsi ist frei, aber nur innerhalb von Jerusalem. Sie darf die Stadt nicht verlassen und wird Tag und Nacht überwacht werden. Ferner muß sie ihre herrlichen Haare abrasieren und bis an ihr Lebensende ihre milchweiße Stirn anstatt mit einem Diadem mit einem Lederriemen vom Pferdegeschirr schmücken, den sie niemals ablegen darf. Man führe mir die Prinzessin wieder vor, wenn sie so zurechtgemacht ist, wie ich es wünsche!« befahl Makeda.

Salomo war sich der Grausamkeit ihrer Rache bewußt. Würde Samsi diese fortwährende Schmach ertragen können? Zweifellos hätte die stolze Prinzessin einen schnellen Tod dieser endlosen Qual vorgezogen.

Die Rache der Männer

Ich werde Eure Wunden mit dieser Wundersalbe einreiben, o Königin! Sie besteht aus Schaffett, vermischt mit Spinnweben, bestreut mit Holzpulver von Ölbäumen und aufbewahrt in einer Schlangenhaut. Dieses Mittel wird Eure Schmerzen bald lindern.«

So sprach der Magier der Königin von Saba, die sich bei

dem geglückten Versuch, einem gräßlichen Tod zu entgehen, zahlreiche Abschürfungen, Prellungen und Muskelzerrungen zugezogen hatte.

Die Verbände drückten, und Makeda fühlte sich so miserabel, daß sie nicht einmal mit Salomo speisen wollte. Am Nachmittag bestand der König jedoch darauf, seine Frau zu besuchen. Er fand sie im Audienzsaal ihres Palastes, wo sie eine Besprechung mit ihren Oberbefehlshabern und engsten Beratern abhielt. Beim Eintritt des Königs wollten diese Würdenträger sich diskret zurückziehen, doch Makeda bedeutete ihnen mit einer gebieterischen Geste, daß sie bleiben sollten.

»Ich habe keine Geheimnisse vor meinem Gemahl«, sagte sie, »ganz im Gegenteil, bestimmt wird er einen Prinzen der Kaffitscho kennenlernen wollen, der es gewagt hat, gegen seine Königin zu revoltieren.«

Salomo betrachtete den Rebellen neugierig. Der Prinz hatte eine kupferfarbene Haut, und trotz seiner Fesseln trat er sehr selbstbewußt auf.

»Mein Regent Jakob hat diesen Gefangenen zu mir geschickt zusammen mit der Botschaft, daß es kürzlich in einigen Provinzen zu Aufständen gekommen ist.«

»Zu Aufständen?« wunderte sich Salomo.

»Ja! Ein Volk braucht eben doch die ständige Anwesenheit seines Herrschers, damit Ruhe und Ordnung gewahrt bleiben. Die Kaffitscho rebellieren gegen meine antimaskuline Gesetzgebung. Schau dir nur mal die Aufmachung des Gefangenen an! Sie symbolisiert die Geistesverfassung der Aufständischen.«

Der Prinz, ein schöner junger Mann, war wirklich sehr merkwürdig gekleidet: Sein Oberkörper war nackt, und er hatte einen hüftlangen Mantel aus absichtlich zerfetztem Löwenfell über die Schultern geworfen. Ein lederner Lendenschurz bedeckte seine muskulösen Schenkel, und auf dem Kopf trug er einen Lederhelm mit einem riesigen Phallus aus gefärbtem Leder.

»Wenn ich richtig verstehe«, kommentierte Salomo, »so tragen diese Männer ein zerrissenes Löwenfell, um deinen Titel ›Löwin vom Stamme Juda‹ zu verhöhnen, und mit dem

Symbol der Manneskraft protestieren sie gegen deine Gesetze.«

»So ist es, Salomo, und meine Hauptleute berichten, daß es auf dem Territorium der Aufständischen von diesen Symbolen wimmelt, die aus Holz geschnitzt oder aus Stein gemeißelt werden. Der Phallus ist zum Erkennungszeichen der Revolution der Männer geworden, die gravierende Folgen haben kann, denn ausgerechnet in Kaffa wachsen die Kaffeebäume, aus deren zermahlenen Bohnen jenes stärkende Getränk hergestellt wird, das du so liebst. Ich muß diesen Aufstand schnellstmöglich niederschlagen, dem schon mein Gouverneur und mehrere Kohorten meiner tapfersten Soldaten zum Opfer gefallen sind.«

»O Königin«, rief der Rebell in seiner gutturalen Sprache, so daß ein Offizier der Garnison von Kaffa übersetzen mußte, »wir haben uns geschworen, bis auf den letzten Mann zu sterben. Unser Kampfruf lautet: ›Ruhm den Männern, denen Gott die befruchtende Kraft geschenkt hat!‹ Das Joch Eurer Gesetzgebung hat uns zu Sklaven der Frauen gemacht, schwach und der Lächerlichkeit preisgegeben. Wir verweigern diese Unterwerfung! Wir werden den Launen einer unfruchtbaren Königin, die die Liebe haßt, nicht mehr gehorchen. Wir führen unseren Krieg im Namen der Liebe. Und jetzt, o Königin, könnt Ihr mich töten lassen, denn ich werde mich niemals unterwerfen!«

»Werft ihn in den Kerker!« befahl die Königin bedrückt.

Auf Salomos Arm gestützt, zog sie sich mit ihm ins Schlafzimmer zurück, um den Fall zu besprechen.

»Diese Revolte scheint dir große Sorgen zu bereiten, Makeda …«

»Ich befürchte, daß sie auf andere Provinzen übergreifen könnte.«

»Siehst du, diese Sorge bleibt mir erspart, weil mir niemals in den Sinn gekommen wäre, einen Kampf gegen die Liebe zu führen.«

»Die Liebe! Weißt du denn nicht, daß die Liebe mein Leben ist? Von deinen Blicken entzündet, gleicht sie einer Feuersbrunst, die Tag und Nacht in mir lodert! Seit unserer Heirat habe ich nach und nach jene Gesetze aufgehoben, die die Liebe untersagten. Aber ich habe nichts an jenen Gesetzen geändert, die den Frauen in meinen Ländern mehr gesellschaftliche Rechte verschafft haben.«

»Du bleibst also die Prophetin der Frauenrechte?«

»Und warum nicht, Salomo? Bevor ich dich kennenlernte, verkündete ich aus törichter Unwissenheit, das weibliche Geschlecht sei dem männlichen überlegen. Ich habe eingesehen, daß das ein Irrtum war, und seitdem versuche ich, die absolute Gleichheit der Geschlechter durchzusetzen.«

»Und wie willst du das erreichen?«

»Indem ich die Bedeutung der Wollust mindere.«

»Das finde ich sehr egoistisch von dir, meine schöne Königin, mein göttliches Instrument der Liebe, denn was für die Königin gut ist, sollte auch für ihr Volk gut sein ...«

»Gewiß, Salomo, die Königin hat Schwächen, deren sie sich durchaus bewußt ist, aber sie kann diese Schwächen durch Willensstärke zügeln. Das Volk ist hingegen schwach und muß gelenkt werden. Meine Gesetze haben in meinen Ländern einen völligen Umschwung bewirkt, was Gefühle anbelangt, und diese Gesetze werden über Jahrtausende hinweg ihre Spuren hinterlassen! Nie mehr werden die Frauen in einen unbezwinglichen Sinnentaumel verfallen, der sie zu Sklavinnen der egoistischen Männer machte. Seit die Frauen gleichberechtigt zum Gemeinwohl beitragen dürfen, hat sich die Zahl der Arbeiter in meinem Königreich verdoppelt, und dadurch wurde die Produktion erheblich gesteigert und der Wohlstand gemehrt.«

»Du argumentierst genauso wie die Kaufleute von Jerusalem und wie manche meiner Ratgeber«, scherzte Salomo. »Auch für sie besteht der Sinn des Lebens nur in der Anhäufung von Reichtümern, die ihnen Genuß bescheren sollen ... Ich kämpfe wahrscheinlich vergeblich gegen diese Gier nach mehr an, die eines Tages die ganze Welt pervertieren wird. Glaube mir, Makeda, es zählt nicht nur der Wohlstand, auf den du so stolz bist. Daneben gibt es soviel anderes: Liebe, Lebensfreude, Eheglück und Sinnenrausch ...«

»Du sprichst weise Worte, Salomo, und ich wäre durchaus

geneigt, mich deiner Auffassung anzuschließen, wenn das in der Praxis nicht sehr schnell zu Mißbrauch und zu Exzessen führen würde. Hingegen haben meine Gesetze äußerst heilsame Resultate gezeitigt. In meinem Volk protestiert heute niemand mehr gegen die sexuelle Gleichstellung der Frau, durch die sie zu einer Partnerin ihres Ehemannes wurde, während sie früher nur ein Lustobjekt war. Die Zeit wird nicht mehr mit unnützen Sentimentalitäten vergeudet. Das Volk von Simen und Saba arbeitet fleißig und vermehrt sich, ohne den Leidenschaften zuviel Wert beizumessen. Diese absolute Freiheit der beiden Geschlechter bewirkt allgemeines Glück.«

»Ich glaube zwar nicht, daß du recht hast, holde Königin des Morgens, aber ich beglückwünsche dich nichtsdestotrotz, denn dein Werk zeugt von dem Wunsch, Gutes zu tun. Möge Gottes Segen darauf ruhen, solange es nicht gegen Seine Gebote verstößt. Ich lasse dich nach Belieben schalten und walten und erhebe nur Anspruch auf das Königreich deines Körpers!«

Die Königin fühlte sich zwar geschmeichelt, blieb aber gedrückter Stimmung, weil sie nicht wußte, wie sie das Thema anschneiden sollte, das ihr auf der Seele brannte. Erst als das Ehepaar in der Abenddämmerung, die allmählich die Berge einhüllte, durch die duftenden Gärten spazierte, nahm sie ihren ganzen Mut zusammen.

»Mein König«, begann sie, »Makeda hat viel nachgedacht. Sie hat manches erfahren, und daher weiß sie genau: Sie muß fort von hier.«

Salomo blieb bestürzt stehen und widersprach ihr vehement.

Makeda aber zerstreute seine Befürchtungen. Ihre Liebe zu ihm war grenzenlos, so weit wie das Meer. Doch sie mußte tagtäglich mit neuen Attentaten rechnen. Konnte das Feuer des Hasses nicht jederzeit neue Komplotte entfachen? Die Priester und Rabbinen hatten ihr das Wunder der Errettung der fünf Verurteilten nie verziehen. Und was Prinzessin Samsi – eine von Salomos ehemaligen Geliebten – betraf, so könnte sie durchaus von anderen Konkubinen nachgeahmt werden.

Der König versuchte sie zu beruhigen, doch sie schwärmte plötzlich davon, wie herrlich es doch wäre, wenn sie 120 Tage in Tadmor[1] verbringen und dort nur ihrer Liebe leben würden.

»Warum ausgerechnet in Tadmor, meine geliebte Königin?«

»Weil es eine der schönsten Oasen der Welt ist. Unter der sengenden Sonne und umgeben vom goldfarbenen Wüstensand, gedeiht dank einer lebenspendenden Quelle die üppigste Vegetation, die man sich vorstellen kann. Laß uns dort in aller Abgeschiedenheit Stunden des Glücks genießen. Ich liebe dich, und ich bekomme nie genug von deinen geschickten Liebkosungen. In Jerusalem bin ich ständig eifersüchtig auf deine Umgebung. Komm mit! Ich besitze in Tadmor einen Pavillon, wo wir glücklich sein werden, und ich halte dort unbeschreibliche Überraschungen für dich bereit.«

»Hegst du diese Pläne schon lange?«

»Seit unserer Hochzeit ist es mein sehnlichster Wunsch, dich zu entführen, o König! Und nach meinen Gesetzen hat die Frau das Recht, ihren Geliebten an einen Ort ihrer Wahl zu bringen.«

»Im vorliegenden Fall habe ich nichts gegen deine Gesetze einzuwenden«, schmunzelte Salomo.

Makeda fuhr fort, ihm in glühenden Farben die Herrlichkeiten von Tadmor zu schildern, und ihre Traurigkeit verflog, als sie bemerkte, daß der Herrscher keine Einwände gegen ihre neueste Laune erhob.

»Wir werden von Jerusalem nach Tyrus reisen«, erklärte sie ihm begeistert. »Dort werden wir König Hiram einen Besuch abstatten, denn er hat uns schon vor langer Zeit eingeladen. Anschließend werden wir Phönikien und die Wüste durchqueren, um ins Alemafakar[2] zu gelangen.«

»Ins Alemafakar? Ist das denn nicht überall, wo du bist?« lächelte Salomo.

»Vielleicht, aber im Alemafakar, das ich in Tadmor erbau-

[1] anderer Name für Palmyra
[2] »Liebesparadies«

en ließ, vereinigen sich alle irdischen Wonnen, und ich möchte dort einen unvergeßlichen Aufenthalt mit dir genießen. Auf dem Rückweg könnten wir auch den Pharao besuchen, so daß unsere Liebesreise zugleich auch einen praktischen Zweck erfüllte. Sag ja, mein Geliebter, und ich werde sofort den Befehl geben, daß man meine Karawanen vorbereitet.«

»Ja! Ja!« erwiderte Salomo hingerissen.

»Ich möchte, daß diese Reise so triumphal wie unsere Liebe wird. Überall, wo wir vorbeikommen, sollen die Menschen noch Jahrhunderte später staunend davon erzählen. Und du wirst mir allein gehören, fern von deinen haßerfüllten Priestern und eifersüchtigen Frauen, von deinem Tempel und deinen Ratgebern. Mir allein! Wir begeben uns auf eine Reise ins Glück! Unsere Eskorte aus Soldaten, Elefanten, Kamelen und Pferden wird so riesig sein, daß es einen ganzen Tag dauern wird, bis sie ein Dorf durchquert hat. Und das Volk wird sagen: ›Wie groß sie sind! Wie sie sich lieben! Wie glücklich sie sind!‹ Und du wirst dort glücklich sein, Salomo, denn wenn es stimmt, daß du meinen Körper liebst und daß Gott die Sinnenlust geschaffen hat, so wirst du sie dort in vollen Zügen genießen können!

Du brauchst dich um nichts zu kümmern. Mit Hilfe meiner Signaltürme ist eine schnelle Nachrichtenübermittlung sichergestellt, und meine Ratgeber haben mich schon benachrichtigt, daß in Tadmor, das nur fünfzehn Tagesreisen von Jerusalem entfernt ist, die neuen Bauten bald fertiggestellt sein werden. Laß deine Königin ein neues Wunder wirken ...«

Das Paradies der Liebe

Die endlose Karawane bewegte sich in Richtung Tyrus, und wie die Königin von Saba prophezeit hatte, staunten die Menschen allerorten über diese nie gesehene Demonstration von Macht und Prunk.

Riesige Elefanten bildeten die Vor- und Nachhut. Kavallerie und Infanterie schützten den Zug. Hunderte von Wagen und Karren transportierten Proviant und Zubehör aller Art, während das Herrscherpaar bequem auf dem Rücken eines weißen Elefanten thronte.

Auch in der Hauptstadt des Königreichs Phönikien bewunderten die Untertanen von König Hiram diese ganze Pracht, doch weil Makeda es kaum erwarten konnte, nach Tadmor zu gelangen, wollte sie trotz des triumphalen Empfangs, der ihr und ihrem Gemahl zuteil wurde, den Aufenthalt in Tyrus nicht lange ausdehnen. Allerdings nahm sie sich Zeit, um die zwölf- bis fünfzehnstöckigen Häuser zu besichtigen, die charakteristisch für dieses wichtige Handelszentrum waren, weil die Hafenstadt völlig überbevölkert war.

Nach einer vierzehntägigen Reise durch die Wüste kam Tadmor endlich in Sicht, und diese grüne Oase mutete wie ein Traumgebilde an: weiße Pavillons inmitten von Palmenhainen und blühenden Sträuchern. Eine lebenspendende Quelle war für diese üppige Vegetation verantwortlich, während sich ringsum trostlose Sandmeere erstreckten, die schon vielen kühnen Reisenden zum Verhängnis geworden waren. Die Wüste war gnadenlos, und indem die Königin von Saba die einzige Quelle in ihren Besitz gebracht hatte, konnte man unwillkommene Besucher einfach verdursten lassen.

Wer das Glück hatte, Tadmor betreten zu dürfen, mußte zunächst ein Militärlager durchqueren, in dem es ein großes Wasserbecken sowie Pavillons für die Tänzerinnen und Tänzer gab, die für die Unterhaltung der Soldaten sorgten. Durch einen Garten gelangte man in den Küchen- und Dienstbotentrakt, den ein weiterer Garten vom zentral gelegenen Liebespavillon trennte, einem rechteckigen Bau mit Flachdach, umgeben von einer Galerie, deren Säulen die Form von Phallen hatten.

Dahinter lag ein Park, der Makedas Lieblingstieren Platz bot, und am anderen Ende standen die Pavillons der wenigen Würdenträger, die ins Paradies der Liebe mitgenommen worden waren, und der Gardisten, denen auch der Schutz der kostbaren Quelle oblag.

Das alles hätte ein willkommener Gast in Tadmor bewundern können, doch in den zweiflügeligen Königspavillons – links waren Makedas Privatgemächer, rechts die des Königs

Salomo – wäre er zweifellos nicht eingelassen worden, denn hier hatte die Königin von Saba ihrer zügellosen Fantasie freien Lauf gelassen, um eine sinnliche Atmosphäre sondergleichen zu schaffen. Dabei waren ihr die Erinnerungen an den Liebestempel von Theben zugute gekommen, aus dem sie einst erschrocken geflüchtet war. Die kunstvollen Bodenmosaiken und Wandmalereien stellten gewagte erotische Szenen dar. Wohin das Auge schaute, wurden Frauen von Männern, Tieren oder Vögeln in Besitz genommen, und auch die Statuen verherrlichten die körperliche Vereinigung in allen möglichen Variationen.

Die Möbel waren wie Frauenkörper in lüsternen Positionen geformt. Vier riesige Phallen trugen die Tischplatte, und sogar das Geschirr war mit erotischen Motiven verziert. Erlesene, aphrodisische Speisen wurden von prächtig gebauten nackten Sklaven serviert. Nicht zuletzt trugen auch Tänzer, Musiker und Mimen das ihre dazu bei, um wollüstige Wünsche zu wecken.

Hier kosteten Salomo und Makeda ihre Liebe in vollen Zügen aus, und der Dichterkönig staunte stets aufs neue über den unerschöpflichen Einfallsreichtum seiner leidenschaftlichen Gemahlin, die sich offenbar für die langen Jahre erzwungener Keuschheit entschädigen wollte.

Um dieses Liebesparadies zu schaffen, hatte die Königin von Saba viertausend Arbeiter acht Monate lang Tag und Nacht schuften lassen. Die besten Architekten von Simen und Saba hatten ihr zuvor Pläne vorgelegt, die von der verliebten Königin immer wieder abgeändert wurden, und sie hatte ihre Maler und Bildhauer zu Studienzwecken in die beiden Zentren erotischer Kunst – Theben und Babylon – geschickt, um ihr Liebesnest mit Meisterwerken schmücken zu können.

So, wie Makeda es gewollt hatte, waren die Privaträume des Königs exakte Kopien seiner Jerusalemer Privatgemächer, und wenn Salomo – etwa zur fünften Stunde – erwachte, wurde er sogleich von den Bediensteten der Königin umsorgt. Sie massierten seinen Körper und rieben ihn mit duftenden Ölen ein, so als wäre es sein Hochzeitstag, während im Hintergrund Lauten schmachteten. In einem leichten und sehr weiten Gewand aus purpurroter Seide mit üppigen Goldstickereien begab er sich in den Saal, wo Makeda und er die erste Mahlzeit einnahmen, wobei er von nackten Tänzerinnen begleitet wurde, die ihre geschmeidigen Körper aufreizend bewegten.

Makeda gesellte sich zu ihm, ebenfalls umringt von nackten Tänzern. Weiße und blaue Pfauen hüpften um sie herum, und aus Räucherschalen stiegen die berauschenden Düfte von Myrrhe, Narde und Zimt empor.

In zwei zarte Schleier gehüllt, unter denen sich ihr schöner Körper abzeichnete, nahm Makeda Platz. Sie liebte es, schon am Morgen so begehrenswert zu sein, daß der König ihren Verführungskünsten nicht widerstehen konnte. Während die Dienstboten edle Weine auftischten, erklang hinter einem Vorhang hervor die Stimme eines Sängers, der die Schönheit und den Sinnenrausch rühmte.

Nimm ihr den ersten Schleier ab. Er verhüllt den Körper deiner Geliebten, so wie der Morgennebel eine Landschaft verhüllt, bis die triumphierende Sonne ihn vertreibt.

Und Salomo raubte seiner Frau den ersten Schleier, während Tänzer und Dienstboten sich entfernten. Begleitet von kristallklaren Harfen, fuhr der Sänger fort, die Liebe zu besingen.

Nimm ihr auch den zweiten Schleier, den Schleier der Schamhaftigkeit. Liebe, o König! Liebe die Frau, die dich liebt und sich dir in all ihrer strahlenden Schönheit öffnet.

Makeda verstand es, jeden Tag zu einem neuen Fest der Liebe zu machen. Sie kannte keine Hemmungen, und ihre erotische Wißbegier war unerschöpflich: Die gewagtesten Liebkosungen und die ausgefallensten Positionen – alles wollte sie ausprobieren.

In den heißen Mittagsstunden ruhte das Liebespaar oder erfrischte sich im Schwimmbecken aus Alabaster, und wenn die sterbende Sonne den Horizont in Purpur tauchte, brach die Nacht herein, eine jener herrlichen Nächte des Orients, samtweich und seidig, überstrahlt von den Diamanten am Himmelsgewölbe. Makeda und Salomo stiegen zur Dachterrasse empor, um die kühle Abendbrise zu genießen, durch eine hohe Balustrade aus Matten und Teppichen vor den feinen Sandwolken geschützt, die der Wind unablässig aufwirbelte.

Das Nachtmahl wurde an einem blumengeschmückten Tisch auf goldenem Geschirr serviert. Abwechslungsreiche Speisen, schwere Weine, starker Kaffee. Danach griff der König zur Harfe oder Laute und schickte Tänzer, Sänger und Musikanten fort, um mit Makeda allein zu sein.

Wenn Salomo sang und spielte, verwandelte sich Wollust in Poesie, doch später kehrte sie mit noch größerer Intensität zurück. Dann zog Makeda ihren König auf ihr weiches Lager, und sie liebten sich bis zur völligen Erschöpfung.

Manchmal kam es ihnen aber auch in den Sinn, nachts durch die Oase zu galoppieren oder Tadmor zu verlassen, um im Wagen eine Fahrt in die Wüste zu unternehmen.

Dieses Leben war ein einziger herrlicher Festreigen, doch es ermüdete Salomo allmählich, und seine Manneskraft ließ nach.

Da rief Makeda jene Weisen herbei, denen sie einst in Aksum befohlen hatte, ein Heilmittel gegen die Liebe zu finden. War es nicht Ironie des Schicksals, daß die Magier ihre Wissenschaft nun in den Dienst der Liebeskunst stellen sollten?

Elixiere für König Salomo

An diesem Tag war Merari der Wortführer der Magier, die maliziös in ihre geflochtenen Bärte lächelten.

»O Königin von Salomos Herz«, sprach er, »die Kraft eines sehr jungen Mannes ist für eine Frau durchaus kein Segen, denn weil es ihm an Erfahrung fehlt, erschöpft er sie nur, ohne sie in Ekstase zu versetzen. Ein ungestümer Jüngling will ständig seine eigene Wollust befriedigen, ohne an die Bedürfnisse seiner Partnerin zu denken. Das lernt er erst mit den

Jahren. Wir sind überzeugt, daß Salomo, der in allen Wissenschaften so erfahren ist, auch in der Liebeskunst allen gelehrten Theoretikern bei weitem überlegen ist. Es kommt jedoch häufig vor, daß ein reifer Mann sich bei der Sinnenlust verausgabt. Dann muß seine Geliebte besonders darauf achten, ihn vor der Kälte zu schützen, die den Zeugungstrieb lähmt, während Wärme der Leidenschaft genauso förderlich ist wie das Sonnenlicht den Blumen. Habt Ihr schon, um eine sanfte Hitze zu erzeugen, die duftenden Dämpfe ausprobiert, die bei der langsamen Verbrennung der *tschesta*-Wurzel, vermischt mit Sandelholz, entstehen?«

Makeda verneinte.

»Kennt Ihr die Salbe, die man aus diesen *tschesta*-Wurzeln gewinnt? Die gelehrtesten Magier, die berühmtesten Kurtisanen und die kundigsten Ehefrauen versichern übereinstimmend, daß eine Erektion mindestens sechs Stunden anhält, wenn die Geschlechtsorgane mit dieser Salbe eingerieben werden. Ihr könnt aber auch besonders starken Kaffee mit Kolamehl würzen. Oder Ihr versucht es mit Wein, dem Nußpulver beigemischt ist.«

»Vergeßt nicht«, meldete sich einer der Magier zu Wort, »die weltweit bekannte wohltuende Wirkung einer Mischung aus Essig und Öl …«

»Oder auch aus Butter, bestreut mit feinem Pulver der Blume *astaad*«, fuhr Merari fort.

»Habt ihr all diese Rezepte?« fragte Makeda nachdenklich.

»Sie stehen auf diesen Papyri«, erklärte der erste Schreiber.

»Früher hätte ich mir nicht vorstellen können, daß die Wissenschaft sich in den Dienst der Wollust stellt …«

»Und in den Dienst der Fruchtbarkeit, große Königin!«

Makeda errötete heftig und warf ihrem Ratgeber einen scharfen Blick zu.

Dieser fuhr hastig fort: »Die Nahrung Eures Gemahls sollte mit rotem Pfeffer aus Berberi, gelbem Pfeffer aus Indien, weißem Pfeffer aus Diodori und schwarzem Pfeffer aus Wollega scharf gewürzt werden.«

»Eine Prise Nußpulver sollte unbedingt hinzugefügt werden«, mahnte ein anderer Weiser.

»Das haben wir schon notiert«, nickte Merari nach einem Blick auf die Papyri.

»Die Gemahlin kann den sexuellen Appetit ihres Mannes erheblich steigern, doch das brauchen wir Euch bestimmt nicht zu sagen, denn schließlich habt Ihr ja einst am Erotikunterricht in Theben teilgenommen ...«

»Ah!« rief der dritte Magier. »Wenn wir doch nur solche Schulen auch in unseren Städten hätten! Zweifellos wären unsere Ehen dann viel beständiger und glücklicher.«

»Wenn diese Schulen nicht im Widerspruch zu meiner Gesetzgebung stehen, hätte ich nichts dagegen«, erwiderte die Königin von Saba. »Allerdings müßte man sich vorher in Theben genau über die Organisation informieren, denn ich habe mich damals nicht dafür interessiert und bin nach einer Weile von diesem Unterricht befreit worden ...«

Sie lachte in der Erinnerung an ihre damaligen Hemmungen.

»Der Mann liebt Abwechslung bei den intimen Zärtlichkeiten«, fuhr Merari unerschütterlich fort. »Sein Körper will mit immer neuen Liebkosungen verwöhnt werden, die sowohl sanft als auch kraftvoll sein können.

Ferner dürft Ihr nie Eifersucht zeigen, denn sie ist der Henker der Liebe. Sie lähmt die Leidenschaft und verwandelt sie in Groll. Eifersucht erniedrigt den Mann und ist ihm deshalb verhaßt. Viele verlassene Ehefrauen sind selbst an ihrem Unglück schuld, weil sie ihre Männer durch Eifersucht in die Arme von Geliebten getrieben haben. Hingegen kann ein Wutausbruch – ob nun echt oder gespielt – manchmal Balsam für eine schwächer gewordene Liebe sein. Auch Tränen üben auf die Sinne eines Mannes eine unvergleichliche Wirkung aus: Sie regen seine Wollust erstaunlich an. Versucht es einmal, o Königin, und der große Salomo wird Euch zu Füßen liegen wie ein zwanzigjähriger Jüngling!«

»Fahrt fort«, befahl die Königin, »und überlaßt mir selbst die Wahl, welche Ratschläge ich befolgen will und welche nicht.«

»Diskussionen über irgendwelche wichtigen Angelegenheiten oder Probleme müssen im Ehebett unbedingt vermieden werden, denn sie töten die Lust. Die Liebe kann nur in einer Atmosphäre von Ruhe und Entspannung gedeihen. Deshalb gehören Männer, die von ihren nörgeligen Ehefrauen mit Klagen belästigt werden, zu den häufigsten Kunden der Kurtisanen.«

»Ist das alles?«

»O nein, Königin! Weise Männer haben ein umfangreiches Werk von dreihundert Papyri über dieses Thema verfaßt, und wir können Euch natürlich nur einen Überblick geben, aber Ihr werdet feststellen, daß wir uns mit allen Aspekten dieser Wissenschaft vertraut gemacht haben, und selbstverständlich werden die Schreiber alle Punkte, die Euch besonders interessieren, für Euch kopieren.

Eine kluge Ehefrau zeigt ihrem Mann, daß sie seine Zärtlichkeiten genießt, denn er braucht diese Bestätigung, um nicht in seinem Eifer zu erlahmen. Erfahrene Frauen loben die Liebeskünste ihrer Männer, die dadurch zu besonderer Ausdauer und immer größerem Einfallsreichtum angespornt werden, denn jeder Mann ist verständlicherweise stolz darauf, Lust bescheren zu können.

Ihr dürft auch nicht vergessen, daß Frauen mehrmals hintereinander zur höchsten Ekstase gelangen können, was dem Mann nicht so ohne weiteres möglich ist. Durch gekonnte Zärtlichkeiten läßt sich diesem Mangel jedoch – wenigstens annähernd – abhelfen. Die Leidenschaft des Mannes kann von neuem entfacht werden, indem man Tänzerinnen oder Mimen auftreten läßt. Manche Ehefrauen und Kurtisanen schwören sogar auf Liebesspiele zu dritt, wobei sie ihren Assistentinnen genaue Anweisungen geben, was diese zu tun und zu lassen haben. Auf diese Weise, so behaupten sie jedenfalls, beugen sie zugleich dem Ehebruch vor, denn der Mann ist nun einmal von Natur aus polygam veranlagt.«

»Auch in der Liebe fällt dem Mann also die schönere Rolle zu«, stellte Makeda mißmutig fest.

»Vergeßt nicht, daß es auch Frauen gibt, die sich mit mehreren Männern vergnügen, o Königin!«

»Damit ist das Gleichgewicht wohl wiederhergestellt«, mußte Makeda zugeben.

»Alle Ratschläge, die wir unserer erlauchten Herrscherin bisher gegeben haben«, betonte Merari, »führen zum Erfolg, solange die Manneskraft nicht nachhaltig geschwächt ist. Sollte das der Fall sein, so empfehlen die Fachleute Hiebe und Nadelstiche, denn der Schmerz belebt die erschlaffte Muskulatur …«

»Das sind aber verzweifelte Maßnahmen, nicht wahr?« warf Makeda bestürzt ein.

»O Königin, es gibt sogar viele junge Männer, die aus Verderbtheit oder angeborener Schwäche der Geschlechtsorgane solche Praktiken ausüben. Besonders verbreitet ist die Flagellation mit Peitschen aus den Schwanzhaaren von Elefanten.«

»Merari, ich wünsche eine Kopie jenes Buches, von dem du gesprochen hast, auf besonders haltbaren Papyri, denn diese Wissenschaft ist genauso bedeutend wie alle anderen, und sie kann den Menschen zweifellos von großem Nutzen sein.«

Alle im »Buch der Liebe« empfohlenen Rezepte und Listen probierte die enttäuschte Königin aus, doch Salomo war von ihren vorangegangenen Exzessen so erschöpft, daß keines der Mittel eine nachhaltige Wirkung zeigte.

Als die Königin eines Abends eine ägyptische Tänzerin in ihr einsames Bett holte, die als besonders erfahren galt, verriet diese ihr die Zusammensetzung eines Elixiers, das angeblich Wunder wirkte.

Die Königin bereitete dieses Elixier zu und gab es Salomo zu trinken, doch der Erfolg blieb aus, worüber Makeda zutiefst betrübt war. Trotzdem liebte sie Salomo weiterhin. Sie liebte ihn nicht nur mit ihren entflammten Sinnen, sondern auch von ganzem Herzen und von ganzer Seele, denn sein Geist übte auf sie eine genauso unwiderstehliche Anziehungskraft wie sein Körper aus.

Wenn sie den müden König umsorgte und ihn ihre unwandelbare Liebe spüren ließ, hegte sie manchmal fast mütterliche Gefühle für ihn. Diese nie zuvor gekannten mütterlichen Instinkte traten aber auch zutage, wenn sie gerührt eine Frau betrachtete, die ihrem Kind die Brust gab.

Und so wurde ihr ein neues Glück zuteil, obwohl das Feuer der Leidenschaft erloschen war.

Auf daß er ihm gleichen möge!

Salomo erschien auf der Terrasse, gefolgt von einem seiner Diener, einem Koloß, der einen Widder mit vergoldeten Hörnern an der Leine führte. Die Königin warf ihm einen verwunderten Blick zu.

Sie lag auf einem Diwan, den Sklaven hin und her schaukelten, damit die Herrscherin in der glühenden Nachmittagshitze wenigstens einen Lufthauch verspürte. Um sie herum saßen drei alte Schreiber, die Papyri mit ihren komplizierten Schriftzeichen beschrieben.

»Würde meine Gemahlin mir verraten, was diese Arbeit zu bedeuten hat?«

Makeda reichte ihm wortlos eine der Papyrusrollen. Überrascht und geschmeichelt stellte er fest, daß es sich um die Sprüche und Lieder handelte, die er in der sanften Abenddämmerung oft zum Entzücken seiner Gefährtin ersann.

»Aber wozu machst du dir diese Arbeit, Liebste? Ist denn nicht alles, was ich sage und singe, nur für uns beide bestimmt?«

»Ich will deinen Worten Unsterblichkeit verleihen, mein weiser Herrscher!«

»Worte sind doch nur Schall und Rauch. Sind nicht die Steine und das Gold des großen Tempels das einzige, was bestehen bleibt? Sie werden meinen Namen unsterblich machen.«

»Du irrst dich, mein weiser König. Deine Worte sind beständiger als der Tempel, dessen Steine verwittern werden, so wie auch andere grandiose Bauwerke vom Erdboden verschwunden sind.«

»Wenn sogar die Steine zu Staub werden – was bleibt dann von Worten übrig?«

»Ich werde die Papyri mit deinen weisen Sprüchen so aufbewahren lassen, daß sie Jahrhunderte überdauern, damit unsere Nachkommen sich in ferner Zukunft an deiner Weisheit erfreuen können. So Gott will, werden sie dereinst zusammen mit den Worten Mose die Menschen erleuchten.«

»Hast du soeben ›unsere Nachkommen‹ gesagt, göttliche Makeda?«

Die Königin errötete und blickte demonstrativ zu den Schreibern hinüber, die so taten, als würden sie sich nicht für die Unterhaltung des Herrscherpaares interessieren. Der König verstand sofort und lächelte schelmisch. Er klatschte in die Hände, und sein Diener ließ den Widder los. Das Tier tänzelte umher, stellte sich auf die Hinterbeine und stürzte mit gesenkten Hörnern auf die Schreiber und Sklaven zu.

»Wie du siehst, Liebste«, sagte der König zufrieden, als die Terrasse sich geleert hatte, »ist dieser zahme Widder mein *kalkai*[1].«

Lachend zog Makeda ihren Gatten an sich, doch Salomo packte sie bei den Schultern, um die Wahrheit zu erfahren.

»Du hast gesagt: *unsere* Nachkommen! Und als ich nachgefragt habe, bist du errötet und warst schöner denn je. Wirst du wieder erröten, wenn ich meine Frage jetzt wiederhole?«

Mit hochrotem Gesicht und gesenkten Augen warf Makeda sich in die Arme des Königs und vertraute ihm das süße Geheimnis an.

Vor Freude außer sich, rief Salomo: »Du bescherst mir ein doppeltes Glück! Zum einen liebe ich schon jetzt das winzige Geschöpf, das eine Frucht unserer Liebe ist, und zum anderen wird es bewirken, daß du bei mir bleibst, mein Sonnenlicht!«

Makeda schüttelte den Kopf.

»Nein, König von Juda«, sagte sie traurig, »ich werde nur in Gedanken bei dir sein können. Dieses Kind, das ich unter meinem Herzen trage, muß nach uns die Mission erfüllen, alle Israeliten zu vereinen, und deshalb muß es in Saba gekrönt

[1] Ein Dienstbote, der dafür zu sorgen hat, daß seine Herrschaft nicht gestört wird.

werden. Das Kind des Davidssohnes und der Tochter des Propheten Angebo kann seinem Schicksal nicht entgehen ...«

Salomo war verzweifelt, doch gegen die göttlichen Gesetze vermochte auch er nichts auszurichten.

»Wie beneide ich Männer aus meinem Volk«, sagte er leise, »die eine Familie gründen und mit ihr leben können!«

»Wie beneide ich alle Frauen, die keine Königinnen sind!« flüsterte Makeda.

Sie sprachen lange über ihre Zukunftspläne. In Saba blieben die Kinder traditionsgemäß während der ersten sieben Lebensjahre in der Obhut der Mutter, und danach mußte sich der Vater um ihre Erziehung kümmern.

»Welch schwere Prüfung Gott uns auferlegt!« schluchzte die Königin.

»Diese sieben Jahre geben dir aber genügend Zeit, um einem auserwählten Prinzen die Herrschaft über dein Königreich zu übertragen, und dann kannst du mit dem Kind zu mir kommen, und wir werden wieder zusammen glücklich sein.«

»Ja, dann wird uns neues Glück beschieden sein, und bis dahin werde ich unserem Kind schon vieles beigebracht haben, damit es seinen weisen Vater nicht enttäuscht.«

»Wie schön es wäre, wenn uns ein Sohn geboren würde!«

»Wir würden ihn Menelik[1] nennen.«

»Er würde ein großer König werden.«

»Der mächtigste König auf Erden, Salomo!«

Den Kopf an die Schulter Salomos gelehnt, lächelte Makeda dem Kind in ihrem Schoße zu. Der Herrscher folgte ihrem versonnenen Blick, doch er war zu Tode betrübt.

Die Königin kehrt nach Saba zurück

Sobald das Herrscherpaar zurück in Jerusalem war, wollte Makeda möglichst schnell nach Saba weiterreisen. »Ich möchte die Gesundheit unseres Kindes nicht durch eine Rei-

---

[1] Der Name bedeutet »Auf daß er ihm gleichen möge«. Dieser Titel wurde von allen abessinischen Herrschern übernommen.

se in den letzten Monaten meiner Schwangerschaft gefährden«, erklärte sie. »Und es soll in Saba geboren werden. Das Volk ruft mich.«

Im Zeltlager der Königin herrschte fröhliche Aufbruchstimmung, und die Flotte lag schon in Ezjon-Geber vor Anker. Voller Melancholie versuchte Salomo, seine Gemahlin zurückzuhalten – wenigstens noch einen Monat, eine Woche, einen Tag … Wie beneidenswert erschien ihm das Leben der einfachen Menschen, von denen niemand eine so grausame Trennung verlangte!

Salomo bestellte alle Würdenträger in den großen Thronsaal, damit sie der Königin des Morgens Lebewohl sagen mochten. Alle kamen, und in der Stadt versammelten sich riesige Menschenmassen, um die Abreise der Gemahlin ihres Königs nicht zu verpassen.

Makeda hatte an diesem Tag noch einmal im Tempel gebetet, und dort hatte sie dem Großrabbiner auch einen Marmorschrein mit den Papyri übergeben, auf denen die Sprüche und Psalmen des Königs aufgezeichnet waren.

»Bewahrt diesen Schatz sorgfältig auf«, ermahnte sie ihn, »damit unsere Kinder und Kindeskinder diese Weisheiten lesen und staunend sagen: ›Wie groß und gerecht Salomo war!‹«

Die versammelten Priester und Rabbinen mußten zugeben, daß die Königin der Genialität ihres Gemahls noch mehr Rechnung trug als all seine anderen Bewunderer, und sie mußten auch zugeben, daß Makeda keine jener Schändlichkeiten begangen hatte, derer man sie bei ihrer Ankunft in Jerusalem für fähig gehalten hatte. Das änderte jedoch nichts an ihrem Haß, und während sie zusammen mit den anderen Würdenträgern an den Thronen vorbeidefilierten und die Gürtelschnalle der Königin küßten, sannen sie schon darüber nach, was sie ihr in Zukunft vorwerfen könnten.

Vor den Toren der Stadt formierten sich die Truppen. Waffen klirrten, Offiziere brüllten, Elefanten trompeteten, und Wagenräder dröhnten, während die Armee sich anschickte, ihre Herrscherin sicher nach Saba zurückzugeleiten.

Im Thronsaal herrschte gedrückte Stimmung. Salomo konnte seine Verzweiflung kaum verbergen, und Makeda hatte das Gefühl, als würde ihr Herz zu einem jener Eisklumpen erstarren, von denen Assadaron ihr einst erzählt hatte.

Trotzdem lächelte sie allen zu, die von ihr Abschied nahmen, und sie lächelte sogar, als Prinzessin Samsi sich vor ihrem Thron verneigte, immer noch mit glattrasiertem Schädel und einem Zügel als Stirnband. Die stolze Prinzessin wollte ihrer Rivalin einen riesigen Rosenstrauß überreichen, doch das kam dem wachsamen Kämmerer verdächtig vor, und er brachte Samsi mit seinem goldenen Stab zum Stolpern. Die purpurroten Blumen flogen auf die Thronstufen, die die Prinzessin mit einem funkelnden Stilett in der Hand hinaufrannte. Doch ihr blieb keine Zeit, den tödlichen Stoß auszuführen, denn der Kämmerer packte sie mit eisernem Griff am Arm, und der Dolch fiel zu Füßen der Königin auf den Boden, während die Leibwache herbeieilte.

Wie alle anderen, so verlangte auch Salomo die sofortige Hinrichtung der Prinzessin, doch Makeda, die bei diesem neuen Attentat erstaunliche Ruhe bewahrt hatte, erklärte: »O mein König, erinnere dich daran, daß du das Leben dieser Frau in meine Hände gegeben hast. Sie gehört mir, und ich verzeihe ihr die Beharrlichkeit, mit der sie mich töten will. Ich will bei meiner Abreise keinen weiteren Haß säen, sondern Gnade vor Recht ergehen lassen. Samsi, verlasse Jerusalem, lege diesen beschämenden Kopfschmuck ab und laß deine Haare wieder lang wachsen. Geh in Frieden, Samsi, liebe und sei glücklich!«

Die Bestürzung der Würdenträger über diese unerwartete Begnadigung war grenzenlos, und Samsi brach plötzlich in herzzerreißendes Schluchzen aus. Sie warf sich vor Makeda auf die Knie, kratzte sich die Brust mit ihren langen Nägeln blutig und schrie ihre Bewunderung über die übermenschliche Güte der Königin laut hinaus.

»Die Tochter des Propheten Angebo übt sich in göttlicher Barmherzigkeit«, fiel König Salomo ihr ins Wort. »Gottes Wege sind wunderbar. So geh denn in Frieden, Samsi, aber komme mir nie wieder unter die Augen.«

So endete für die Königin von Saba ihr Aufenthalt in Jerusalem, der ihr Leben so grundlegend verändert und auf die Judäer einen unauslöschlichen Eindruck gemacht hatte.

Von der höchsten Terrasse deines Palastes blickst du, o Salomo, verzweifelt dem entschwindenden Stern nach. Die Königin hat die Vorhänge ihrer Sänfte geschlossen, damit niemand ihre Tränen und ihren Schmerz sehen kann.

Die dröhnenden Schritte ihrer Armee scheinen auf deinem Herzen herumzutrampeln, o Salomo, und du hast noch den süßen und bitteren Geschmack ihres letzten Kusses auf den Lippen.

Schon ist sie deinem Blick entschwunden. Mit gebeugten Schultern begibst du dich in den »Pavillon der himmlischen Töne«, um einen Liebeshymnus zu verfassen. Doch zuvor hast du noch einen Befehl erteilt:

»Im Palast der Königin sollen sofort alle Türen und Fenster zugemauert werden, damit niemand diese Räume betreten kann. So wie Makeda dieses Haus verlassen hat, so soll sie es bei ihrer Rückkehr vorfinden. Bei ihrer Rückkehr hörst du, Nathan, bei ihrer Rückkehr ...«

Und der Palast, der von Lachen, Musik und Tanz erfüllt gewesen ist, verwandelt sich in ein düsteres Grab ...

Sieh nur, Salomo, deine Gemahlin hält in ihrer Sänfte zwei Ringe umklammert, einen goldenen und einen silbernen. »Du wirst mir den Goldring schicken, wenn unser Kind ein Knabe ist, und du wirst mir den Silberring schicken, wenn es ein Mädchen ist«, hast du ihr zum Abschied gesagt. Und Makeda preßt ihre glühenden Lippen auf den Goldring.

Menelik erblickt das Licht der Welt

Welche Freude, Saba wiederzusehen, diese grandiose Stadt, die vom jemenitischen Ufer aus betrachtet in den Wolken zu schweben scheint!

Doch zugleich war Makedas Herz von tiefer Trauer erfüllt, weil sie sich fern von ihrem Geliebten einsam fühlte. Doch schon bald würde das heißersehnte Kind dieser Einsamkeit ein Ende bereiten, und diese Hoffnung verlieh ihr Kraft.

Während sie die Stunde herbeisehnte, da sie Salomos Fleisch und Blut an ihrer Brust spüren würde, widmete die Königin sich mit Feuereifer den Staatsangelegenheiten. Sie hatte in Jerusalem viel gelernt, und davon sollte auch ihr Volk profitieren.

In Simen und Saba wurden sofort neue Synagogen gebaut, und orthodoxe Rabbinen kamen aus Juda, um die unverfälschte Religion zu lehren. Lebhafte Handelsbeziehungen entwickelten sich zwischen Saba und Jerusalem, und es verging kein Monat, ohne daß Karawanen von der einen Hauptstadt in die andere zogen, um ihre Reichtümer auszutauschen, was beiden Völkern Wohlstand und Zufriedenheit bescherte.

Und das Herrscherpaar tauschte jeden Monat durch Eilkuriere Botschaften aus – Liebesgedichte, Bilderrätsel und zärtliche Worte, die der Königin die qualvolle Wartezeit verkürzten, denn nun war die Stunde nicht mehr fern, da die Frucht dieser großen Liebe das Licht der Welt erblicken würde.

Und diese Stunde kam, mitten in der Nacht … Ein gellender Schrei hallte durch den mit Fackeln beleuchteten Palast, und sogleich stießen Herolde in ihre Trompeten und verkündeten der Stadt, die in dieser Nacht nicht schlief:

»Er ist geboren! Der Thronfolger ist geboren! Er heißt Menelik, und unsere glückliche Königin fühlt sich wohl!«

Im großen Audienzsaal stimmten die versammelten Würdenträger, denen das Neugeborene präsentiert wurde, einen Lobgesang an. Sie dankten dem Allmächtigen und priesen Ihn, und Makeda fühlte sich in ihrem Gemach plötzlich nach Jerusalem zurückversetzt, wo ihr geliebter König bestimmt angsterfüllt und sehnsüchtig auf die frohe Botschaft wartete.

»Ist der Kurier schon unterwegs?« fragte sie Haisar mit schwacher Stimme.

»Er hat sich auf den Weg gemacht, sobald Prinz Menelik seinen ersten Schrei ausstieß«, versicherte der Mann, der ihr nun genauso treu diente, wie er früher König Salomo gedient hatte, und wie vor ihm schon sein Vater König David gedient hatte.

Und wirklich: Schon galoppierte ein sabäischer Kurier durch die Nacht zum Hafen, wo ein Schiff zum Auslaufen bereit war. An seiner Brust trug er einen kleinen Beutel mit einem Goldring.

Trotz ihrer Schwäche und der Ermahnungen ihrer Ärzte ließ die Königin Merari rufen und befahl ihm: »Zur Erinnerung an dieses denkwürdige Ereignis will ich eine neue Auszeichnung einführen. Wer dem Staat oder dem Glauben mit besonderem Eifer und Talent gedient hat, soll durch einen Ring geehrt werden – die Männer mit einem goldenen, die Frauen mit einem silbernen. Dieser Ring soll an einem schmalen blauen Band um den Hals getragen werden, denn Blau ist Salomos Lieblingsfarbe. So lautet mein Befehl. Und jetzt soll man mir meinen Sohn bringen!«

Das kräftige Kind schrie aus Leibeskräften. Die stolze Mutter drückte es an ihre Brust und schlief erschöpft ein, während das ganze Land das freudige Ereignis feierte.

Fünfzehn Tage später erreichte der Kurier, der weder seine Pferde noch sich selbst geschont hatte, die judäische Hauptstadt.

Der König war immer wieder auf die höchste Terrasse des Tempels gestiegen, um auf der Straße nach Ezjon-Geber nach einem Eilboten Ausschau zu halten. Er hatte den Tag der Geburt seines Kindes berechnet, und seit dieses Datum verstrichen war, lebte er in ständiger Angst und Ungeduld und bedauerte zutiefst, daß Makedas Signaltürme, die eine schnelle Benachrichtigung ermöglicht hätten, bei ihrer Abreise abgerissen worden waren, nicht nur wegen der enormen Kosten, die sie verursachten, sondern auch aus Angst vor Sabotagen.

Der Herrscher war außer sich vor Freude, als Späher ihm endlich mitteilten, der Kurier aus Saba nähere sich Jerusalem. Er zwang sich, auf seinem Thron Platz zu nehmen, weil die Königswürde das verlangte, doch er starrte wie gebannt auf die Tür, und als der Kurier endlich hereingeführt wurde, wäre der liebende Ehemann und Vater ihm am liebsten entgegengestürzt. Der Bote war mit Staub und Schweiß bedeckt, und an seinen Sporen klebte das Blut der zuschanden gerittenen Pferde. Er überreichte dem König einen Beutel, dieser öffnete ihn mit zittrigen Händen und holte den Goldring hervor.

»Gelobt sei Gott!« rief er. »Mögen die Trompeten im ganzen Königreich erschallen und meinem Volk verkünden, daß mein Sohn Menelik geboren ist! Mögen die Menschen Freudenfeste feiern! Er ist geboren, der Erbe des Thrones von Saba, und er ist ein Kind von Juda! Möge der Tempel von Dankgebeten und Lobgesängen widerhallen! Mögen Jahwe Brandopfer dargebracht werden! Möge der Kurier wie ein Prinz behandelt werden, denn er hat mir die herrliche Botschaft überbracht! Und mögen alle glücklich sein, weil ich so glücklich bin!«

So befahl es der große Salomo, und alle Anwesenden riefen: »Hosianna! Gelobt sei Gott! Lang lebe Menelik!«

Währenddessen stellte der König fest, daß der Beutel außer dem heißersehnten Goldring ein schmales Goldröhrchen enthielt, das sich in der Mitte öffnen ließ, wenn man auf einen kleinen Rubin drückte. Er zog eine schwarze Haarlocke und eine winzige Schriftrolle hervor, auf der die Worte standen:

»Deinem Sohn und mir geht es gut. Ich schicke dir eine Locke von ihm und einen Blutstropfen von meinem Herzen, damit du weißt, daß Makeda dich liebt!«

Die flaumweichen Haare und der Blutstropfen riefen in Salomos Seele eine heftige Gemütsbewegung hervor. Er küßte das Röhrchen, hielt die Locke an seine eigenen Haare und stellte im Spiegel beglückt fest, daß sein Sohn die gleiche Haarfarbe wie er selbst hatte. Nun hielt es ihn nicht mehr im Palast. Unverzüglich wollte er Jahwe in Seinem Heiligtum danken. Auf dem Vorplatz rief er überschwenglich:

»Salomo ist glücklich! Singt, jubelt und musiziert! Trinkt, eßt und tanzt! Die Einheit der hebräischen Stämme ist Wirklichkeit geworden, und sie ruht auf den zarten Schultern von Menelik, dem künftigen König von Saba!«

Menelik ist nicht dein Sohn!

Drei Jahre später ... Warum galoppieren sieben Judäer auf den Palast von Saba zu? Sie sind erst vor einer Stunde im Hafen von Bord gegangen, und ihr Schiff ist bereit, bald wieder auszulaufen. Die sieben Reiter erreichen den monumentalen Portikus des Palastes, und die Hufe ihrer Pferde erzeugen in dem Säulengang ein dumpfes Echo.

»Wir haben einen Geleitbrief von König Salomo«, erklären sie der Garde.

Das wirkt wie ein Zauberwort. Alle Tore öffnen sich ihnen.

Am letzten Portal, hinter dem die Palastgärten beginnen, steigen die Reiter ab, und einer von ihnen holt den Geleitbrief hervor und überreicht ihn dem Hauptmann der Garde.

»Judäer«, sagt dieser, »ich werde dem Kämmerer eure Bitte um eine Audienz bei der Königin vortragen.«

Er benachrichtigt den Kämmerer, der seinerseits Salomos ehemaligen Schatzmeister unterrichtet, daß sieben seiner Landsleute die Königin zu sprechen wünschen. Diese Zahl beunruhigt Haisar, denn nur Botschaften von größter Bedeutung werden von sieben Personen übermittelt.

Haisar eilt zu den Abgesandten hinaus, erkennt unter ihnen Pallu, den Kämmerer des goldenen Königs, und begrüßt ihn ehrerbietig. Die eisigen Mienen der Botschafter verheißen nichts Gutes, doch Haisar versucht, sich nichts von seiner Besorgnis anmerken zu lassen.

»Welche Gnade des Himmels hat eure Schritte nach Saba geführt, ohne daß die Königin vorher darüber benachrichtigt wurde?«

»Wir sind hier, um uns nach ihrer Gesundheit zu erkundigen, die König Salomo sehr am Herzen liegt – und ebenso nach dem Wohlbefinden des Prinzen Menelik.«

»Folgt mir! Es ist mir eine besondere Ehre, euch zur Königin zu geleiten.«

Haisar führt die unerwarteten Besucher durch die herrlichen Gärten, ohne ihren harmlosen Beteuerungen Glauben zu schenken.

Auf der Freitreppe zum Audienzsaal bleibt Pallu plötzlich stehen und fragt mit gerunzelter Stirn: »Wer ist dieses Kind?«

Er deutet auf einen schmächtigen, aber prächtig gekleideten Knaben. Das Gesicht des etwa Dreijährigen wirkt aufgeweckt, aber seine Züge sind fremdartig und weisen nicht die typischen Merkmale der jüdischen Rasse auf. Zwei Dienstboten folgen ehrerbietig diesem zarten Kind und lassen es nicht aus den Augen.

»Wer ist das?« wiederholt Salomos Kämmerer.

»Dieses Kind«, antwortet Haisar bedrückt, »ist kein anderer als Prinz Menelik.«

Und er verneigt sich vor dem Knaben. Wohl oder übel müssen die sieben Judäer seinem Beispiel folgen. Das Kind hüpft sorglos weiter. Die Abgesandten tauschen besorgte Blicke.

»Haisar«, ergreift Pallu wieder das Wort, »ist dieses Kind wirklich Prinz Menelik, der Sohn des Königs Salomo und der Königin von Saba?«

»Ich sage dir: Dieses Kind ist Seine Hoheit Prinz Menelik«, erwidert Haisar.

»In diesem Falle werden meine Begleiter mir bestimmt zustimmen, daß unsere Mission bereits erfüllt ist. Wir hatten den Auftrag, den Prinzen zu sehen und uns zu vergewissern, daß er gesund ist. Nachdem das nun geschehen ist, können wir unverzüglich nach Jerusalem zurückkehren. Es war uns eine Freude, dich wiederzusehen, Haisar.«

»Meine Herren«, erwidert der ehemalige Schatzmeister, »ihr seid die Abgesandten des Gemahls unserer Königin Makeda. Der Kämmerer hat sie bereits über eure Ankunft informiert, und die Vorbereitungen für einen würdigen Empfang sind in vollem Gange. Gleich werden Fanfaren euch willkommen heißen. Es ist eure Pflicht als Botschafter des Königs, seine Gemahlin zu begrüßen, die euch schon erwartet.«

»Nun gut«, gibt Pallu widerwillig nach.

Auf einem Teppich zu Füßen der Königin spielt ein kleines Kind auf einer winzigen Harfe und lacht vergnügt über die komischen Sprünge der Pfauen, die es mit den schrillen Tönen seines Instruments erschreckt.

Die Abgesandten des Königs bleiben wie angewurzelt auf der Schwelle stehen, überwältigt von der Pracht dieses Saales, der alles in den Schatten stellt, was Juda zu bieten hat. In diesem Rahmen – auf ihrem prunkvollen Thron, umringt von ihrer Leibwache und von Sklaven – wirkt die Königin noch majestätischer als in Jerusalem.

Mit besorgter Miene winkt sie die Gäste näher heran.

»Ich kenne euch alle, und ich heiße euch herzlich willkommen. Daß ihr zu siebt seid und so ernst dreinblickt, deutet auf eine wichtige Botschaft hin, doch ich sehe zu meiner großen Erleichterung, daß ihr keine Trauergewänder tragt. Dem Herrn sei Dank!«

Pallu wirft sich vor dem Thron zu Boden, und seine Begleiter folgen seinem Beispiel. Dann erklärt er würdevoll: »Große Königin, Ihr könnt ganz beruhigt sein. Unser erlauchter Herrscher hat uns nur beauftragt, nach Eurer Gesundheit und nach dem Wohlbefinden des Prinzen Menelik zu fragen.«

Das Kind kreischt fröhlich weiter, und die Königin hebt es hoch und drückt es an die Brust.

»Meine Gesundheit ist zufriedenstellend, meine Herren, und sie wäre sogar ausgezeichnet, wenn ich nicht so sehr darunter litte, von meinem teuren Gemahl getrennt zu sein.«

»Was den Prinzen betrifft, erlauchte Königin, so haben wir ihn bereits gesehen, und wir hatten die Ehre, uns vor dem Sohn unseres geliebten Monarchen zu verneigen ...«

»Das kann nicht sein«, entgegnet Makeda.

»Doch, vor wenigen Minuten, in Euren Gärten«, beharrt Pallu.

Die Königin stellt das Kind wieder auf die Beine und sagt streng: »Ich hatte dir doch verboten hinauszugehen!«

»Schimpft nicht mit diesem hübschen Kleinen«, ruft Salomos Kämmerer. »Nicht ihn haben wir draußen gesehen, sondern den Prinzen Menelik, wie unser Freund Haisar uns ausdrücklich bestätigt hat.«

Der ehemalige Schatzmeister hält es für geraten einzugreifen.

»Hört mir gut zu, ihr Kundschafter Salomos, denn dieser

Irrtum muß nun schleunigst aufgeklärt werden. Gemäß der sabäischen Tradition wird ein anderes Kind, das am selben Tag wie Prinz Menelik geboren wurde, bei Hofe aufgezogen. Dieser *kat*[1] soll all jene Verwünschungen auf sich lenken, die ansonsten den echten Prinzen treffen könnten, der viele heimliche Feinde hat. Deshalb stelle ich allen Besuchern den *kat* als Prinz Menelik vor, und unlängst habe ich das auch bei Kaufleuten aus Jerusalem so gehalten, die nach ihrer Rückkehr vermutlich Gerüchte verbreitet haben, daß das Kind seinem Vater überhaupt nicht ähnlich sieht und einen schwächlichen Eindruck macht. Diese Gerüchte müssen wohl auch König Salomo zu Ohren gekommen sein, denn ich habe euren besorgten Gesichtern sofort angesehen, daß unser Herrscher euch in Wirklichkeit hergeschickt hat, damit ihr den Prinzen persönlich in Augenschein nehmt.«

»Du hast recht, Haisar«, gibt der Kämmerer zu. »Wir sind beauftragt worden festzustellen, ob Menelik seinem Vater ähnlich sieht.«

»Dann umarmt jetzt den Sohn eures Königs!« ruft Makeda und reicht dem Kämmerer das Kind. »Schaut euch seine Gesichtszüge genau an.«

Pallu nimmt den Knaben auf den Arm. »Er ist wirklich das Ebenbild seines Vaters«, bestätigt er zufrieden. »Die gleiche ovale Gesichtsform, die gleiche Hautfarbe, die gleichen Augen und vor allem die gleiche senkrechte Falte zwischen den Brauen, die schon Salomo von seinem Vater geerbt hat und die ein Zeichen ihrer Genialität ist. O Königin, verzeiht Euren Dienern diesen Auftrag, den sie erfüllen mußten. Niemand hat Euch verdächtigt, weder Euer Gemahl noch wir, die wir nur demütige Abgesandte sind. König Salomo wollte auf diese Weise nur sicherstellen, daß die Königin von Saba über jeden Verdacht erhaben ist.«

Die Königin bat die sieben Judäer, wenigstens bis zum Abend zu bleiben, doch länger ließen sie sich aus Pflichtgefühl nicht aufhalten.

[1] wörtlich: »Schatten«, im Sinne von: »Double«

»König Salomo wartet sehnsüchtig auf unsere Rückkehr«, erklärte Pallu, »und jede Stunde Verspätung wird sein Herz mit neuem Schmerz erfüllen.«

Beim Abschied von den Abgesandten überreichte Makeda ihnen in einer Goldkassette eine bemalte Tonmaske, die das Gesicht des Prinzen verblüffend wirklichkeitsgetreu wiedergab. So würde Salomo sich auch mit eigenen Augen davon überzeugen können, daß sein Sohn ihm ähnlich sah.

»Sagt dem König, daß ich ihm sein ungerechtfertigtes Mißtrauen verzeihe, daß ich ihn liebe und ihm treu bin«, trug sie ihnen auf.

In Wirklichkeit war Makeda jedoch tief betrübt, und sie hätte Salomo bestimmt gegrollt, wenn es Haisar bei einer letzten Unterhaltung mit Pallu nicht gelungen wäre, die ganze Wahrheit zu erfahren, über die er die Königin natürlich sofort unterrichtete: Abraham, ein Kaufmann aus Jerusalem, hatte den *kat* gesehen, der ihm als Prinz Menelik vorgestellt worden war, und nach seiner Rückkehr hatte er den Priestern und Rabbinen sensationslüstern berichtet, daß der Knabe keinerlei Ähnlichkeit mit König Salomo habe. Daraufhin waren alle möglichen Gerüchte in Umlauf gekommen, bis der Herrscher – in seinem väterlichen Stolz getroffen – beschlossen hatte, diesen Verleumdungen ein Ende zu bereiten, indem er sieben Abgesandte nach Saba schickte.

»Nun, hast du Prinz Menelik gesehen?« fragte Salomo beunruhigt, sobald sein Kämmerer zurückgekehrt war.

»Erlauchter König, dieses Kind ist Euer Sohn, daran kann überhaupt kein Zweifel bestehen«, erklärte Pallu und überreichte ihm die Kassette mit der Tonmaske des Prinzen.

Salomo war überglücklich, und die Rabbinen mußten sich eingestehen, daß sie die Königin wieder einmal zu Unrecht beschuldigt hatten. Doch das änderte nichts an ihrem Haß auf die Ausländerin, die sie einst durch das Wunder der seltsamen Errettung ihrer zum Tode verurteilten Gardistinnen tief gedemütigt hatte.

Menelik sieht seinen Vater im Spiegel

Sechs Kinder tollen ausgelassen und lärmend hinter dem Palast von Saba herum, unter ihnen Prinz Menelik. Seine Spielgefährten wissen nicht, wer dieser Knabe mit den sanften, nachdenklichen Augen ist, der Benjamin genannt und von den Dienstboten mit seltsamem Respekt behandelt wird.

Die anderen Jungen sind stolz auf die Machtpositionen ihrer Väter. Einer ist der Sohn des Kämmerers, ein anderer der Sohn des Großrabbiners und ein dritter der Sohn des Oberbefehlshabers der sabäischen Armee.

»Wer ist eigentlich dein Vater?« wird Benjamin gefragt. »Wir haben ihn noch nie gesehen! Kennst du ihn überhaupt? Und warum darfst du hier im Palast wohnen?«

Bestürzt rennt das ernsthafte Kind zu seiner Mutter, die auf einer schattigen Terrasse mit Merari wichtige Staatsangelegenheiten bespricht.

»Mutter, liebste Mutter!« ruft Menelik schluchzend. »Meine Kameraden sind so häßlich zu mir!«

Überrascht nimmt Makeda ihren Sohn in die Arme und streicht ihm zärtlich übers Haar.

»Was haben sie denn getan, mein Kleiner?«

»Sie sagen, ich hätte keinen Vater!«

Makeda schickt Merari und ihre Dienstboten fort, nimmt einen Spiegel aus poliertem Gold zur Hand und hält ihn dem Kind vors Gesicht.

»Das ist dein Vater, mein Junge. Schau ihn dir genau an, damit du ihn unter tausend Gesichtern wiedererkennst. Deine Kameraden wissen nicht, daß dein Vater ein reicher und mächtiger König und der weiseste Mensch auf Erden ist. Eines nicht mehr allzu fernen Tages wird er kommen und dich in einen herrlichen Palast mitnehmen.«

Das Kind kann seinen Blick nicht von der polierten Goldscheibe losreißen, die es bisher nie beachtet hat. Begeistert streichelt es den Spiegel.

»Geh wieder spielen, mein Sohn«, sagt Makeda, »und ärgere dich nicht über die dummen Bemerkungen deiner Freunde. Nur deine Mutter kennt die Wahrheit.«

Beruhigt läuft Menelik zu seinen Kameraden und ruft ihnen triumphierend zu: »Ich kenne meinen Vater! Ich habe ihn gerade gesehen! Er ist ein mächtiger König, und bald wird er mich in einen riesigen Palast mitnehmen!«

Besorgt über den Kummer ihres Sohnes, umklammerte Makeda die Löwenköpfe an den Armlehnen ihres Sessels und ließ ihren Gedanken freien Lauf. Sie war sehr stolz auf Menelik, der ihren eigenwilligen Charakter und ihren Hang zum Prunk geerbt hatte. Doch mehr als alles andere entzückte sie seine angeborene Noblesse und seine frühreife Intelligenz, die darauf hindeuteten, daß er eines Tages so weise wie Salomo sein würde.

Sie dachte daran, daß die Zeit unerbittlich verstrich. Schon bald würde sie sich von ihrem geliebten Sohn, der ihr ganzes Glück war, trennen müssen, und dann würde sie allein sein, und nichts würde sie über diese Einsamkeit hinwegtrösten können, denn Salomo hatte sich ganz ihrer Sinne und ihres Geistes bemächtigt, so daß sie wohl nie mehr von ihm loskommen würde.

Mehrmals hatte sie eine geplante Reise nach Jerusalem verschieben müssen, und mehrmals hatten Salomo und sie geplant, sich in Ezjon-Geber zu treffen, doch immer war etwas dazwischengekommen. Der friedliebende König hatte große Mühe, ägyptischen Machenschaften entgegenzuwirken, die in einigen seiner Provinzen Revolten schürten. Und auch Makeda wollte ihre Hauptstadt nicht verlassen, solange die geringste Gefahr bestand, daß es irgendwo in ihrem riesigen Königreich erneut zu Aufständen kommen könnte.

Menelik war unterdessen schon sieben Jahre alt geworden, und Makeda hatte die Absicht, ihren Sohn bald zu Salomo zu bringen, doch bei dieser Gelegenheit wollte sie auch ihre gigantische Macht und ihren unermeßlichen Reichtum zur Schau stellen. Ganze Regimenter sollten Menelik begleiten. Niemand sollte die Pferde, Kamele und Elefanten sowie die Sklaven aus aller Herren Länder zählen können. Die Geschenke, die der Sohn seinem Vater überreichen sollte, würden so kostbar sein, daß man in Jerusalem aus dem Staunen nicht mehr herauskäme.

In Gedanken hatte Makeda sogar schon den goldenen Wagen entworfen, der Menelik und sie zu Salomo bringen würde: Besetzt mit Sternen aus Smaragden, Saphiren, Rubinen und Amethysten, würde dieser Wagen von vier prächtigen Schimmeln mit Reitern in goldenen Uniformen gezogen werden, und Menelik würde in einem Gewand aus weißer Seide aufrecht dastehen, mit dem Zepter in der Hand und mit der Doppelkrone auf dem Haupt: die sieben Perlen von Saba, vereint mit dem sechszackigen Stern von Juda.

Welch herrliche Vision! Makeda malte sich in ihrer blühenden Fantasie die Farbenpracht und Musik aus, die diesen Einzug in Jerusalem für alle Zuschauer zu einem unvergeßlichen Ereignis machen würden. Doch zuvor wollte sie mit Menelik noch nach Aksum reisen, um den Thronfolger allen Würdenträgern von Simen vorzustellen.

Seit dem Umzug nach Saba war die Königin nie in ihre ehemalige Hauptstadt zurückgekehrt, doch das Land, das die Wiege des jetzigen Imperiums gewesen war, gedieh unter einem klugen Gouverneur, der von Makeda ständig überwacht wurde.

Nun wurde es jedoch höchste Zeit, sich wieder einmal in Simen sehen zu lassen und ihre Untertanen mit Prunk zu blenden, damit sie stolz auf ihr Reich, auf ihre Königin und den Thronfolger waren. Mit Menelik, dem *kat* und ihrem Gefolge segelte sie über das Rote Meer nach Muttowa, und ihre Landsleute staunten denn auch gebührend, denn ihre Herrscherin hatte sich in den langen Jahren ihrer Abwesenheit in eine geradezu legendäre Gestalt verwandelt, in ein übermenschliches, fast schon göttliches Wesen, mächtig und unbesiegbar. Seit ihrer Reise nach Jerusalem trug sie auch noch den Ehrentitel einer »Erneuerin des Glaubens«, denn so verkündeten es die hundert von Jerusalem nach Simen entsandten Rabbinen.

Sie war kaum in Aksum angekommen, als sie auch schon feststellte, daß ihre Landsleute ihr fremd geworden waren. Wie weit hatte sie sich von diesen einfachen und ungeschliffenen Bergbauern entfernt, obwohl sie selbst einer solchen Familie entstammte! Doch hatte nicht schon Angebo, ihr Vater, diese Vergangenheit abgeschüttelt und seine kühnen Träume verwirklicht? Und sie war nun einmal ganz die Tochter des großen Propheten und Königs! Was konnte sie dafür, wenn die Menschen von Simen ihr sehr unbedeutend und uninteressant vorkamen?

So beschloß sie, ihren Aufenthalt in Aksum abzukürzen, denn sogar der Palast kam ihr eng und unbequem vor, ganz zu schweigen davon, daß die vielen Anbauten häßlich waren und einen einheitlichen Stil vermissen ließen. Trotzdem gab sie natürlich den obligatorischen Empfang für die Würdenträger und nahm sich auch Zeit für Privataudienzen, um wichtige administrative Fragen zu besprechen.

Als sie eines Abends im Gebetsraum mit ihrem Vertrauten Haisar plauderte, wurde die Stille im Palast jäh durch laute Tumulte durchbrochen. Makeda erbleichte und zog ihren zitternden Sohn an ihre Brust. Der Lärm schwoll noch mehr an. Man hörte das Gebrüll von Sklaven, die im Erdgeschoß Möbel zerschmetterten. Die Königin erholte sich vom ersten Schock und stand entschlossen auf.

»Das ist eine Revolte«, stellte sie nüchtern fest. »Seit meiner Ankunft in diesem Land habe ich böse Vorahnungen.«

»Falls Eure Leibwache Euch nicht treu geblieben ist, dürften wir verloren sein«, kommentierte Haisar.

»Noch nicht«, erwiderte Makeda. »Verlassen wir uns lieber nicht auf die Garde, sondern nur auf uns selbst. Das hat mich schon mein Vater gelehrt, und dieser weise Grundsatz hat sich in meiner langen Regierungszeit immer wieder bewährt.«

Sie begab sich in eine dunkle Kammer neben dem Gebetsraum, entzündete eine Fackel, stieß einen Dolch in die Wandtäfelung und drückte dagegen. Eine Geheimtür öffnete sich, und sie führte Haisar durch diese gähnende Öffnung, ihren Sohn auf den Armen, dem sie streng jeden Laut untersagte. Eine schmale Treppe führte in die Tiefe, gefolgt von einem feuchten unterirdischen Gang, einer weiteren Treppe und einem zweiten – diesmal abschüssigen – Gang. Dann eine letzte Treppe und ein kurzer Tunnel, der vor einer massiven Tür endete. Mit vereinten Kräften drehten Makeda und Haisar den Hebel, der diese Tür öffnete, und gleich darauf hörten sie lautes Wasserrauschen.

»Mein Vater hat diesen Geheimgang bauen lassen«, erklärte Makeda nun endlich. »Wir befinden uns jetzt am Fuße eines Felsens, 2000 Ellen vom Palast entfernt. Die Sklaven, die diesen Gang gebaut hatten, wurden getötet, damit sie niemandem etwas von seiner Existenz erzählen konnten. Der Ausgang ist durch Gebüsch und einen kleinen künstlichen See kaschiert, doch sobald der Hebel betätigt wird, fließt das Wasser durch einen Kanal ab. Wir könnten jetzt trockenen Fußes fliehen, aber ich möchte, daß ihr in einer kleinen Felskammer auf mich wartet. Dort hat mein Vater Kleidungsstücke hinterlegt, die uns nützlich sein werden, falls wir wirklich fliehen müssen. Dank einem komplizierten Verfahren, das weise Magier meinem Vater verraten hatten, müßten die Kleider eigentlich trotz der Feuchtigkeit unversehrt sein.«

»Und warum fliehen wir nicht gleich?« fragte Haisar, den sein fortgeschrittenes Alter ängstlich gemacht hatte.

»Noch nicht!« entgegnete Makeda. »Ich bin noch nie vor einer Gefahr geflohen. Ich bin die Königin, und wenn mein Thron bedroht ist, muß ich ihn verteidigen. Haisar, ich vertraue dir meinen Sohn an. Ich kenne deine Ergebenheit, und ich weiß, daß du ihn zu seinem Vater bringen wirst, wenn ich nicht zurückkomme. Sag Salomo in diesem Fall, daß Makeda ihn von ganzem Herzen geliebt hat.«

Sie betätigte einen weiteren Mechanismus, wobei sie insgeheim die weise Voraussicht ihres Vaters segnete. Aus einer kleinen Kammer, die in den Fels geschlagen war, drang dichter beißender Rauch hervor, der um ein Haar Makedas Fackel gelöscht hätte. Sie nahm einige Kleidungsstücke von einem Metallständer, zog eine lange schwarze Tunika an, bedeckte ihren Kopf mit einer schwarzen Kapuze und streifte Schläuche aus schwarzem Stoff über ihre Hände. Dann nahm sie einen langen Dolch, einen Bogen und Pfeile an sich, küßte ihren leise schluchzenden Sohn ein letztes Mal und eilte mit der Fackel in der Hand den Geheimgang zurück.

Haisar zog den Prinzen in die kleine Felskammer. Seit sie im Gebetsraum von dem Tumult aufgeschreckt worden waren, war nur wenig Zeit vergangen, denn die Königin hatte verblüffend schnell gehandelt. Diese Kaltblütigkeit hatte ihr schon mehrmals das Leben gerettet. Würde es ihr auch diesmal gelingen?

Haisar betete inbrünstig, den verängstigten Prinzen fest an sich gedrückt, zu Jahwe, dem Herrn des Himmels und der Erde.

Der Sklavenaufstand

Ein gewaltiger Lärm erfüllte den ganzen Palast. Betrunkene Sklaven schlugen mit Äxten Türen ein, stürzten wie Dämonen in die Räume und zertrümmerten Möbel, zerfetzten Vorhänge, beschmutzten Teppiche und plünderten alles, was nicht niet- und nagelfest war.

Sie waren in haßerfüllten Horden zum Haupteingang des Palastes gestürmt und hatten die zehn Wachen massakriert, die dieses Tor heldenhaft verteidigten und mit dem Ruf »Saba! Saba!« auf den Lippen starben.

Die anderen Türen wurden den Rebellen von Komplizen im Palast geöffnet. Sie hatten bei diesem von langer Hand vorbereiteten Überfall leichtes Spiel, denn die Garde führte mehrere Stunden von Aksum entfernt ein nächtliches Manöver durch, und die Unterkünfte der Garnisonstruppen waren so weit von der Stadt entfernt, daß sie die Tumulte im Palast nicht hören konnten. Die Königin war deshalb völlig isoliert, und Sadok, der Anführer der Aufständischen, suchte in ihren Privatgemächern nach ihr …

Dieser Sadok war der Sohn von Angebos Bruder Amram, den die Königin einst wegen seiner ständigen Bevormundungen verbannt hatte und der im Exil am Fieber gestorben war.

Sadok haßte Makeda inbrünstig, doch er wollte sich nicht nur rächen, sondern auch die Krone von Simen und Saba an sich reißen. Er selbst hatte die Sklaven aufgehetzt, und er hoffte, während der Tumulte die Königin und ihren Sohn ermorden zu können, denn als nächster Blutsverwandter hätte er dann Anspruch auf den Thron. Den Befehlshaber der Palastwache hatte er mit der Aussicht auf einen Gouverneursposten bestochen, dafür aber blinden Gehorsam verlangt.

»Vergiß nicht, Hauptmann«, hatte er seinen schurkischen Plan gerechtfertigt, »daß die Königin unwürdig ist, die Krone von Simen und Saba zu tragen, seit sie ihren Keuschheitsschwur gebrochen hat! Durch ihre Schuld wird das Volk unter Jahwes Zorn zu leiden haben!«

Der Hauptmann hatte zunächst noch versucht, seine Herrscherin zu verteidigen, die er verehrte, doch Sadok hatte ihn brutal eingeschüchtert.

»Dein Leben liegt in meiner Hand, und wenn du meinen Befehlen zuwiderhandelst, werde ich dich in eine Gegend deportieren lassen, wo deine Tage gezählt sein werden!«

Die Sklaven hatte Sadok genauso geschickt aufgehetzt.

»Ihr kennt die Königin nicht«, hatte er ihnen verkündet. »Sie ist grausam und hat kein Mitleid mit eurem Unglück. Jetzt habt ihr aber die Gelegenheit, euch für diese abscheuliche Tyrannei zu rächen, euch zu befreien und reiche Beute zu machen.«

Daraufhin hatten die Sklaven Sadok zugejubelt und den Palast gestürmt, um hemmungslos zu plündern und zu morden.

Die Königin war in ihren Gebetsraum zurückgekehrt. Auch hier hatten die Aufständischen mit ihren Äxten und Hacken gewütet. Vorsichtig schlich Makeda die Treppe hinab, gelangte ungesehen auf die Terrasse und sprang mit einem kühnen Satz auf das flache Dach der Stallungen, die den großen Palasthof begrenzten.

In ihren schwarzen Gewändern verschmolz sie mit der Nacht, während sie selbst von ihrem Beobachtungsposten aus alles sehen und hören konnte, was draußen vor sich ging. Sadok trat auf den Hof hinaus, den etwa hundert seiner Anhänger mit Fackeln hell beleuchteten. Er hatte eine Kinderleiche auf den Armen, und Makeda erschauerte unwillkürlich, als sie sah, daß Meneliks unglückseligem *kat* der Schädel zertrümmert worden war.

»Hört mir gut zu!« rief Sadok stolz. »Der Staatsstreich ist geglückt! Die Befreier von Simen und Saba haben einen glorreichen Sieg errungen! Unsere Länder haben die Tyrannei der wortbrüchigen Königin abgeschüttelt, die Gottes Gebote ebenso mißachtete wie die Menschenrechte. Ich selbst habe Makeda, die Unreine Perle, getötet, und hier seht ihr die Leiche des Prinzen Menelik, der Frucht ihrer verbotenen Liebe zum König von Juda!«

Sklaven und Soldaten jubelten ihm zu.

»Der Thron unseres Landes ist verwaist«, brüllte Sadok. »Als Sohn von Amram, dem leiblichen Bruder des Propheten Angebo, bin ich der legitime Thronfolger, und deshalb proklamiere ich mich hiermit zum König von Simen und Saba!«

Wieder brandete ohrenbetäubender Beifall auf, und der neue Herrscher wurde von seinen begeisterten Anhängern umringt. Ein zu Sadok übergelaufener Höfling kniete ehrerbietig vor ihm nieder und überreichte ihm eine Krone, die Amrams Sohn sich stolz aufs Haupt setzte. Doch im selben Augenblick taumelte er und brach zusammen, einen Pfeil im Herzen.

Ein Schreckensschrei entrang sich den Kehlen seiner Komplizen. Ihres Führers jäh beraubt, waren sie völlig ratlos, und noch entsetzter waren sie, als Makeda plötzlich kühn vom niedrigen Dach der Stallungen hinabsprang und wie ein Geist mitten unter ihnen stand. Sie riß sich die schwarze Kapuze vom Kopf und rief laut:

»Dieser Mann hat euch belogen. Ich bin die Königin!«

Sadoks feige Anhänger schwenkten augenblicklich wieder um, warfen sich vor Makeda zu Boden und flehten um Gnade.

Doch viele Soldaten, die nur auf Druck ihrer Vorgesetzten Verrat begangen hatten, freuten sich sichtlich, nun wieder den Befehlen ihrer Königin gehorchen zu können.

»Morgen wird ein Tribunal über das Schicksal der Schuldigen entscheiden. In der Zwischenzeit möge der Leichnam dieses armen Kindes mit größtem Respekt behandelt werden.«

Die Garnison wurde benachrichtigt, daß sie sofort in den Palast einrücken solle. Als einige Stunden später die Garde von ihrem Manöver zurückkehrte, erfuhren die Offiziere zu ihrem Entsetzen, daß Prinz Sadok den Befehl dazu erteilt hatte, um die Königin und ihren Sohn ermorden und den Thron usurpieren zu können.

Sobald Ruhe und Ordnung wiederhergestellt waren, schritt Makeda bedrückt durch den verwüsteten Palast, mit dem unzählige Kindheits- und Jugenderinnerungen verknüpft waren. In ihrem Schlafzimmer entdeckte sie zu ihrer großen Erschütterung die Leichen ihrer Zwerge und ihres treuen Riesen. Sobald sie ihre Fassung zurückgewonnen hatte, begab sie sich wieder in den Geheimgang, wo Haisar und Menelik in der Felskammer angstvoll auf sie gewartet hatten.

»Der Aufstand ist niedergeschlagen«, berichtete sie Haisar, »aber ich fühle mich in Simen nicht mehr sicher. Mein Sohn zieht mehr Haß und Neid auf sich, als mir bisher bewußt war. Haisar, in drei Tagen wirst du ihn zu seinem Vater bringen!«

Das königliche Tribunal fällte unerbittliche Urteile. Der Leichnam des Prinzen Sadok wurde auf dem Platz vor dem Palast am Schandpfahl zur Schau gestellt.

Die abtrünnigen Befehlshaber wurden gehenkt, die Soldaten auf eine Insel im See Tana verbannt, was wegen des mörderischen Klimas einem Todesurteil gleichkam, und die Sklaven wurden geköpft. Der Besuch der Königin in Aksum, der so triumphal begonnen hatte, endete mit einem Blutbad.

Makeda grämte sich darüber, denn Salomos Friedensliebe hatte sie stark beeinflußt, und seit ihrer Rückkehr aus Jerusalem war sie eine liberale Herrscherin geworden. Deshalb bereitete es ihr tiefen Schmerz, Hunderte von Menschen dieses Königreichs, wo sie geboren war und die ersten Sprossen ihres Ruhmes erklommen hatte, zum Tode verurteilen zu müssen.

Nachdem sie den versammelten Würdenträgern erklärt hatte, wie es kam, daß der Thronfolger nicht Sadoks Opfer geworden war, präsentierte sie ihnen den Prinzen, und die Menge jubelte Menelik zu, dem einzigen legitimen Erben der

Königreiche von Simen und Saba, dem Sohn der Reinen Perle Makeda, dem Enkel des Propheten Angebo.

Wenn Makeda einen Entschluß gefaßt hatte, wollte sie ihn auch sogleich in die Tat umsetzen, und deshalb besprach sie sofort alle Einzelheiten der geplanten Reise von Menelik zu seinem Vater mit ihrem Vertrauten Haisar. Sie hatte die Absicht, Salomos ehemaligen Schatzmeister und ihren Sohn nur bis Muttowa zu begleiten, weil sie sich nach dem schrecklichen Aufstand nicht traute, ihr Königreich zu verlassen.

Haisar machte ihr jedoch klar, daß Salomo mit noch größeren Problemen als sie selbst zu kämpfen hatte. Prinz Jeroboam, einer seiner Vasallen, hatte sich mit dem jungen Pharao Scheschonk verbündet, einem mächtigen Feind des Königs von Juda, der den Rebellen Waffen und Gold zukommen ließ, um in der Provinz Sinai Unruhen zu schüren. Die Aufständischen hatten sich bereits des Hafens Ezjon-Geber bemächtigt, und der schwachen und unerfahrenen Armee des friedliebenden Monarchen gelang es nicht, die Stadt zurückzuerobern. Unter diesen gefährlichen Umständen wollte Haisar nicht die Verantwortung für das Leben des kleinen Prinzen übernehmen.

Makeda schlug vor, ihre eigenen Truppen nach Ezjon-Geber zu entsenden, um Salomo im Kampf gegen seine Feinde zu unterstützen, aber Haisar erklärte ihr, daß die zahlreichen Gegner des Königs im Falle eines militärischen Eingreifens der Königin von Saba sofort wieder behaupten würden, sie wolle Juda erobern. Es sei deshalb vernünftiger, sich aus den internen Angelegenheiten des Königreichs Juda herauszuhalten.

»Dann werde ich euch eben bis Ezjon-Geber begleiten, und ihr werdet dort nur an Land gehen, wenn Salomos Armee die Revolte bis dahin unter Kontrolle gebracht hat.«

Mit diesem Kompromiß war Haisar einverstanden. Begleitet von großen Teilen ihrer Flotte, stach Makeda in See, und als sie Ezjon-Geber ansteuerte, erschraken die Rebellen, weil sie ein militärisches Eingreifen der gefürchteten Streitkräfte von Saba befürchteten, und ergaben sich bedingungslos Salomos Armee.

Makeda blieb an Bord, verlangte vom Oberbefehlshaber der judäischen Truppen jedoch eine starke Eskorte für ihren Sohn. Am nächsten Tag verließ Menelik seine Mutter, umringt von 200 Kavalleristen und 200 Infanteristen, gefolgt von sabäischen Würdenträgern und unzähligen Bediensteten. Dieser Abschied brach Makeda fast das Herz. Ein unerbittliches Schicksal zwang sie zur Trennung von den beiden Menschen, die sie liebte: Nach Salomo wurde ihr nun auch ihr Sohn geraubt, der in den letzten sieben Jahren die Sonne ihres Lebens gewesen war.

Die Stimme des Blutes

Jeder Tag lastete so schwer auf Salomos Schultern, als wäre er ein Jahr. Über die Trennung von Makeda war er nie hinweggekommen, in der Erinnerung verklärte er sie und dachte ständig an die Geliebte und an seinen Sohn, den er noch nie gesehen hatte. Wann immer er konnte, zog er sich in seinen stillen Pavillon zurück und verfaßte herrliche Liebesgedichte für die Frau seines Herzens.

Bisweilen saß er aber auch nur da und starrte die vielen Wachsfiguren an, die der beste Künstler seines Königreichs für ihn modelliert hatte. Sie stellten Makeda in verschiedenen Situationen dar: beim Empfang in Jerusalem nach ihrer Ankunft, am Hochzeitstag und bei ihrer Abreise nach Saba – und immer wieder in Palmyra, in allen möglichen verführerischen Posen …

Diese erstaunlich naturgetreuen Statuen in Originalgröße trugen sogar Makedas Roben, um die Illusion perfekt zu machen, und sie inspirierten Salomo immer wieder, zur Laute zu greifen und die ferne Geliebte zu besingen. Bald kursierten unter Priestern und Rabbinen bösartige Gerüchte, der König – der Hüter der Bundeslade! – sei Jahwe untreu geworden und betreibe Götzendienst, indem er Wachsfiguren anbete.

Der Herrscher vereinsamte immer mehr, seit sein einziger Freund Nathan und sein getreuer Kämmerer Pallu gestorben waren. Auch Ben Eliazar war bei einem Unfall ums Leben gekommen, und Tsador, der neue Großrabbiner, war dem König zwar nicht ausgesprochen feindlich gesonnen, beanspruchte aber ebenso wie sein Vorgänger die unangefochtene religiöse Macht für sich. Diese ständige Rivalität führte dazu, daß Tsador immer wieder Anspielungen machte, die Königin von Saba sei Salomo bestimmt nicht treu gewesen. Der alte Monarch wehrte sich vehement gegen diese bösartigen Verleumdungen, doch weder ruhige Ermahnungen noch heftige Wutausbrüche vermochten Makedas Gegner zum Schweigen zu bringen.

So eilte der Großrabbiner denn auch an dem Tag, als Fanfarenstöße die unerwartete Ankunft des Prinzen Menelik vor den Toren Jerusalems verkündeten, sofort zum König, den seine Späher bereits benachrichtigt hatten.

»Hört Ihr, Großrabbiner?« rief Salomo ihm begeistert zu. »Die Königin von Saba schickt uns an diesem gesegneten Tag den Sohn Eures Königs!«

»Verzeiht Eurem Diener die kühne Frage, Majestät, aber wißt Ihr genau, daß es Euer Sohn ist?«

Rot vor Zorn und verletztem Stolz, schrie der Herrscher: »Ich verlange, daß diese niederträchtigen Beschuldigungen endlich ein Ende haben! Menelik ist Salomos Sohn, und man möge ihn mit gebührendem Respekt empfangen! Sieben hohe Würdenträger von Juda haben schon vor Jahren bezeugt, daß an meiner Vaterschaft kein Zweifel besteht. Doch falls euch das immer noch nicht genügt, bin ich bereit, mein Kind der schrecklichen Prüfung auszusetzen, die man ›Stimme des Blutes‹ nennt! Ich werde meinen Sohn vor Sonnenuntergang im großen Thronsaal empfangen. Man möge ihn sofort benachrichtigen und den Palast der Königin herrichten, wo er residieren wird …«

Seine Offiziere beeilten sich, den Befehlen Folge zu leisten.

»Und Ihr«, wandte sich der Monarch wieder an Tsador, »werdet unverzüglich alle Priester und Rabbinen zusammenrufen, während mein Kämmerer die weltlichen Würdenträger zitieren wird. Ich werde mich als Rabbiner verkleiden, und Prinz Menelik wird seinen Vater in der Menge unbekannter Gesichter erkennen müssen. Die ›Stimme des Blutes‹ wird hoffentlich auch den letzten Zweifler wie das strahlende Sonnenlicht erleuchten und zum Schweigen bringen.«

Nach dieser Herausforderung, die den alten König viel Kraft und Überwindung gekostet hatte, verabschiedete er den Großrabbiner und seine Höflinge und dankte Gott in aller Stille dafür, daß Er ihm endlich seinen Sohn zuführte. Bald würde er Menelik in seine Arme schließen können, denn Jahwe würde Sorge dafür tragen, daß das Kind seinen Vater erkannte.

Schon zog Menelik unter Haisars Führung in Jerusalem ein, und die Menschen liefen in den Straßen zusammen und jubelten dem Sohn der Königin von Saba zu, die sie einst derart in ihren Bann gezogen hatte. Die Militäreskorte blieb an den Toren des Palastes stehen, wo das ahnungslose Kind bald eine grausame Prüfung würde bestehen müssen.

Salomo griff sich ans Herz. Er hatte seit einigen Jahren starke Schmerzen, die er auf seine Seelenqualen zurückführte. Fiebrig vor Angst, stieg er vom Thron, legte seinen Schmuck ab und zog ein einfaches Rabbinergewand an.

Der Kämmerer wies den Würdenträgern ihre Plätze im Saal zu und kontrollierte mit kritischen Blicken die Aufstellung der Garde, der Herolde und Trompeter.

Unter den Höflingen hatte sich bereits herumgesprochen, daß der weise König alle Zweifler beschämen wollte, und sowohl Anhänger als auch Gegner diskutierten lebhaft über diese Herausforderung.

Der Monarch stand jetzt unter den Geistlichen, kenntlich nur an seinem unvergleichlich klaren Blick und an seinen zitternden Händen. Als Fanfarenstöße ertönten, versteifte er sich vor übermenschlicher Anstrengung. Die Türen wurden geöffnet, und das Kind betrat den Saal. Es war mit einer weißen Tunika bekleidet, wie seine Mutter es gewünscht hatte, und stolz trug es eine Krone mit den Symbolen von Juda und Saba. Hinter ihm schlossen sich die schweren Türen, und die Trompeten verstummten. Totenstille herrschte in dem Raum, in den die letzten Strahlen der untergehenden Sonne fielen und all die goldene Pracht in purpurnes Licht tauchten, worin der Monarch ein günstiges Omen sah, denn es war so, als wollte der Himmel das Königskind segnen.

Dem Prinzen war von seiner Mutter und Haisar eingeschärft worden, daß er sich vor dem Thron verneigen müsse, doch er blieb verwirrt stehen, als er sah, daß dieser prächtige Thron leer war. Unzählige Blicke waren neugierig auf ihn gerichtet, und Menelik konnte nicht verhindern, daß ihn ein angstvoller Schauer überlief.

Der Kämmerer griff nach der Hand des eingeschüchterten Kindes und stellte es den versammelten Würdenträgern protokollgemäß mit allen illustren Titeln beider Elternteile vor. Dann führte er es in die Mitte des Saales und erklärte ihm:

»Prinz Menelik, Ihr müßt Euren Vater, König Salomo, selbst erkennen.«

Menelik verlor seine Furcht und lächelte, weil er glaubte, das sei ein Spiel. Ein Raunen ging durch die Menge, und alle hatten plötzlich Mitleid mit dem Prinzen und fragten sich, ob Salomo seinen Sohn wirklich verleugnen würde, wenn dieser ihn nicht erkannte. Sogar die erbittertsten Feinde der Königin von Saba mußten insgeheim zugeben, daß Menelik zweifellos ihrer Rasse angehörte. Seine Hautfarbe, der Gesichtsschnitt, die Haare und die Gesten – alles bezeugte die semitische Abstammung, und er hatte sogar die hohe Stirn seines Vaters und die Falte zwischen den Brauen geerbt.

Salomo selbst schwankte zwischen Angst und Stolz hin und her. Er grub seine Fingernägel tief in seine Haut, um nicht der Versuchung nachzugeben, einfach auf das Kind zuzueilen und es in die Arme zu schließen. Was ging ihn diese Horde heuchlerischer Würdenträger an? Seine Friedensliebe wurde als Schwäche ausgelegt; sollte er den Intrigen seiner Gegner mit eiserner Faust ein Ende bereiten?

Doch er wußte, daß Meneliks Ansehen auf dem Spiel stand. Die ganze Zukunft seines Sohnes hing davon ab, ob die Stimme des Blutes vernehmbar sein würde, denn sonst würden die Gerüchte nie verstummen.

Das Kind war zunächst auf die am prächtigsten gekleideten Würdenträger zugegangen, überzeugt davon, den König unter diesen mit Gold und Edelsteinen geschmückten Männern zu finden. Es spähte aufmerksam in jedes der fremden Gesichter und versuchte die Züge des Vaters zu erkennen, die es sich genau eingeprägt hatte, indem es oft in den goldenen Spiegel schaute.

Die tragische Szene ging unwillkürlich selbst den unerbittlichsten Gemütern zu Herzen: Von einem siebenjährigen Knaben wurde ein hellseherisches Wunder erwartet, während sein Vater unerträgliche Seelenqualen litt. Und plötzlich, so als folgten sie einem geheimnisvollen Befehl, bewegten sich die Lippen aller Anwesenden. Sie flehten Jahwe an, das Kind zu erleuchten, und weil dieses Raunen die Stille im Saal nicht zu durchbrechen vermochte, wirkte es um so eindringlicher und majestätischer.

Menelik war verstört stehengeblieben, den Tränen nahe, weil jedes Gesicht, in das er blickte, ihm völlig fremd war. Vor Angst wie gelähmt, hörte er die inbrünstigen Gebete, die ihm Trost spendeten, und dann kam der Kämmerer wieder auf ihn zu und sprach:

»Prinz Menelik, Euer Vater ist hier. Sucht ihn, denn Ihr werdet reich belohnt werden, wenn es Euch gelingt.«

Die sanfte Stimme des Kämmerers gibt Menelik neuen Mut. Er strafft seine schmalen Schultern, geht an den hohen militärischen Würdenträgern vorbei, ohne ihnen Beachtung zu schenken, und betrachtet um so eindringlicher die Geistlichen.

Sein Blick bleibt auf dem Großrabbiner haften, der Salomo etwas ähnlich sieht. Menelik zögert, geht einige Schritte auf Tsador zu und will schon seine Arme ausbreiten, doch in letzter Sekunde weicht er zurück und geht weiter.

›Nein, das ist nicht mein Vater, denn dieser Mann hat einen eisigen Blick, und Mutter sagt, daß Salomos Augen seine Güte und Weisheit widerspiegeln!‹

Das geht dem jungen Prinzen durch den Kopf, während er die schlicht gekleideten Rabbinen mustert, und plötzlich stürzt er auf Salomo zu und wirft sich in seine Arme.

»Vater! Vater! Beschütze mich, denn ich habe Angst!« schluchzt er.

Ja, das ist unverkennbar sein Vater: Dieses Gesicht hat er oft gesehen, wenn er sein eigenes Spiegelbild betrachtete. Diese Augen strahlen ein überirdisches Licht aus, und von der ganzen Gestalt geht eine ungeheure Würde aus, die sie von allen anderen unterscheidet.

Und nun erleben die versammelten Würdenträger eine weitere erschütternde Szene, denn in diesem Augenblick des Glücks gewinnt ihr gebrechlicher König all seine frühere Kraft zurück. Mit dem Kind in den Armen steigt er die Stufen zum Thron hinauf, nimmt Platz und ruft triumphierend:

»Die Stimme des Blutes hat gesprochen! Gott ist groß! Gelobt sei der Allmächtige!«

Seine Augen schleudern Blitze, und jetzt schämen sich sogar seine Feinde, diesem großen König solche Qualen bereitet zu haben.

»Gelobt sei der Allmächtige!« murmeln sie, und das Echo hallt im hohen Gewölbe des riesigen Saales dumpf wider: Gelobt sei der Allmächtige!

»Durch die Gnade Gottes«, fährt der Monarch feurig fort, »kann ich euch nunmehr Prinz Menelik präsentieren, den künftigen König von Simen und Saba, dem es obliegen wird, die verstreuten Stämme des israelitischen Volkes zu sammeln.«

Der Kämmerer wiederholt die Worte des Königs, Fanfarenstöße unterstreichen die Bedeutung dieses Augenblicks, und nun defilieren die höchsten Würdenträger ehrerbietig an dem Kind vorbei, das dereinst über eines der größten Königreiche der ganzen Welt herrschen wird.

Bald steht Tsador vor dem Thron, und Salomo erklärt ihm gebieterisch:

»Der König braucht jetzt Ruhe, um sich wie jeder normale Sterbliche an seinem Sohn zu erfreuen. Er verzeiht Euch Eure Ungerechtigkeit, aber Ihr solltet nie vergessen, welch schwere Schuld Ihr auf Eure Schultern geladen hättet, wenn dieses unschuldige Kind der liebevollen Fürsorge seines Vaters beraubt worden wäre. Geht hin in Frieden und sündigt fortan nicht mehr.«

Tsador küßt die Gürtelschnalle des Königs und entfernt

sich rückwärts. Auf der Schwelle gewinnt er seine Fassung soweit zurück, daß er Vater und Sohn, die eng umschlungen auf dem Thron sitzen, seinen Segen erteilt.

Salomo bleibt allein mit dem Jungen in dem großen Saal zurück, wo er Makeda vor acht Jahren zum erstenmal erblickt hat. Mit seinem Kind auf den Armen verläßt auch er rasch den Raum, so als hätte er Angst, daß irgendwelche Bösewichter ihm sein kostbarstes Gut entreißen könnten. Und Menelik lehnt mit halb geschlossenen Augen sein Köpfchen vertrauensvoll an die Brust des Vaters, dessen Güte und Wärme er spürt.

Salomo weigert sich sogar, seinen ehemaligen Schatzmeister Haisar zu empfangen, und er sagt alle für den Abend angesetzten Audienzen ab, um mit seinem Sohn im »Pavillon der himmlischen Töne« allein sein zu können. Er bedeckt das Gesicht des Kindes mit heißen Küssen und stellt ihm unzählige Fragen.

Trotz seiner Müdigkeit antwortet Menelik ihm bereitwillig, und seine frühreife Intelligenz entzückt den alten König. Doch schließlich schläft der Knabe auf einem Diwan erschöpft ein, und Salomo öffnet behutsam die weiße Tunika und entdeckt eine Schriftrolle, die sein Sohn an einem blauen Band um den Hals trägt. Vor Aufregung hat Menelik vergessen, ihm den Brief seiner Mutter zu übergeben. Er greift danach und liest:

»*Koubour abat Menelik!*[1] Makeda muß unseren geliebten Sohn überraschend zu dir schicken. Haisar, den Jahwe segnen möge, ist ein treuer Diener des Prinzen Menelik, und er wird dir genau erzählen, warum ich ihm unseren Sohn anvertraut habe, anstatt ihn selbst zu dir zu bringen. Mein Kummer läßt sich nicht beschreiben. Ich bin jetzt doppelt fern von dir, denn nun kann ich auch unseren Sohn nicht mehr an mein Herz drücken. Jedesmal, wenn ich ihn umarmte, glaubte ich dich zu umarmen … Denke an mich, Salomo, und sor-

---

[1] »Illustrer Vater von Menelik!« Auch heute noch werden in Abessinien die Eltern eines Kindes, das zu Hohem berufen ist, mit »abat« (Vater) oder »ennate« (Mutter) von X angeredet.

ge dafür, daß Menelik seine Mutter nicht vergißt. Ich hoffe, bald zu euch kommen zu können, doch zunächst einmal muß ich vieles regeln. Ich will meinem Königreich endlich einen Namen geben, und es soll *Habech*[1] heißen, was soviel bedeutet wie: *das von Menschen verschiedener Rasse bewohnte Imperium*. Was hältst du davon, o weiser König?[2] Die Hauptstadt dieses vereinigten Königreichs wird Saba sein, denn Aksum hat sich einer solchen Ehre als unwürdig erwiesen. Nach dem Tod seiner Mutter wird Menelik als Kaiser über fünf Könige und sieben Vizekönige herrschen. Die Provinzen meines Reiches sollen von Prinzen regiert werden, die den Titel *Negus* oder *Ras* erhalten werden, je nachdem, welche Verdienste sie erworben haben. Möge Jahwe meine friedlichen Absichten segnen. Ich werde keine neuen Gebiete mehr erobern. Alles, was ich wünsche, ist das Glück meines Volkes und meiner Familie. Lege deine sanfte Hand auf die unschuldige Brust unseres Kindes und wisse, wenn du seinen Herzschlag spürst, daß Makedas Herz nur für euch beide schlägt.«

Salomo weinte lange vor Rührung. Seine Worte waren also nicht vergeblich gewesen: Die einst so stolze und gebieterische Königin war gütig und friedfertig geworden, eine liebevolle Gemahlin und Mutter.

Der König weckte seinen Sohn und führte ihn auf die Terrasse des Palastes, von wo aus er einst jenen Stern gesehen hatte, der ihm die Ankunft der Königin von Saba ankündigte.

Es war Nacht geworden, doch Jerusalem schlief nicht, denn in allen Straßen und Häusern wurde die Ankunft des Prinzen Menelik gefeiert. Die Stadt war mit Fackeln hell beleuchtet, und sie hallte von Musik und Lachen wider. Salomos Blick schweifte zum Tempel hinüber, den er immer als sein größtes Werk betrachtet hatte. Sein ganzes Leben war

---

[1] Das Wort *Habech* liegt Abessinien zugrunde.
[2] Eine Legende besagt, daß die Königin von Saba ihr Imperium zunächst »Israelitisches Reich« nennen wollte, Salomo damit aber nicht einverstanden war, weil er als König von Juda über die meisten israelitischen Stämme herrschte.

dem Ruhme Gottes geweiht gewesen, der Schönheit und Wahrheit, die unsichtbar sind, aber dennoch existieren. Das Kind an seiner Seite war eine Frucht dieser hohen Ideale, die ihn zeit seines Lebens beseelt hatten, doch welches Schicksal würde dem zarten Knaben beschieden sein, dessen Stirn mit einem doppelten Siegel des Himmels gezeichnet war?

Salomo zog seinen Sohn an sich und breitete die Arme in Richtung des Tempels aus. In der majestätischen Stille der Nacht bat er Gott, daß Menelik seine Ideale übernehmen und weitertragen möge. Und als er zum samtschwarzen Himmelsgewölbe emporblickte, glaubte er dort einen neuen strahlenden Stern zu sehen …

O Jahwe!
Dein unerforschlicher Wille
bestrafte die unglücklichen Kinder Abrahams
und zerstreute sie in alle Winde.
Doch sieh gnädig herab auf die Frucht der Vereinigung
des Sternes und der Perle,
des Königs von Juda und der Königin von Saba!
Gelobt seist Du!
Die israelitische Familie hat zueinander gefunden.
Hosianna!
Denn durch Deine Barmherzigkeit, Allmächtiger,
wurde unser Menelik geboren!

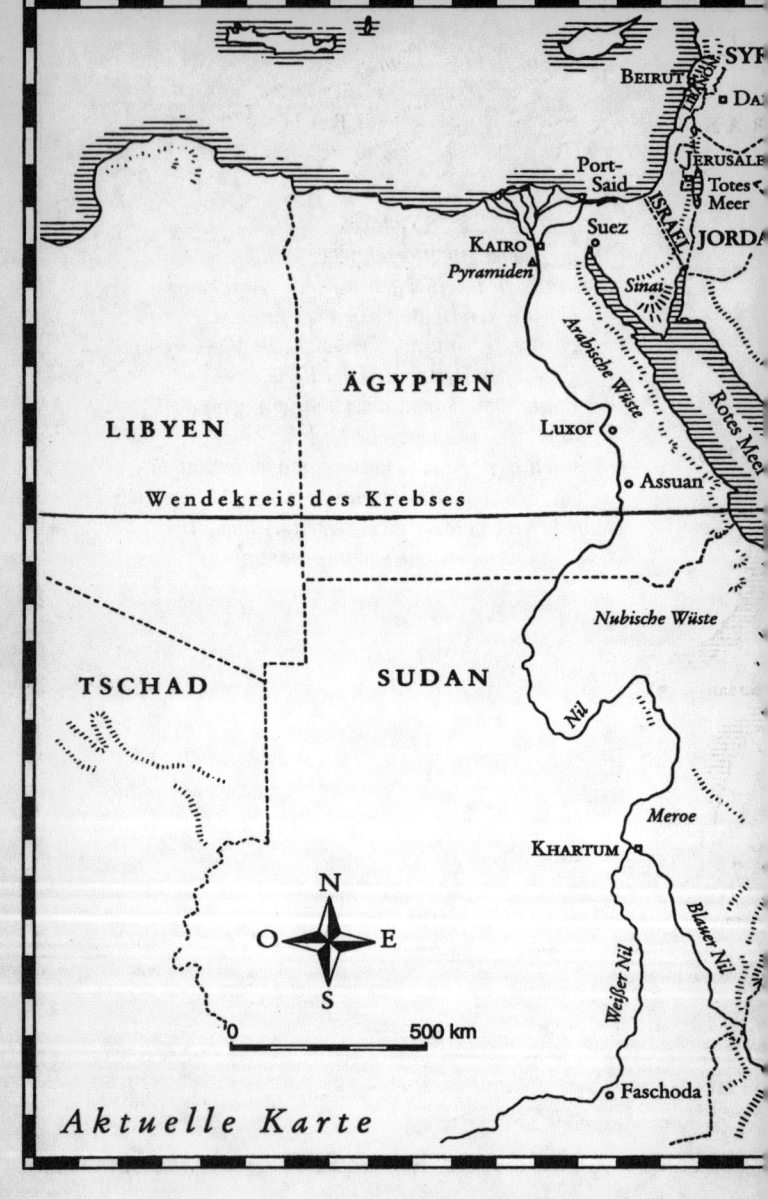

Aktuelle Karte

Anmerkungen
zu geographischen und historischen Bezeichnungen

ABESSINIEN: Alter Name von Äthiopien, abgeleitet von *Habech*, was »das von Menschen verschiedener Rasse bewohnte Land« bedeutet.

AKSUM: Name der alten Hauptstadt des Königreichs Simen, wo ein berühmter Obelisk von vergangener Größe zeugt.

AMENOPHIS III.: Pharao der 18. Dynastie, Sohn und Nachfolger von Thutmosis IV. (ca. 1402–1364 v. Chr.)

DANAKIL: Wüste im Osten Äthiopiens

EZJON-GEBER: alte Hafenstadt am Roten Meer

FALASCHEN: Äthiopische Juden

HIRAM I.: König von Tyrus (Phönikien) im 10. Jahrhundert v. Chr., mit Salomo verbündet, half er diesem beim Tempelbau.

JAPHO (JOPPE): Hafenstadt in Salomos Königreich

KAFFA: Region im Südwesten Äthiopiens

MAKEDA: Wörtlich »Die Reine«. Vor ihrem Keuschheitsgelübde hatte die Tochter Angebos den Vornamen *Mammete*. Sie war Königin von Simen und Saba, wird in der Bibel aber nur »Königin von Saba« genannt. Im Koran trägt sie den Namen *Bilqis*.

MENELIK I.: Sohn des Königs Salomo und der Königin von Saba, Begründer der Dynastie, die bis 1974 in Äthiopien herrschte, als der Negus (König der Könige) Haile Selassie gestürzt wurde.

MENELIK II.: Abessinischer Kaiser, der von 1889 bis 1913 regierte und sich erfolgreich gegen den italienischen Kolonialismus wehrte. Im Jahre 1896 mußte das italienische Expeditionskorps in Adua eine empfindliche Niederlage hinnehmen.

MUTTOWA: Alte Hafenstadt am Roten Meer. Heutiger Name: Massaua (in Eritrea).

SABA: Altes Königreich, das größtenteils aus dem heutigen Jemen und Äthiopien bestand und im 6. Jahrhundert v. Chr. von den Persern erobert wurde.

SALMANAR II.: König von Assyrien, Zeitgenosse von Makeda und Onkel von Assadaron.

SALOMO: König von Juda (965–926 v. Chr.), Sohn von David und Bathseba, Erbauer des ersten Tempels in Jerusalem. Ihm werden mehrere biblische Bücher zugeschrieben: Hoheslied, Prediger und Sprüche.

SIMEN: Gebirgsregion im heutigen Äthiopien

ZAUDITU: Tochter und Nachfolgerin von Menelik II., Kaiserin von Äthiopien, deren Neffe Tafari im Jahre 1930 als Negus Haile Selassie den Thron bestieg.

Inhalt

HEYNE BÜCHER

Gisbert Haefs

*»Erzählwerke, die
einem beim Lesen
wirklich die Zeit
vergessen lassen, die
eigene und die, von
der die Rede ist.«*
SÜDDEUTSCHE ZEITUNG

Hannibal
01/8628

Alexander
01/8881

Alexander in Asien
01/8882

Traumzeit für Agenten
01/10288

01/8628

Heyne-Taschenbücher